上海人解析

Analysis of Shanghainese

熊月之 著

上海教育出版社
SHANGHAI EDUCATIONAL PUBLISHING HOUSE

前言

上海人是近代以来中国社会中比较特殊的群体,是常说常新的对象,是每一本中国区域文化著作都会述及的话题,余秋雨、杨东平、易中天等学者都有过专门论述。笔者自20世纪80年代参与上海史研究以来,时常会涉及这一话题。我时常被问及:"你是上海人吗?"也时常会自问:"我是上海人吗?"答案永远是两可的。我一直对此题目有着浓厚的兴趣,陆续写过一些或长或短的文字。收入本书的,便是这些文字的裒辑。

全书分为六个部分:

第一部分,"上海人形成及其认同",是关于上海人研究的总的思考与讨论,包括"上海人"概念辨析、近代上海移民社会形成、"上海人"名称溯源、上海居民主客界限消解、上海人身份认同原因与双重认同、上海人行为方式与审美情趣、上海话与上海认同等。

第二部分,"政治与经济人物",涉及对象有郑观应、李平书、孙中山、钮永建、穆藕初、黄炎培与宋庆龄。

第三部分,"文化与社会人物",涉及对象有张焕纶、钟天纬、王培孙与孙曜东。

第四部分,"人物群体",涉及明末松江士人、近代上海儒商、近代上海贫民、晚清上海妇女、晚清上海文人、民初上海遗老、民国时期上海音乐人、"七君子"、近代上海广东人、近代上海香山人、近代上海珠海人与浦东人。

第五部分,"近代外侨",述及近代上海外侨对上海城市的认同,还有傅兰雅与雷士德。

人物分类只是粗略意义上的,因为有些人很难截然分归政治、经济、文化、社会某一类,不少人是两者或三者、四者兼而有之。粗略分类主要是为了便于阅读。外侨是其中比较特殊的群体,但他们在这个城市居留既久,关系亦深,对于上海也各有认知与情感。将此类文字收录进来,亦体现近代上海城市特色。

最后一部分,也是最后一篇,带有总括性质,集中讨论上海居民特性与城市精神。

这些文章多为序言或书评,故篇幅多短。也有两篇较长:一是开头一篇《上海人形成及其认同》,3万多字,这是涵盖上海人问题的综合论述;二是最后一篇《上海居民特性与城市精神》,也有3万多字。

熊月之

于复旦大学上海史国际研究中心

2018年8月10日

目录

上海人形成及其认同 / 1

政治与经济人物

一代通人郑观应 / 35

论李平书 / 44

孙中山与上海 / 56

钮永建的精神世界 / 63

论穆藕初在近代中国的文化意义 / 69

黄炎培与"新场党狱" / 84

略论黄炎培为人处世之道 / 88

近代上海城市对于宋庆龄的意义 / 98

文化与社会人物

近代教育先驱张焕纶 / 109

钟天纬深通西学 / 119

王培孙与南洋中学 / 124

"老上海"孙曜东的口述史价值 / 130

人物群体

明末松江士人的实学思想 / 135

近代上海儒商的特有风采 / 138

近代上海城市对于贫民的意义 / 141
晚清上海女权主义实践与理论 / 159
略论晚清上海新型文化人的产生与汇聚 / 170
辛亥鼎革与租界寓公 / 182
上海音乐人与抗日救亡 / 187
"七君子"与时代精神 / 190
近代上海广东人 / 195
上海香山人与香山文化 / 198
上海珠海人短论九篇 / 212
浦东人与浦东同乡会 / 221
浦东人与浦东史 / 224

近代外侨

略论近代外侨对上海城市的认同 / 231
傅兰雅与上海 / 248
英商雷士德的大爱情怀 / 262

上海居民特性与城市精神 / 265

上海人形成及其认同

现代中国,上海人早已成为一个具有明显文化特征的社会群体,与北京人、广东人、湖南人、四川人、山东人等并提。所不同的是,上海人形成自身文化特征的历史,远不及广东人、山东人、湖南人那么悠久,而只是近百年的事。

分析上海人,需分清两类不同内涵的"上海人"概念。一类是纯粹籍贯意义上的上海人,另一类是在行为方式、审美情趣等方面自具特色的上海人。

开埠以前的几百年中,上海人口大体来自四个方面:一是随着上海陆地的逐渐形成,从太湖流域顺势东迁的,这是上海地区的最早居民。二是在北宋、南宋之际,随着宋王朝首都南迁杭州,从北方中原一带迁移而来的,如华亭董氏、张氏、唐氏,吴淞曹氏,青浦黄氏,上海下砂瞿氏、鹤坡里谈氏、松江锦溪曹氏,其先世都是从开封南迁上海地区的。金山枫泾之孟氏,为孟子后裔,也因这次战乱而南来。徐光启先世来自中州,抗清名人陈子龙的先世来自颍川,黄渡李澄川来自洛阳。三是在元末农民起义时,因避战乱而从江南、江北一带逃到上海的。四是随着明清时期上海经济的繁荣,海上贸易的发达,从江苏、浙江、广东、福建等地移居上海的。他们在此一代一代繁衍生息,自然成为具有上海籍贯的本地人。

在开埠以前,上海人并没有什么明显的特征。他们或植棉,或制盐,或种粮,或捕鱼,或经商,文化上受苏州影响较大。那时具有独特行为方式、审美情趣等文化意义上的上海人还没有出世,即使某人自称上海人,或提到某人是上海人,例如说徐光启是上海人,董其昌是上海人,陆深是上海人,也只有籍贯上的意义。

当然,细分起来,在近代以前,上海地区人也是有自己文化特征的群体,不过,范围、等级不一样。假如那时说到上海人,也就像今天说到青浦人、奉贤人一样,是在省、府以下的县级而论。所以,明清人常在"上海"前面冠以"江苏"或"松江"等更高一级的地名以标明其所在范围。

一、移民社会

开埠以后,特别是19世纪60年代以后,大量移民涌入,上海人口结构发生了重大变化。

1843年上海开埠时,城市人口约20万,1900年超过100万,1910年129万,1915年201万,1930年314万,1949年初达546万。一百多年中增加了20多倍。上海人口急速膨胀,短短一百年中,上海从一个普通的滨海县城,一跃而成全国第一大都市。进入上海的国内移民,从方式上看,多属零散、自发、非组织性的,不是有组织的集团性移民。在一个多世纪中,共有三次移民潮涌入上海。第一次是太平天国期间,长江中下游地区尤其是江、浙一带战事频仍,大批难民涌入上海,从1855到1865年,上海人口一下子净增11万。第二次是抗日战争期间,上海两租界人口增加78万。第三次是解放战争期间,上海人口增加208万。①

除了因战乱、灾荒而来沪避难者,更多的是受上海城市吸引力而来沪创业者。自19世纪70年代以后,随着上海轮船招商局、机器织布局等洋务企业的创办,随着缫丝、棉纺、面粉等实业的兴办,上海吸纳人口的能力大为增强,上海周边来上海谋生、发展的人迅速增多。诚如《申报》所述:

> 至近十年来,各项工艺振兴,局厂林立,远近谋食者,于于而来,在本地之人相识较多,谋生更易,无论男妇老幼,均不忧无噉饭处。然而利之所在,往往不能无害,即如点石、同文诸局,创办石印图籍后,其时他局接踵而起,无虑十余家,于是大江南北,浙水东西,凡操三寸不律之士,多呼朋挈眷旅食于兹,户籍陡增,数以万千计。乃自各局相继闭歇,而此辈流落于兹者,颇不乏人。其始不远千里而来,谋食固易,迨乎生机既寂,旅况多艰,则以为悔莫能追,而不知祸福倚伏,天下事大抵如斯也。中国妇女,不出闺门,惟供中馈,井臼缝纫之事,富家或所不习,贫户则人人能之,松沪擅棉花之利,小家妇女尤谙纺织。近岁吴淞江以北,丝纱各项厂局方兴未艾,附郭及近乡妇女之尚此为生者,或业缫丝,或业拣茧,或业织布,或业纺纱,朝而往暮而归,其人亦以数千计。虽大半乱头粗服,而其中小家碧玉,挈妹呼姨,娉婷婀娜而来。②

上海城市无与伦比的集聚功能,吸引着来自各地形形色色的人,为各色人等施展才华,寻找生路,提供了广阔的天地。你有钱在内地不安全么,到上海来,投资工厂,买房

---

① 邹依仁:《旧上海人口变迁的研究》,上海人民出版社1980年版,第3—5页。
② 《论沪上各厂女工宜设善法防护》,《申报》1897年1月2日。

地产,或进行股票交易。你念不好四书五经、做不来八股文么,不要紧,只要你能读好洋文,照样能找到一份薪水优厚的职位。你会画画吗?行,每天涂他几幅,照样丰衣足食。能处方治病,能搭台唱戏,能跑街算账、算命打卦、耍拳卖药,都能找到适合自己的位置。即使你目不识丁,也不要紧,只要你能吃苦,肯出力,拉黄包车,当码头工,也能混一碗饭吃。

于是,难计其数的逃难者,投资者,冒险者,躲债者,亡命者,寻找出路者,追求理想者,有文化的,没文化的,富翁,穷汉,红男,绿女,政客,流氓,都向上海涌来。上海成了容纳五湖四海各色人等的人的海洋。

> 上海真是一个万花筒。……只要是人,这里无不应有尽有,而且还要进一步,这里有的不单是各种各色的人,同时还有各种各色的人所构成的各色各样的区域、商店、总会、客栈、咖啡馆和他们特殊的风俗习惯、日用百物。①

这么多的外地移民涌入上海,使得客籍即非上海籍人口,远远多于上海本地人口。据上海自1885年以后历年的人口统计,公共租界非上海籍的人口通常占80%以上,华界非上海籍的人口通常占75%以上。在1950年1月的统计中,其时已无租界,非上海籍人口占85%,上海籍人口仅占15%。②

近代上海大部分时间里,一市三治,有公共租界、法租界与华界三个行政实体分别治理这个城市的某一区域,没有一个独立的诸如民政局之类的行政部门负责接待、安置源源不绝的各地移民。移民来沪时所依赖的路径是投亲靠友,依赖的是亲缘、地缘与业缘;来沪以后所依赖的依然是由亲缘、地缘与业缘支撑起来的会馆、公所。

会馆、公所在近代以前的上海业已存在,但是,近代以后数量更多,规模更大,功能也更加多样。据潘君祥等人研究,上海历年全部会馆、公所总数为402个。其中,同乡团体共53个,建立在从顺治到道光年间的11个,从咸丰到宣统年间的26个(包括清末年份不明的2个),民国年间的16个(包括年份不明的10个);同业团体为349个,占总数的86.8%,建立在从康熙到道光年间的27个,从咸丰到宣统年间的150个(包括清末年份不明的8个)。同业团体的高占有率,从一个侧面反映了上海这座城市的工商性质。③

---

① [英]爱狄密勒:《上海——冒险家的乐园》,上海文化出版社1956年版,第29页。
② 邹依仁:《旧上海人口变迁的研究》,第112页。
③ 潘君祥等:《上海会馆公所分类统计名录》,载《都会遗踪》第二辑,学林出版社2011年版。

当然,这402个会馆、公所是历年存在的总数,并非每一个都始终存在。从1909到1930年,商务印书馆出版的《上海指南》,对上海会馆、公所的名称与地址有具体记录(表1)。据此记录,上海会馆、公所1909年57个,1922年228个,1930年256个,数量为历年最高。

表1 《上海指南》记录上海会馆、公所数量

年 份	会 馆	公 所	会馆、公所合计
1909	18	39	57
1912	28	78	106
1922	53	175	228
1926	58	181	239
1930	63	193	256

注:资料来源为《上海指南》,上海商务印书馆1909、1912、1922、1926、1930年版。

表1中这一数量,与潘君祥等人统计的数量有所不同,但反映的上海会馆、公所特点没有变化,即:第一,上海会馆、公所全部是工商性组织,没有科考性的,这与北京、南京、福州、广州等地相比,是上海的一个显著的特点。第二,从晚清到民国,上海无论会馆还是公所,都呈快速递增趋势,20世纪30年代达到高峰,这与上海城市发展、移民人口增加成正比例关系。第三,无论哪一时段,上海同业性公所数量远远大于同乡性会馆数量。①

上海会馆、公所在整合华人社会、沟通官府与民众等方面,发挥了极其重要的作用。

近代上海的行政空间被分为三块,即公共租界、法租界与华界,华界又被分隔为南市、闸北、沪西与浦东。三个行政实体在市政、治安、税收、交通、法律、教育、卫生等方面均互不统属,各自为政。华人分处于各个区域之中。由于会馆与公所是不分华界还是租界的,靠着这两个系统的综合作用,华人社会得到了一定程度的整合。

比如,在两次著名的四明公所事件中,投身于其中的宁波人,不只是居住在法租界的,而是全上海的。第二次四明公所事件中,为反对法租界强占公所,上海的宁波人举行罢工罢市。1898年7月17日上午十时,公所总董方继善在安仁里鸣钟集会,数百名

---

① 尽管会馆、公所内涵并没有严格的区别,且不少时候是通用的,但从总体而言,"会馆主要是地域性的社会团体,公所主要是行业性的社会团体"。参见范金民:《清代江南会馆公所的功能性质》,《清史研究》1999年第2期。

宁波人应声涌至,共约罢工罢市。轮船上的宁波籍水手一律上岸,被西人雇用的宁波人一律辞职,宁波人开设的店铺一律停闭。宁波商人比较密集的地区是南市,南市的相关商店一律罢市。某宁波人在新马路所开的中华茶楼未遵约罢市,被其他宁波人侦知,群起将玻璃窗捣碎。在美租界,虹口一洗衣作坊主宁波人张东生,未遵令停工,遭本作坊宁波人李存友等群起痛殴。

再比如,1897年上海爆发小车工人抗捐事件。这次事件以前,上海并没有一个小车工人组织,也没有小车公所。抗捐事起,为了解决车夫因加捐而带来的困难,在道台、县令的授意下,成立了一个通瀛公所。这是一个以地区命名的同业公所,也是上海第一个以小车工人为主的公所。通瀛公所成立后,承担起管理车夫的职能。他们在小车工人中设立车头12人,管车寓数百家,"各车寓乃各保所寓车夫,自安生业,无作非为,到加捐时不敢违抗生事"①。从此,散漫无归的车夫被公所组织起来,形成一个颇具势力的群体。

会馆、公所一个重要的职能是为所属成员排解难事、代理各类事务。山东会馆在规条中就规定,"同乡之游于沪上者,或客居、或路过,如有应代理之事,必先由本帮司董为之理处,如事可了,毋庸集议。倘本帮司董不清理,再行传单齐集公议";同时会馆规条还规定,同乡中若有人被欺负或无端受牵累,会馆亦会参与共同具禀保释事项。② 许多会馆都有类似功能。1902年耶松船厂的四名广东木工,因事被租界当局逮捕。有关公所董事就此进行斡旋,先后与木工首领、会审公廨、外国船厂老板接触,并向道台寻求帮助,最终使他们获释。1905年12月,上海人大闹会审公堂案件中,因为被诬拐卖人口的黎黄氏是广东籍已故官员黎廷钰的妻子,所以,广肇公所、潮州会馆在联络广东人方面,起了带头与关键作用。1923年,宁波人乐志华在一英国人家里为佣,被主人诬陷偷钱740英镑,关进牢房,被巡捕打得遍体鳞伤,结果屈打成招。事为张元济所知,他通过宁波同乡组织呼吁社会援助,向法院提起诉讼。官司打了五个月,冤情终于得到昭雪,六名肇事巡捕被革职查办。

上海会馆、公所是沟通官府与民众的第三领域。近代上海城市中许多事务,是以前中国城市中所未曾有的。诸如道路桥梁建设、市政管理、医疗卫生、文化教育、垃圾处

---

① 《通瀛公所董事张寿怀、沈嵩龄、章定勋、应朝纲致书濮来德先生阁下》,上海档案馆藏公共租界总务处档案,1897年小车工人抗捐事件。U1-5-73,第65页。
② 《山东至道堂徵言录》,引自张忠民:《清代上海会馆公所及其在地方事务中的作用》,《史林》1999年第2期。

理、水质污染、火灾消防、疾病防治、居民纠纷、中外交涉,或者是以前不曾遇到的,或者是以前虽有但没有这么繁难、严重、急迫的。上海在 1843 年以前,作为县一级的机构,官员人数很少,仅设知县一人,总管一县之治理。下置县丞、主簿、典史各一人,分掌粮马、征税、户籍、缉捕、狱囚诸职。上海县在城外设黄浦、吴淞两巡检司,各置巡检一人,负责该区治安。县城学官内设教谕一人,掌县学之管理及生员之训教。县内还设有阴阳学训术、医学训科、僧会司僧会、道会司道会各一人,分掌星占、医药、佛教、道教诸事,品秩微末,且无俸禄。整个政府机构极为简单。这样的制度安排,政府官员既少,管事官员尤少,经费更是奇缺,完全不能适应对于上海这样的近代城市的管理需要。其结果,导致在政府与居民之间,会馆、公所这样的非政府、非民间的第三领域的发展。[①] 从顺治到道光年间,上海已有会馆、公所 38 个。它们从官府那里获得房产、冢地免征课税的特权。近代上海会馆、公所功能大为扩展,从祭祀神明、联络乡谊、办理丧葬、迁运棺材、按照原籍习俗安排节庆活动等,扩展到兴办各种慈善事业、教育事业,对旅沪同乡实施救助,对受灾家乡实施紧急救助,沟通移民与政府之间的联系,在协助地方政府约束外地来沪移民方面,在税收和维持地方秩序方面,实际上起了"半政府"的作用。

会馆、公所之中,公所在第三领域的功能尤为明显。诚如张忠民所述,同业性质的公所,其宗旨之一就是协调或者规范同业的内部事务。比如,布业公所的主要职能,便包括辨别牌号以杜影射、刊发规条以整尺梢等[②]。洋货公所振华堂订有同业规条 8 则,旧花业公所列有同业章程 10 条,米行公所仁谷堂立有规条 8 条,乌木公所、售花公所、典业公所、震巽洋木业公所、茶业公馆各订有若干条规,分别对同业的营业规模、从业人员的工价,同业营业中的当值估算,新典开设同行营业中的买卖放账、往来交易,做出了明确的规定。公所的这一功能,在一定程度上弥补了地方政府对工商业事务的管理缺位。地方政府有鉴于此,也就越来越多地依赖和利用这一功能。光绪年间,上海县衙示文棉花买卖不得买空卖空,便要求花业公所详加查察。在日常生活中,一般的同业交易规则基本上是由会馆、公所公议,并由会馆、公所监督执行;当规则遭到破坏时,通常也先由会馆公所出面调停处理。只有当事情波及面过大,由一般的内部"投词"变成了必须对簿公堂的"讼案",会馆、公所无权、无力处理时,才会上交地方政府处置。[③] 近代上

---

① "第三领域"系黄宗智所创用,见黄宗智:《中国的"公共领域"与"市民社会"?——国家与社会间的第三领域》,载邓正来等编:《国家与社会:一种社会理论的研究路径》,中央编译出版社 1999 年版。
② 《布业先辈姓氏碑》,载上海博物馆图书资料室编:《上海碑刻资料选辑》,上海人民出版社 1980 年版,第 204 页。
③ 张忠民:《清代上海会馆公所及其在地方事务中的作用》,《史林》1999 年第 2 期。

海公所远多于会馆,社会组织如此发达,正是城市人口高度集聚、分工细密、行业众多,而政府在管理方面多有缺位,导致行业内部的自管理功能强化的表现。

在会馆、公所对于华人社会的整合及沟通官府与民间作用方面,一个很典型的事例是上海民众在"五四"运动中的作用。众所周知,"五四"运动的爆发,与德国人在青岛的权益有关。本来,德国在第一次世界大战中战败,其先前在青岛侵占的权益应归还中国,不料,巴黎和会却要将其转给日本,这激起了中国人民的强烈抗议。"五四"运动的怒火首先从首都北京燃起,其最后形成燎原之势,迫使北洋政府拒签和约,并罢免曹汝霖、陆宗舆与章宗祥三人,很关键的因素是上海的罢课、罢工、罢市的"三罢"斗争。其中,冲在前面发挥关键作用的,是山东人。山东会馆是上海资格最老的会馆之一,也是凝聚力最强的会馆之一。还在4月底,巴黎和会开始不久,山东会馆就召开过两次会议通报情况,致电北洋政府,要求捍卫主权、物归原主、据理力争。5月4日北京学生上街游行后,山东会馆立即响应,5月5日在霞飞路举行紧急会议,决定召开国民大会。5月7日,由山东同乡会等57个团体发起、有五六千人参加的国民大会在西门外公共体育场召开,一致要求释放学生、惩办国贼、拒签和约。此后,旅沪山东人积极联络全国各地山东籍的军官,包括湖北督军王占元、湖北暂编第一师师长孙传芳、北洋陆军第三师师长吴佩孚、淞沪护军使卢永祥,请他们支持爱国运动。6月5日以后,"三罢"斗争在上海如火如荼展开,上海的山东人走在前面,积极参与。其时,卢永祥是上海华界最高军政长官,正是在他的默许、支持下,上海学生没有遭受残酷镇压。上海各界要求罢免曹、陆、章的要求得以传递到北洋政府。"五四"运动中,上海山东人的斗争表现出时间长、范围广、方法多、决心强四个特点。[①]其联系网络就是山东会馆、山东同乡会等组织。

二、"上海人"名称溯源

"上海人"之名不知始于何时。

在19世纪六七十年代的上海报刊上,已有"上海人"一词出现,但那仍然是籍贯或一般上海居民上的意义。比如,1869年,《中国教会新报》介绍波斯国聘请英国人制造铁舰事,便解释说,"波斯国即上海人称白头国是也"[②]。1872年《申报》报道:"虹口设有二烟馆,一为汕头人所开,一为上海人所开。二店常有银钱交往,上海人欠汕头人钱一

[①] 郭绪印:《老上海的同乡团体》,文汇出版社2003年版,第714—715页。
[②] 《学铁舰》,《中国教会新报》1869年第24期,第11页。

千五百文,久而未还,汕头人屡次讨索,辄约缓期。数日前,上海人肩钱三千文,过汕头人之门,汕头人望见,遂向其追索旧债。"①这种用法以后一直有。比如,1910年《申报》报道上海城厢地方自治公所当选董事名单,便标明各自的籍贯,"李钟珏平书,年五十八岁,三十一票,上海人","顾履桂馨一,年四十一岁,二十二票,上海人"。当选者也有非上海籍人,包括同属于江苏省而不属于上海县的青浦人、吴县人、嘉定人,以及不属于江苏省的浙江人,也一一标明其籍贯,如"王震一亭,年四十四岁,二十八票,浙江人"。②

不是纯粹从籍贯或地方居民意义上,而是从行为方式、审美情趣一类文化意义上使用"上海人"概念的,在迄今所见到的资料中,最早的一条是李鸿章在1900年与李平书的谈话:"君是上海人,当与洋人习,何不度德、不量力乃尔!"③那时,李平书在广东一个县做官,领导乡民与洋人斗争,李鸿章教训他措理失当。在李鸿章的潜台词中,上海人当是通晓事理的明白人。这条资料,系李平书日后回忆所述,并非当时对话实录。

稍后,在1904年的《警钟日报》上,编者已以"吾上海人"的口气说话。比如,这年6月,恰值日俄战争期间,《警钟日报》发表一篇题为《新上海》的社说,提出上海是"上海人之上海"的命题:

> 上海何以丑?上海者,固上海人之上海,而非白皙人公有之上海也。上海人不能爱惜此天然形势,碎裂上海地图,抛弃祖父白骨,失寸失尺,渐渐干没入白人手中,宜其低头于白人势力圈下,上海人之主权,从此扫地。上海人妻孥之堕落,永无了期。嗟嗟,风月主人,宛其死矣,迷离妖梦,尚未醒乎?怪哉上海人,执几重奴券,似有余荣;受无数痛鞭,居然不觉。丑哉上海人,虽倾西江之水,洗不尽上海之污点。④

这里所使用的"上海人",隐含着有共同利益、共同权利、共同价值的群体,是与"白皙人"相对应的群体,显然是指当时居住在上海的所有中国人,而不仅仅是拥有上海县籍贯的居民。以黄人、黄种人与白人、白种人作为对应之词,是19世纪末20世纪初中

---

① 《译通文馆西字新闻》,《申报》1872年8月31日。
② 《各省筹办地方自治》,《申报》1910年2月22日。
③ 李平书:《李平书七十自叙》,见李平书等:《李平书七十自叙·藕初五十自述·王晓籁述录》,上海古籍出版社1989年版,第45页。
④ 《新上海》,《警钟日报》1904年6月26日。

国知识界习惯用法,从宋恕、章太炎到邓实、孙中山等都有使用甚至论述。① 这一思路与其时日本流行的大亚细亚主义影响有关,但又有明显区别。日本人从荒尾精到近卫笃麿所倡导的"大亚细亚主义",旨在征韩、征华、统治亚洲,与欧洲争雄,而中国知识界使用这一词汇,则旨在振奋民气,抵抗欧美列强侵略。②

此后几年,到辛亥前后,在报刊书籍中,"上海人"不但是一个频繁出现的词汇,且与北京人、汉口人、南京人并提。1910年,《新闻报》称:"人皆谓上海为风气开通之地,而上海人亦遂以开通风气自负。"③1911年,报刊上已出现将上海人作为插科打诨取笑对象的情况。《申报》上一篇题为《付之一笑》的短文写道:

> 天气炎热,常啖水果,忽思得水果与上海人之比较,录之如左:
> 上海人像西瓜,走热路;上海人像西瓜子,头尖身滑;上海人像核桃壳,硬而厚;上海人像桃子,十桃九蛀;上海人像柑子,金玉其外,败絮其中;上海人像樱桃,穿不得;上海人像桂圆,外面极圆中心极黑;上海人像苦瓜,看得吃不得;上海人像藕,空心;上海人像橘子,一轧就坏;上海人像石榴,看了无辫的话,笑得掀牙露齿,合不拢嘴来。④

由此可见,从行为方式、审美情趣一类文化意义上使用"上海人"概念的大体上始于20世纪初年。

三、主客界限消解

重视籍贯是中国一大传统。所谓"籍",即簿书,是国家形成以后,出于控制和动员人力、物力的目的,登记统治区内人口的文书;所谓"贯",是指居住地。籍与贯,分别反映个人在国家簿书上登录的居住地及其实际居住地两种情况。⑤ 传统社会,"安土重

---

① 比如,1897年张焕纶为南洋公学学生所作《警醒歌》,其第一章即从不同肤色民族的不同命运切入,对学生进行爱国宣传,内云:"警警警,黑种奴,红种烬,黄种酣眠鼾未竟。毋倚冰作山,勿饮酖作酒,焚屋漏舟乐未央,八百兆人,瞥眼同一窜。醒醒醒。"见沈恩孚《张焕纶先生传略》,《中华教育界》第24卷第10期。再如,1900年,宋恕在赠友人诗中写到"茫茫禹域难黄主,赫赫姬宗不白奴",自注:"禹域白人势强,黄人万难自主。"见宋恕:《赠冈本韦庵先生》,载《宋恕集》下册,中华书局1993年版,第842页。
② 参见戚其章:《日本大亚细亚主义探析——兼与盛邦和先生商榷》,《历史研究》2004年第3期。
③ 《沪事谈屑》,《新闻报》1910年1月4日。
④ 无辫:《付之一笑》,《申报》1911年8月24日,第35版。
⑤ 包伟民、魏峰:《宋人籍贯观念述论》,《浙江大学学报(人文社会科学版)》2007年第1期。

迁""父母在,不远游"的观念,在祖宗坟墓所在地奉侍亲长的孝道,科举考试中对应试士子籍贯的重视与录取名额的按地域分配,登科士人可以提携、惠及宗族桑梓的影响,对于地方官员任职资格中籍贯回避的规定,以及对于流动人口的管理,诸如此类,都强化了整个社会的籍贯意识。因此,任何一个移民较多的城市,都会形成土著与客籍的对应关系。上海亦然。

　　大量事实表明,在开埠以后的四五十年里,上海居民还存在着较为明显的土著与客籍的对应关系,土著与客籍各自明白自己的身份。1853到1855年,上海爆发了著名的小刀会起义。小刀会队伍的成员主要是在沪的广东人与福建人。上海地方政府与本地人一般都将此视为广东人、福建人的事。小刀会起义失败后,上海地方当局也不认为那是上海人的事情,而只追究在上海的福建人、广东人的责任,所以,清政府采取的惩办小刀会的十条措施中,有三条是明确针对寓居在上海的福建人、广东人的。这三条是:慎选闽、广会馆董事;递籍安插闽、广游民;闽、广商民会馆一律迁出城外。① 清政府对闽、广籍人士采取了严厉的惩治措施,"永禁闽、广人入城居住。所有城内从前建造会馆公产,并私置房府,一概入官,变抵充公"②。上海地方政府对待土著与客籍的居住地是有所区别的,城内是本地居民的地盘,客籍只能住到城外。1874年,上海爆发了四明公所事件,在沪宁波人与法租界当局发生冲突,上海当地人谁也不认为那是上海本地人的事情,而只认为那是寓沪宁波人的事情。1893年11月,上海公共租界举行上海开埠50周年盛大庆祝活动,上海华人踊跃参加,但他们打的旗帜是"广帮""宁帮"之类,他们的身份并不是代表整个上海的华人,而是上海的广东人或上海的宁波人。

　　19世纪中后期的外来移民,主要居住在两租界与城厢外面,尤以公共租界为多。他们的聚集方式、生活特点,与城厢内本地居民有明显不同,与中国其他内地城镇也很不相同。1883、1887年,《申报》上各有一篇文章论述这一特点。1883年的文章称:

> 他处无论城市乡镇,或客籍寄居,或出居土著,皆未有如洋场之杂,假如一家迁移,其于进屋之日,不论屋之为典为赁,例必先向左右邻自通乡贯,间或邀集邻居数家,设席相待,有内眷者则并请邻居内眷,其有不办酒者,则以一糕一果,遍惠诸邻,邻人受此,亦必殷然垂询其家世事业,如此则十室之地,彼此互知,如欲连环具结,

---

① 叶廷眷、俞樾纂:同治《上海县志》,引自上海社会科学院历史研究所编:《上海小刀会起义史料汇编》,上海人民出版社1958年版,第961页。
② 太平天国历史博物馆编:《吴煦档案选编》第4辑,江苏人民出版社1983年版,第83页。

尚非难事。事若租界地方,则品类不齐,五方杂处,今日寓东,明日移西,莫知定向。且各顾自家门户,而于千万卜邻之说,则皆未之前闻。故虽栉比鳞次而居,问有咏洽比其邻者乎,无有也。僦屋而居,同为作客,启户而出,闭户而入,人无我扰,我无人知,竟有同在一弄,甚至同在一门,而彼此姓名不知,见面不识,问以尔之邻何氏而茫然,问以尔之邻何业而又茫然,问以尔之邻共有几人,而无不茫然。问此则此然,问彼则彼亦然。①

文中所述上海租界居民特点,可分为三:一是高度异质性,五方杂处,品类不齐;二是高频流动性,今日寓东,明日移西,莫知定向;三是极端疏离性,启户而出,闭户而入,人无我扰,我无人知。这是典型的陌生人社会,是与中国传统乡村、市镇都迥然不同的新型社会。1887年的文章还指出,上海租界这种移民社会特点,与中国其他市镇、码头也不一样,"即各处码头,亦不乏往来之人,而其出入无常者,不过客寓饭店等处,若平常居民,未必时时迁徙"②,而上海租界居民,则迁徙、搬家视为常事。换句话说,租界人口的流动数量与频率,远较其他城镇和码头为大、为高。

1899年,当上海地方政府重申保甲之令,要在租界推行保甲之法时,《申报》上再次发表评论,说明租界与华界居民来源不同,相处方式不同,保甲之法很难在租界实行:

顾此法第行于城乡等处,而不行于租界之内,何也?考之他处,无论城市乡镇,或土著或客籍,踪迹有常,不似洋场之五方杂处,假如一家咏乔迁之什,当入此室处之日,不论其屋为典为赁,必先向左右邻自通乡贯,藉联洽比之情,邻人亦必殷然垂询其家世事业,如此则十室之内,彼此相知,如欲连环具结,亦所不难。租界中,人则品类不齐,行踪无定,今日寓东,明日移西,如弈棋然,莫知定向,且皆自顾门户,而于千万买邻之说,未之或闻。故虽烟户万家,鳞次栉比,而问有邻里往来有无相

---

① 《论上海办保甲之难》,《申报》1883 年 7 月 16 日。1887 年,《申报》在另一篇论说中,又重复这一看法:"地值通衢,五方杂处,居民迁徙,各无定向,若上海之租界,则保甲之法诚为难行,何则? 保甲之法所以能辨良莠者,以其左右邻舍能具连环之结也,在他处无论客籍寄居,或世居土著,若有迁徙,则其进屋之日,无论屋之为典为赁,例必先向左右邻自通乡贯属籍,间或邀集邻居数家设席相款,有内眷者则并请邻居内眷,其有不办酒者,则以一馐一果遍惠邻,邻人受此,亦必殷然询其家世事业,如此则十室之内,彼此互知,连环之结尚足凭也。若上海之租界,其居者今日寓东明日移西,莫知定向,且各顾自家门户,而于千万卜邻之说,则皆未之前闻。故虽鳞次栉比而居,问有咏洽比其邻者乎无有也。僦屋而居同为作客,人无我接,我无人知,虽同居一巷,而彼此姓名不知,见面不识,问以尔之邻谁氏而茫然,问以尔之邻何业而茫然,问以尔之邻人有几而亦茫然,问彼则彼然,问此则此然。"参见《严保甲以靖匪徒说》,《申报》1887 年 7 月 9 日。

② 《严保甲以靖匪徒说》,《申报》1887 年 7 月 9 日。

通者乎,无有也。僦屋而居,视同传舍,朝而出焉,夕而入焉,人无我扰,我亦不使人知,竟有同在一巷,甚至同在一门,而姓名不相知,面目不相识者。如此而欲使之连环具结,能乎? 否乎? 故自开办保甲以来,官但于城厢内外及乡镇行之,而租界则绝不顾问,盖深知其难也。①

文中道出了一个重要事实,即租界居民结构与相处方式,与上海城内颇为不同,一是陌生人社会,一是熟人社会。正因为有此不同,所以,"故自开办保甲以来,官但于城厢内外及乡镇行之,而租界则绝不顾问,盖深知其难也"②。

但是,另一方面,租界与华界之间并没有不可逾越的天然屏障,也没有人为设置的隔离壁垒。本地居民相当一部分移居到租界,客籍居民也相当广泛地参与到与本地居民相关的事务当中。随着时间的推移,特别是客籍居民数额的大幅度增多,主客之间的界限逐渐消解。

根据夫马进的研究,还在咸丰年间,客籍绅商就已经广泛参与到上海慈善事业之中。到了同治元年,同仁辅元堂的28名董事中,可以确认的有5人是宁波商人,即经纬、张斯臧、赵立诚、冯泽夫、吴监。其中经纬是核心人物,浙江上虞人,著名富商,长期在上海从事慈善事业。他的儿子经元善日后继承了他的事业,在上海慈善活动中享有盛名。同仁辅元堂所做的工作,包括救济穷人、救助寡妇、救火、施粥、施衣、施医施行药、施棺赊棺、掩埋浮尸、焚毁淫书、资助育婴堂、举办义塾、铺设阴沟、修筑桥梁、为街道代点天灯、清扫道路等,救助范围覆盖城厢内外以及上海附近乡镇。从1861到1862年,同仁辅元堂就承担了19项修理桥梁与道路的工程。1882年,其在城乡内外代点天灯即路灯,支出50多千文钱。③ 晚清上海从事地方自治活动的绅商就已认为,同仁辅元堂的这些活动,就是上海近代地方自治的出发点。诚如1918年刊行的民国《上海县续志》所说:"同仁辅元堂举行诸善外,如清道、路灯、筑造桥路、修建祠庙、举办团防等类,无不赖以提倡,实为地方自治之起点。"④

上海主客界限的消解,到1900年以后迅速加快。这主要是华界市政建设近代化的推动,特别是上海地方自治运动的推动。1895年,在同仁辅元堂董事曹寄耘等人推动

---

① 《论上海查办保甲立推行于租界中》,《申报》1899年3月23日。
② 《论上海查办保甲立推行于租界中》,《申报》1899年3月23日。
③ [日]夫马进著,伍跃、杨文信、张学锋译:《中国善会善堂史研究》,商务印书馆2005年版,第557—571页。
④ 吴馨等修、姚文枏等纂:民国《上海县续志》,1918年刊本,卷二,善堂,第31页。

下,上海绅商成立南市马路工程局,在黄浦江沿岸修建马路,铺设道路。工程结束后,改为马路善后局,以作为市政治理机构。这也是日后上海地方自治的先声。1897年,上海本地士绅曹骧向官厅申请创办内地自来水公司,经上海道刘麟祥批准,由寓沪粤商唐荣俊、杨文俊等在南市开办。当时预估需银30万两,由唐、杨认股20万两,另10万两就地募集。公司在高昌乡一带建造水厂,1902年建成供水。这是客籍出钱、出人,土著提供项目、提供土地,协力合作的项目。在日后经营过程中,土著绅商、客籍绅商与地方政府三方勠力同心,共襄盛举。

1905年,上海地方士绅郭怀珠、李平书等鉴于华界市政建设远远落后于租界的实际状况,创议设立总工程局,以进行铺路、筑桥之类的市政建设。获得上海道台批准后,便即刻投入行动。1909年,清朝政府颁布《城镇乡地方自治章程》,总工程局相应改名为城自治公所。上海地方自治持续进行了9年,修路100多条,筑桥60多座,建造码头6个,新辟、改建城门9座,制订了各种各样市政管理条例。这为改善华界的市政设施,缩短华界与租界的差距,立下了卓越的功勋。这是上海居民的上海意识增强的表现。领导这一运动的李平书有一段话,最能反映当时人的上海人意识:

> 吾一言通商以后之上海,而为之愧、为之悲。愧则愧乎同一土地,他人踵事增华,而吾则因陋就简也。悲则悲夫同一人民,他人俯视一切,而吾则局促辕下也。要之,通商以来,上海,上海,其名震人耳目者,租界也,非内地也;商埠也,非县治也。岂非所谓喧宾夺主耶!抑非所谓相形见丑耶?而吾上海之人,数十年来,处之夷然,安之若素,面不赧而心不惭。①

通过上海地方自治,最能反映上海移民认同意识的还不在于修了多少条路、筑了多少座桥,而在于参加地方自治运动的人。领导上海地方自治的士绅,很多不是上海本地人,而是客籍绅商。上海地方自治领导机构有二,一为议会,二为参事会。议会由33人组成,由领袖总董与办事总董5人领导,领袖总董李平书是上海本地人。办事总董4人,莫锡纶、郁怀智是上海人,而朱葆三是浙江人,曾铸是福建人;后两人都是经商来沪的移民。至于参事会中,外来移民更多。其董事都是经上海绅商选举产生的。在地方认同问题上,参加上海地方自治运动,与1905年参加抵制美货、1903年参加拒俄运动或

---

① 李平书:《上海三论》,载中国旅行社编辑:《上海导游》,国光印书局1934年出版。

其他政治运动,具有明显不同的意义。后几者不带有地方身份认同的色彩,而前者本身便是具有地方身份认同的一种行动。那么多的外来移民投入上海地方自治运动,说明这些移民已经认同了自己的上海人身份,同时也说明上海本地人也认同了他们。

且以上海地方自治议董构成为例。1907年,议事会董事改选①,参与的成员甚多,包括各善堂、劝学所、南市商会、北市商会、地方自治研究会、地方公益研究会、东南城联合会、西北城联合会等,还有各铺段代表,不但有上海原籍绅商,也有各地寓沪客籍绅商。相关章程对选举人及被选举人资格所做限定中,除了年在25岁以上、没有不良记录(如吃鸦片、违反刑律而受官刑等),还规定"本地人及居住本地五年以上者"②。这意味着,在上海居住满五年,就在政治方面获得与原籍居民同样的权利。1909年,议董改选,所依据之《城镇乡地方自治章程》,对选举人与被选举人资格的限定与此前大同小异,有所不同的条款有:"一、凡于城镇乡内,现有住所或寓所者,不论本籍、京旗、驻防或流寓,均为城镇乡居民。居民按照本章程所定,有享受本地方公益之权利,并有分任本地方负担之义务。"对于在沪居住年限,规定"居本城镇乡接续至三年以上者"③,由此前的五年缩短为三年。在1905至1914年上海地方自治运动期间,积极参与其事的客籍著名人士至少有23名(详见表2):

表2 参与上海地方自治运动非上海籍著名人士名单

姓 名	籍 贯	身 份
于 城	浙江鄞县	木商会馆代表
王 震	浙江吴兴	日本轮船公司买办
王纳善	江苏嘉定	教育研究会评议员
朱 炯	江苏吴县	山东河南丝绸业公所代表
朱大经	浙江吴兴	商船会馆代表
朱志尧	江苏青浦	求新机器制造场主
朱佩珍	浙江定海	四明银行总董、中国通商银行总董
朱得传	江苏嘉定	震巽板木公所代表、福隆久记洋布号经理
江 昇	福建闽县	时行堂水果公所代表、水果商团团长

① 上海地方自治议会,1907年更名为"上海地方自治议事会"。
② 《总工程局议会章程》第一章,《组织及选举》,见杨逸编:《上海市自治志》,台湾成文出版社1974年影印本,第1页。
③ 《城镇乡地方自治章程》,徐秀丽编:《中国近代乡村自治法规选编》,中华书局2004年版,第5页。

续表

姓　名	籍　贯	身　份
张嘉年	浙江鄞县	豆米业公所代表、豆米业商团团长
李厚佑	浙江镇海	商船会馆代表、四明银行总经理
李厚垣	浙江镇海	久大沙船号经理、慎记商船号主
沈功章	江苏青浦	当质业代表、鸿裕当铺号主
沈恩孚	江苏苏州	中国图书公司编辑所主任
沈惟耀	江苏太仓	南市吉梓堂花业公所代表
沈懋昭	江苏无锡	信成银行经理
林世杰	浙江鄞县	南市钱业代表、立余、立丰钱庄号主
姚洪淦	浙江吴兴	德顺质号经理、恒大当铺号主
施兆祥	江苏吴县	金业公所代表、大丰永金铺号主
夏绍庭	江苏江都	中医师、中国医学院董事长
曾　铸	福建同安	中国纸烟公司经理、镇江造纸厂
程　鼎	江苏长洲	南市花行代表、程大隆花行号主
葛黼恩	浙江慈溪	药业会馆代表

注：资料来源：据李铠光《上海地方自治运动中成员的身份与运作冲突》一文所附《上海地方自治成员事迹表》编订，《史林》2003 年第 5 期。

与上海地方自治运动同一时期发生在上海的一些事件，也证明了上海主客界限的消解。

其一，地方官员表彰外来移民。1905 年，前任上海道台、后任商约大臣的吕海寰，奏请朝廷表彰上海私人办学有功人员。他所开列的名单中，既有上海本地人王维泰、王植善、顾誉、苏本炎、苏本铫、苏本浩、秦荣光等，也有从江苏吴县来沪的董瑞椿、俞复、杜嗣程、许士熊、丁宝书。[①] 这表明，此时，这些客籍移民已被地方官府视同本地居民，与本地居民一例看待了。

其二，上海沪军都督府成员结构。1911 年 11 月，上海革命党人举行反清起义，成功后成立沪军都督府，为上海军政领导机关。这一机构的成员，绝大多数不是上海本地人。都督陈其美是浙江人，参谋长黄郛是浙江人，外交总长伍廷芳是广东人，财政部长沈缦云是江苏人，交通部长王一亭是浙江人，闸北民政长虞洽卿是浙江人，他们都不是

[①] 吕海寰：《奏为上海民立中小学堂渐著成效拟请饬部立案并酌予奖励以资观感恭折》，光绪三十一年十二月初八日，载《吕海寰杂抄奏稿》第 10 册，北京大学图书馆馆藏稿本丛书，天津古籍出版社 1987 年版，第 544 页。

上海本地人。他们主持着上海的事务。只有民政部长李平书、军务部长钮永建是上海本地人。武昌起义以后,全国各地反清起义风起云涌,但有一规律,即各地革命党人反对各地方清政府,然后组成各地军政府。陈其美等在上海举事,领导沪军都督府,本身是他对上海身份认同的一种标志。这与湖北、湖南、广东、安徽、贵州等地反清起义后军政府纯由当地人主持很不相同,与正常情况下朝廷任命外地人来沪做官也有本质不同。他们是从上海社会中产生出来的,代表着上海的利益,以上海人的身份在行事。当时,并没有人说他们不是上海人。

到民国初年,移民对上海的认同已成普遍现象。其时,上海出版了一批《上海名人像传》《上海工商名人录》,所收多不是上海本地人。例如,1919年上海泰东书局出版的陈伯熙编的《老上海》,将许多外地在上海的人物都列为上海名人,如浙江上虞的经元善、余杭的章太炎、吴兴的陈其美,广东佛山的吴趼人,江苏吴县的王韬。

最能反映上海人身份认同特点的有两件事,一件是中共一大代表的身份,另一件是《海上名人传》收录的人员。

1921年中共一大举行时,代表凡13人,都是各地党小组的代表,他们所代表的党小组与其籍贯多有一致性,如长沙小组的毛泽东、何叔衡都是湖南人,武汉小组的董必武、陈潭秋都是湖北人,济南小组的王尽美是山东人,广州小组的陈公博是广东人。但有两个小组的代表都不是当地人,即北京小组的张国焘(江西萍乡人)、刘仁静(湖北应城人)都不是北京本地人,上海小组的李达(湖南永州人)、李汉俊(湖北潜江人)都不是上海本地人。北京是全国的首都,在首都活动的未见得都是北京本地人,这是古今中外通则。上海并非首都,但在看待本地、客籍人员关系方面,却与首都类似。二李在上海居住、工作,时间都很短,都不超过三年。中共一大代表并没有经过地方党员的选举程序,自然也没有地方身份认定的问题。但是,当时及日后,人们对于李达、李汉俊作为上海小组的代表,从无异议。这正好说明,当时及日后,人们对于什么人可以算上海人的问题,有个不言自明的标准,即:不论其籍贯何处,只要在上海生活、工作即可。

《海上名人传》是1930年由《海上名人传》编辑部编写、上海文明书局出版的,共收上海名人100位,其中只有杜月笙、林康侯、黄涵之、叶惠钧等10人是上海本地人,正好占10%;其余都是在上海的外地人,占90%,如浙江吴兴的王一亭、浙江镇海的方椒伯、江苏元和的贝润生、江苏吴县的朱寿丞、安徽合肥的李伟侯、广东台山的李煜堂。此书出版时,这些人都在上海,且配有他们的照片,无疑是征得他们同意的。这也可以说,这些人早就认同了他们的上海人角色,社会各界也认可了他们的上海人身份。

一段插曲

在上海主客界限消解过程中,出现过一段小小的插曲。事情是由拆城与反拆城的争论引起的。

自1906年开始,一部分绅商提出拆除上海城墙,以改善城厢内外市政建设远远落后于租界的窘境,另一部分则表示反对,形成两派。反对拆城的人当中,以上海本地居民为多。当然,赞成拆城的人中,本地居民也不少。反对拆城士绅中,曹骧①最为著名。1908年7月1日(光绪三十四年六月三日),他发表演说,称城垣之设,所以保卫阖邑人民,上海城垣,我上海人应当事务讨论。这引起客籍绅商的强烈不满。四天后,7月5日,《新闻报》刊文《规上海人》,指名批驳曹骧,其中就谁是上海人及客籍与本地人的关系,提出讨论。文章指出,所谓客籍人与本地人的区分,本是科举时代的观念,现在已经过时,按照时下的法律观念,不应再有此类区分。文中鲜明地提出,凡居住上海若干年,在上海置有产业者,都是上海人,而不应仅仅按籍贯区分:

> 且夫上海人欲与客籍绅商分别界限,固有甚难者矣。数十年来,上海之慈善事业、公益事业,悉以客籍绅商所捐之资为多。顾此系科举未废时代,目之为客籍绅商耳,若以户籍法论,凡住居上海若干年,在上海置有产业者,咸为上海人。盖其于上海之休戚关系者深,故其对于上海之慈善事业、公益事业皆有应尽之义务。而于振兴上海之拆城问题,乃欲歧而二之,曰客籍绅商,可乎?否乎?此亦上海人所不可不知,而不能以此废物分同室之界限者也。②

一个星期以后,7月13日,上海绅商就保护城墙问题发表意见,其中有"全体绅商"一语,并就此语之内涵做了阐释,内云:

> 昨有上海全体绅商保存城垣公会,函送章程多条如下:一、"全体绅商"四字,

---

① 曹骧(1844—1923),号润甫,上海人。青年时期入上海广方言馆学习西文,毕业后入上海公共租界工部局任译务。1871年,入县庠,著《英字入门》,为沪上英文字典之始。光绪初年,受聘县署译务,为洋务局翻译。1883年,奉命赴川沙、南汇、崇明、宝山等地组办渔团,守护海线。1884年,调办两江总督行辕密电,充两江营务处委员。1885年,任赴法公使刘瑞芬随员,因病返回。翌年,奉命襄办金陵洋务局,兼下关稽查局,并任同文馆西学教习。1896年,在上海筹设内地自来水厂。1907年,被选为上海城厢内外总工程局议董、城内地方公益研究会副会长,参与禁烟事宜。历任保安堂、栖流公所、和安学校董事,及上海教育会、县议会议员。
② 《规上海人》,《新闻报》1908年7月5日。

> 系承道宪照会言之,缘上海各小部分之团体最多,核其人数如太仓稊米,有挂一漏万之虞。兹所云"全体绅商"者,系包括阖邑在内。一、无论城厢内外及乡村市镇,凡本邑境内皆为上海全体之区域。一、境内四民,系正当营业者,皆有公民住民之资格,皆在全体二字之内,皆可来会发抒意见,毋自弃其发言之权。一、土著、客籍并无分别,但有业产在上海,职务在上海者,即与斯城有密切之关系,均在公民住民之列,本会一例欢迎。①

这段话,可以视为对《新闻报》所刊批评意见的回应。章程特别强调,"土著、客籍并无分别,但有业产在上海,职务在上海者,即与斯城有密切之关系,均在公民住民之列",这是对曹骧意见的修正,是对客籍上海人身份的肯定。民国初年出版的《上海县续志》写道,"查吾邑水陆辐辏,五方杂处,但可论住年之久近,无从有土客之区分"②,可算是对上海主客关系的定论。

此后,人们基本上认可这样的标准,即仅以是否居住在上海为准,而消除本地、客籍之分。1921年一篇讨论上海人心理的文章对此讲得很清楚:

> 什么唤做上海人,上海人就是住在上海的人。其实,真正上海的土著,没有几个,浦东方面与南市方面却还多些,但是我所说的上海人,是指租界方面居多数,就是别处的人,或者来做生意买卖的,或者做海上寓公的,或者来游历的,只要住上一年半载,我就承认他是上海人了。③

两年后,另一篇讨论上海人行为方式的文章也写道:"我说的上海人,并非专指真的上海人而言,大凡住在上海的,都算是上海人。"④

这种看法一直延续到20世纪40年代:"上海五方杂处,居住上海的,并非普遍都是道地上海人,真正上海人,倒是极少数。住上了五年十年,便算上海人了。"⑤

综上所述,上海人的内涵有个不断演变的过程,先是指狭义的、拥有上海籍贯的人,到19世纪末20世纪初,内涵逐渐扩大,泛指一切在上海安家立业的人。到清末民初,

---

① 《上海人立会保存城垣》,《沪报》1908年7月13日。
② 黄苇、夏林根:《近代上海地区方志经济史料选辑(1840—1949)》,上海人民出版社1984年版,第304页。
③ 镜心:《上海人之心理》,《礼拜六》1921年第105期,第26—27页。
④ 芙孙:《谈谈上海人》,《新闻报》1923年12月25日。
⑤ 梅花落:《上海人看苏州人》,《礼拜六》1946年第19期,第12页。

这一观念已被社会广泛认可。

四、认同原因与双重认同

那么,是什么原因促使这些移民对上海的认同呢?我想,主要有以下几条:

其一,上海形象的稳定。在开埠以后的二三十年里,上海租界的各个方面都未定型,工部局是到19世纪50年代才出现的,英美租界是到60年代才合并的,会审公廨是到60年代才出现的,公共租界、法租界的较大规模的扩展是到90年代才完成的。特别是租界为中国政府权力所无法达到这一点,是通过戊戌政变和庚子事变、东南互保等事件才为中国社会普遍认识到。于是,全国各地的知识分子,不断地向上海集结,上海的声音在中国各种事件中越来越不同凡响,越来越引人注目。

其二,移民居留的时间。移民对移居地的认同,与居住时间的长短成正比。到19世纪90年代,早期来沪移民,即开埠初期便来沪和太平天国时期大批来沪的,在沪居住时间已有四五十年了。据估计,在1853年小刀会起义以前,上海已有广东人8万,福建人5万,照此比例,当时江苏、浙江在沪人数当各在8万以上。因太平天国和小刀会的关系,从江浙又涌来六七万(扣除来而复回的)。如果这30多万人构成了近代上海最早的一批外来移民,如果这些移民在沪结婚成家的话,到19世纪末,则不但有了儿子,很可能已经抱了孙子,他们的生活重心已不在宁波、扬州、潮州、香山,而在上海。

其三,公共舆论的整合。上海自开埠以后,便成为国内外舆论关注的重点,自上海有了《六合丛谈》《万国公报》和《申报》等中文报刊以后,上海的消息、上海的形象便日日被舆论宣传着。不管捧也好,贬也好,上海是作为一个整体形象被传播、渲染、谈论,活动在上海的人也往往被笼统地视为上海人。1900年,经元善等1300多人通电反对慈禧太后废除光绪皇帝,所用名义是"上海寓居绅商",其中绝大多数,包括经元善本人都不是上海本地人。应当说,这样署名,既突出了他们的上海身份,又含有他们不是上海本地人的意思。但外界报道或谈论时,往往径称"上海绅商"。以后,黄宗仰、吴稚晖、蔡元培、章太炎等经常在张园等处演说,报纸上登出消息,多称之为"上海绅商"。"寓居"两字一去,突出了他们的上海身份。这样日日宣传,月月宣传,公共舆论如此说,他们也认同了。

事实上,自"庚子事变"以后,特别是第一次世界大战以后,上海城市在全国的政治地位越来越特殊,在现代化方面越来越走在其他城市前面,上海工业产品、文化产品在全国越来越受好评、追捧,上海人的身份也越来越容易被寓居上海的居民接受、认可。1932年,《申报》有篇文章,对此分析得很到位:

> 所谓上海人,实际不是上海人。真正的上海人,叫本地人。本地人在上海的人口中,虽然未有正确的统计,依了普通的估计,恐怕最多也不过占到百分之十。其余的百分之九十,虽然其中广东人、宁波人、山东人、江北人,以及其余边疆远省的人,应有尽有,但是他们却没有不以上海人自命的。所以你遇到一个上海话一句不会说的客民,尽恭维他是"上海人",准不会错。①

文中所称寓沪移民"没有不以上海人自命的",都很乐意接受人们对其"上海人"身份的"恭维",正说明寓沪移民对上海人身份认同已相当普遍,且上海人身份的正面含义已相当浓厚。

双重认同

上海居民来自五湖四海,到上海以后,所待之处,是由两个租界和华界共三个不同的市政管理体系构成的,华界又被分割成南市、闸北、沪西等区域,所以,上海居民并没有一个完整、统一的上海地域概念。对不少上海居民来说,上海是个避难、淘金的地方,不是他们的家乡,也不是他们永久驻留之地。他们的家乡在潮州,在宁波,在扬州,在漳州,他们常有一种有朝一日衣锦还乡、叶落归根的愿望。上海只是"上海人"的客居之地,"上海人"只是上海的过客。连原先本地的土著居民也不认为自己是上海人,因为他们大多数人居住在偏离市中心的地方,在浦东,在江湾。他们把到市中心去说成是"到上海去"。

由于近代上海存在着上文已经述及的繁多的、强大的同乡组织,这些同乡组织在维持、强化各地移民对于家乡认同方面,起着很大的作用。这些同乡组织,为在沪同乡寻找工作,排解纠纷,申诉冤屈,办理婚丧嫁娶之事。特别是设立义冢,建立殡舍,为在沪死去的同乡能魂归故里提供方便。有些会馆公所还设立诊所,设立义学。它们开有适合同乡口味的饭店、菜馆,如粤菜、川湘菜、淮扬菜,设有上演本乡地方戏的戏院。特别是大多数会馆、公所,供奉着各地的乡土神,岁时祭祀。四明公所供奉关帝(关羽,是讲究信义的化身,宁波人重视生意,故特重信义)。泉漳会馆供奉天后(福建莆田人,五代

---

① 白石:《上海人的分析,老牌少,冒牌多》,《申报》1932年9月9日。

时闽王都巡抚林愿的女儿,据说能预知吉凶休咎,死后著灵海上,能救海上行舟遇险之人)。江西会馆供奉许真君(东晋道士,住南昌,据说学道成仙,能显灵济世)。徽宁会馆供奉朱文正(朱熹,宋朝大儒,徽州人)。湖南会馆供奉瞿真人(传说是明末清初长沙一位名医,医术高明,曾活人无算)。山东会馆供奉孔子。

  近代上海移民大多与移出地保持着广泛、持久而密切的联系。虞洽卿发起组织的宁绍轮船公司与三北轮船公司,主要经营宁波与上海之间的运输业务。上海很多机构、企业存在优先录用本乡人的潜规则。湘军将领李兴锐、聂缉椝在掌控江南制造局时,局中所招员工相当部分来自湖南。上海湖南会馆即由此而创办。聂缉椝、聂云台父子主持的恒丰纱厂,员工大多为湖南人。安徽人孙多鑫、孙多森兄弟在上海办的阜丰面粉厂,员工有90%来自安徽,相当部分工人是孙氏原先在安徽的雇工。先施、永安、新新、大新四大百货公司,都是广东人开的,其管理层面的职员,几乎全是广东人。荣宗敬、荣德生创办的荣家企业,20世纪20年代所雇佣的957名职员中,617名为无锡人。英美烟公司买办郑伯昭的永泰和烟行,在上海本行和长江下游的一些分行雇了200多名职员,都是他从广东招募来的同乡。很多移民的业务发生在上海与其移出地之间,如福建人经营茶叶、木材,山东人经营豆饼之类。靠近上海附近的江浙移民,相当部分是离土不离乡。有的是季节工,如蚕茧上市、茶叶上市、棉花上市,他们便来上海工作,生意淡季则回家乡务农,或在农忙时回乡务农,农闲时来沪务工。还有一些人是单身来沪,妻儿老小仍在家乡,粮食亦从家乡背来。

  1949年以前,上海没有严格的户籍管理,移民来的来,走的走,全无窒碍。即使居留上海时间较长的移民,准备在适当时候叶落归根的也大有人在。这种情况与早期海外华侨有点类似。但是,1949年以后,特别是1958年城市户口严格管理以后,这种情况才发生根本性变化。

  说乡土话,交乡土人,吃乡土饭,听乡土戏,供乡土神,做家乡生意,上海来去自由,这些都强化了各地在沪居民对移出地的情感。于是,寓居上海的各地移民,大多保持对上海与家乡的双重认同。在家里,或与同乡在一起,说家乡话,吃家乡菜;到街上,到外地去,说上海话。当他处人称赞上海人、赞美上海货、艳羡上海城市时,他们认同上海人身份。当他处人批评上海人、诅咒上海社会风气时,他们会摇身一变,凸显自己的家乡身份,以苏州人、宁波人、广东人等自居,甚至附和对方一起批评上海人、诅咒上海风气。余秋雨曾举一例证:当他处人指责"不止一个扰乱了全国的政治恶棍是从上海发迹的"时,上海人会机敏地做出反应:"他们哪是上海人?都是外地来的!"①很多上海人都有这样的经历:与外地人相处,当他为人慷慨、出手大方、喝酒豪爽时,外地人对他评价每每是:"你真不像上海人!"②而此上海人通常不以为忤,反以为这是对他最好的褒扬。近代上海出版的许多杂志、小报,如《礼拜六》《新上海》《海风》《海燕》等,年复一年地以批评上海人、诅咒上海风气为能事,查一查那些编辑,大多是在上海生活已有较长时间的移民,称得上是老上海了。但是,他们批评上海人、诅咒上海风气时,毫无心理障碍。

　　这种心理结构,在很多近代名人那里都有表现。比如,陈独秀是与上海城市关联特多的思想家、政治家,也是批评上海人、诅咒上海风气最著名的人物。其实,在当时或今人看来,他当然属于上海人。再比如,20世纪30年代,沈从文等北京文人撰文批评上海文化人,引起京派与海派的讨论。鲁迅以局外人的身份,发表《"京派"与"海派"》《"京派"和"海派"》《南人与北人》,对两派各打五十大板,也在客观上为海派说了一些公允的话。当然,鲁迅不会以海派或上海人身份自居。殊不知,其时北京有些文人,正是将鲁迅归入海派一类的。1944年,闻一多曾撰文记述此事,并向鲁迅表示忏悔:

　　　　从前我们住在北平,我们有一些自称"京派"的学者先生,看不起鲁迅,说他是"海派"。就是没有跟着骂的人,反正也不把"海派"放在眼上的。现在我向鲁迅忏悔,鲁迅对,我们错了!当鲁迅受苦受难的时候,我们都正在享福,当时我们如果都

---

① 余秋雨:《上海人》,载谢冕主编:《中国百年文学经典文库·散文卷》下册,海天出版社1996年版,第238页。
② 兹举几例:"当然、当然,并不是每一个上海人都注定要挨骂,比如就有一种出于至真至诚的对上海人的表扬,不知多少上海人在文章里提到过,网上也有许多朋友的帖子里写到过:上海人与北方人交朋友,谈到情投意合、相见恨晚之时,北方人往往会拍着上海人的肩膀真诚地夸上一句:'你真不像上海人!'这每每令上海人疑惑不已,继而啼笑皆非:像上海人又怎么啦?阿拉从生下来就是上海人呢!"王谦:《别拿上海人说事儿》,中国友谊出版公司2003年版,第7页。"董怡立接受采访的时候说话很慢。关上录音机,他才告诉我这样是为了把普通话说准确,让人不得不佩服他的细心和耐心。有一个流传很广的玩笑,就是如果你要夸奖一个上海人,就应该很夸张地跟他说:'你真的不像上海人哎!'但是对董怡立却说不出这样的话,有条不紊,踏踏实实,他就是很典型的、很务实的上海人。"李宇宏:《耶鲁的青春岁月:21名耶鲁大学中国本科生访谈录》,中国青年出版社2006年版,第215页。"外地人对上海人的最好评价是:'你真不像上海人!'的确,上海人非常精明,反映在日常生活中,既包括谋取个人利益的行为,更包括对个人权益、利益的维护,该得到的,他们一分也不让,这使得上海人常为一点点利益而斤斤计较。"西北来客:《天南地北中国人:细说中国土著群落》,中原出版传媒集团2008年版,第207页。"说起地域歧视那就不得不提上海,京沪恩怨真是解不开的怨念。上海人精打细算,北京人说他们抠门儿;北京人大方开朗,上海人说他狂。都说北京人对上海人最高的赞誉就是——你真不像上海人。我曾经问过家里的老人,为什么咱北京人那么看不惯上海人,他们无一都回答说俩大城市总有各方面的比较。"徐晓晔主编:《七迹:北京师范大学二附中2010届7班文集》,甘肃人民出版社2009年版,第10页。

有鲁迅那样的骨头,哪怕只有一点,中国也不至于这样了。骂过鲁迅或者看不起鲁迅的人,应该好好想想,我们自命清高,实际上做了帮闲帮凶!如今,把国家弄到这步田地,实在感到痛心!①

上海移民对家乡与上海的这种双重认同,无意中形成了上海文化特有的自我批评、自我反省机制。回顾上海自近代以来直到21世纪初对于上海城市文化的历次反思与批评,那些最切肤、最深入、最细致的意见,往往出自那些久居上海的移民学者。他们在如此那般地进行反思与批评时,其心理结构与当年的鲁迅完全相同,超然、冷峻,没有任何心理负担。这种特有的自我批评、自我反省机制,正是上海文化能够不断自我否定、自我更新的动力源泉。

当然,上海移民对家乡与上海的这种双重认同,并非始终如一,而是随着上海人口的稳定、上海与其他地方关系的变化而发生变化。如前所说,近代上海与外地之间,并没有严格的行政壁垒,人员来来往往,相当自由。上海既没有严格的户籍管理,更没有通过居留证之类的制度设计以限制外地人的进入、居留。上海在1949年以后的最初几年,也还没有实行严格的人口控制。从1951至1954年,上海每年净迁入人口21万。自1955年起,中央政府对上海城市进行改造,动员部分工厂迁往内地,并疏散上海人口,当年从上海净迁出58.6万人。从1958年开始,在全国开始实行城市二元体制、严格控制农村人口流向城市的大背景下,上海实行户籍管理制度,严格控制人口迁入。从此,上海人口迁出容易迁入难。外地人进入上海的闸门被关住,上海人成了固定的一群,上海人的身份也有了固定的含义。这对于催发上海人特殊的上海意识起了不可估量的作用。由于上海在中国的特殊地位,由于城市生活的种种方便,文化发达,科学技术先进,商品丰富,物价也不高,上海人极其珍惜自己的上海人身份,珍视城市生活的种种优越性。"宁要浦西一张床,不要浦东一间房",成为普通市民的共识。② 于是,青年学生不愿意报考外地的大学,担心将来无法回到上海。在外地插队落户的知识青年,只

---

① 王康:《闻一多传》,湖北人民出版社1979年版,第327页。
② "'宁要浦西一张床,不要浦东一间房',是80年代中后期的上海人的观念,当时的浦东刚刚开始开发,虽然新建造了一些比较宽大的住房,但是交通、出行、娱乐、购物等相当不便,几乎是没有的,包括政府机构。浦西各个方面相当方便,唯一不方便就是住房拥挤,往往是一家七八口甚至十几口住十几平米的石库门房子。到了80年代后期,光荣妈妈们的很多的孩子到了结婚年龄,但是没有住房成了大问题结不了婚,当时上海市政府提倡开发和发展浦东,给予搬过去的人住房优惠政策,但是一些人还是不肯去,就使得'宁要浦西一张床,不要浦东一间房'成了流行语言,意思是只要在浦西有一块能睡觉的弹丸之地,就不愿往浦东搬。"陈煜编著:《中国生活记忆:建国65周年民生往事》,中国轻工业出版社2014年版,第169页。

要能够返回上海,不惜一切代价,甚至放弃已在外地建立的家庭。上海人也渐渐变得看不起外地人。

这种情况,对上海人的身份认同产生了很大影响。老一辈移居上海的外来人,少有再作归根之想的。生在上海、长在上海的青年一代,宁波、扬州、合肥等原籍对于他们来说,完全是陌生的地方,只是在填写身份表格的"籍贯"一栏里才用得到它们。

五、上海人行为方式与审美情趣

关于上海人行为方式方面的特征,20世纪八九十年代学术界有过不少讨论,唐振常、余秋雨、沈渭滨、杨东平等都有一些分析,尽管众说纷纭,但综合而论,以下五点是较为一致的:

其一,处世精明。精明,俗称"门槛精",包含了精干、精练、精致、聪明,是指一种基于利益算计的过分聪明,是在承认现实制度、规定、秩序前提下,以机智的方式实现个人目的的处世原则。

其二,讲究实惠。实惠常与实用、实利、实际、实在联系在一起。"上海人本能地反感那种远离现实的、空洞抽象的说教和大道理,他们是顽固的现实主义者。"[①]他们重视实用理性往往超过价值理性,看重实实在在做工作、挣钱,平平常常过日子,通常对政治不太感兴趣:

> 正像所有中国老百姓一样,上海市民大多对政治持敬而远之、与己无关的冷漠态度。"不管谁上台,只要多发点奖金就行。"由于和中国的其他地方比,上海人的实际生活水准更高,"有产者"较多,上海人之怕乱怕动、太太平平过日子的愿望可能比别处更强。[②]

"文化大革命"中,上海小打小闹有之,大规模武斗则未之见。张春桥等将"一月风暴"吹上了天,上海市民却巧妙地提出了经济待遇和支内职工回城问题。历次学生运动中,冲在第一线的上海籍学生都不多。

其三,重视规范。上海人在管理行为方面,善于建立和遵守各种规章、制度、办法。

---

① 杨东平:《城市季风》,东方出版社1994年版,第462页。
② 杨东平:《城市季风》,第473页。

遇到新情况、新问题,很快便会有新规则出来。这是商业行为造成的"契约意识"在日常生活中的表现。有个例子:

> 一位在北京的外国使馆前等待签证的北京人发现,维持队伍秩序,建立一整套发号、查号规则的,是几个上海人——他们将在上海生活中的成熟办法移植到北京,建立起这支小小的命运共同体的秩序,从而也保护了个人的既得利益。[1]

其四,崇洋。近代上海本是中国现代化程度最高的城市,上海人对西洋文化的热情经久不衰。1949年以后,尽管不断声讨西方帝国主义,批判西方资本主义文化,但上海人对西方还是有一种"剪不断、理还乱"的情愫。这从改革开放以后的出国潮中可以依稀看出。据1990年的调查,大陆在国外工作、学习的人员共22.77万人,其中上海人6.65万,占27.9%,居全国之首。与北京人出国以公派为主不同,上海人出国经费是以自费为主。[2] 上海人涉外婚姻亦较他处为多:1979年上海有287例,4年后的1983年北京仅有175例;1991年上海有1 700多例,同年北京为736例。[3] 上海人涉外婚姻中,绝大多数是男外女中,即上海姑娘嫁外国男子,所涉国家以美国、日本等发达国家为主。无论何种涉外婚姻,婚后几乎全部出国定居。[4] 上海人的日常生活中,西方文化的留存也很多,读外语,信基督教,过圣诞节、情人节,爱上西餐馆、咖啡厅,喜食面包、奶油蛋糕,等等。[5] 不过上海人虽然崇洋却不媚外,上海近代以来在反对帝国主义的斗争中,一直站在斗争前列。

其五,行动敏捷。上海人有一个鲜明的特点,即行动敏捷,注重效率。上海人称走路为"跑路",一个"跑"字,活现了上海人行动敏捷的特点。一位从内地来到上海的学者回忆:

> 距今四十七年前初从内地到上海的时候,第一个令我目瞪口呆的现象,是上海人行走如飞,马路上都是那么急匆匆的,似乎是天将塌,又像是天即将降大任

---

[1] 杨东平:《城市季风》,第467页。
[2] 杨东平:《城市季风》,第477页。
[3] 杨东平:《城市季风》,第478页。
[4] 李黎:《上海市涉外婚姻的特点和问题》,《社会学》1996年第3期。
[5] 杨东平:《城市季风》,第479页。

于斯人,非立去办大事不可的样子。这种状况,与内地人悠哉游哉在马路当中踱方步的形象迥异。……由是,才明白上海人把走路叫做跑路实在有道理,不跑不行,不跑必落后。跑,是上海这个城市生活的节奏,跑路是上海这个城市的外在形象。[1]

五点之中,"处世精明"是核心,"讲究实惠""重视规范"等其他四点都可以看作"精明"的外化。由"精明"还可以演绎、派生出一些特点,比如:由于精明,上海人一般对与己无关的事不大关心,与人相处,桥归桥,路归路,分清各自的利益,甚至锱铢必较,因而与热情好客的北方人比起来,显得比较冷漠。由于精明,上海人在竞技活动中显得智力超常,斗智不斗力,踢足球、打篮球多以技术取胜,而不靠猛打猛冲。由于精明,讲究规范,上海人在购买物品时比较讲究名牌,讲究价廉物美,"不限于服装、家用电器、化妆品之类,小至糖果、巧克力、龙虾片、红肠甚至酱油,一个'正宗'的上海人都是要认牌子、认厂家的"[2]。由于精明,上海人很少花费无谓的时间去"侃大山",也不愿无端地接受他人的邀请和恩惠。

张爱玲说得很深刻:"上海人是传统的中国人加上近代高压生活的磨炼,新旧文化种种畸形产物的交流,结果也许是不甚健康的,但是这里有一种奇异的智慧。"[3]上海人这些行为特征的形成,是他们长期生活于高度商业化、现代化、法制化、移民化大都市的结果,是中西文化、传统与现代文化交流融合的结果。高度商业化,使人们比较注重自己的角色和实际利益,有较强的岗位意识和契约意识;快节奏的现代化生活,迫使人们注重效率,简化人际关系。近代中国政治变动频仍,一会儿帝党,一会儿后党;一会儿维新派,一会儿革命派;一会儿清朝王室,一会儿民国政府;一会儿孙中山,一会儿袁世凯,一会儿蒋介石。中央政府在走马灯似地变换,政治明星如夜空流星,上海因为有租界在,风动、云动、石不动,安然无恙,马照样跑,生意照样做。天长日久,上海人遂养成不大关心政治的习惯。当然,他们也不是什么政治都不关心,那些关系到他们切身利益的政治事件,如租界剥夺华人参政权利、巴黎和会上侵夺中国权益、租界当局制造"五卅惨案"、日本侵略上海、第二次世界大战进程,上海人每每投袂而起,奋勇抗争。但从总体上说,上海人政治热情不及京城人高。他们更崇尚个人本

---

[1] 唐振常:《广重塑上海城市形象论》,《上海文化》1994年第2期。
[2] 杨东平:《城市季风》,第469页。
[3] 张爱玲:《到底是上海人》,载马逢洋编:《上海:记忆与想象》,文汇出版社1996年版,第83页。

位、实际利益。

讨论上海人"精明"的特征,不能不说到流传很广的"精明不高明"的说法。此说起于何时何种情景,无法考证,但在20世纪80年代播传遐迩,则是毋庸置疑的。① "精明"与"高明",本为近义词。按《辞海》解释:"精明",精细明察;"高明",精明高妙。但放到80年代那个特定的时空里来评价"精明"与"高明",其间高下褒贬是不难品味出来的。诚如杨东平所说:"近年来关于上海人'精明不高明'的议论,皆指上海人难以合作,往往锱铢必较,因小失大。"②这个问题可以从两方面来分析。

一方面,上海人从近代到现代,一直是比较遵守规则、尊重规范的。在近代,租界长期的法制熏陶,使人们养成遵守规则、尊重规范的习惯。民国初年,便有人注意到上海人比内地人有较强的法律意识的特点:

> 英人以富于习惯闻,故其足迹所至之地,亦以养成习惯为先务。当英人初至上海时之设施,今已不可尽见。惟证以今日之现状,租界侨寓之华民,为数已达八十万,而历经英人熏蒸陶育之余,知识与程度,虽犹是陋劣不可名状,服从法律习惯则已较胜于内地。例如民国开幕,国内始有形式的司法衙门,而诉讼案之孰为刑事,孰为民事,执以问之普通国民,瞠目不知所对者,十必八九也。若租界居民则虽妇人孺子,亦均知命盗斗殴应向捕房控告,钱债人事应向会审公廨控告,于刑、民性质,颇能辨别了解。此非华人之习有法律知识,乃习有法律习惯也。……(内地)官吏蹂躏人民,人民不敢乞灵于法律也。若租界居民则均知非有公堂牌票拘人者为私拔人,私拔人者,无论官吏与人民,均有相当之惩罚。③

知法、守法,并运用法律保护自己的权益,这是上海人近代以来的传统。这还是法律层面上的事。至于日常生活中,上海人比较重视游戏规则,遵守约定俗成的规矩。1949年以后,在高度计划经济体制下,更强化了已有的遵纪守法、循规蹈矩的传统。80年代,正是中国从计划经济向市场经济转轨的时代,旧规范须破而未破、新规范将立而未立,中央对上海和广东等地实行不同的开放和税收政策。上海充当改革开放"后卫",经

---

① 比如,"关于上海人是否'精明而不高明'的讨论,便常常堂而皇之地摆上市领导的议事桌"。见沈渭滨、姜鸣:《阿拉上海人——一种文化社会学的观察》,复旦大学出版社1993年版,第78页。
② 杨东平:《城市季风》,第460页。
③ 姚公鹤:《上海闲话》,上海古籍出版社1989年版,第46页。

济增长速度低于全国平均水平,城市交通、住房、污染问题搞得上海人灰头土脸。由经济溯文化,人们把上海的落后归咎于上海人的素质,"精明不高明"论不胫而走。其实,这时上海的问题主要是体制问题,而不是人的素质问题。[①] 但是,毋庸讳言,在经济转轨时代,上海人过于遵守规则,遇到"红灯"停下来而不是绕道走,没有把近代上海人敢为天下先的传统继承下来,确实有些落伍。

另一方面,制度化、规范化毕竟是现代化社会的基本要素。经济转轨是个过渡时期,社会主义市场经济建立起来以后,新的规范最终是必不可少的,而且一定会建立和完善起来。守规则、重规范的传统最终还会变成上海人的优势。再者,即使是转轨时期,守规则、重规范一般也被认为是诚实、懂行和可靠的品质,也是一种行业美德。所以,"外商一般认为,和精明的对手合作还是有好处的:与上海人谈判固然比较困难,但与上海签订的合同符合规范,细节考虑周到,执行中少有麻烦,因而成功率较高。统计显示,上海的外资企业成功率最高,达98%,居全国之首。80年代末,连续3年的全国十佳合资企业,上海均占半数"[②]。

审美情趣方面,上海人突出表现在比较注意衣着打扮,居室内力求布置得舒适典雅。上海在开埠以后,逐渐成为一个高度商业化而又十分世俗化的社会,形成了以衣貌取人的习俗。还在1873年,《申报》便刊载过文章,批评上海社会过分重视人的衣着的倾向,称"耻人衣服不华贵"是上海第一陋习。鲁迅曾生动地描绘过上海人以衣貌取人的习气:

> 在上海生活,穿时髦衣服的比土气的便宜。如果一色旧衣服,公共电车的车掌会不照你的话停车,公园看守会格外认真的检查入门券,大宅子或大客寓的门丁会不许你走正门。所以,有些人宁可居斗室,喂臭虫,一条洋服裤子却每晚必须压在枕头下,使两面裤腿上的折痕天天有棱角。[③]

[①] 有的学者明确指出:"上海市的经济在80年代的确是每况愈下的局面。其国内生产总值,在1978年是全国第一,到1992年降至第九。这引起中国内外不少人的议论。胡鞍钢直截了当地说,上海衰落的原因,在于中央政府在税制上对上海'实行歧视性政策,抽血之多、取之过量,而导致其发展乏力,没有后劲'。上海的财政贡献远远大于经济贡献。他还列举广东在80年代的迅速发展为例,证明中央在税制方面给予广东的优惠是导致广东超过上海的原因。他说,在西方国家,很少有一个国家有不同的税制。因为税制上的不公平,导致上海失去了发展机会,只要中央像对待广东那样对待上海,全国统一税制税率的话,上海会迅速发展起来。"参见凌志军:《沉浮——中国经济改革备忘录(1989—1997)》,人民日报出版社2011年版,第384页。

[②] 杨东平:《城市季风》,第460页。

[③] 鲁迅:《上海的少女》,《申报月刊》第2卷第9号,1933年9月15日。

大名鼎鼎如鲁迅、宋汉章等,都有因衣衫不出众而遭开电梯者或看门房人冷遇的经历。1949年以后,虽说不像从前那样明显地以衣貌取人,但讲究穿着的习惯一直保留下来。衣着得体,外表整洁;质地不一定最好,但款式的设计、颜色的搭配,都比较得体。民谚云"北京人什么都敢说,广州人什么都敢吃,上海人什么都敢穿",便是对上海人注意衣着的一种看法。一位北京学者说,"在北京街头,能很自信地判别路人的职业、身份,在上海却不行:你很难根据一个姑娘的服饰、仪态,区别她究竟是大学生,是青工,还是炸油条的"[①]。考其原因,就是因为上海人普遍注意服饰打扮。在住房布置方面,上海人最舍得花钱,一直走在全国的前面。

在中国人群中,上海人的行为方式主要继承了江南文化的传统,机智,纤细,文雅。上海人的聪明,多表现为智力型,比如踢足球、打篮球,上海队一定以技术取胜,而不靠猛打猛冲,斗智不斗力。互相吵架,也多为"君子动口不动手"类型,不会动辄拔拳相对。在中国近代史上,上海将军少而文人多,多舞文弄墨之人,少悲歌慷慨之士。由于多年大都市生活的影响,上海人一般对与己无关的事不大关心,与热情好客的北方人比起来,似乎显得比较冷漠。也由于多年的大都市生活的熏陶,上海人在中国人群中,显得见多识广,聪明,灵活。在大街上,一个人如果仰着头看高楼看半响,围着外国人看半天,对着橱窗面露讶异之色,那大抵不是上海人。聪明而冷淡,使上海人在中国人群中显出异样的色彩,于是,"出主意要找上海人,交朋友莫寻上海人",成为许多人的共识。上海人成为人们既欢迎又不太欢迎的一群。

六、上海话与上海认同

会不会说上海话,是能否被上海人认同的主要标志。在开埠以后最初的三四十年中,来沪移民,各操原籍土语,苏州话、广东话、宁波话、福建话、苏北话,南腔北调,应有尽有。清末的一首竹枝词写道:"他方客弱主人强,独有申江让旅商。各操土音无敢侮,若能西语任徜徉"。时人称:

> 上海之口音庞杂,不可究诘。各地混合之俗语有二十七种,游荡无形之切口有五十二种。至于方言,此乡与彼乡异,浦东与浦西异,或杂以英语,或代以反切,细言之不致几百种。大致分为数类:第一广东话,外国人由广东北来上

[①] 杨东平:《城市季风》,第349页。

海,故广东话最占势力。第二宁波话,宁波滨海,开通较早,最先到上海。第三苏州话,地主也。第四北方话,京津山陕富商大贾,及优伶一派所流演者。第五始及上海本地话。上海本沿海一县,自明季历遭倭寇,元气大伤,故人口不甚繁殖。今之十里洋场,昔日之荒烟蔓草,故城南城西一带,除尚有完全土著外,其余一变再变。①

清末《图画日报》有一段关于上海移民在小菜场里各操方言的生动描写:

砰!天明炮放了。呜!呜!呜!丝厂上工了。我们大家小菜场买小菜去。一北京人高声曰:"咱要买窝颗儿(鸡蛋),几个大钱一个?"一南京人曰:"倭买一支狎子(鸭子),要飞(肥)。"一天津人曰:"哇要买大葱,多儿钱一斤?"一绍兴人曰:"鹤落要买甘菜(干菜)。"一宁波人曰:"阿拉买咸斋(咸菜)。"一徽州人曰:"阿街买居油(猪油)。"一杭州人曰:"我要买豆腐奸儿(豆腐干)。"一无锡人曰:"咸倪买点发芽豆。"一广东人曰:"唔买一根(一斤)油鱼。"一常熟人曰:"藕俚买斤朱肉(猪肉)。"一苏州人曰:"奴亚买一条五(鱼),格两日强得势哚。"一浦东人曰:"侬搭我称一斤烘干地力(风干荸荠)。"正在人声嘈杂,忽一松江人大呼曰:"巡捕、巡捕,五拉倒用(倒运),铜钿本贼骨头铳去拉咧!疪!疪!疪!"于是巡捕帮同获贼,菜场上群目注视,见捕获贼而去。一外国人说:"怕立司佛哩咕得(Police very good)!"②

随着时间的推移,社会的发展,逐渐产生了上海话。究竟是什么时期产生的,很难确定,但有一点可以肯定,上海话在19世纪80年代已经形成。1892年,上海出版了韩邦庆的小说《海上奇书》,所用语言即为上海话。此书出版以后,颇受欢迎,在清末便出了六版。这说明,在90年代以前,上海话已在上海通行。

上海话并不是上海开埠以前上海方言的简单延续。民国年间,一位日本学者研究过上海方言的结构,认为上海方言由四部分组成:第一是苏州语系,包括上海、宝山、南汇、昆山、嘉兴、崇明、湖州、无锡、常州、杭州等地方言。第二是宁波语系,包括

---

① 张恂九:《上海历史演义》上册,南星书店1931年版,第57—58页。引文"细言之不致几百种",当为"不止几种",最后一句亦有语病。惟原文如此,故一仍其旧。
② 《小菜场买物之拥挤》,《图画日报》,上海古籍出版社1999年版,第91号,第7页。

绍兴、金华、严州、台州、衢州等地方言。第三是粤语系。第四是其他方言,包括苏北语等。四部分中,苏州语系占75%,宁波语系占10%,粤语系占0.5%,其他方言占14.5%。①

驳杂是上海话一大特点。就像上海人来自五湖四海一样,上海人讲的上海话也带有各自的乡音。20世纪30年代,人们便描述了上海话的这种特点:

> 上海因了这五方杂处的关系,上海话也跟着上海人而大受影响。本地人说的上海话,其实倒是不折不扣的上海话,但是上海人偏要硬说本地人说的是浦东话。用各处方言杂凑成功的,才算上海话。例如说"我",须学宁波人说"阿拉";"你",须学本地人说"侬";"他",须学苏州人说"俚";"好",须学广东人说"顶括括";"不好",须学北方人说"不兴";表示惊讶而失望,须学江北人说"乖乖不得了"。倘使你的话,能够这样子不三不四的东学一句,西学一句,那人家就心悦诚服,而且五体投地的佩服你是一位货真价实的"老上海"。
>
> 上海人的心目中,似乎以为上海人是另一个民族。凡是不会说这种夹七夹八上海话的人,统称之为"乡下人",而乡下人的代名词,上等的叫做"阿木林",下等的叫做"屈死"。其实今日的上海,也到找不到一片城砖儿,而今日的租界,正是从前的上海的乡下。现在自命为老牌上海人,实际上倒是地道的乡下人。上海人所说的乡下人,或许倒是新从城圈儿里来的呢。②

一位在上海生活多年但后来离开上海的老人回忆说:

> 当初我们在上海,讲的当然是上海话,但并不纯粹。例如浦东人讲浦东人的上海话,宁波人讲宁波人的上海话,苏州人讲苏州人的上海话,扬州人讲扬州人的上海话,可以称得上是大杂烩。③

上海话变得比较稳定、统一起来,受两大因素影响:一是以上海话为载体的语言公共空间的出现,对于上海话的整合起了至关重要的作用。随着留声机、收音机的普

---

① 徐国桢编著:《上海生活》,上海世界书局1930年版,第15—16页。
② 白石:《上海人的分析,老牌少,冒牌多》,《申报》1932年9月9日。
③ 杨东平:《城市季风》,第341页。

及,无线电广播的出现,随着以上海话为载体的滑稽戏、沪剧的流行,上海话逐渐统一起来。二是人口的固定。1958年以后,随着城市人口流动的停滞,上海人变为相对固定的一群,不再有那么多不讲上海话的移民源源而来,上海话也逐渐变得统一。

上海话的规范化,成为上海人的自我认同和区别上海人与外地人的重要依据。有一首妇孺皆知的民谣——"乡下人,到上海,上海闲话讲不来,米西米西炒咸菜",就是上海人嘲笑外地人的。①

(1997年初稿,2018年改定)

---

① 兹举几例:"'乡下人,到上海,上海闲话讲不来,米苋米苋炒咸菜。'狭隘的上海人意识,最初的形成可能是源于这个带着偏见和捉弄口吻的顺口溜。幼儿园的小孩尚可以不懂人情世故,拿来觉着有趣,就口无遮拦地当做山歌唱。"(Pinko:《上海小囡:70族恋恋童年》,少年儿童出版社2003年版,第165页)"下了课同学们围住她嚷嚷着:'乡下人,到上海,上海闲话讲不来,咪嘻咪嘻炒咸菜。'到了下一节课下课,同学们又嚷嚷开了。"(裘旦:《肥皂碑》,上海文艺出版社2004年版,第15页)"鹏飞嘻一声笑道:教几句上海话吧! 吴宝宝就念:乡下人,到上海,上海闲话讲不来,米西米西炒咸菜! 鹏飞学几遍,没学像,人倒笑翻。"(王安忆:《匿名》,人民文学出版社2016年版,第391页)"炒咸菜"一作"炒冷饭":"'乡下人,到上海,上海闲话讲不来,咪西咪西炒冷饭。'这是一首童谣。今天人到中年的上海人都记得,说不定还唱过。小时候大声唱的时候心里是很痛快的,并不知道童谣里面有歧视移民的意思。"(沈嘉禄著、戴敦邦绘:《上海老味道》增订版,上海文化出版社2012年版,第75页)

政治与经济人物

一代通人郑观应[①]

近代中国处于一个全面、深刻而持续的转型时代,国家所处的国际环境、国内环境,社会的生产方式、经济结构,社会流动的横向与纵向渠道,人们的知识来源、知识结构,人们的伦理观念、价值观念,都处于迅速变动之中。有的领域(如物质文化层面)在疾速代谢,有的领域(如制度文化层面)在缓慢嬗变,有的领域(如精神文化层面)则新旧杂糅,变化迟缓。面对这样的变局,身处其间的个人,何以自处?何以选择自己的发展路径?何以调适自己的行为方式?为什么有的人能顺时应变,成为时代的弄潮儿,而有的人则抱残守缺、四处碰壁?这是整个时代的重大课题,也是每个人都面临的切身问题。成功与否,既取决于这个人所处天时地利条件,更取决于他对时代变化的感悟,取决于他的应变能力,取决于他的智商与情商。

郑观应(1842—1921)一生都处在大转型时代。他是一个在事功发展路径、治学、修身等方面都相当成功的人,一个对时代变动有敏锐感悟的人,一个恰当地选择自己的事功发展路径、顺时调适自己行为方式的人,一个既善于读有字之书也善于读无字之书的人,一个由中华文化孕育出来的大聪明人,一个难得的通人。

郑观应像

[①] 原载尹绪忠主编:《郑观应思想与当代中国社会》,广东经济出版社2010年版,此处略有修改。"通人",一般指学识渊博、贯通古今的人。本文的定义更为宽泛些,也指世事洞明、人情练达之人,即不但"通"古今之学、中西之学,也"通"有字之学与无字之学,为治学、治世闳通之人。《史记·田敬仲完世家赞》云"非通人达才,孰能注意焉",将"通人"与"达才"连称。东汉王充则在学问的意义上使用"通人"。他将儒学之士分为四等,即儒生、通人、文人、鸿儒,认为"能说一经者为儒生,博览古今者为通人,采掇传书以上书奏记者为文人,能精思著文连结篇章者为鸿儒";还说:"通书千篇以上,万卷以下,弘畅雅闲,审定文读,而以教授为人师者,通人也。"(《论衡·超奇》)吴稚晖评价蔡元培为"学人兼通人",以"通人"与"学人"作比较,认为"学人守先待后,通人则开风气者"。郑观应多次以"通才"自诩,但没有自称"通人"。首次称郑观应为"通人"的是张振勋。在郑观应70岁所摄照片上,张振勋题词"官商洁士儒道通人,心殷救世志在成真",从儒道兼通的角度称郑观应为"通人"。照片见香港中文大学中国文化研究所文物馆、香港中文大学历史系合编:《买办与近代中国》,三联书店(香港)2009年版,第239页。

一、发展路径：商儒兼业

郑观应80年生涯中,决定其一生事功的关键时期,是他到上海习商以后的开头25年,即1858至1882年。1882年离开太古轮船公司买办位置以后,他已是在商场、官场、学场上都很受重视的成功人士。分析他人生发展的路径,前半生最为重要。

幼年时代,父亲郑文瑞给郑观应设计的发展路径,是那个时代年轻人通常都会走的路径,即读书—科举—做官。郑文瑞本是读书人出身,想必也参加过科举考试,但不顺利,然后,在家乡设帐授徒。他要郑观应走科举道路,是顺理成章的事。17岁那年[①],郑观应参加童子试,攀登科举考试的第一级台阶,结果未中。第一次应试未中是很正常的,那个时代,三试、四试未中也都是司空见惯的。但是,郑观应一试未中之后,父亲就不再要求儿子继续应试,而是改弦更张,让他到上海学习经商。

郑文瑞为什么没有坚持要儿子在科举道路上继续走下去？可能是他自己对科举一路不那么有兴趣,可能是他认为郑观应的资质不适合科举考试,可能是他受家乡许多人经商、当买办的影响,觉得经商更有发展前途,也可能几方面兼而有之。郑文瑞本人是一个比较通达的人,是一个对变动的时代有比较敏锐感悟的人。[②] 他认为子弟正确的发展路径,首选读书,其次经商,但经商不忘读书,所谓"子弟读书非甚颖异,即命之经商,而戒不得废书"[③]。他赞赏古人"学者以治生为急"的观点,不赞成一个人不顾自己天赋资质与生存环境而走科举考试的独木桥。

如果说人生路途中的第一个重大转折,即放弃科举、赴沪习商,主要是出于父亲的主张,那么,到上海以后的路,就主要是郑观应自己走的了。他到上海那年17岁,按照传统的说法,正是从十五志学向二十弱冠过渡的阶段,是过了少年进入青年的阶段,也是人生观形成的阶段。

在上海开头的25年中,即从1858至1882年,郑观应的精力主要投放在以下四个方面：

一是经商。郑观应在新德洋行习商,在宝顺洋行当买办,在生祥茶栈做通事,合伙经营公正轮船公司,参与创办太古轮船公司,参股于轮船招商局、开平矿务局、上海造纸公司、上海机器织布局等企业,都可以归纳为经商一途。郑观应经商很成功。到1882

[①] 本文所用郑观应年龄数字,均按郑观应本人算法,亦即中国习惯的虚岁算法。
[②] 据研究,郑文瑞本人可能就在上海洋行当过买办,见易惠莉：《郑观应评传》,南京大学出版社1998年版,第16页。
[③] 易惠莉：《郑观应评传》,第22页。

年他到底有多少资产,无法确知,但是,从他投资那么多企业,从李鸿章专门为他在赈灾中的重要贡献而奏请将其事迹载入方志,可以想见其资产一定相当可观。

二是读书。内容有三方面:第一是英语。在新德洋行习商期间,他曾跟随叔父郑廷江学习英语。在宝顺洋行期间,曾有两年时间,他在英华书馆夜校向傅兰雅学习英语。英华书馆是当时上海最著名的业余英语学校,1865年开办,设在石路(今福建中路),每月学费为5两银子。郑观应对于学习英语相当重视。他的弟弟们到上海学习商务,他无不嘱其先入英文学堂学习英文。① 从郑观应在洋行的工作业绩来看,有理由认为,他的英语程度已相当不错,足以应付洋行业务的需要,由此可以推断,他花在自学英语方面的时间与精力也不会少。第二是西书。当时的上海,是西书荟萃之地,先前墨海书馆所出版的西书还在流通,新的西学知识又大量涌入。江南制造局翻译馆、京师同文馆新译的西书,传教士出版的《教会新报》(后改《万国公报》)、《上海新报》《申报》上刊载的新学知识,以及在买办生涯中可能接触到的西书,都是郑观应留心阅读的内容。从他编写的《救时揭要》《易言》与《盛世危言》所涉及的西学知识来看,举凡工程制造(轮船、铁路、开矿等)、社会科学(世界历史、地理、各国概况、国际法、教育学)、医学,他都有所涉猎。第三是中国传统文化典籍。郑观应到上海以前,已经研读过许多中国典籍,除了《三字经》《千字文》等童蒙读物,《论语》《孟子》《大学》《中庸》等应试必读书,还读过《性理大全》《五子近思录》、陈白沙的文集、王阳明的文集等。② 到上海以后,他还研读了一大批儒家、道家、佛家的典籍。③

三是著述。重视立言本是儒家传统,郑观应父亲郑文瑞也是很注意著述的人,编过《训俗良规》《劝诫录》之类劝人积德行善的书。郑观应循其路径,先是编辑《道言精义》《陶斋志果》等书,那是与时务没有多少关联的读物;而后撰写《救时揭要》《易言》等书,直接介入时务问题的讨论。对时务问题的兴趣和讨论,导致他日后名著《盛世危言》的诞生。

四是赈灾与捐纳。19世纪70年代后期,华北地区发生严重旱灾,上海中外人士发起了范围很广、持续时间很长、影响很大的赈灾活动,已经经商成功的郑观应,在其中发

---

① 郑观应:《中华民国三年香山郑慎余堂待鹤老人嘱书》,载夏东元编:《郑观应集》下册,上海人民出版社1988年版,第1483页。
② 郑观应:《致杨了悟、何善园、陈灵甫、卢钧堂诸君书》,载《郑观应集》下册,第46页。
③ 郑观应晚年在自述读书情况时,先述"幼年"所读书目,继述"继读"书目,后者应包括到上海以及以后所读内容,这些书目包括道家的《唱道真言》《金华宗旨》《青华秘文》《清净经》《定观经》《日用经》《心印经》《胎息经》《道窍谈》,佛教的《多心经》《慧命金仙证论》《童蒙止观》。参见郑观应:《致杨了悟、何善园、陈灵甫、卢钧堂诸君书》,载《郑观应集》下册,第46—47页。

挥了积极的作用,带头捐献巨款,并组织赈灾活动。为赈济山西灾荒,他与经元善等人创办筹赈公所,将办公地点设在自己家中。他们募捐赈济河南、直隶、山东、陕西等地灾荒。他还遵母遗嘱将积存的1 000两白银捐给直隶赈灾。与赈灾相应,郑观应纳资捐得郎中、道员衔。捐纳让郑观应获得了绅士的身份,在某种意义上弥补了他没有科举功名的缺憾,为他与官绅打交道提供了方便。

郑观应的精力、财力投放方式,有其过人之处。众所周知,近代早期,上海买办多为广东人,如莫仕扬、郑廷江、曾寄圃、徐荣村、徐润、唐廷植、唐廷枢、唐瑞芝、唐国泰、杨桂轩……一长串的买办名单,构成广东籍的买办群体,用王韬的话,即上海买办"半皆粤人为之"①。郑观应如果单是当买办、经商,那他在买办、商人群体中并不突出,与郑廷江、徐润、唐廷枢等没有多少区别。他在经商、读书、著述、赈灾四方面齐头并进,其综合优势就是别人不可相比的。经商是聚财,赈灾、捐纳是散财,光聚不散,便成守财奴。郑观应恰当地处理好聚财与散财的关系,使其财富在人生意义中发挥了更大、更多方面的效益。读书是蓄才,著述是亮才,光蓄不亮,无以赢得名声与地位。郑观应成功地将求利与求义、蓄才与亮才、求利与求名结合起来,即其所谓"求利中不失其求名之望,求名中可遂其求利之心"②。1882年以后,他被李鸿章等洋务大员看中、提拔,先后走到上海机器织布局、上海电报局、轮船招商局等多家洋务企业的领导岗位上;他能与盛宣怀、经元善、谢家福等江浙绅商建立深厚的友谊,建立起对日后发展极为有用的人脉关系,就与他兼通中西的综合实力、亦商亦儒的复合身份有关。

19世纪中后期,关心时务、以时论名世的人不在少数,稍前有魏源、冯桂芬,同时或稍后有王韬、薛福成、陈炽、陈虬、宋恕,但像《盛世危言》那样赢得士林广泛赞誉、受到朝廷高度重视的并不多,只有冯桂芬的《校邠庐抗议》庶几近之。这两部书论述重点不一样,问世年代有先后,但就书而论,都有一个共同特点,即议题广泛而切合实际;就作者而论,两位作者在士林中都有广泛的人脉。

二、治学路径:中西兼习

"经书烂熟方西学,博古通今事大贤"③,这是郑观应《训子》诗中的两句,也可以看作是他的夫子自道。郑观应的一生,是不断学习的一生,学习的内容不分中西,中西兼

---

① 王韬:《瀛壖杂志》,上海古籍出版社1989年版,第3页。
② 郑观应:《捐纳》,载《郑观应集》上册,第563页。
③ 郑观应:《训子》,载《郑观应集》下册,第1364页。

习。从《易言》《盛世危言》到《盛世危言后编》中，从他的《罗浮待鹤山人诗草》中，可以看出他的传统学问的功底相当厚实。他不但对四书五经能纯熟地引用，而且时常引用二十四史以及汉唐至明清诸名家的著作。① 他对于道家著作的研究，对于传统强身医术的熟悉，已经达到了专家的水准。至于西学，前已述及，他相当留心阅读西学书籍，这从《盛世危言》中对西书的广泛征引可以看得很清楚。他与传播西学的李提摩太，与通晓西学的容闳、王韬、何启、胡礼垣、伍廷芳、陈炽等人有广泛交往。他在著述中时常引用欧美哲人名言。他有一个很好的习惯，即遇到问题爱向懂得西学的人请教。他曾专门就人体特异功能问题写信给伍廷芳，询问西方人是怎么看待这个问题的。他自称这个问题的由来是他读美国报纸发现的。② 他还曾致信伍廷芳，请教西方神仙问题。③ 他自称："涉足孔孟之庭，究心欧美之学。方言略晓，漫诩通才。"④"究心"两字，并非自夸，是他认真研究西学的写实。

郑观应对西学的关注，是长期坚持不懈的。民国年间，他与陈省三通信，讨论中国时局，多处引用《密勒氏评论报》所载美国韦罗贝博士关于中国时局的演说内容；晚年在致子弟信中，多处引用美国、英国、德国哲人语录；甚至在《新解老序》这样比较纯粹的学术序言中，他还道及西人最新的关于佛、老之学的研究成果。

西学资源，在郑观应那里，不只是富国强国之学，也是强身之学。他曾经将中外卫生方面的知识汇编为《中外卫生要旨》一书，认为西人在卫生方面有许多可采之处：

> 尝闻中西医云：人能自保其身，较易于医者之治病，而保身之法大要，慎起居，节饮食，寡欲清心，存神养气而已。故西医格致之士，培养精神，以绝病源，有六要理：曰光、曰热、曰空气、曰水、曰饮食、曰运动。西绎其理，颇得养生之法。⑤

他要求子弟注意锻炼身体，"如早起体操，或行易筋经，或十二段锦，均不可断间，余暇缓步草铺上或海边上，吸受新风"，晚饭后，复散步、体操，静坐片刻后就寝。⑥ 这些锻

---

① 四书五经之外，郑观应提到的书有《人谱》《聪训斋语录》《顾体集要言》《朱子格言》《颜氏家训》《训俗遗规》《呻吟语》《心相篇》《训子侄》。参见《郑观应集》下册，第212页。
② 郑观应：《致伍君秩庸书》，载《郑观应集》下册，第73页。
③ 郑观应：《致伍君秩庸书》，载《郑观应集》下册，第80页。
④ 郑观应：《禀谢邓筱帅保养人才》，载《郑观应集》下册，第362页。所谓"方言"，当指西文。当时上海官办外语学校即名"上海广方言馆"。
⑤ 郑观应：《〈中外卫生要旨〉序》，载《郑观应集》下册，第1167页。
⑥ 郑观应：《训长男润林并录寄月岩弟》，载《郑观应集》下册，第1181页。

炼方式,显然是中西结合、以西为主的。①

三、修身路径: 儒道兼修

中国传统文化中有两大资源两千年来一直在发挥重要影响,即儒家与道家:一刚劲有为,一清净无为;一进取,一退避;一入世,一出世。这两大资源,相互补充,对许多人产生过影响。进而为儒,退而近道,是支撑许多传统官绅进退的文化资源,最典型的是苏东坡。② 值得指出的是,这两种文化资源,在一般士人那里,是在不同时期、不同境遇下交替发生作用的,仕途得意则奋发进取,仕途失意则归隐山林;但在郑观应身上,则从青少年时期开始就同时发生影响,直到老年。

郑观应与道家的因缘,在于他自幼体弱多病,中国传统文化儒、释、道三家中,道家在治病强身方面资源最为丰富。这是郑观应走近道家的最初原因。道家思想本自成体系,治病强身与避世自保、出世成仙源于同理,郑观应在接受其治病强身理念的同时,也在不知不觉之中接受了那些避世自保、出世成仙的观念。他在搏击商场、尽职官场、身体强健时,其心灵深处起作用的主要是儒家文化资源;在他商场失意或体弱多病时,道家的文化资源就不知不觉地占了上风,浸润着他的心灵。特别是晚年,他对道教的信仰已进入痴迷状态。读他晚年写的《上张三丰祖师疏文》等文字,可以看得出他是何等虔诚:

> 日暮途穷,室人交谪,哮喘益剧,病势难堪。伏乞大发慈悲,垂怜待鹤求道数十年之苦志,准赐神丹,立除宿病,并授南宫秘法以符水活人之术,俾火龙老祖师云游四海,广积阴功。瞻望慈云,不胜孺慕之至!③

他在修道方面不知道花了多少钱:修道观,做道场,刻印经书。他出资或集资刻印的道教书籍目录有一长串,包括《道言精义》《唱道真言》《清净经》《金华宗旨》《金笥宝录》《三一音符》《天仙心传问答》《七真灵文》《方壶外史》《金仙论证》《陆约庵就正篇》《林奋千书》《指玄篇》《吕祖师文集》《吕祖师诗集》《修真传道集》《吕祖灵应迹》《悟真篇三注》《神功广济先师救化宝忏》《金丹真传》《金仙证论》等,还曾为《阴符经》《通元真经》

---

① 郑观应以此要求其子弟,估计他自己也会进行这些强身运动。
② 关于苏东坡受儒道的影响,林语堂有精到研究,见其所著《苏东坡传》,陕西师范大学出版社2006年版。
③ 郑观应:《上张三丰祖师疏文》,载《郑观应集》下册,第49页。

《冲虚至德真经》《吕祖师文集》《吕祖师诗集》《金丹真传》等一大批道教经书作序。

传统时代,儒、释、道三大教中,道教常被认为是中下层人信仰的宗教,诚如清人钱泳所说:

> 天地能生人而不能教人,因生圣人以教之。圣人之所不能教者,又生释、道以教之。故儒、释、道三教并行不悖,无非教人同归于善而已。孔子曰:中人以上可以语上也,中人以下不可以语上也。盖圣人之教但能教中人以上之人,释、道不能教也。释、道之教但能教中人以下之人,圣人亦不能教也。①

所以,一般读书人不大会公开宣称自己信仰道教。郑观应则不然,他公开表明自己的信仰。他信道、修道,受到家人指责,友朋引为笑柄②,但他不为所动,笑骂由人,自己信仰如故。这说明他对道教确实有不同于凡俗的理解,说明他在信仰方面不人云亦云。

后人论及郑观应对道教的信仰,正面评价少而负面评价多,这不足为奇。从唯物论立场来看,所谓阳神、阴神、金丹、关窍、华池、炉鼎、性命双休、长生不老之类,简直迷信之至,愚不可及!但是,道家思想、道教信仰,在郑观应生命系统中绝不是可有可无的,其作用也不全是负面的。在为善积德一面,已有学者论及③;在德性修养方面,它为郑观应在商场受挫、官场不顺时,提供了安身立命的避风港,使他不至于在挫折、困境中一蹶不振。宗教信仰是很奇妙的现象,所信仰对象不一定为真,但信仰这一事实本身,对信仰者来说,其意义则是真实的。

郑观应一生,自称遇到"七险九难"④,许多场合,如果没有道家学说、道教信仰作为生命的避风港,那是很难平安度过的。比如,在与无能无德的彭汝琮共事问题上,在上海机器织布局经费亏空问题上,在供职太古洋行时因替人担保受累而被拘捕的问题上,在受到上海小报《苏报》恶意毁谤问题上,郑观应都受到意想不到的沉重打击,猝然临之,无力招架,以致身心交瘁,"上司朋友责于外,父兄妻孥怨于内,进退维谷,申诉无门"⑤。但是,他都没有因此倒下。郑观应的性格中本有耿直、刚烈、不随流俗、嫉恶如

---

① 钱泳:《履园丛话》,卷三十三,中华书局1979年版,第601页。
② 郑观应:《致张静生道友书》,载《郑观应集》下册,第104页。
③ 张秀莉:《论郑观应的道教信仰与经世实务之关系》,《史林》2007年第6期。
④ 郑观应:《述志四十韵》,载《郑观应集》下册,第1331页。
⑤ 《郑观应致盛宣怀函》,光绪十年十月十三日,转见易惠莉:《郑观应评传》,第342页。

仇的一面,①依着他的天性,在那些场景下,他会拍案而起,据理抗争,乃至玉碎珠沉;但他没有那样做,而是退避忍让,甚至代人受过,最后都挺了过来。能够支撑他挺过来的文化资源,主要是道家思想与道教信仰。"忍"的功夫,将郑观应性格中的耿直刚烈转化为宏毅坚韧。郑观应晚年将陈白沙、尹和靖、富弼、曾国藩等先哲关于"忍"在人生修炼中重要的语录抄示子弟,谆谆告诫他们,要学会"忍"字,称他自己一生"命途多舛,惟有忍耐顺受之而已"②。

郑观应自幼体弱多病,成年以后也一直有肺病哮喘,但他能够活到80岁高龄,这与他的道教信仰可能也有一定关系。

如果将郑观应的人生事功发展路径、治学路径、修身路径作为一整体来考察的话,可以归结为一点,即:不走极端,兼顾两头,商儒兼业,中西兼习,儒道兼修。这一特点,在他的生活中还可以找出许多例证,如上文已经述及的聚财兼顾散财,结交朋友兼顾故乡(广东人)与他乡(江浙人)③,为人处世既兼顾义利也兼顾原则与人情。对于后者,有一典型的例证。他对于康有为激进变法的那一套主张不赞成,有原则分歧,曾明确地对康有为做了表示。但是,戊戌政变以后,康有为遭到追捕,其亲属被人接到澳门避难,郑观应"念其救国之心,罹此重祸,甚可扼腕",特地汇洋100元,供康的亲属日用。④

郑观应所处的转型时代,是一个旧的秩序逐渐破坏,新的秩序正在建立而尚未完全建立的时代;是一个旧的原则、旧的制度逐渐或部分失效,新的原则、新的制度正在建立而尚未完全建立的时代;是一个旧的价值观念正在瓦解而尚未完全瓦解,新的价值观念正在建立而尚未完全建立的时代。身处这一时代并且对这一时代的特点有所感悟的人,在事功发展、治学、修身方面,都会用自己的理性来审视一切,从而做出自己的抉择。郑观应是对这一时代的特点有敏锐感悟的人,所以,他一只眼睛看中国,一只眼睛看西方,一只眼睛看历史,一只眼睛看现实,虚心学习,潜心思索。他的一部分知识、一部分原则、一部分价值观念来源于中国文化,另一部分来源于西方,对于事功发展、治学、修身诸方面的大关节处,他都经过自己的理性思考。郑观应以他的大聪明,恰当地处理了这些转型时代的矛盾,成功地书写了属于他自己的历史。

---

① 吴广霈在郑观应60岁照片上的题词有"刚方正直,不合时宜"之语,可谓知音之言。
② 郑观应:《训长男润林书》,载《郑观应集》下册,第1202页。
③ 对于这点,易惠莉在《郑观应评传》中有具体而细致的描述,见该书第八章。
④ 郑观应:《致何君穗田书》,载《郑观应集》下册,第1166页。

一个人的精神气象有大小之分,只见小我,不顾大我,则气局逼仄,影响难大。一个人的精神气象亦有高低之别,只见中国,不看世界,或只看眼前,不懂历史,不顾长远,其见解必浅而近,影响难以广远持久。郑观应是商人,但不纯粹是商人;是学人,但不是纯粹的书斋型学人;他是商人兼学人,其见解就比一般学人更接地气,比一般商人更明大理。这是郑观应不同于徐润等商人的地方,也是他不同于王韬等书斋型学人的地方。

他在《盛世危言》中有一段隐然以通才自况的话:

> 今之公卿大夫,墨守陈编,知古而不知今;游士后生,浪读西书,知今而不知古,二者偏执,交相弊也。夫中国生齿四百兆,其中岂无一、二通才洞悉古今利弊、统筹中外局势,思欲斟酌损益,为国家立富强之基?①

这可看作是郑观应对自己行事哲学的自述,即:综核古今,融合中西,洞悉利弊,统筹全局,斟酌损益。

综合郑观应的人生实践,结合郑观应对自己行事哲学的概述,我以为他确是近代史上一个难得的通人。

(2010年初稿,2018年改定)

---

① 郑观应《盛世危言》,载《郑观应集》上册,第315页。郑观应自诩"通才",曾自称"涉足孔孟之庭,究心欧美之学。方言略晓,漫诩通才"。见郑观应:《禀谢邓筱帅保荐人才》,载《郑观应集》下册,第362页。

论李平书①

李平书像

论官位,他只是民政总长,最多相当于上海道台,时间不到一年,此前、此后,做得比他大、时间比他长的人有的是。论功名,他只是举人出身,进士没考上,不能算出类拔萃。论学术,他虽有宏论卓识,但也称不上学富五车、著作等身。

但是,他的铜像②,巍巍屹立在湖心亭前,九曲桥旁,千人瞻仰,万人称颂。那是个标志性位置,县城中心,城隍身边,那不是谁都有资格配享的神圣待遇。

上海人把最崇高的敬意献给了他,李平书。

一、博学宏识

1889年以前的30多年,是李平书由童年而青年、壮年的阶段,是他身经社会动乱、饱尝人间酸辛③、了解社会实际的阶段,也是他学习知识、增长见识的阶段。

李平书(1854—1927)6岁入塾破蒙④,以后师从过多位老师,但是,对他影响最大的在龙门书院。龙门书院,1865年由上海道丁日昌创办,是当时上海教学质量最好的书院。李平书于1874年入院肄业,其时山长为著名学者刘熙载。龙门书院是讲求新学、

---

① 原载《史林》2005年第3期。关于李平书的研究成果主要有,姚文枏:《李平书行状》,载上海市文史资料工作委员会编:《辛亥革命七十周年文史资料纪念专辑》,上海人民出版社1981年版;田仁:《李平书在辛亥上海光复前后》,载汤伟康等编:《上海轶事》,上海文化出版社1987年版;冯绍霆:《李平书略论》,载《上海研究论丛》第8辑,上海社会科学院1993年版;关志昌:《李平书》,载刘绍唐主编:《传记文学》第54卷第3期;史美俊:《上海电业巨星李平书》,载赵云声主编:《中国大资本家传》第8卷,时代文艺出版社1994年版。其中,冯绍霆先生论文最为厚实,除了使用李平书《且顽老人七十岁自叙》(以下简称《自叙》),还使用了李平书在襄理《字林沪报》时所作的时论,综合地讨论了李平书的一生事功,对其早期思想也有所发掘。其余诸文多据李平书《自叙》等资料而展开讨论。
② 关于李平书铜像的作者,说法不一,一说为江小鹣,一说为李金发,不知孰是,待考。
③ 有一年年底,他囊空如洗,无钱过年,除夕夜四处向亲友告贷,奔走终夜,一无所获,其窘迫之况,令人鼻酸。
④ 岁数皆按李平书《自叙》,为虚岁,下同。

思想活跃、群英荟萃的地方,所藏西书甚多。共有学生30人,其中姚文栋、张焕纶等均为深通西学的杰出人才。李平书与他们朝夕相处,眼界大开,学识日进。李平书在读书和到南京、北京参加科举考试过程中,也结识了相当一批上海地区的新型知识分子,包括蔡尔康、葛士濬、汪凤藻、席淦、左子兴等,诸人都是当时第一流西学人才。李平书阅读过许多西学和实学书籍,包括《海国图志》《瀛寰志略》等关于世界地理历史的书籍,《读史方舆纪要》《天下郡国利病书》等历史名著,还有一批医书。他的足迹,北到京师,中至南京,南到南洋。他所生活的上海,是西学在中国传播的中心,是中国居住西人最多的城市,是西器、西制引进最多的地方,是城市现代化先行的城市。他游历的新加坡,那时是英国殖民地,也是受西方文化影响很深的地方。

在踏上仕途以前,李平书学识已经相当丰富,视野非常宏阔。1884年,他曾拟《大秦王安敦遣使自日南徼外献象牙瑇瑁表》一文。大秦,即古罗马。文章虚拟大秦王的口气,叙说汉代中西交通之典故,介绍公元1世纪前后中西历史上的大事、要事,如数家珍,娓娓道来,从中可以看出李平书对古代中西历史有相当深入的了解。江苏学政使黄体芳对此文大为赞赏,说是"熟于西事,故能言之凿凿"①。

李平书识见不同凡俗,从上海县城引进自来水一事可以看出。还在1878、1879年,县城内迭遭火灾,因取水不便,延烧甚巨;城河淤塞,潮水秽浊,有害卫生。那时,租界已经使用自来水。李平书与友人具呈上海道,请于南市创设自来水厂,被批交慈善机构同仁辅元堂核议。当时,风气未开,守旧者众,无人赞同。② 1883年,李平书在考察租界自来水厂后,又与友人相议引水入城。先在二洋泾桥南设局,承销法租界及城中用水,雇夫挑送,倩人四处劝用,仍应者寥寥,每日销水不及百挑。因为那白花花的自来水从铁管子里流出,老百姓不明其理,惧不敢饮。第二年,销水渐广。他们又具呈上海道,要求通水入城,仍被批交同仁辅元堂核议。堂董同意,道台支持,各项筹备工作均已就绪,旋因上海道邵友濂调任离沪,功亏一篑。到年底,自来水销售业务仍然入不敷出,乃撤局,由水公司派人承办。这件事情尽管办得不很顺利,但是,李平书那开明过人的眼光,已为上海士绅所熟知。

从对新加坡的考察,可以看出李平书对国际事务的敏感性。1886年,应友人之邀,李平书游历了广州、香港、澳门、西贡、新加坡等地。在新加坡,他一边考察,一边思索,写成《新嘉坡风土记》。文中,他从驻新加坡的外国领事不干预当地司法一事,联想到上

---

① 《自叙》,第124页。
② 《自叙》,第120页。

海租界,认识到会审公廨制度的不合理性:

> 泰西各国,凡属通商埠头,他国领事不预听断之权,乃洋人在中国不然,如上海租界所设公廨,华洋会审,已非西例,西官又好揽事权,必欲华官仰其鼻息,志士愤焉。①

最能反映李平书过人见解的,是他在《字林沪报》上的时论和对中国国民性的反省。从 1883 至 1884 年,李平书受蔡尔康之聘,襄助《字林沪报》笔政②,任务是写时论。李平书所作,包括《御外策》《自强本末议》《中西法制异同说》《官民通情论》《洋务首在得人论》《储边才论》《博采时议说》《护商以富国论》等③,从中可以看出李平书对国际形势、经济变革、政治改良等方面的见解。针对列强环伺、虎视鹰瞵的危险局面,他提醒国人要特别当心俄罗斯,因为俄罗斯有囊括四海、席卷六合的帝国野心。面对方兴未艾的以师法西方坚船利炮为中心内容的自强运动,他提醒国人,自强需注意本末,坚船利炮是末,人的素质、政治体制是本:

> 是故欲图自强,当先求己之强,当先去己之疾。去己之疾,当先察己之人,有人而后政可行,用人当而后行政不杂。以用人行政立其本,然后取之于人,以辅己之不及,则自强之道得焉矣。④

他介绍了西方的议会制度、教育制度、用人制度、司法制度、军事制度,特别思考了西方所以强、中国所以弱的根本原因,认为关键在于,一为上下通情,一为上下隔阂:

> 今之言西法者,但言其电线之捷,开矿之利,与一切船之坚、炮之巨、枪之快,以为富强即在于是,而不知此皆其皮毛也。方药不足以达本原,虽终日修饰其皮肤、振刷其毛发而仍不免于羸尪也。夫泰西诸国,开辟后于中原,而其骎骎日盛之势,

---

① 《自叙》,第 145 页。
② 《字林沪报》前身为《沪报》,由字林洋行创办于 1882 年,延请华人戴谱笙、蔡尔康等负责,利用原有《上海新报》中文印刷设备,5 月 18 日发刊,地址在汉口路,内容多半译自《字林西报》。自第 73 号起改名《字林沪报》。1900 年卖给日本人的东亚同文会,改名《同文沪报》。
③ 李平书曾将这些论说辑为《唾余录》,《档案与史学》曾选刊一部分,见《李平书时事论十二篇》,《档案与史学》1994 年第 1 期。
④ 李平书:《自强本末议》,见《李平书时事论十二篇》,《档案与史学》1994 年第 1 期。

中国殊不能及。所以不及者,在上下之情不达耳。西国君民一心,政无论大小,必经议院商酌,踌躇至再,然后举行。以故内则无残苛酷虐之为,外则有捍卫保守之谊,常则尽悬迁经营之力,变则竭急公赴义之忱。如心志之服股肱,如手足之捍头目,不待在上者使臂使指,而自收指臂之助,此所以远涉重瀛而如处故乡也。

中国以礼为经,尊卑之分严于天泽,而其弊也,礼失而存势,势隔而情离。民之于上,尊而不亲。下之所欲,上未必知之而与之也。下之所恶,上未必察之而勿之施也。……语云:礼失而求诸野。今欲复三代一切之政,以求上下相通,或有未宜。则如西国之所以致富强者,如治病之方药,正所以切中本原。诚使略施其意,上下之势略分忘势,使民爱戴。①

这种议论,即使与王韬、郑观应等当时最著名的改良思想家相比,也熠熠生辉,毫不逊色。可以认为,倘若李平书当时不是为科举所诱惑,不放弃在报馆撰写时论的工作,他一定会成为近代重要的政论家。

李平书并不以思想家著称于时,但是,从他关于启蒙问题的吉光片羽中,仍然可以看出其思想的深邃性。1899 年,李平书为友人《不药良方》一书作序,由治病扩而讨论治心:

抑余更有进焉者:今日人心之病亟矣,试聊举数端言之。知有己而不知有人,则病隔膜。知有利而不知有义,则病苟且。任性情而品节不明,则病傲惰。喜新异而奇邪误中,则病蒙蔽。尚权术而表里初终不能合一,则病虚浮。凡此者求之本草而无药,索之载籍而无方,然此犹其病之浅者焉,失此不治,隔膜将变为残忍焉,苟且将变为悖谬焉,傲惰将变为狂放焉,蒙蔽将变为聋乱焉,虚浮将变为诞妄焉,病变益深而救治益难,此余之所深悯而将问方于潘君。②

自私、傲惰、蒙蔽、虚浮,这些问题正是从清末林乐知、花之安、严复、梁启超到"五四"时期鲁迅等人讨论的中国国民性问题。李平书由治身体之病而至治文化之病,深为国民劣根性而担忧。这种议论,即使放在民国初年,也属振聋发聩之声,何况那是 19 世纪末年。由此,我们不能不佩服李平书见识过人。

---

① 李平书:《官民通情论》,见《李平书时事论十二篇》,《档案与史学》1994 年第 1 期。
② 《自叙》,第 392 页。

李平书学术素养中,知医特别值得一说。他的家庭三世知医,其祖父、父亲均习医,其岳父也是名医。李平书父亲医术相当高明,名闻遐迩。中国向有"不为名相,便为名医"的古训,医生被认为是极为高尚的职业。在这样的氛围中,李平书很早就对医学有兴趣,研究过传统医典,也研究过译成中文的《全体阐微》等西医书籍。在武昌担任武备学堂提调时,他闲暇时间较多,便利用于集中研究《素问》《灵枢》两部医典,写成《读素随笔》两卷。友人吴洁卿亦知医,拜李平书为师,李平书与他朝夕切磋。吴洁卿抄有安徽名医鲍小洲的秘方,李平书择其平正切要者抄录在册,包括真人活命饮、保全母子神方、立止小儿急惊风等。

李平书医道相当高明。他初至武昌,罕有人知道他的手段。恰巧,王雪澄观察的如夫人患脚气攻痛,服药无效,无意中为李获悉。李读过日本人辑的《脚气类方》一书,乃照方开药,一治即愈。这么一来,李平书的医名不胫而走。凡有脚气病都来求治,百治百灵。有其他病也来找他治疗:"日必诊二三人或四五人,于女科尤多见效。署中同事眷属有恙,鲜有不邀余诊者。"①

李平书的医道,在晚清官场中颇有名气。1904年,盛宣怀生病,请李平书与陈莲舫诊治,一个月后痊愈。1905年,两广总督岑毓英生病,电请陈莲舫赴诊,并邀李平书同往。李平书在广州的总督府住了两个星期,待岑病渐愈才回。陈莲舫是当时中国最著名的中医,曾多次应诏进京为光绪皇帝、慈禧太后治病,号称"国手",而李平书能与他联袂出诊;盛、岑都是晚清官场中权倾一时的大员,能够请到的名医多的是,也偏偏要请李平书,可见李平书医术在人们心目中的地位。

特别难能可贵的是,李平书曾在沟通中西医中做过努力。他说:

> 中医主气化,西医主血轮,显分两途,于是宗西医者每以气化无形可睹为妄,不知气化虽无形,而征诸病证确有可据,但言气化者纠缠阴阳五行,愈讲愈晦,致为西医诟病。至体功之学,中不及西之征实,余故欲以内、难、伤寒诸书为根底,以《全体阐微》为参考,研究体功、气化、血轮,然后考定病名,博求方治,庶几冶中医、西医于一炉。②

中西医之间的论争,从晚清一直持续到民国,日本一度禁绝中医,中国在1929年也

---

① 《自叙》,第416页。
② 《自叙》,第441页。

曾有废止中医案。时至今日,中西医各有短长、中西医结合可以相得益彰,已经成为世界共识,李平书在1905年即提出中西医各有所长、各有所短的见解,并努力冶中医、西医于一炉,不能不佩服他眼光长远,思想深刻。

二、集爱国、民主于一身

李平书是一个强烈的爱国主义者。遂溪抗法是他反帝历史中亮丽的一笔。

19世纪末年,中国已在甲午战争中败给日本,签订了创巨痛深的《马关条约》,列强掀起瓜分中国狂潮,德国强占胶州湾,沙俄入侵旅顺湾,法国则强租广州湾。后法国侵略军不待划界,即进驻遂溪县海口,激起当地民众反抗。1899年,署遂溪知县的李平书组织团练,分乡训练,有理有节地抗击法军。9月到10月,在黄略村、麻章墟、平石村等地,多次击退法军,打死打伤一些法军。

李平书抗击法军,相当理智。10月的一天,法国有两名机器师至平石村,练勇将其当作军人杀死,并将首级割下。李平书深知割首之举不合国际惯例,必将激怒法军,但练勇之举也情有可原,因此,他在责备练勇鲁莽之后,给练勇50块银元,让其买棺装殓法人尸体。谁知,练勇将棺银当赏银,不但没有将法国人尸体装殓,反而将首级挂在电线杆上示众。李平书急命取下,并找到尸体,将头缝上,买棺装殓。此事幸亏李平书补救及时,日后中法交涉谈判时,中方能以全尸相交,减少了一些麻烦和损失。

遂溪抗法是在清廷对外妥协的大背景下进行的,自然很难取得根本性胜利。所以,在事件平息以后,清廷向法国赔礼,李平书被作为替罪羊,革职查处。但是,李平书由此声誉鹊起,在士林和民众中赢得了广泛好评。当有人向李鸿章告状,谓"遂溪事件"纯为李平书妄为所致时,李鸿章大声说:"天下州县皆如李令,洋人敢要我中国土地耶?"[①]当然,李鸿章也批评李平书没有量力而行,说"君是上海人,当与洋人习,何不度德不量力乃尔?既而曰,德非不度,但不量力耳"[②]。张之洞对李平书也评价很高,在李革职以后,聘请他到武昌任职,待遇甚优,说是,对于李平书这种因爱国而又遭受不公正处分的人,"国家即不畀以官,亦当养之终身"[③]。

李平书在清末民主运动中的贡献,一在地方自治方面,二在辛亥光复方面,两者之间又有内在关联。

---

① 《自叙》,第394页。
② 《自叙》,第394页。
③ 《自叙》,第405页。

关于上海地方自治,学术界已有许多研究①,兹不赘述。这里需要强调的是李平书的作用。

李平书自1903年离鄂回沪,担任江南制造局提调,活动重心就移到了上海。那时,他与上海和江苏的官僚系统、绅商阶层,有相当深厚的关系。他之回沪,直接原因就是张之洞调任两江总督。作为江南制造局提调,他的直接上司是上海道。作为商人,他在上海创办了许多实业,与曾铸、沈缦云、王一亭等有许多共同的利益,有相当良好的关系。他的身份亦官亦商,上通总督、道台,下达各个商帮。他是上海滩上能够呼风唤雨、左右形势的关键人物。地方自治的事情,是他向上海道袁树勋提议的,一说即行。上海绅商在地方自治中能做那么多事情,与上海道的支持密切相关,与李平书的特殊地位密切相关。

地方自治运动,不只是市政改良的社会运动,也是一次关于爱国主义和民主主义的教育运动。

首先,这一运动具有中华民族见贤思齐、雪耻洗垢的性质。开埠以后的半个世纪中,租界在市政建设方面,领先华界一大截,诚如19世纪80年代《申报》的一篇文章所写:

> 上海自有工部局以来,湫隘逼仄之路悉化而为康庄,乡间鄙陋之区皆变而为闾阎。四方之人趋之若江汉之朝宗,商贾往来无远勿届。街衢之间,日事洒扫,迂者直之,陂者平之……以中国界内之地较之租界,不啻有天渊之异焉。②

这种鲜明的对比,强烈地刺激着上海的爱国绅商,改良市政成为他们迫切的愿望。上海道在批准成立总工程局时便说:"上海为通商大埠,最得风气之先,外患之刺激日深,绅民之感情自异。"③

其次,地方自治蕴含着明显的民主精神。地方自治的表现,是以地方之人,用地方之力,办地方之事,谋地方之利,其隐含的前提是:一地之人是一地的主人,上海之人是上海的主人。由此前提推而广之便是,一国之人是国家的主人,这正是晚清宣传的国积

---

① 吴桂龙在这方面曾下过很深功夫,参见周武、吴桂龙:《上海通史》第5卷《晚清社会》,上海人民出版社1999年版。
② 《申报》1883年10月27日。
③ 《苏松太道表照会邑绅议办总工程局试行地方自治文》,杨逸:《上海市自治志·公牍甲编》,台湾成文出版社1974年影印本,第1页。

民而成、民为国之主、国由民治理的民主理念。总工程局和自治公所的董事、名誉董事、议长等,均实行选举制、任期制,各种章程、条例的制订,均遵循少数服从多数的原则,这些都是地方绅商所追求的民主制度的预演。所以,从本质上说,清末上海地方自治运动具有反对专制主义的意义。

至于李平书在上海辛亥光复中的地位与作用,姚文枏在《李平书行状》中有详细的叙述,分先事之戒备、临事之应付、既事之建设三方面,相当周到而中肯。这里要特别强调的是,上海光复三要素即民众、军警、商团中,民众、商团都与李平书直接有关。特别是商团,核心人物就是李平书。

李平书做过清朝的地方官,在由立宪转向革命的过程中,他没有拘守传统的君臣之义,而以是否合乎时代进步潮流为最高原则,用他《自叙》中的话就是,"时势至此,不能守闭关之义,当审察情势,以为进止"。这是他开明的地方,也是他能够集爱国、民主于一身的地方。

三、脚踏实地,造福桑梓

李平书是个干才,张之洞曾说他是"办事才"①。李平书究竟办过多少实业,做过多少实事,大概谁也理不清。仅1908年以前所办之荦荦大者,就能排出一长串:

1903年,任江南制造局提调。

1904年,在制造局后面创立初级小学,招收工匠子弟入学;建造制造局员司宿舍,廉价租给局中员司;与陈莲舫创立上海第一个医学会。

1905年,担任中国通商银行总董;创立总工程局,试办地方自治;创设女子中西医学堂。

1906年,担任华成保险公司经理;领导总工程局接收官办电灯厂,改为商办有限公司;创办昆新垦牧公司。

1907年,领导上海禁烟运动;担任上海商团公会会长;担任上海城厢内外救火联合会会长;担任轮船招商局董事、自来水厂商股董事、江苏铁路董事。

1908年,担任南洋劝业会淞沪协赞会长;担任城自治公所(由城厢内外总工程局演变而来)总董。

李平书领导的地方自治组织,办了大量实事,计辟建、修筑道路100多条,修理、拆

---

① 《自叙》,第405页。

建桥梁60余座,新辟、改建城门9座,建筑驳岸10个,修造码头6个。

清末上海,李平书办事之多,影响之大,士绅中无出其右。1909年《图画日报》刊登李平书画像,历述他所办各事,称赞他"凡政界、学界、实业界以及慈善各事业,无不力任艰巨,殚心经营,海内外人士识与不识皆翕然称之"[①]。

尽心尽责,一丝不苟,是李平书办事的风格。在湖北武备学堂担任提调的两年时间里,他每日六时起,六时三十分至餐厅与学生一起吃饭,七时十五分监视学生上讲堂,十一时至操场阅洋教习命学生立正、点名,十二时同至饭厅午饭,下午三时阅操、八时查号,700多日,日日如此。在担任上海民政总长期间,他办城市所需,急市民所急,举凡管理兵工厂、筹款、拆城、迁坟、建公共体育场、设立电厂、设立水厂、安装电灯、设立电车公司、修缮贫民习艺所和新普育堂等慈善机构,无不谋划周全,事必躬亲。

独特的上海意识,是李平书致力于上海城市建设的精神动力。他在1909曾作《上海三论》,系统地讨论过去、现在与未来之上海。其中,关于未来之上海,他谈的是上海发展远景,包括建筑、巡警、卫生、进化诸方面。关于现在之上海,他论述抵制美货运动、地方自治对民智开发的激励作用,及地方自治应做之事。关于过去之上海,是他上海意识的主体部分,反映了他在租界现代化市政刺激下不甘落后、见贤思齐的思想。他认为,在开埠以前,上海在中国的版图上,本没有什么特别之处:

> 上海之县治,设于至元二十九年,上海之商埠,开于道光二十三年;自通商以来,五洲万国莫不知地球上有此繁盛之区,而上海之名,洋溢乎泰西远东,更无论中国二十二行省矣。然当未通商以前,自元迄于本朝道光中叶,遥遥五百年,上海一县,亦如直隶之静海,浙江之临海,广东之澄海,其名不著于中国十八行省,更何论五洲万国乎?

开埠以后,上海才发展为著名大都市:"通商以后帆樯之密,车马之繁,层楼之高矗,道路之荡平,烟囱之林立,所谓文明景象者,上海有之。中外百货之集,物未至而价先争,营业合赀之徒,前者仆而后者继,所谓商战世界者,上海有之。"他对此现象进行分析,提出"两个上海"的观念,即租界上海与华界上海。他认为,"文明者,租界之外象,内地则暗然也。商战者,西人之胜算,华人则失败也"。由此,他提出了华人应该觉醒,奋

---

① 环球社编辑部编:《图画日报》第5册,上海古籍出版社1999年版。

起直追:

> 吾一言通商以后之上海,而为之愧,为之悲。愧则愧乎同一土地,他人踵事增华,而吾则因陋就简也。悲则悲夫同一人民,他人俯视一切,而吾则局促辕下也。要之,通商以来,"上海!上海!"其名震人耳目者,租界也,非内地也;商埠也,非县治也。岂非所谓喧宾夺主耶?抑非所谓相形见丑耶?而吾上海之人,数十年来,处之夷然,安之若素,面不赧而心不惭,形若睡而神若醉,主权日见其放弃,疆土日见其丧失;若秦人之视越人,漠然绝不关怀,日惟征歌选色,置酒高会,以行吾乐而已![1]

他满怀信心地表示,只要华人振作起来,讲求公德,锐意进取,"十年后,法政讲习所,乡约演讲所,分区遍设,加以改良之新戏曲,新弹词,感移人心,无论上等社会,下等社会,人人知公益之当先,私利之当后。其进化如此。他如消防队,义勇队,保卫地方,并佐巡警所不及。若此者,在他年为已熟之果,在今日为方萌之芽,爱护此芽而勤于灌溉,必有发达之一日"。

四、为官清廉,品德高尚

出身于亦商亦医的家庭,其曾祖父以商船航海为业,乐善好施,其父为宝山庠生,喜诗文,好书画,亦以品德高尚闻名乡里。李平书出生在这样的家庭里,从小受到很好的道德熏陶。他在龙门书院读书期间,名师益友亦以道德廉耻相砥砺,所以,在以后的做人行事中,李平书操守极严。

在离京赴广东做官之前夕,他面对会馆所供奉的关帝神立誓,此去决不当厘金差使,因为厘金差使在当时总是与贪污、勒索联系在一起,名誉极坏。

1894年,李平书署陆丰知县。这是第一次做地方父母官,他对自己提出严格的要求,自撰一篇风格奇特的誓文,并予以公示:

> 小子珏来宰斯邑,抚藐躬之凉德,对我神而彷徨。惟本心之未昧,惧或丧其天良,以爱民为切务,以名节为大防,其旧章之不病民者,或沿用而未革,不立异以更

---

[1] 李平书:《上海三论》,载中国旅行社编辑:《上海导游》,国光印书局1934年版。

张。至于一切词讼案件,大而命盗重要,小而钱债寻常,敢受百姓银钱财物,多自千百,少至毫芒,不论是否应得,一经染指,即犯贪赃。又若藉案科罚,本干例章,名为充公,实饱私囊,此巧取之伎俩,亦廉耻之道亡。予小子而或蹈此二者,神降我以百殃。若其言行不符,初终易辙,则是自欺以欺上苍。惟神灵鉴察不爽,尤速殛而无俟就将。敬陈斯誓,以表肺肠。临之在上,质之在旁。神其昭格,鉴此中藏。①

在进入陆丰县境的途中,短短几十里路程,就有拦路递交红呈35起。所谓红呈,就是红包。送红呈的人或要他申冤,或向他求情。他理所当然地一一回绝,但感触很深,到陆丰县城以后,当即告示:

本县历事贤师,饱尝世故,平昔义利之界辨最严,自问立定脚跟,断非利欲所能摇惑。或者案情百出,变诈多端,审断容有舛错,本县决勿坚执成见,回护己非。若谓是非曲直,昭然共明,而或干我以私,诱我以贿,欲于词讼案件收受案内外人银钱财物,无论多少,一经染指,即是丧心昧良,干犯贪墨,明即幸逃国法,幽必难免冥诛,他日去此,水行必沉于大海,陆行必踬于高山。天地明神,实闻此言。合行出示晓谕。为此示仰合邑绅士军民人等知悉,嗣后一切词讼案件,是非曲直,公道自存,不必纷纷请托。设有干我以私,诱我以贿,是直欲置我于死地,本县誓不与之俱生,不问何人,立即详办不贷。②

李平书并不是无神论者,官场规则也没有要求他上任时必须立誓,但他如此对天发誓,掷地有声,不怕报应,充分表明了他对贪墨贿赂、中饱私囊种种腐败现象深恶痛绝,表示了他与这些丑恶现象决裂的坚定决心。

李平书说到做到。做官期间,有些钱按照陋规(即潜规则)是可以拿的,他也坚决不拿。一生当中,他担任的肥缺不知多少,经手的银钱不知多少,但他从不心动,一身正气,两袖清风,以至于晚年想印刷《且顽老人七十岁自叙》都囊中羞涩,而要靠朋友资助。

李平书品德高尚,也表现在乐善好施方面。他是上海诸多慈善、公益机构的负责人,自己也身体力行,济急救穷。1904年,广东人张竹君在上海设立育贤女校,成绩颇佳,可惜经费即将用光,无以为继,连房租也交纳不起,房主要钉门闭校,人心惶惶。李

---

① 《自叙》,第173页。
② 《自叙》,第176页。

平书获悉,慷慨资助,使学校得以维持下去。张竹君感激涕零,遂拜李平书夫妇为义父母。

李平书出身于社会底层,成长在风雷激荡的时代,生活在中西交汇的上海,十四而孤,十五学贾,受过穷,逃过难。特别是在科举道路上的曲折历程,20多年光阴,青灯黄卷,孜孜以求,六下南闱,两上北闱,屡次贾勇,屡次败北。最后一次被报子欺骗而遭致的奇耻大辱[①],让他永生难忘。这么一个由社会底层上来、在官场一无依傍的人,当官以后,要么与贪官污吏沆瀣一气,"三年清知府,十万雪花银";要么洁身自好,造福社会,利用手中的权力,为社会做些实事。李平书选择的是后者。

于是,以往的苦难,都成了他的财富。艰辛的生活,曲折的经历,开阔了他的视野,增长了他的知识,锻炼了他的才干,磨练了他的毅力,开启了他的善心,升华了他的道德,也造就了他的历史地位。

李平书集爱国、民主于一身,并医国、医人于一途,视野宏阔,思想开明,脚踏实地,造福桑梓,品德高尚,遗爱民间。他做人立德,做事立功,为文立言,儒家所谓人生三不朽,兼而有之。

所以,上海人在县城中心,也在心灵深处,为他竖起了一尊永恒的丰碑。

(2005年)

---

① 1889年,李平书赴北京参加会试,住在北京松江会馆,考完以后,等待发榜。正式发榜前一天,报子到会馆报告:李平书中第63名,青浦赵孟遴中第47名。赵孟遴喜不自胜,以致大哭。李平书自然也非常高兴。不料,第二天正式发榜,并无李、赵之名。原来,他们被报子骗了。报子为了多领赏钱,常常捏造中式名单。面对着前来道贺的友人,李平书大为窘迫。受此刺激,他从此与科举决绝。

孙中山与上海[①]

一

上海在不同历史时期,有不同的内蕴,不同的形象。开埠以前的上海,是一个普通的沿海城市,诚如李平书所说,与直隶的静海、浙江的临海、广东的澄海,同一性质。开埠以后,上海迅速发展,一跃而成中国最大城市。因有租界的存在,其城市性质也有了复杂的内涵,可褒可贬,可爱可憎,横看成岭侧成峰。

孙中山作为一个伟大的革命家,很早就与上海发生了联系,在上海居住多年,对上海城市性质、未来发展发表过许多看法。在近代中国,一个人的上海观,往往不只是对一个城市的看法,而是其政治观、世界观的折射。孙中山的上海观便具有这种特点。

孙中山什么时候开始知道上海,我们不得而知。他出生的时候,上海已是中国最大通商口岸,是具有明显的西方色彩的城市。可以料想,孙中山在具有初步的中国地理和世界地理常识的时候,已经知道了在太平洋西岸、中国东部、长江尽头处,有一个上海。

孙中山的名字第一次出现在上海是1891年。这年6月,他在上海出版的《中西教会报》上,以"孙日新"的名字,发表了一篇题为《教友少年会纪事》的文章,介绍了他在香港发起组织教友少年会的情况。《中西教会报》是广学会的重要刊物,1891年2月创刊,林乐知主编,主要报道中国基督教组织、教友活动情况,在包括香港在内的中国各大城市都有销售点。孙中山创办的教友少年会属基督教系统,报道其活动,与杂志宗旨相符。他很可能是读了此报以后给报社投稿的。这是迄今所知孙中山最早在报刊上发表的文章。那年,他25岁,正在香港西医书院读书,风华正茂,但名不见经传。那时的上海,已是基督教在中国的活动中心,也是中国图书、报刊出版中心。可以推想,文章见报,孙中山一定很兴奋,对上海不无好感和向往之情。

孙中山第一次到上海,是1885年。那年4月,19岁的孙中山从檀香山经日本来到上海,然后回广东老家。到上海后,他曾到江苏海州巡游七八天,考察地理形势。他对

[①] 本文原题《孙中山的上海观》,载中华炎黄文化研究会、上海炎黄文化研究会编:《孙中山与现代文明》,苏州大学出版社1997年版。关于孙中山与上海的资料,主要参见,王耿雄:《孙中山与上海》,上海人民出版社1991年版;陈锡祺主编:《孙中山年谱长编》,中华书局1991年版。

上海的印象如何,未见记载。

　　孙中山第二次到上海是1894年春天。他与好友陆皓东风尘仆仆地从广东来到上海,住在三洋泾名利客栈,访问了海上名人王韬与郑观应,请王韬润色了那封著名的《上李傅相书》,结识了宋耀如等人。随后,他北上天津,谋见李鸿章而未果,折返上海。经宋耀如推荐,《上李傅相书》发表在这年的《万国公报》上。同年秋天,他重赴檀香山,也是从上海出发的,到了那里,便组织了兴中会。这一年,孙中山三过上海,这时的上海,已是中国最为繁华的都市,已有"东方巴黎"的美称,对此,孙中山没有留下观感。他在天津,得到的是无趣、挫折,在上海得到的是友情、成功。特别是他与宋耀如的偶然相识,结下了他与宋家在日后革命事业和家庭生活中的缘分。

　　此后,在1895、1900、1905、1906、1907、1910年,孙中山因奔波革命事业,多次路经上海,大多来去匆匆。有惊无险的一次是1900年8月28日,那时他正策划反清武装起义,从日本来到上海,寻觅可以依靠的力量,见了英国总领事,因听说清政府已下令捉拿他,风声很紧,不敢久留,三天以后就返回日本了。

　　1911年12月25日,孙中山以一个胜利者的身份,一个即将就任的民国大总统,回到了上海。迎接他的,是鲜花、颂歌,是唱着共和赞歌的上海人。

　　辛亥革命以前,孙中山的活动基地在海外,不在国内,但他志在推翻清朝统治、建立共和政权的主张早为上海革命志士所了解,并对他们产生了很大的影响。还在1896年,孙中山在伦敦被难以后,上海《时务报》便通过译载国外电讯,对孙中山的生平有所介绍。1900年以后,随着革命风潮的涌起,上海成为爱国志士在国内活动的基地,孙中山的大名在上海不但广为人知,而且成为一种象征符号。从下面一则戏剧性的故事中,我们可以看出孙中山的巨大影响力。

　　我们知道,"苏报案"是晚清革命风潮中的标志性事件。苏报案的发生与《苏报》性质变化密切相关。《苏报》性质的变化,即由一份普通小报变成激烈鼓吹革命的报纸,与章士钊担任《苏报》主笔密切相关。章士钊以一青年学生得以利用《苏报》毫无顾忌地宣传革命,与陈范的态度有关。陈范作为报馆的主人,原先并不是激进分子,也不赞成将《苏报》办得那么激烈,但他后来态度发生了转变。其转变的契机,就在于孙中山的影响。

　　有关资料是这样记载的:1903年5月27日,陈范正式聘请章士钊担任《苏报》主笔。章士钊应聘当天便发了一篇《论中国当道者皆革命党》,并发表邹容《革命军·自序》。其如此激烈,为陈范始料未及。陈、章为此有一段交涉。章士钊回忆:

忆余入馆,为五月一日,首草一论题曰《论中国当道者皆革命党》,翌晨,梦坡一见大骇,则跼躇走余床前(余时日晏未起),声叙本报不得作如斯猖獗状,自取覆亡,务期节次缓和,归于恰当。声容惨阻,贻余印象甚深。余不知所答,几于面壁无言。梦坡因暂隐忍而退。余私念助人为理,覆人之产,不祥;自者其志,苟为和同,不义;事势至此,殆非即日襆被出馆不可。正彷徨无计间,傍晚而梦坡至,出语壮烈,较前顿若两人。并毅然执余手曰:"本报恣君为之,无所顾藉。"余大喜过望。①

陈范态度为何前后大变?据说是一个叫"钱宝仁"的人在当中起了作用。这个钱宝仁,算得上当时上海滩一位有趣人物。据章士钊说,钱是镇江人,为一流氓,冒充革命党,在张园演说时与陈范相识,"寻与梦坡密谈,自承为孙中山本人,秘密返国,策动革命。梦坡深信不疑。于是一切革命策略,惟钱宝仁之马首是瞻,不自违异。其初读吾论而骇,乃梦坡之本衷,旋改称恣言无悔,出宝仁之指示"②。钱宝仁在苏报馆的表面职务是办事员,日后苏报案发生,为被捕的六人之一。他冒充孙中山的事,吴稚晖在回忆录中也曾述及,但被误记为"刘保恒"。③ 陈范听了假孙中山的指示,放手让章士钊鼓吹革命。6月1日起,《苏报》实行"大改良",突出宣传革命,连续刊载《论中国当道者皆革命党》《杀人主义》《读〈革命军〉》等文。随后,便发生了震动中外的苏报案。

陈范接触的"孙中山"是假的,但他对孙中山的崇拜是真的。

二

在各种不同的场合,孙中山发表过不少对于上海城市的看法。

谈得最多的,是列强对中国主权的侵夺。他在就任临时大总统之前,就表示将来一定要将租界收回。以后,他又多次重申这一意见。他将上海与香港进行对比,说香港是

---

① 章士钊:《苏报案始末记叙》,载《辛亥革命》第一册,上海人民出版社1957年版,第388页。
② 据云:钱宝仁曾手示一小瓶,谓是绿气,足可抵御捕役,陈范亦深信不疑。章士钊认为,假如陈范不是听了这个冒充孙中山的钱宝仁的话,便不会允许章士钊那么放言革命,也就不会有"苏报案"。一个迹近滑稽的历史细节,促成了一桩惊天动地的历史大案。"梦坡之愚陋如此,驯至促成革命史中一轰轰烈烈之事迹,悦若神差鬼使而为之。又若钱宝仁不骗人,《苏报》未必有案者然。"见章士钊:《苏报案始末记叙》,载《辛亥革命》第一册,第389页。
③ 吴稚晖回忆:"刘保恒者,每当张园演说,亦必登台,惟语无伦次,人以其自说开过大矿,要款子,大亦不要紧,日往苏报。至五月,我与蔡孑民发见其介来一人,欲去广西起兵,要借五千元,我一日告梦坡,想刘不可靠。梦坡曰:稚公勿疑,刘至圣至仁至义。我听了大骇,且亦不值反驳,反正我们既讲革命,听他好了,即笑笑而罢。至民国后,我与蔡孑民谈及,孑民说,当时梦坡曾告我,刘是孙某化名,我不信,然不驳,笑笑。国民政府到南京,刘又出现,方知为镇江一流氓,又吹其子曾出洋,什么外交都能办。"见吴稚晖:《上海苏报案纪事》,载《辛亥革命》第一册,第406页。

殖民地,上海是半殖民地。他认为,半殖民地不见得比殖民地好;在香港立法局,有几个中国人,他们有很大的发言权,还可以议订法律来管理香港。上海则不然:

> 上海是我们中国的领土,在租界之内,大多数做生意的是中国人,纳税的是中国人,劳动的也是中国人,试问中国有没有人在上海工部局里头能够有大发言权呢?中国人能不能够在上海工部局里头议订法律来管理上海呢?我们在上海是主人,他们由外国来的都是客人,他们居然反客为主,在中国的领土之中组织一个政府来加乎我们之上,我们人民不敢过问,政府不能管理。①

孙中山给这种连殖民地还不如的半殖民地起了个名称,曰"次殖民地"。作为一个强烈的爱国主义者,孙中山对于华人在上海租界所受的歧视,极为愤慨。他特别提到了外滩公园和其他公共场所对华人的歧视:

> 好比香港的公园,无论什么中国人都可以进内面休息。上海的黄浦滩和北四川路那两个公园,我们中国人至今都是不能进去。从前在那些公园的门口,并挂一块牌说:"狗同中国人不许入。"现在虽然是取消了那块牌,还没有取消那个禁例。在香港之内,无论是什么地方,中国人都可以进去;在上海便有许多地方,中国人不能去。好像在上海的英国会馆,中国人便不许进去,就是有英国的朋友住在内面,中国人只要进去看看朋友,都是不能破例;至如在香港的英国会馆,中国人还可以进去看朋友,还可以进去吃饭。②

一次,孙中山回上海,上海西文《字林西报》发表文章,主张拒绝他进入租界。孙中山很是愤怒,发表谈话说:

> 上海为中国领土,吾人为主人,彼等不过为吾人之宾客,宾客对于主人,固无拒绝主人入内之权利。如租界当局果阻余入租界,则吾人对此不能不有出以断然手段之觉悟。现时中国已达撤废一切外国租界之时期,吾人为贯彻此目的,不惜为最

---

① 孙中山:《在神户欢迎会的演说》,载《孙中山全集》第11卷,中华书局1986年版,第386页。
② 孙中山:《在神户欢迎会的演说》,载《孙中山全集》第11卷,第387页。

大之努力。中国国民已不能再坐视外国侨民在中国领土内肆其跳梁跋扈也。①

在孙中山的对外主张中,收回租界、收回海关、取消治外法权是三大中心议题,是他多次、反复强调的。

对上海城市的另一面,孙中山也给予了足够的重视。他不止一次地称赞上海的市政设施、市政管理,认为中国其他城市应该效法。1916年,他在宁波演说时,一再以上海租界的市政建设为例,要宁波人向上海看齐,振兴实业,整顿市政。他说:"凡市政之最要者,铁路之改良,街衢之清洁是也。试游上海之公共租界,其道路之宽广为何如,其街衢之清洁为何如,宁波何尝不可仿此而行?"他希望宁波能建设成中国第二个上海——为中国人自己管理的模范的上海。②

孙中山看到,上海市政建设之所以搞得好,很重要的一个原因就是,上海租界是一个自治的地方。清末民初,地方自治之说风行一时,孙中山曾就此问题发表演说。他认为,上海租界便是地方自治的一个模范:

> 上海的这一部分地方,是外国的租界,但实在是一个自治的模范。因为上海的租界,不是中国政府管的,也不是外国那一个政府管的。管理租界的究竟是什么人呢?都是各国的商家。各国的商家,离开他们的本国,来上海做买卖。来的多了,他们自己就组织出自治的团体,来管理自己的事业。所以说他是一个自治的模范。……上海租界这个地方,虽不能和文明国的自治一样比,但他也可以算个自治标本。③

孙中山不愧为伟大的先行者。作为政治家,他对主权问题,毫不含糊,坚决反对帝国主义列强对中国主权的侵夺,坚决主张收回租界。作为一个有世界眼光的改革家,他又细心地看到上海租界在市政建设、地方自治方面所取得的成就。这是孙中山上海观的两个基本要点。

三

孙中山一生,并未全面地谈过他对上海的看法,上面所述都是见诸文字记载的他的

---

① 孙中山:《在上海与欢迎者的谈话》,载《孙中山全集》第11卷,第319页。
② 孙中山:《在宁波各界欢迎会上的演说》,载《孙中山全集》第3卷,第351页。
③ 孙中山:《在上海招待新闻记者的演说》,载《孙中山全集》第11卷,第334页。

比较零星的上海观。在孙中山那里,还有没有潜存的对上海的看法呢?当然有。这从他的行为中可以推断出来。

从 1912 到 1925 年的 14 年间,除了出任临时大总统、流亡日本、到广州组织军政府、出任非常大总统等不长时间外,孙中山有大约 9 年时间是在上海度过的,上海是他名副其实的第二故乡。孙中山之所以将上海作为他的定居地,我觉得,这与他对上海这个城市的需要、感受有关。

其一,上海是孙中山策划革命运动的基地。上海在辛亥革命以前,是国内革命舆论宣传中心,因租界的特殊关系,《苏报》《民呼日报》《民立报》等一大批革命报刊在这里出版发行;在民国最初几年中,孙中山心腹大将是陈其美等人,上海是陈的基地;民国初年,革命党人的经济后台是上海的沈缦云等民族资本家。无论从文、武还是人、财等方面来说,上海对于孙中山都是至关重要的。民国首都定在南京,就与对上海的依赖分不开。清朝被推翻以后,关于首都定在何处的问题,革命党人曾有一次讨论,提到的有四个城市,北京、南京、武昌、上海。最后选择南京,就与靠近上海有关。

其二,上海是孙中山对外联络的基地。民国初年,上海是中国的交通中心、信息中心,是外商云集的地方。孙中山要策划革命,进行政治活动,这些资源是非常必要的。

其三,上海的生活环境比较适合孙中山的情趣。孙中山接受的是欧美式的教育,长期生活在国外,比较适应西式生活,上海比较能适合他的情趣,包括物质生活和精神生活。当然,1916 年以后,他定居在上海,与宋庆龄是上海人、宋家在上海也很有关系。孙中山在上海居住时间比较长的地方有三:一是宝昌路 491 号,这本是宋耀如的住宅;二是环龙路 63 号;三是莫利哀路 29 号(即今香山路 7 号)。这三处都在法租界,距离都很近,方圆不超过一公里。这在上海属高等住宅区。

其四,安全问题。孙中山虽然曾经被上海租界驱逐过,但自袁世凯死后,他在上海的安全还是得到保护的。他最后定居在莫利哀路 29 号,是与法租界交涉好的。他不止一次地说,他家门口有巡捕站岗,安全有保障:

> 譬如我的门口,现在有两个持枪的巡捕来保护我家。上海凡是有钱的人,或者是在各省做过了大官的,都用有巡捕守门。[①]

[①] 孙中山:《在上海招待新闻记者的演说》,载《孙中山全集》第 11 卷,第 334 页。

综合这几个因素，我们有理由认为，孙中山对上海这个城市的感受、印象还是不错的。

与孙中山同时代的政治家、思想家们多程度不同地与上海有一定关系，也多多少少有一些上海观。将他们的上海观与孙中山的作一比较，会看出一些有趣的现象。比如，维新时代的康有为、梁启超多强调上海在引进西学方面的积极作用；新文化运动时代的陈独秀等多强烈抨击上海社会在伦理道德方面的负面影响。像孙中山这样既从主权角度批评租界又从市政方面肯定租界的，是不多见的。

孙中山主要是一个政治家，考虑问题主要是从中国这一大局出发，即使述及上海，也是从主权、自治这些大问题出发的，哪怕是谈到上海港口，也是从整个中国的全局出发的。正因为如此，他看上海，就站得比较高，看得比较全面。

（1996年）

钮永建的精神世界

钮永建是近代史上涉及众多重大事件、有着多方面重要贡献的重要人物,是一个值得花大力气研究的人物,也是一个精神世界相当富有的人物。

一、饱受传统文化熏陶

钮永建(1870—1965)出身于世代以耕读传家的缙绅之家,祖、父都是当地名绅。其父是举人,有知县头衔,热心公益,曾参与赈灾、疏浚河道等活动,捐资创吴会书院,有《琴韵楼诗文集》等。其母王氏也出身于书香门第。钮永建自幼接受良好的教育,5岁启蒙,11岁读完十三经,能做八股文。19岁考取秀才。① 同年入江阴南菁书院深造。

南菁书院是江南著名书院,由江苏学政创办,被誉为江苏最高学府。在南菁书院首尾三年,钮永建学习经史辞章,兼习天文、算学等,成绩优异。其所编《两汉纪校释》三卷,颇受好评,被收入书院所编《南菁札记》丛书,1894年刻行。张之洞所编《书目答问》的范希曾补正本,特别述及此书,可见其非同寻常。那可是一部关于传统书目的名著,能被列入此书的都是传世之作。由此可见,钮永建在学术研究方面,功力非同一般。

在江阴、上海就读期间,钮永建参加松江府举行的一些经史考试,屡获优等。1890年,参加松江府举行的有关经学、史学的考试,获史学第二名。② 1892年,参加松江府经学等方面的考试,获经解第二名。③ 1894年春,参加上海求志书院春季课艺,获掌故超等。④

钮永建天资聪颖,学习勤奋,家境、教育环境都很

钮永建像

---

① 《松郡试案》,《申报》1889年5月13日。
② 《松试下四学生题》,《申报》1890年12月10日。钮永建兄永昭、好友秦锡田,分获史学第一、第四名。
③ 《溥学院岁试松江府属生经古案》,《申报》1892年4月26日。
④ 《上海求志书院甲午春季课案》,《申报》1895年2月8日。同期,章炳麟获经学超等。

优越,如果不是突兀而来的甲午战争打断了他的求学进程,他很可能成为一个在学术研究方面很有造诣的大家。他走出书斋,投身社会,完全是由于时代的变局。

1895年,钮永建愤时局之维艰,国家之败弱,毅然弃文从武,考取湖北武备学堂。他在武昌,接受了严格的德国式军事教育4年。1899年,他考取公费留学日本的军事生,入东京陆军士官学校。以后,他在日本,学习军事,学习西学,参加拒俄运动,继而结识孙中山,参加同盟会,投身反清革命活动。

钮永建由治传统学问而改习西学,由大清的臣民变成反清的勇士,由温文尔雅的文人变成叱咤风云的武人,这是一个巨大的转变。这一转变,在钮永建身上表现得相当自然,一点没有痛苦。钮永建学习西学,与他先前研究经学、史学,可以说是殊途同归,都是为了治国平天下。

清末,有数量可观与钮永建类似的人,由传统读书人变成激进变革者,包括蔡元培、吴稚晖、黄炎培等,他们都具有举人以上的功名,都走上了反清革命的道路。如果深入探究促使他们发生这种巨大变化的精神动力,可以发现,那就是他们此前所接受的传统文化。儒家文化中本有"民为贵,社稷次之,君为轻"的思想,从荀子到黄宗羲都有臣民"从道不从君"的具体论述。这种思想在两千多年间虽然不占主流,但作为潜流或亚传统则一直存在。到了清末,当统治者无法领导人民有效地抵抗外来侵略,无法维持国家的正常运行时,人民起来将其推翻就具有毋庸置疑的正当性。这是从儒家思想中可以推导出来的逻辑。

传统文化对于钮永建立身处世,有着重要的影响。有一个很生动的例子:钮永建担任江苏省政府主席之时,正是革命风潮迭起、激进主义盛行的时代。一些抱持激进主张的人,认为传统时代旌奖妇女节操那一套,已不适于时代,要求钮永建革除这一套,甚至要求"尽堕历代旌节之坊表者"。对此,钮大不以为然。他认为,"凡一制度业经行之千年,成为民族特色,其中必有意义存,非于国家生存上有重大之关系,不宜轻议存废"。对于妇女坚守贞操这类事,那种违背人伦、矫揉造作的举动,固不足取,但也不应一概否定。假如一个家庭,丈夫死了以后,留下的儿子很小,又没有兄弟可以帮助,堂上已濒老衰,生计又甚艰苦,这时候,贤节之妇为之坚持苦守,就极为可贵。钮永建不是笼统地讨论传统道德是否应该继承,也不是就事论事地肯定或否定,而是从人类处于危难时节是否应该顽强以对的精神层面,肯定了特殊情况下坚守贞操的崇高道德价值。显然,这种对于传统道德坚持具体问题具体分析的态度,是完全正确的。

二、热爱祖国，追求民主

从甲午战争以后，历次民主爱国运动都活跃着钮永建的身影。

从 1901 到 1927 年，他先是在横滨会见孙中山，商谈反清革命方略，然后是为邹容润饰《革命军》书稿，鼓动徐锡麟投身反清革命，与友人创办《江苏》杂志，宣传革命。1903 年，他参加反帝爱国的拒俄运动，回国运动袁世凯，策动拒俄。他在上海参加张园演说，遭清政府通缉。再之后他加入同盟会，策动反清起义，遭清政府通缉，流亡德国，参加欧洲同盟会。武昌起义爆发后，他回国参加上海起义，任松江军政府都督。再以后，就是参加反对袁世凯的"二次革命"，加入孙中山领导的中华革命党，参加护法战争，参加北伐战争。

这是一部从晚清到民国的爱国民主运动发展史，几乎每个重要方面、重要环节都有钮永建的活动。这是极其难能可贵的。特别要指出的是，那时候，参加武装斗争的人，大多没有正规的科举功名（黄兴是秀才出身），没有像蔡元培、钮永建这样有着进士、举人头衔；或者大多数是远比钮永建年轻的人，像钮永建那样 30 多岁了还去制造炸弹，参加军事训练，实在是凤毛麟角。这也是钮永建不同寻常的地方。

三、接受西学，开明通达

钮永建年轻时就读过不少上海出版的西书，1895 年以后接受过德国式的系统军事训练。他留学过日本，考察过欧美，翻译过西方政治经济学方面的书籍。在他的身上，有一条清晰的与西方联系的脉络。1903 年，钮永建与林卓南等将日本横山雅男所著的《统计讲义录》一书译介到中国，该书成为中国第一部介绍西方统计理论和方法的译著，在近代西方统计学传入中国的学术史上具有重要的地位，"统计"及"统计学"之词随之进入中国。

钮永建与西方文化的关系，还有一条线索，即他与基督教的关系。他的家乡松江府本来就有很深的基督教传统。从徐光启以后，松江就是天主教在江南传播的重要基地。鸦片战争以后，松江又成为基督新教的重要传播地区。钮永建何时开始接触基督教？现因缺乏确切史料，不得而知。据说，他年幼时，一次，他的兄长从上海带回一本传教士散发的福音书刊，因不感兴趣，随意丢在一边，而钮永建发现后，仔细阅读，对耶稣舍身救人的事迹极为钦佩。这大概是他与基督教缘分的开始。1912 年，钮永建在松江结识了美国传教士步惠廉，成为好友。1913 年 2 月，他接受施洗，加入基督教。同年，他与黄梅仙结婚。黄梅仙是中西女塾教师。中西女塾与东吴大学同为美国监理会所办。这样,钮永建与基督教就有了双重关系。步惠廉是美国监理会传教士,与宋耀如是在美国的同学、好友,1888年来华传教,主要在松江活动。1903年,他从南汇县衙里营救了黄炎培等三位宣传革新的激进青年,使他们免遭杀身之祸。1904年,他帮助宋霭龄留学美国。他是清末民初活跃在江南地区的著名传教士,很有影响,也是东吴大学的校董。很可能由于这双重关系,1918年,东吴大学校董会推举校长,一致公推钮永建,派人与钮永建商量。钮永建表示太忙,不能担任校长,但是可以做东吴大学教授。1922年,钮永建写信给孙中山,为中西女塾申请经费。中西女塾的校长是连吉生,她是宋氏三姐妹在中西女塾就读时的校长及老师。

基督教传入中国以后,明末清初时,由于利玛窦等人实行文化调适策略,比较尊重中国文化,中西文化在处于相对平等的情况下进行交流,因此,中国士大夫受洗入教的颇多,徐光启、杨廷筠、李之藻等人都是社会地位很高的士绅。鸦片战争之后,传教士在不平等条约和传教母国政治、军事势力庇护下进入中国,对中国文化采取居高临下的态度,引起中国士大夫阶层的普遍反感与排拒,再也找不到徐光启那样有地位的人受洗入教了。庚子事变以后,情况有所变化,但是,具有举人身份的人受洗入教,还是不多见的。钮永建受洗入教的细节,现在缺少资料,不得而知,但是,从他为教会学校申请经费、教会学校推荐他担任校长看,说明他与教会的关系很不一般。这也从一个侧面说明他确实从心底里对西来宗教取开明态度。这在民国初年,确实相当少见。

四、重视教育,发展教育

钮永建十分明白教育对于个人、对于民众、对于国家的重要意义。他的家族出了那么多的举人、秀才,钮永建的子女也都接受了很好的教育,说明这个家族具有重视教育的传统。钮永建在家乡创办了强恕学堂、紫岗学舍等学校。主政江苏以后,他主持建立了无锡省立教育学院,在教育学院又附设了民众教育实验区,并完善建立了各县民众教育馆,开展识字教育。

他领导成立了江苏省教育经费管理处,自兼处长,亲自主持管理教育费用,使各县教育经费不致被挤占混用。这个组织在全国也是仅有的,有效地推动了江苏教育事业的发展。钮永建还重视发展社会教育,提出民众教育的宗旨是"培起国民力量,树立自治基础,增进农业生产,改进经济组织,促进乡村建设,充实人民生活"。

更为难得的是,他捐地五千多亩,在俞塘设民众教育馆。

迁徙到台北以后,钮永建依然重视教育。考试院撤迁台北以后,百事待兴,但钮永建却主张先办一所小学,使同仁的子女以及附近老百姓的子女等都得到适时就学的机会。他们盖成两所克难教室,解决附近儿童入学问题,这所小学后来改名永建国民小学,以纪念钮永建创立的功劳。

从一个地方官员的政绩来看,起房造屋、铺路造桥立竿见影,最见实效,办教育、讲文化功效最慢,但是,从长久来看,后者最为根本,也最有价值。钮永建不图近利,重视远功,这是他的远见所在,也是他的高明所在。

五、修身有术,齐家有道

传统文化对于钮永建来说并不仅仅是知识,而是为人处世、安身立命的根基。他一生经手的金钱不知道多少,但是,他从来都公私分明,或舍己利人,或克己奉公。从捐钱、捐地办学,捐款闹革命,到捐款赈灾,他一生不知道捐了多少钱物。1928年,他在江苏省政府主席任上,其政敌列举十大罪状对他进行攻击。而所罗列罪名有独揽大权、贪念权位、援用亲属等,但并没有贪污公款之类。因为,有些问题是见仁见智、很难实查的,比如,什么叫独揽大权、什么叫贪念权位等,但是否贪污,一查便水落石出。其政敌列了十条之多,可见用心之细,下手之狠,但就是没有牵扯到经济问题,这正从反面证明,钮永建在钱款方面是经得起检查的。

钮永建进过军事学校,有健身传统。在日常生活中,他也很注意强身养生。他的女儿回忆:政府显要宴请而邀他出席,他总是婉辞。实在推辞不得,他也先在家中吃好便餐再去。他不习惯吃油腻菜肴,不喜欢山珍海味,平时用餐习惯是吃素菜、豆腐,最多是几片牛肉或鱼块而已。他不吸烟,不喝酒,又注意锻炼身体,晚年90多岁还是每天早起,做点体操,吃清淡便餐后就去散步。他天天练字。有次他去检查身体,医生说他这么大的年纪体格仍很好,耳聪目明,还可以去开飞机。他听后高兴极了,说要争取做个"百岁老青年"。[①]

钮永建齐家有道。他对子女教育相当严格,要求他们自立自强、吃苦耐劳。他的子女与其第三代大多是学科技专业的,或学化学,或学电子,或学机械、建筑、制药与医学。一家之中没有一个是游手好闲的,个个埋头实干,靠自己的努力而成才。换句话说,没

[①] 中国人民政治协商会议上海市委员会文史资料委员会编:《上海文史资料选辑》第70辑《上海人物史料》,上海市政文史资料编辑部1992年版,第44页。

有一个是躺在父辈、祖辈功劳簿上令人厌恶的官二代。他的女儿说:"这一点,我想也应归功于家父的严训。"①

综观钮永建的一生,他三遭通缉,三次战败,一遭暗杀,屡遭人反对,但是,他意志顽强,不屈不挠,光明磊落,敢作敢为。他为国家,为民族,为民主,建立不朽的功业。他大而热爱祖国,投身革命,追求民主;小而修身有术,齐家有道。中国传统文化与西方文化在他身上,相得益彰,融合无间。

他是集修身齐家、安邦治国、文治武功于一身的一代英豪,是一个特立独行、个性鲜明、精神世界特别富有的奇才,是闵行人、马桥人值得引以为自豪的杰出先贤!

(2015 年)

---

① 中国人民政治协商会议上海市委员会文史资料委员会编:《上海文史资料选辑》第 70 辑《上海人物史料》,第 44 页。

论穆藕初在近代中国的文化意义[①]

鸦片战争以后,中国被强行卷入全球化浪潮,面临旷古未有的变局,也开始了全面、持久、深刻的转型,从晚清到民国,中国经济结构、社会结构、教育体系、政治制度都在转型,从闭关锁国到门户开放,从君主专制到民主共和,从以农立国到奖励工商,从科举考试到新式学堂、出国留学、职业教育,从诗云子曰到声光化电。

面对如此天崩地坼的变局,中国有识之士开始思考中国文化何去何从的问题,开始了中国文化自为的艰苦努力。所谓文化自为,指文化主体对于世界文化的态势,对于中外文化的特点,对于中国文化在世界文化中的位置,对于中国文化的未来发展,有比较清楚的认识、设想或规划,处于理性阶段,不同于浑浑噩噩、浑然未觉的文化自在状态。这方面人物,可分两类,一类是思想型,如康有为、严复、胡适等;一类是践行型,如蔡元培、黄炎培、张元济等。当然,前类也有践行,后类也有思想,但各有侧重。穆藕初(1876—1943)就是后类人物中的佼佼者。

穆藕初像

穆藕初在近代中国文化中的作为,主要有以下四个方面:

一、壮岁留学,资助留学,寻求强国之道

近代中国留学西方的很多,有的出自公费官派,如严复、胡适,有的源于教会支持,如容闳、颜永京。出国留学时的他们,多为少年、青年。穆藕初在上海当学徒时,白天劳动,晚上进夜校学习英文,34岁时在家人支持、友人资助下留学美国,五年中相继获得学士、硕士学位。壮岁留学,并能圆满完成学业获得学位的,在改革开放以后的中国并不少见,但在清末相当稀罕,非目光远大、意志强毅者不能为。

---

① 原载《文汇报》2013年11月14日。

出国之前,穆藕初在海关工作已有六年之久。海关工作在近代中国有"金饭碗"之称,薪金高,福利好,终身制,令无数年轻人艳羡不已,百求而难得。他却弃若敝屣。壮岁留学,家庭负担多比较重。穆氏留学前已经结婚,且有两子。舍此而他求,足见其心志之高远。

壮岁留学与青年留学多有不同。壮岁留学,学习精力多不如青年。穆氏的英文在国内没有经过正规训练,他没有上过正规学校,基础不厚实。他在回忆录中屡屡述及自己在美国如何迎难而上,制订适合自己特点的学习计划,合理安排时间,读书、实习、考察,这才以优异成绩完成学业。

青年留学,可变性较大,如胡适初修农学,后改修哲学,这说明其留学之初并没有确定的目标。壮岁留学,多在出国前就有比较明确的目标,且坚定不移。穆藕初专修农学,就是出于以农救国的大志。他说:

> 我国以农立国,必须首先改良农作,跻国家于富庶地位,然后可以图强;国力充实,而后可以图存,可以御侮,可以雪耻。故昔日研究经济、收回利权之志愿,一变而定研究农业之趋向,深愿投身于农业。①

穆藕初在甲午战争以后已生国耻之念,历经义和团运动、拒俄运动、抵制美货运动之刺激,加之物竞天择、适者生存的天演论影响,遂将改良农作与国家富庶、图强、图存、御侮、雪耻紧密联系在一起,将个人小我之留学与国家大我之命运联系在一起。这是清末民初众多以实业救国、教育救国的爱国者的共同思想理路。

清末壮岁留学,著名者三人,一是蔡元培,1907 年留学德国,时已 39 岁;二是吴稚晖,1901 年留学日本,时 36 岁,后被日本驱逐回国,以后再留学欧洲;第三位便是穆藕初。三人共同特点就是,有确定的目的、远大的爱国志向。穆藕初在美国,先后入惠尔拨沙大学、威士康辛大学、伊立诺大学、芝加哥埃茂专门学校、得克萨斯农工专修学校,每一次换校,都有其学科上的缘由,所读均围绕他既定的农学。诚如他日后所说:"夫求学贵有目的,随性之所近,择定一科,竭四五年之精力,以求其融会贯通,归而贡诸祖国。"②

穆藕初学成归来,事业有成。他回顾自己走过的道路,深切地感受到中国需要有更

---

① 穆藕初:《藕初五十自述》,载穆家修、柳和、穆伟杰编:《穆藕初文集(增订本)》,上海古籍出版社 2011 年版,第 8 页。
② 穆藕初:《中国实业失败之原因及补救方法》,载《穆藕初文集(增订本)》,第 77 页。

多的学生出国留学,但很多学生徒有留学之梦而因经费之困窘很难圆梦。他决定尽己所能,资助留学。1920年,他捐赠白银五万两,资助北京大学罗家伦等5名学生出国留学;后又资助张纯明、方显廷等20多人出国深造。这些人学成回国后多成为某一方面的领军人才:罗家伦为教育家,段锡朋为内阁大臣,康白情为著名诗人,汪敬熙为心理学家,周炳林为法学家。罗家伦、方显廷等人学成归国后,饮水思源,又集资设立穆藕初先生奖学金,成为穆氏助学引起的连锁效应。

民国时期资助留学者,穆藕初并非唯一。简照南、简玉阶兄弟开办的南洋兄弟烟草公司,在1920至1922年便资助了潘序伦等37名学生留学美国与英国。稍有不同的是,穆藕初为国家培育英才的意识更为强烈。这从资助方式上颇能反映出来。简照南的资助,是委托江苏省教育会通过考试的方式遴选受资助人,主要看考试成绩。受资助人出国后所修,全为工、商、农等科,属于实用型的。穆藕初是委托以蔡元培为主,胡适、陶孟和、蒋梦麟等人为辅,从能力、道德与学术的角度综合考虑,没有经过考试。第一批选定的罗家伦等五人,都是蒋梦麟所赏识的北京大学"五四"运动的领袖,都是某一方面的精英,学科分布比较宽泛,涉及政治、经济、心理学、文学等方面。这一方式,穆藕初是经过慎重考虑的。他"深觉中国历年派赴各国之留学生虽多,而成效实鲜,有年送数十人,而回国后绝无表现者,是虽半由于所洽之学生无学术上之自觉,且不能了解中国社会之情形,以作比较之研究,亦半由于考试方法,不足以得真正人才之所致"[1]。

对于资助留学的爱国情怀,穆氏曾有清楚的表述,他说:"从前自己赴美,好容易得到官费,极知求学之难。今幸年来经营实业,稍有盈余,故愿意派人求学,惟不望人报酬,盖此为个人对于社会应尽之责任。"[2]

二、引进科学管理方法,提高企业管理水平

留美期间,穆藕初结识有"科学管理理论之父"之称的泰罗博士及其弟子,与他们讨论现代化大生产的科学管理问题。回国以后,他将泰罗的名著《科学管理原理》译为中文,书名《学理的管理法》,还翻译了泰罗的《工厂实用学理的管理法》,大加推广。

科学管理的实质,是将管理从企业主那里剥离出来,使得管理专门化、精细化、协同化。这是现代化大生产发展到一定阶段的产物。诚如泰罗所说:

---

[1] 《实业家提倡科学之创举》,《北京晨报》1920年6月28日。穆家修等编:《穆藕初先生年谱》,上海古籍出版社2006年版,第180页。

[2] 柳和城:《蔡元培亲手制成的纪念册》,《档案春秋》2006年第6期。

> 科学管理的实质是企业各方需要进行的一次完全的思想革命。这种思想上的革命将告诉工人们如何对待他们的责任、他们的同事和他们的雇主,也会告诉作为管理方的工长、厂长、雇主、董事会应该如何对待他们的同事、他们的工人和所有日常的工作。没有这些思想上的革命,科学管理就不会存在。①

科学管理法体现的分工、精细、敬业、相互协同的精神,恰恰是中国农耕社会所缺乏的。穆藕初引进这一方法,与他对中国社会中缺少这种精神的深切感受密不可分。

1913年暑假,他在美国得州塔虎脱农场就企业管理体制做专题调查。他将该农场的兴旺发达归纳为九个原因,即:计谋深远、用人得当、勤职守、和衷共济、簿记清晰、连带贸易、助长周备、学识充足与坚忍不挠。所谓调查,其实是中美农业对照;所说九个原因,也都是中国农业所缺或所弱之处。

所谓管理,涉及两方面的人,即管理者与被管理者。穆藕初尽管也重视被管理者一面,但更重视管理者素质。1918年,他以中日两国工商业家之程度及学识相比较,认为中国实业家之所以失败的四大原因即:傲慢、疏忽、舞弊与幸求。他认为:"惟此四种劣根性,不识何日方能拔除净尽,有一于此,即足以招失败,兼而有之,更不堪矣。"②他曾总结中国实业失败的原因,认为:"吾国普通之人具管理之才者最为缺乏,盖管理法即治人之法也,吾国人素乏自治能力,自治尚不暇,焉能治人。"③他批评中国企业有三大弊端:一是经理选拔不凭学识,不讲经验,往往使用稍有时望之人;二是企业讲排场,重情面,冠冕堂皇,与衙署相伯仲;三是克扣工人工资,但求有形之减省,罔知无形之消耗,导致工人消极怠工而成本加重。④ 其所说都是管理者的问题。

近代中国,译介西书、引进西学者,在穆藕初之前有徐寿、华蘅芳、严复、梁启超、王国维等诸多名人,与他们相比,就引进西学内容丰富性而言,穆藕初并没有什么突出之处。但是,将所译介的西学落实到实践层面,并且取得了非凡的业绩者,则穆藕初独具特色。他将科学管理方法贯彻到自己的企业之中,包括:弃用一般华商工厂中通用的工头制,改用工程师治厂,自兼经理兼总工程师;启用学有专长、富有经验的人管理生产;制订"工人约则""厂间约则"等厂规,注意对工人进行技术培训;编制生产统计表,原

---

① 刘洋:《重读泰勒》,《环球财经》2012年第7期。此文所说"泰勒",即穆藕初所译"泰罗"。
② 穆藕初:《对于中国实业破产之感言》,《申报》1918年9月27日。
③ 穆藕初:《中国实业失败之原因及补救方法》,载《穆藕初文集(增订本)》,第78页。
④ 穆藕初:《中国实业失败之原因及补救方法》,载《穆藕初文集(增订本)》,第78页。

料消耗、成品及成本等统计表,加强企业成本核算;注意研发新的产品。结果,企业效率大增,活力大增,出品之佳远胜同侪。1916 年在北京商品陈列所举办的产品质量比赛会上,他名下的德大纱厂所产"宝塔"牌棉纱名登榜首。穆藕初从此名誉大著,成为国内外公认的"棉纱大王"。

作为一个企业家,他将科学管理学应用到企业管理中;作为一个政府官员,他将西方许多管理制度移植到中国。在担任南京国民政府工商部次长期间,他主持制订了许多现代工商法规,包括《工厂法》《工会法》《劳资争议处理法》《商会法》《工商同业公会法》《公司法》《特种工业奖励法》《票据法》《保险法》《违禁罚法》等多种法规,还有各种章程、细则、条文、条例、办法、须知、程序、通例、解释、标准等 40 余份,为中国工商业发展的制度建设做出了重要贡献。

尤其值得指出的是,抗日战争期间,穆藕初在重庆担任农产促进委员会主任,主持后方农业、手工业技术推广。鉴于当时民生凋敝,民族纺织业衰微,他以自己专业特长,组织专家设计、制造了著名的"七七手工棉纺织机",推广后大获成功,为科技兴国做出了表率。

三、资助昆曲,重视传统文化,为保存国粹尽力

昆曲是中华民族文化的瑰宝,继承了唐诗、宋词、元曲的诗学传统,文辞华丽典雅,唱腔婉转流丽,表演含蓄优美。由于种种原因,昆曲到清末走向衰落,濒临灭绝。为了保存昆曲,振衰救弊,穆藕初出资成立昆曲保存社,创立昆剧传习所,培养了许多著名昆曲演员。传习所办了三年,他包下了全部办学费用,共计出资五万元。他还出资为昆曲大师俞粟庐灌制唱片,使得昆曲艺术一缕不绝,薪尽火传。他收藏了很多昆曲书籍,组织专人整理并誊写昆曲曲谱。昆曲现已被列入联合国非物质文化保护名单,穆藕初厥功甚伟。

穆藕初是昆曲超级票友,曾随俞振飞习唱,偶尔也会登台表演。据俞振飞记载:"先生时以综理三大纱厂,事务已甚繁剧,但日必以曲为课,于中午饭罢小憩后,与余度曲一小时许。其时不治事,不款客,数年如一日,从无间断。"[①]1922 年 11 月 14 日,在自檀香山归国途中,船上举行音乐会,穆藕初"干唱昆曲,以英语说明之。听者颇赞美吾国之文

---

① 俞振飞:《穆藕初先生与昆曲》,载赵靖主编:《穆藕初文集》,北京大学出版社 1995 年版,第 627 页。

学的描写"。他亦颇自得,谓此举"前无古人"。① 但是,他为保存昆曲尽心尽力,绝非仅仅出于个人兴趣,而是源于他对中华传统文化的深深热爱与眷恋。清末以来,许多旧学功底深厚的人都喜欢昆曲,蔡元培、刘半农、郑振铎、吴梅、余上沅、俞平伯、浦江清、朱自清、陈岱孙、胡适、张元济、郑振铎、何炳松、沈有鼎、陈从周、谭其骧等都是昆曲迷。陈从周说:"在园林里喝喝美酒,听听昆曲,乃人生一大清福也!"1933年,清华大学教授浦江清游学英国,有一次在公共汽车中忽然唱起昆曲来,惹得同车的英国人侧目而视,以为他是一个疯子。那么多文人雅士酷爱昆曲,绝非偶然,因为中国文化传统原本是个整体,昆曲是其有机组成部分,能看、能听、能唱,还可回味无穷。音调委婉抑扬,文辞典雅华美,听者与其往昔所记诵之诗云子曰、唐诗宋词元曲、书法绘画融为一体,与身处其间的园林小筑适为动静、虚实。昆曲代表了中国戏曲的最高美学成就,被视为中国传统文化的"活化石",穆藕初等人眷恋昆曲的实质就是眷恋中国文化传统。

穆藕初是名"海归",但他心灵深处,所受中国传统文化影响根深蒂固。他自称,6岁入学受课,至13岁出校。"在此八年中,仅读《四书》《诗经》《礼记》《古文观止》,诗习两韵,文仅起讲而已。"②这样的国学基础,比起进士蔡元培、举人黄炎培等人,自然不能算厚实,但是,观其所写《藕初五十自述》等文字,叙事要言不烦而曲尽其致,议论入情入理而收放自如,属于大好文章。其所写《哀法兰西》等诗作,无不起承合矩,含义隽永,有老杜之风。1940年,他与老友黄炎培谈诗,出所作古诗,颇获黄的好评。自然,个人为人处世,受家庭、社会影响更甚于学校所受教育。穆氏的父母,都是勤劳、善良、坚强之人。他的父亲,乐善好施,曾将一位朋友遗孀遗孤接到家里赡养多年,关心备至,直至将遗孤培养成才。父母的言传身教,对穆藕初的成长影响很大。

传统文化方面,有一点特别值得一说,就是穆藕初对于宗教与命理文化持比较敬畏的心理。中国传统道德教化系统,原本是儒、释、道并行不悖的。佛教之轮回说、道教之报应说,在今日之唯物论看来自是无根之说,但在警诫作恶、劝人行善方面,却有难以估量的影响。道教的《文昌帝君阴骘文》等书,所说各种善恶因果报应,所劝人守的各种美德、各种善事,对他人、对社会都有益无害。少年时代的穆藕初就读过不少善书,诸如《感应篇》《阴骘文》《几希录》等,"挖破纸窗容易补,损人阴骘最难修""纵对如花如玉之貌,常存若姊若妹之心"等警句烂熟于胸。留学归来的穆藕初,满脑子现代科学知识,但

---

① 毕云程:《参与太平洋商务会议日记》,载《穆藕初先生年谱》,第282页。
② 穆藕初:《藕初五十自述》,载《穆藕初文集(增订本)》,第4页。

是,他并没有摒弃宗教与命理文化。

这方面有两个生动的例子,一是抽签,二是看风水。

先说抽签。1920年5月,穆藕初与蒋梦麟、庄达卿同游北京喇嘛庙,三人都是留美背景。一喇嘛僧招呼他们求签。庄不信神道设教这一套,未允。穆、蒋两人在关帝神前各求一签。其时北大正闹学潮,蒋梦麟代理校长,因此,蒋欲询大学之前途,穆则询一生休咎。两人至诚膜拜,穆求得第78签,中吉;蒋求得第61签,中平。所求之签是否灵验呢?穆记载:

迨检阅签书,余等不觉毛骨悚然。余所得之第七十八签云:"家道丰腴自饱温,也须肚里立乾坤;财多害己君当省,福有胚胎祸有门。"蒋君所得之第六十一签云:"啸聚山林凶恶俦,善良无事苦煎忧;主人大笑出门去,不用干戈盗贼休。"此二签书上所云,余与蒋君所遇,确有此情。一若默知余之捐资助学,并使余坚决为此;一则指示北大风潮,不难解决。不及两月,某系失势,轩然大波竟指日荡平。甚矣,冥冥昭昭之毫发无间也有如此。①

穆藕初用"毛骨悚然"四个字来表达当时的感受,足见刺激之强烈!拜神求签,在历史唯物主义者看来,要么是骗人钱财,要么是心理安慰,全不靠谱。但是,那个时代很多人不这么看,那个时代以前和以后的很多人不这么看,穆藕初也不这么看。他说:

宇宙之间一切住所,不为万灵所寄托。人秉此灵机以生,其实息息与万灵相感通。其卒至隔阂而不相感通者,徒以七情六欲为遮障。故感而莫应,窒而难通耳。人心犹水,静止不扰则彻底澄清,万有毕现;摇动生波则光力涣散,无物能鉴,此昏暗之征也。《易》曰:"至诚之道,可以前知。"国谚亦言:"诚则灵。"灵知云云,本来充满世人心量中。万灵通感,正如无线电机传达无线电信与吸收无线电浪然。彼肉眼凡情,以为太虚之中旷无所有,执著断见,自障障人,但诏以义谛格不相入者,征之事相可以力破疑团矣。喇嘛庙中两纸签书之灵应,实从肃然起敬之一真心中来,及各各胸中怀抱唯一之待决疑窦,而并无第二、三歧念之一心中来。有此真心,方不涉儿戏;有此一心,方不涉游移。故所叩者如镜取影,无稍差忒。此明明导人研

---

① 穆藕初:《藕初五十自述》,载《穆藕初文集(增订本)》,第27页。

求唯心之学一大路径也,故详记之。世有以留学界不应提倡迷信之说进者,夫亦太轻视自家本具之灵知甚矣。①

写这段话的时间,求签之事已经过去整整五年,他还能记得这么清楚,可见得此事在他心目中的分量。他相信心诚则灵。

再说看风水。《穆藕初文集》中,有两篇与风水有关的文字,都是为谈养吾所写玄空学著作写的序言。玄空学即风水学。谈养吾(1890—?),常州武进人,19岁开始研习风水学,1919年到上海电报局任职。1922年在上海成立三元奇术研究社,致力于玄空风水学理研究,此后三年连续出版《大玄空路透》《大玄空实验》与《地理辩证谈氏新解》三书。他是上海风水界的"拿摩温",有"堪舆大师"之称。在给谈书所作序言中,穆藕初指出,天下学问,分两类,一曰科学,一曰心灵学。科学为形而下学,"心灵学为形而上学,由精神方面,以探物之微,吉、凶、祸、福系焉"。科学之可贵,毋庸赘言,但是,如果"以心灵学为虚无缥缈之谈,不加深究,未可也"。②他认为,人之行为,行善作恶,是否会有报应,乃一无法证明之问题。但是,社会流行风水之说,宣传善有善报,恶有恶报,还是有价值的。穆藕初说:

> 祸福之来,由于人之为善为恶所致,因果关系未可勉强。余也投身社会事业已久,阅人多矣,深慨心术之坏,至此而极,苟不得一潜势力以矫正之、惊醒之,正不知伊于胡底!③

穆藕初相当辩证地指出,堪舆书上所说的那些具体风水规则,诸如择地严、趋避慎、定方位、辨生克等,世人不必过于拘泥,但是,书中宣传的扬善惩恶的宗旨倒是应该牢记在心:

> 语云"祸福无门,惟人自召"。但求广种福田,善根深植,则冲和之气感应天心,不必寻龙认脉,而灵气自然发露。所谓吉人自有天相者,非欤?若平日间不思种德,惟向堪舆家求全责备,虽郭璞再世亦无法以处此。然则天果无知乎,地果无灵

---

① 穆藕初:《藕初五十自述》,载《穆藕初文集(增订本)》,第27页。
② 穆藕初:《谈氏三元地理〈大玄空实验〉序》,载《穆藕初文集(增订本)》,第115页。
③ 穆藕初:《谈氏三元地理〈大玄空实验〉序》,载《穆藕初文集(增订本)》,第115页。

乎？当还叩诸人人之心田。①

穆藕初为谈书作序的缘由,是其企业在1923年运营极为糟糕,银行切断贷款,河南豫丰纱厂濒临破产,穆氏只好变卖家产,勉强维持。正当焦头烂额、一筹莫展之际,好友尤惜阴介绍谈养吾到穆藕初寓所察看风水。谈氏察看后谓:"园内行汽车之路,须移南一百多尺,内园墙铁门亦随之南移,原来铁门处,砌墙堵塞,如此卦得动气,合乎本运生旺方位云云。"病急乱投医。人处于困境,急于改变现状,既然风水大师这么说了,姑妄信之。穆藕初遂电话通知南洋建筑公司修筑,要求务必在旧历年内完工。② 尤惜阴(1873—1957),江苏无锡人,曾在圣约翰大学担任国文教习,后在穆氏经营的植棉农场及纺织厂工作,与穆为多年朋友。他是佛教居士,亦为著名风水师。他介绍谈养吾来为穆家看风水,想必认为谈的水平胜己一筹。穆藕初此后每月给谈养吾津贴50元。

从序言内容来看,穆藕初对于风水之说,并非笃信不疑,而是介于信与不信之间。在那个时代,这种态度可以说是大多数人的风水观。但是,穆藕初认为对于风水说可以加以利用,借以引导人去恶向善、广种福田,既为深植民间、广有影响的风水说留下生存空间,又可以让其为社会改良、心理建设服务,则是很有新意的。

四、批评国民素质负面因素,思考中国善良政治蓝图

近代留学欧美归来的学者,对于中国落后现状及国民性中的负面因素,多有批评。最有名的是胡适的"五鬼乱中华"说,所谓"五鬼"指贫穷、疾病、愚昧、贪污和扰乱。穆藕初在这方面也有一些批评,主要集中在肮脏、逢迎、内斗三个方面。

关于肮脏,他对于海外唐人街之肮脏、腐败、械斗等恶习,深恶痛绝,50岁时写回忆录,仍然批评不遗余力:

中国镇广约一方里,聚居此镇者,除极少数之无赖西人外,皆中国人。街道甚秽,铺户之整理精洁者不多见。镇上住民之形态,垂辫者、赤膊者、赤脚者,几于触目皆是;"请进发财"之赌室、"楼上灯吃"之烟馆等,种种诱人堕落之字样,亦几于触

---

① 穆藕初:《地理辩证谈氏新解》,载《穆藕初文集(增订本)》,第116页。
② 穆伯华:《先德追怀录》,载《穆藕初先生年谱》,第318页。

目皆是。其地方虽等于蜗牛之一角,而械斗之风亦所时有。秽德腥闻迄今从脑海回溯,犹令人作呕。后更往其他各大洲之中国镇游览,亦伯仲间耳。呜呼!人必先自侮而后人侮之。①

关于内斗,他发现,美国中上等人,类皆隐恶而扬善,即使嬉笑,亦仅诙谐而已,并不评人之阴私。他认为,这种奖善之作用,存心之忠厚,至足钦佩,"实为教育上、宗教上互相会通,最易收效之一方法。对己制止刻薄之恶意,对人拓开成美之善量,完全出于至诚、恭敬、仁厚、博爱之一团纯洁精神中。以此律己,不道之行为可以潜消;之淑群,羞恶之天良赖以激发"。他发现华人社会正好相反,隐善扬恶,内斗不已。他举例说:

迨余回国过横滨时,上等华客较多,余即向某客攀话,后谈及个人事,余就报中所知,称诵某人、某某人之美处,若人即抗辩曰:其人虽好,无如其才具之不开展何。后谈及某同学,彼亦相识,彼即扬扬然告以某同学之失意时如何招股失败、如何受人侮辱、如何营业失败,种种诋毁,令余不快。及回国后,余随时注意此点,觉隐善而扬恶,几成国人之通性。世界有一丑谚,谓吾华三人以上无团体,甚至于仅二三人之小团结,亦每每有凶终隙末、割席相拒之一日,所以国谚有"人无千日好,花无百日红"之说。噫!借问何缘而至此,岂非误用其隐善扬恶之刻薄意思,而缺乏隐恶扬善之奖善作用,有以致此欤!余尝有一比方,谓国家社会间,隐善扬恶之风盛,其气阴险,无殊暴风骤雨之摧毁一切,使天地万物顿呈惨象;隐恶扬善之风盛,其气发扬,宛如化日光天,生成一切,天地万物都含喜气。人孰能无过,唯在过之大小,及有意无意而已。而我国人之谈论人家短长者,不论是非曲直,亲昵者是之,疏远者非之,权利上接触者攻击之、挤轧之、破坏之。随时、随处、随事,无往不发现此恶境界,以致百业难以发皇,群情因之涣散,政治不克清明。国人相与自杀之一点在此,外力乘机侵入之一点亦在此。呜呼!此韩愈《原毁》篇之所由作也。不识吾教育当局,其将何以挽救之!②

关于逢迎,有一件发生于身边的事给他留下深刻的印象。穆藕初从美国返回上海以后,发现两个儿子的教育有些问题,课程太繁杂,学制不实用,校风也不好。于是,他

---

① 穆藕初:《藕初五十自述》,载《穆藕初文集(增订本)》,第9—10页。
② 穆藕初:《藕初五十自述》,载《穆藕初文集(增订本)》,第14页。

决定延师在家课子。效果开头一年尚可,至第二年则无甚进步。穆藕初颇为惊讶。他说:

> 稍事调查,始知邻家儿以小总办目之,奉承之唯恐不暇,无形中竟受损。儿童心志,不免趋于放逸之一途,学业遂因此而荒芜也。盖余家住在甲厂对面之弄内,环周为厂中员司及工人之宿舍。群儿游戏时,大有唯菁、骥二儿马首是瞻之概。放纸鸢则群儿效奔驰以协助之,捕蟋蟀则群儿争挑选以贡献之,种种特殊待遇,适足长其傲慢之气,阻其进取之心。①

有鉴于此,穆藕初只得将两个儿子再送入学校,以避却社会之熏染。他由此联系到社会上在下则迎上、在上则欺下的种种恶习,不禁感慨系之:

> 吾人入世,地位稍高或资产稍丰,面谀者、乞怜者,随时曲尽其能以献其殷勤,习非成是。受者竟居之不疑,互相摹效,遂养成一种恶趋势。年来军阀正坐此弊,入伍以后自伍长、什长乃至连、营、团、旅长,各各受其部下之逢迎阿谀,遂以养成一种傲睨自大,恣我所欲,任我所为,纵横自便,不可一世之概。再进一步而至督办,握综理全省军民事务之大权,生杀予夺,威权无限,遇见之人,无不望颜色而定从违。夫一省之政治、法律、警务、教育、交通、水利、农、工、商业等等,种别既多,事情极繁,虽以专门学者当此,亦不能博洽融通而因应付裕如。一军人耳,知识能有几何,而乃刚愎自用,处理万几,其结果不至自害害人、流毒国家不止。然此尚为自好者言之,其不肖者,竟视各本省为征服地,贩土也,特税也,滥发纸币吸收民膏也,豫征钱漕重叠至数年也,强行苛派置商困于不计也,把持货车借商运以图自肥也,霸占民产为所欲为而莫之奈何也。其种种暴戾举动,均受人蒙蔽、怂恿、诱惑之所致也。就其致病之点言,无非奉承上发生之恶果耳。②

他极为赞成古人所说:"人之有德于我也,不可忘也;我之有德于人也,不可不忘也。"③这也是他一生遵循的准则:对上不逢迎,对下不欺压;施恩于人,包括资助留学、

---

① 穆藕初:《藕初五十自述》,载《穆藕初文集(增订本)》,第 14 页。
② 穆藕初:《藕初五十自述》,载《穆藕初文集(增订本)》,第 21—22 页。
③ 穆藕初:《藕初五十自述》,载《穆藕初文集(增订本)》,第 36 页。

资助昆曲,从不求回报。有一次,一位熟人辗转托人送来门生帖子,要拜他为师,意图巴结。穆藕初对此极为反感,奉还帖子,严词拒绝,表示自己企业用人,"一以本人之品性行为合否及办事能力足否而定之,并无丝毫私情搀入其间"①。不过,他在处理这件事时,仍然秉持恕道,明确告诉当事人既往不咎,事过即了,不会因此而将之打入另册。

由于对中国社会有深切了解,所以,穆藕初生当革故鼎新之际,对于中国民主建设的问题也有深刻的思考。辛亥革命推翻帝制以后,大洋彼岸的留美学生欢欣鼓舞,莫可名言。对清朝统治的不满,是穆藕初与他的兄长穆湘瑶,以及与他们同时代的上海许多有志青年的共同心声。但是,革命成功了,他却高兴不起来,原因是他想得更深更远。他说:

> 余独不敢欣然喜、色然惊者,盖以吾人所负之责任,更觉重大耳。共和国之主权在民,固也,而中国蚩蚩群氓,号称四百兆,试问有知识者几何?即使有知识,而醉心于自利者占去几何人?即不自私自利,而昧于国情、暗于时势、短于判决力者,又占去几何人?则主权在民云云者,不过在少数有组织力并有操纵能力者之手中,于人民无与也。故欲实行共和,非普及真正之国民教育不为功。而设施此项普及教育,须根据我国历史及国民性之所适宜,除去我国之弱点,采取他国之长处,无党无私,一以造成高尚之人格为目的,庶能内定国是,外睦强邻,造成人类之幸福。②

他对中国的历史与当下社会事情看得很透彻,认为共和政治的实现,必须基于受过良好教育的国民基础之上,如无此基础,"一旦解放,昌言平权,无异野马之奔腾,怒涛之横溢",势必不可收拾。因此,从帝制推翻,到共和建成,必有一过渡时期。这一时期之长短,视各界中坚人物之道德识见能力而定之,如果处理不好,反而会导致暴民专制。他说:

> 兹就余若干年来之观察,约举而类别之。似乎不外下列之六种:一、懦弱者多守默。二、强暴者多嚣张。三、有知识者方能思精而虑密。四、愚昧者易动感情而受人煽惑。五、稍有恒产者类多持重。六、无恒产者往往为生计所迫易趋极端。由是观之,若主权在民而漫无限制,适成其为暴民专制而已。细绎政治学中主权在

---

① 穆藕初:《复某君》,载《穆藕初文集(增订本)》,第141页。
② 穆藕初:《藕初五十自述》,载《穆藕初文集(增订本)》,第18页。

民之精义,其实在于人民之有知识、有恒产者之手中。试观各国之选举法,便可了然矣。①

这种对于民主实质的理解,对于不同阶层的不同政治表现的洞悉,对于知识、财产与政治态度之间关联度的分析,都鞭辟入里。没有稳定的中产阶级与受过良好教育的民众,推翻专制以后,民主很可能导致暴民专制,走向民主的反面。在这个意义上,民主的最大敌人恰恰就是民主本身。这看上去是悖论,但却是屡获验证的历史事实,也是近现代许多政治思想家的共识。托克维尔、穆勒都认为民主可能导致暴政,因为任何民主制度都会导致中央集权,进而导致某种专制制度,甚至蜕化为个人专制。任何民主制度假设的前提都是,多数派总是对的。少数派因而无法保证自己的自由不被多数派剥夺。法国1848年革命的结局证实了这一点。翻译过拿破仑传记的穆藕初,对法国的历史谙熟于胸,对拿破仑如何经过选举而当上皇帝的闹剧太熟悉不过。所以,当清朝帝制被推翻、一般狂热青年欢呼雀跃时,穆藕初能够表现出少有的冷静与深刻。

民国初年的政治演变,每每被穆藕初不幸而言中。1925年,他就政治最核心的部分,即主权在谁手中的问题,进行了深入的分析:

民国成立以来,忽忽已阅十四寒暑。问国家主权究属谁手?恐无人能置答之。在军阀乎?则自相残杀,所存者仅硕果耳。在政客乎?则前仆后继,坐视人才之消乏而已;在事业界之知识阶级手中乎?则教育堕落,事业凋敝,求生不得,诉苦无门,坐视百业之萧条,国力之耗损而已。故余尝谓民国成立以来,所宣布之主义也、方针也,乃至策略也,斗争也,纷纷扰扰,无非自相残杀而已,无所谓主权也。夫国之有主权,无异航行之有舵。把舵者偶一疏忽,其舟便有颠覆之忧。国家主权而无所属,其危险不千万倍于颠覆之舟乎?②

他说这番话的时候,脑海里一定有三幅图景交替出现:一幅是中国当下军阀当政的乱景,一幅是他曾经生活过的为他称道不已的美国的治景,还有一幅是他曾经研究的法国由乱而治的变景。那么,中国应当怎么办?他认为国家应发展生产,发展教育,将

---

① 穆藕初:《藕初五十自述》,载《穆藕初文集(增订本)》,第18页。
② 穆藕初:《藕初五十自述》,载《穆藕初文集(增订本)》,第18页。

权力交给那些有知识、有事业的人,交到那些"有生产能力之国民手中"。

> 然则国家之主权果谁属,无论古今中外,如同一辙,其权应属于事业界中之有知识者。苟不欲立国于地球之上则已,如欲立国于地球之上,非如此,则不可得也。此非余之私言也,实政治学中之精义耳。试举一浅例以证之,家有多子,贤否各别,苟以家务而付之克家令子之手,家道未有不昌盛者;反是,鲜有不失败者。聚家而成国,国事亦犹是耳。国中之有知识而有事业者,或从事于教育,或从事于农工商矿等凡百实业,则国家之富力赖以增进,人民之供求赖以调剂,官吏之俸给赖以支应,人类之幸福赖以保全。故事业界中人,简言之即生产者,国民而有生产能力,实立国之命脉,争存之要素也。国家主权而不在此种有生产能力之国民手中,而国能富强者,吾未之前闻也。余深愿读是编者之三致意也。①

穆藕初的见解,用今天的语言说就是,发展教育,发展实业,培育中产阶级,为民主政治夯实社会基础。

以上四个方面,涉及壮岁留学、资助留学、发展教育、引进西学、科学管理、保存国粹、振兴实业、批评国民性中的负面因素、讨论善良政治蓝图等众多内容,还有那反映其心灵世界的命理问题。

从为人处世、安身立命角度来看,穆藕初可以归结为这样一个人:勇于进取,善于学习②;亦中亦西,亦商亦儒;敏于发现机遇,善于捕捉机遇;敢于实践③,富有情趣④。

他在 30 多岁时,丢下好好一份工作,丢下妻小,自筹经费,留学美国。这在一般人眼里,是非正常选择。他资助罗家伦等留学,不为捐官,不图回报,这在一般人眼里,是非正常花钱。他对国民性负面因素的批评、对善良政治蓝图的思考,没有呈现出学理论

---

① 穆藕初:《藕初五十自述》,载《穆藕初文集(增订本)》,第 18—19 页。
② 没有进过什么正规学校,而能成功留学,关键在于他善于学习。他自述,1903 年冬,"余暂时调往镇江关,行箧中携有新书数百种,就附近山麓开办阅书报社,同志云集,颇极一时之盛"(《藕初五十自述》)。那个时候就能有新书数百种,可以想见他求知欲之强与知识面之广。
③ "敢于实践"是穆藕初成功的关键。但是,过分"敢于实践",又成为穆藕初办实业受挫的一大因素。1922 至 1923 年,他主办的德大纱厂、豫丰纱厂与棉花交易所,总共亏空 100 多万元,超过了德大纱厂的资本总额,最后不得不宣布德大纱厂破产,将其卖了出去。虽说是由于军阀混战,影响实业——江浙是齐燮元、卢永祥之战,河南是冯玉祥、赵倜之战——但是,扩张太快,内涵不足,不能不说是受挫的内在因素。
④ 除了酷爱昆曲,他还爱好锻炼身体,好养鸟,好养金鱼,鱼缸以百数计,名贵金鱼有十七八种。他晚年爱好学诗,写诗,很受黄炎培好评。见黄炎培:《追忆穆藕初先生》,《农业推广通讯》1943 年第 11 期。穆藕初是一位很有生活情趣的人,很会享受生活的人,一点不呆板、枯燥、僵化。

证过程,这在一般人眼里,是非正规学者意见。他对抽签、风水之类怪力乱神的认可或理解,在有些人眼里,是非理性态度。但是,正是这些非正常选择、非正常花钱、非正规意见与非理性态度,构成了穆藕初在近代文化中特有的地位、特别的意义。

他饱读有字之书,也熟谙无字之书,知识广博,洞明事理。他亦中亦西,在中国文化浸润中成长,又受过西方文化系统教育,对中西社会都有真切了解。所以,他对国民性负面因素的批评,一针见血;对善良政治蓝图的思考,见深识远。他亦商亦儒,其企业扩张不是韦伯所说的基督教清教徒式的为发展而发展,而是怀抱了为国兴业、为民办事的理想。他自奉俭约,但为了保存国粹,培育人才,不惜千金。这种行事风格,闪烁的是传统士大夫达济穷善的不朽光辉。黄炎培称赞他学为国用、义薄云高,有功在民、有策在朝、颂言满堂、黄金满筐,恣出其财、以成人才,都是实事求是的中肯评价。

亦中亦西,近代所在多有;亦商亦儒,也不稀见。但是,合亦中亦西、亦商亦儒于一身的,却不多见。从这个意义上说,穆藕初是万不一得的奇才。穆藕初不是专门从事知识生产与流通的书斋型知识分子,他在近代文化转型中所做出的成就,也不是一般专门从事知识生产与流通的书斋型知识分子所能达到的。1922年,《密勒氏评论报》通过读者投票的方式,选举中国最有影响的大人物。工商界入选者凡13人,聂云台第一,252票;穆藕初第二,123票;跟在穆氏后面的是,陈嘉庚67票,宋汉章58票,简照南54票,陈光甫35票,钱新之、范旭东均为8票。在所有被选举的171人中,穆藕初排名第28。[①]

穆藕初何许人?20年前上海滩一位海关小职员,十年前美利坚一名普通留学生,家无父祖余荫,朝无显贵奥援,名亦不见经传,回国后不到十年,忽然跃登全中国大人物之榜,名列工商界领袖前茅。套用一句古语:呜呼!穆藕初可不谓人杰矣哉!可不谓人杰矣哉!

(2013年)

---

① 参见杨天宏:《密勒氏报"中国当今十二位大人物"问卷调查分析》,《历史研究》2002年第3期。

黄炎培与"新场党狱"[①]

一

黄炎培政治生涯中的第一件大事,是他发起的新场演说会,以及由演说会引起的"新场党狱"。关于这一事件,黄炎培在《八十年来》中有详细的回忆。要点如下:

黄炎培像

1903年8月10日(六月十八日),黄炎培、张访梅、顾次英等,应邀到南汇新场镇进行演说。

地方痞棍向南汇知县戴运寅密报,称黄等演说"毁谤皇太后、皇上"。

8月15日(六月二十三日),戴将黄等四人拘捕,并向两江总督、江苏巡抚请示如何处置。

8月18日(六月二十六日)中午十二点三刻,戴接到江苏督抚"就地正法"的命令,但此前半个小时,黄等四人已由美国在沪的传教士步惠廉保释出狱,乘轮东渡。

事件并不复杂,黄氏说得很清楚,也颇具戏剧性。以后,学术界对这一事件的提法,无论是黄炎培的年谱,还是黄炎培的传记,自然多依据这一回忆。在回忆录中,黄炎培对获保东渡的细节描述得非常具体,但是,对他们几人演说的到底是什么内容,地方痞棍为什么要向知县报告,他们被捕的细节怎样,只是一笔带过,说得不详细。而这些,恰恰是研究作为革命家的黄炎培的最重要内容。于是,不少研究者便根据自己的理解和想象,说黄炎培当时如何宣传反清,如何宣传反帝,如何宣传革命。事情真相到底怎样?最近,笔者查阅了当时的报刊,找到了一些资料,大体弄清了这一事件的来龙去脉。

章士钊等人主办、在上海出版的《国民日日报》,在1903年9月25、27和29日,连载

[①] 本文原题《历史与记忆——从黄炎培关于"新场党狱"的记忆说起》,载朱宗震、陈伟忠主编:《黄炎培研究文集》,四川人民出版社1997年版。

《新场讲学会之历史》,详细介绍了这一事件。同年9月21日,由江苏籍知识分子在东京出版的《江苏》杂志第六期,以12页的篇幅发表《南汇县党狱始末记》,也详细地介绍了这一事件。这两篇长文,所述事件经过大体一致。其中有一份,曾经附载于《南汇县志》。这两份资料,远较黄炎培的回忆录翔实。以这两份材料与黄炎培的回忆录相比较,可以发现差异很大,还能发现一些很有趣的问题。

二

根据这两份资料,新场党狱的经过是这样的:

先是,黄炎培等人认为新场永宁寺创设西天门(一作先天门)等名目,以左道惑人,勾引良家妇女,暧昧之事,久播人口,这些人不事生产,不但是一国分利之物,而且是文明进化的障碍。黄与新场演说会的学生,谋加干涉。1903年8月11日(光绪二十九年六月十九日),为观音诞期,黄炎培偕学生至永宁寺,在密室中发现迷药一瓶,而西天门教师行为诡秘,言语支吾,遂将一个名叫刘恒轩的教师交县有关部门管押。

第二天,即8月12日(六月二十日)上午,当地土棍黄德渊至黄炎培处拍案大骂,并要将被押的西天门教师保释,未果。黄德渊与黄炎培同族,论辈分为黄炎培的叔祖,其母一向寄食于永宁寺,所以,他对黄炎培等人的举动极为不满。

8月12日下午,黄炎培、顾冰畦等应邀至南汇新场讲学会演说。顾冰畦首先演说,内容如下:

> 天下之事,欲兴利必先去弊,未有弊未去而利能兴者也。永宁寺创邪教,为公等一邑之害。公等其有意去此害乎?其谓去此害为然乎为不然乎?如谓不然,则某亦不敢闻命矣。如以为然,愿公等共书其名于左,以期协力共治。

随后,共有65人签了名。会上,许多人发表演说,有人演说社会改良问题,有人演说设立蒙学问题。黄炎培演说的主题是组织团体重要性的问题。

8月12日晚,黄德渊率三百余人,围攻黄炎培等人在新场的下榻处,打伤从外地来新场听演说的人,并将被押的西天门教师劫走。

8月13日(六月二十一日),黄炎培等离开新场至南汇县城,向县令戴运寅告状,要求惩办黄德渊等人。戴下令拘捕黄德渊等七人。

8月13日晚,戴审问黄德渊等人。黄德渊指控黄炎培等"聚众演说,上不忠于君,下不敬乎长,又复亵渎神明,惊动菩萨,打毁寺庙,创异说惑人,设甘词诱人,以致上干天谴,下动众怒",并称:"黄炎培是小人的侄孙,他天天讲革命,小人是不通文墨的,问读书人都说就是造反,小人因教训他,岂知炎培目无尊长,不认小人为叔祖。小人一身不足惜,可怜吾黄氏代代积些阴德,不料到炎培竟遭此横祸。"戴沉思良久,忽然喜形于色。他当场释放黄德渊等,下令传黄炎培等人。

8月15日(六月二十三日)傍晚,黄炎培等四人奉传来到县署,戴指控说:"你们讲什么学?你们毁谤皇上,毁谤皇太后,你们是革命党,你们想造反。"黄炎培等申辩无用,当场被拘捕。至此,原告与被告换了个位置。

黄炎培等被捕以后,南汇官府即呈文两江总督和江苏巡抚,请示处置办法。演说会的同志则积极设法营救。

8月18日(六月二十六日),美国寓沪传教士步惠廉因同情黄炎培等,应请来到南汇,指责官府无确凿证据即乱捕热心教育的读书人,实属不该。戴惧怕洋人,又未接到上司关于处理此事的明令,于是,在中午12时15分时,让步惠廉将黄炎培保释出去。

8月18日中午12时45分,也就是黄炎培等被保释出去半小时以后,两江总督关于要南汇县令将黄炎培等革命党"就地正法"的电报送到。戴懊丧欲死,但已无计可施,后以办理不善,被记过三次。

这就是新场党狱的梗概。顺便指出,《国民日日报》与《江苏》杂志所载内容大体相同,细节有些差别,可能分别出自参加新场演说的两个主要成员之手,其中一个很可能就是黄炎培,现没有确实的证据。

三

从上述资料看,新场党狱的冲突起因,主要不是演说会,而是黄炎培等人对永宁寺所谓邪教西天门的干涉。黄炎培等人的行动,有点类似孙中山当年在翠亨村毁坏寺庙中的偶像,属于破除迷信、改良社会的性质。当时,黄炎培等人可能已经萌发反清革命思想,但这一行动并不具有反清革命性质。黄炎培等并无"毁谤皇太后、皇上"的言论。

与黄炎培等发生冲突的对手有两个,一个是黄德渊,一个是南汇县令戴运寅,而以黄德渊最为直接。戴运寅是在审理此案的过程中,感到如果以革命、造反罪治黄炎培等对自己仕途可能带来好运,所以,才将此罪名加到黄炎培等人头上。

但是,我们看黄炎培《八十年来》的回忆,主要对手黄德渊不见了,只剩下一个空洞的"地方痞棍",连永宁寺冲突、黄德渊最初被捕、后来被告变为原告的情节也不见了,即所有与黄德渊有关的细节全部不见了。这是什么原因呢？

我想，这不大可能是年久忘却了，也不可能是对此事看法改变而故意不提了。老年人对自己青年时代所做的事，有时会有不同于以前的看法，这是很正常的。但看回忆录，黄先生对自己青年时代的造反行为的看法，并无大的改变，而是津津乐道，为什么独对此事隐而不提？我想，很可能是这个原因：宗族与恕道。不管怎么说，黄德渊毕竟与黄炎培同宗，而且是他的叔祖。黄炎培写《八十年来》时，这位叔祖大概早已不在人间。即使不能说是为尊者讳，但对一位已经不在人世的叔祖，再重提五六十年前陈芝麻烂谷子的事，这在黄炎培的心里，可能觉得有违恕道。但是，在新场党狱中，作为黄炎培等人主要对手的黄德渊被隐去了，另一个对手即戴运寅的作用便突出了。黄黄冲突的社会意义大于政治意义，黄戴冲突的政治意义大于社会意义。

于是，新场党狱的革命性质被强化了，黄炎培在此事件中的革命色彩也被强化了。

黄炎培写回忆录的年代，正是以阶级斗争为纲的年代，正是革命至上的年代，这是新场演说革命色彩被强化的时代原因。

由回忆与历史事实之间的差异，我们可以看出，当事人对历史的回忆是有过滤性的，回忆的表述是有选择性的，回忆的内容会受回忆者所处时代、环境的影响，回忆的内容会随回忆者年龄变化而变化。

（1997 年）

略论黄炎培为人处世之道[①]

黄炎培(1878—1965)一生历三个时期,晚清、民国与中华人民共和国,由举人、教育家而社会活动家、政治活动家,官至极品,誉满中外,古人所谓立功、立德、立言之三不朽,一身兼具,光彩夺目,殊为难得。尤值得今人潜思深索者,先生逝世以后,迄今40余年,中国社会陵谷变易,许多是非标准已有很大变化,无数历史名人面目被一再涂饰,昔之为神,今之为妖,忽焉在天,忽焉下地,让人难得其真,而先生的形象则随着时间的推移,愈益雄峻挺拔,令人高山仰止。此间道理何在?

一

黄炎培虽出身书香门第,但父母早亡,家境并不富庶,父祖辈对于他日后的成功并没有提供特别的社会资本。他在清末民初能跻身社会名流,要素有四,即举人出身、蔡元培学生、同盟会干事、创办新式教育事业,这些都是他后天进取躬行的结果。

黄炎培在1902年中举,三年以后科举即被废止。民国时期,举人、进士如同古董,都是日渐稀少、不可再生的文化资源。尽管"五四"新文化运动对传统文化穷追猛打,深挖细铲,但社会心理的潜流并不像乡试、会试那样说停就停、说止就止,普通民众对于有举人、进士之类功名的人依旧相当看重,蔡元培、张元济、叶景葵等格外受士林推重,张謇、郑孝胥的字特别值钱,都与这种功名持续效应有关。黄炎培能够在名公巨卿、硕学鸿儒之间应对裕如,与他的举人身份不无关系。1949年以前,黄炎培一度生活无着,但靠卖字为生,润格颇为不菲。这也与他的举人身份也大有关系。

黄炎培在1901年9月进入南洋公学特班,成为42名学生中的一名,1902年11月特班解散,扣除因参加乡试离沪一段时间,他在南洋公学实际时间不到一年。但是,他在那里结识了一位对他日后事业发展有着关键影响的人物——蔡元培。其时,蔡元培是特班总教习。蔡对黄而言,不光是学业老师,而且是人生导师;既是经师,也是人师。

[①] 本文原题《大仁大勇,大智大慧》,系为陈伟忠编著《黄炎培诗画传》所作序言,该书由上海社会科学院出版社2010年出版。

黄炎培从事教育活动,参加革命活动,都与蔡元培的影响密不可分。

黄炎培就读的南洋公学特班,是1902年上海学潮的中坚力量。那批青年学生,指点江山,激扬文字,时常发表演说,批评时政,结果在年底与学校当局发生矛盾,引发学潮,导致学生退学。特班解散后,黄炎培秉承蔡元培之意,回浦东创办川沙小学,后来又办开群女学、浦东中学,从此走上以教育济世的道路。

走出学校以后,黄炎培的革命激情仍在继续燃烧。1903年8月,时值苏报案发生之后,血气方刚的黄炎培与友人在南汇新场镇进行有关社会改良的演说,被人挟嫌诬指为聚众闹事,图谋造反,遭南汇县令逮捕。经美国传教士步惠廉斡旋,保释出狱,避地日本。事经《国民日日报》《江苏》杂志等宣传,黄炎培名声大震,成为反清革命名人。翌年事件平息,黄返回上海,继续从事教育与革命活动。1905年秋,他经蔡师介绍加入中国同盟会,翌年又继蔡师任同盟会上海干事。这时候的黄炎培,社会知名度已经很高,既有革命的资本,又有会办教育的名声。

黄炎培与蔡元培的关系,对黄炎培日后事功影响极大。蔡元培与黄炎培虽为师生,但年龄相同,均出生于1868年。蔡对黄相当器重,而黄对蔡极其敬重,一口一个"蔡师"。民初蔡元培出长教育部,想到的第一个助手人选就是黄炎培,要他去当司长。黄因事无法就任,亲到南京向蔡师解释,并荐他人以代。日后,黄在教育方面,凡需蔡师照拂时,总是毫不犹豫地请蔡出场,蔡也有求必应,或挂名担任董事,或亲自到场演讲。人生的道路很长,关键的地方只有几步,黄炎培在从事教育、投身革命这两大路口,都得到蔡元培的悉心指点与热情帮助。这样,前清翰林、教育总长、北大校长蔡元培那么丰沛的社会资源,在一定程度上就转化为黄炎培的社会资源。蔡、黄师徒两人,一办大学教育,一办职业教育,各有非凡成就,成为民国教育界一对"双子星座",相互辉映。

二

创办新式教育事业,包括创办浦东中学与职业教育,是黄炎培获得社会尊重的最重要社会资本。

中国近代以前传统教育的弊端,最突出者有三:一是受教育的人数极少,绝大多数人没有机会接受教育;二是教学内容与社会生活脱节,所学非所用,所用非所学;三是教学方法不合知识接受规律。近代献身教育的志士仁人很多,因此而彪炳史册的亦复不少,武训、杨斯盛、陶行知、陈鹤琴、陈嘉庚等为其著者。他们或行乞办学,或毁家兴学,或义务办学,或改革教学,都在某一方面为振兴中国教育做出了贡献。黄炎培则数者兼而有之,他所倡导的职业教育,融扩大教育对象、改革教学内容、改良教学方法于一炉,因而成就特别巨大。

黄炎培在职业教育方面所行,最能体现时代特点的地方有二:一是他特别注意依靠社群集体力量,而不是单靠个人的智力、财力。他创办职业教育社,成立教育会,发行教育杂志,进行教育演说。他广泛地动员社会各方面力量支持职业教育事业,千方百计,不辞辛劳,从而获得了极大的成功。二是他特别注意引进西方先进教育模式,包括教育理念、教学内容、教育制度、教学方法。他多次到美国、英国、日本、东南亚等地考察,到国内各地调查,研究不同地区、不同学校在教学方面的利弊得失,扬美、英西人或国内某些学校(如南昌葆灵女学)先进教学之长,攻中国落后教学之短。《黄炎培教育文集》四卷,绝大部分为"扬长攻短"的内容。

黄炎培走上教育济世的道路,根源于他对中国社会的深入了解,根源于他对传统教育弊端的洞悉:

> 今日者,教育、教育之声,遍国中矣,起而观其学子,往往受学校教育之岁月愈深,其厌苦家庭、鄙薄社会之思想愈烈,扞格之情状亦愈著,此固职教育者所莫能为讳也。试观小学校,所谓德育、体育姑无论矣,即以知识论,惯作论说文字,而于通常之存问书函,弗能达其意也。能举拿破仑、华盛顿之名,而亲友间之互相称谓,弗能笔诸书也。习算术及诸等矣,权度在前,弗能用也。习理科略知植物科名矣,而庭除之草,不辨其为何草也,家具之材,不辨其为何木也。①

在对中国挨打被欺原因的探究中,他认为一切问题的症结在于教育。其逻辑是:国弱由于民贫,民贫根于民愚,根于民之不自立。他归纳职业教育的定义与目的:

> 职业教育之定义,是为"用教育方法,使人人依其个性,获得生活的供给和乐趣,同时尽其对群之义务",而其目的:一、谋个性之发展;二、为个人谋生之准备;三、为个人服务社会之准备;四、为国家及世界增进生产力之准备。②

黄炎培投身于教育事业,根源于他对广大无缘接受教育的人民的深切同情。1915

---

① 黄炎培:《实用主义小学教育法》,载中华职业教育社编:《黄炎培教育文集》第一卷,中国文史出版社1994年版,第54页。
② 黄炎培:《中华职业教育社宣言》,载《黄炎培教育文集》第三卷,第216页。

年,他在美国各地考察时,特别注意美国接受各级教育的人数与比例,留心美国普通人特别是工人的生活程度,以之与中国进行对比。中美之间的悬殊,予黄炎培以强烈的刺激。正是在这一刺激下,两年以后,他正式创办了中华职业教育社。

对广大民众的大爱之心,充盈于黄炎培一生的各项活动中。他办川沙小学,纯尽义务,不取分文。他出长浦东中学时,一般校长薪金为大洋百元,他仅支40元。1949年以前,他不做官,不敛财,一心扑在职业教育上,为的就是大众。

三

反对外国侵略,反对内战,反对独裁,争取民主,是黄炎培赢得崇高声誉的重要原因。

黄炎培是伟大的爱国主义者,坚决反对帝国主义对中国的侵略。他反对腐朽的清政府,加入中国同盟会,参加辛亥革命,目标都是一个,救国。1931年"九一八事变"发生以后,黄炎培立即投身到抗日救亡的斗争中。他亲到南京诘问蒋介石与外交当局,为何不抗日?1932年"一·二八事变"发生后,为了支援前线军需供应,维持地方秩序与市面金融,他参与发起上海市民地方维持会(后改为上海市地方协会),尽最大努力支援前方抗日。他曾多次说过:

> 1931年是我思想和行为急剧转变的一年。兄弟看到国家民族危机的紧迫,就认定仅服务社会,办理教育,所发挥的力量还不够,所以,将主要事业交付朋友,自己进一步的参加抗日救亡工作。①

黄炎培反对日本侵略的激情,通过黄炎培自述一个细节可以看得十分真切:

> 一九三一年九月十八日日军占领沈阳之夜,我从申报馆到史(量才)家。史正和一群朋友打牌。我说:电报到了,日本兵在沈阳开火了,沈阳完全被占了,牌不好打了。一人说:中国又不是黄任之独有的,要你一个人起劲!我大怒,一拳打牌桌中心,哭叫:"你们甘心做亡国奴吗!"别人说:收场罢!②

---

① 尚丁:《黄炎培的爱国主义道路》,载上海浦东中华职业教育社、黄炎培故居管理所编:《黄炎培在浦东》,红旗出版社1995年版,第2页。
② 黄炎培:《八十年来》,文史资料出版社1982年版,第94页。

此后,黄炎培义无反顾地活跃在爱国抗日的前沿,募捐、劳军、演说。有一个传诵久远的片断:"一·二八"淞沪抗战期间,黄炎培演说抗日,讲着讲着,突然指着立在台下聆听的儿子黄大能,大声说:"大能,你站起来听着:日本人打起来,如果你贪生怕死,投降做汉奸,日本人不杀你,我们也会杀掉你!如果你上战场牺牲了,我们全家将感到光荣!"一时,满场静寂!黄大能回忆说:"他非常爱国,比一般的青年都爱国,我们在上海,他每天打听战争的消息,打胜仗他非常高兴,打败仗他痛哭流涕。"黄炎培的真情,激励了无数青年走上抗日道路。

正是出于对帝国主义侵略的无比痛恨,出于对广大民众的大爱,他反对一切形式的内战。有一件事情,最能反映他的这一思想。1932 年,他晋谒中山陵,看到一幅纪念惠州起义的油画。惠州起义是 1900 年孙中山领导的发生在广东惠州的一次反清武装起义,是孙中山革命史册上的辉煌篇章。对于这一事件,在南京中山陵绘画颂扬,是再顺理不过的了。但是,黄炎培有其独到的看法,题诗一首:

不画吴淞画惠州,东江十荡骨成丘。何须更忆俾翁语,翠薜苍松尽掩羞。①

他认为,不去颂扬抵抗外国侵略的吴淞之战,却来颂扬内斗的惠州之役,殊不知后一战争的结局是国人尸骨成丘。他特地在自注中写道:"李鸿章出使至德,德相俾士麦问李生平战迹何役为最,李盛称太平天国之役,俾正容言:我德意志人却以杀同胞为耻。李大惭。"②对黄炎培的这种战争观如何评价姑不具论,他对于人民生命的珍视已溢于言表。

1933 年,东北义勇军奋勇抗击日军,而南京国民政府袖手旁观,黄炎培对此极为愤慨,在诗中写道:

壶浆千里走相迎,力尽犹闻杀敌声。不爱身家惟爱国,诸君何以答忠诚。③

正是出于这种理念,黄炎培对于国民党军队进攻工农红军很不以为然。1938 年,

---

① 黄炎培:《七绝》,见许汉三编:《黄炎培年谱》,文史资料出版社 1985 年版,第 94 页。
② 黄炎培:《七绝》,见《黄炎培年谱》,第 94 页。
③ 黄炎培:《北游杂感七首》,见《黄炎培年谱》,第 95 页。

他题诗评论洪秀全与石达开的内讧,便有"河山还我今安在,煮豆燃萁又一时"之句。①

正是出于这种理念,黄炎培在 1945 年抗战胜利以后,坚决反对国民党发动内战,从而成为杰出的爱国民主人士。他参加民盟,组建民主建国会,就是为了反对内战,争取和平,反对独裁,争取民主。每当国共之间发生摩擦、冲突,每当内战将起,黄炎培总是不知疲倦地奔走于国共之间,进行劝说、调解。据汪朝光研究,自 1946 年 6 月 6 日至 30 日的半个多月中,为了制止内战,黄炎培会见国共双方代表各达 10 次之多,有时一天中即有两三次,可见他奔走之勤。② 他为此得罪了蒋介石,但在民主人士和全国人民中赢得了崇高的声誉。

四

聪明好学、通达慧识是成就黄炎培一生伟业的重要因素。对于教育学,黄炎培并没有接受过专门的学校教育,全凭自学入门并成为专家。他大量阅读有关教育学书籍,与国际、国内有关学者讨论,结合社会实践,反复钻研,终于提炼出有中国特色的职业教育理论。英文方面,他也是通过刻苦自学而提高水平的。他进入南洋公学时,已 23 岁,如果那时才开始学习英文,岁数已算很大,他日后能熟练地使用英文,主要是通过自学。他特拜上海裨文女校校长阿培女士为英文老师。③ 可以设想,黄炎培如果没有很好的英文,1915 年农商部物色赴美考察团成员,就轮不到他。如果没有那段在美考察的经历,他对于职业教育的见解可能就没有那么超拔卓绝,日后的成就也可能就是另外一种景象了。机会总是向有准备的人招手,确然。

黄炎培善读有字之书,更善读无字之书,人情练达,世事洞明。他的朋友遍布各个领域,官场、商场、教育、出版,乃至三教九流,无所不有。每次政治形势发生重大变化之际,他都能审时度势,准确判断。1945 年,他在延安与毛泽东关于朝代兴亡周期率的著名"窑洞对",既表明他卓越的见识,更显示他对未来形势的洞察。那时,国共三年内战尚未开始,他已能看出未来鹿死谁手,并隐忧中共胜利以后同样面临周期率的考验。

黄炎培关于周期率的论断,早已广为人知。需要指出的是,这个忧虑一直隐藏在黄炎培的思想深处,时不时地要冒出来。新中国建立前夕,黄炎培隐约感觉到,中共在夺

---

① 见《黄炎培年谱》,第 122 页。
② 汪朝光:《抗战胜利后的黄炎培》,载朱宗震、陈伟忠主编:《黄炎培研究文集》,四川人民出版社 1997 年版,第 81 页。
③ 黄炎培:《抱一日记》,载《黄炎培教育文集》第一卷,第 190 页。

取全国政权以后,很可能会在民主集中制的口号下,实行民主其名、集中其实的制度。他在1949年8月29日致信毛泽东,就如何实行民主问题提出建议:

> 各方都倾心接受民主集中制,我意此时急须将这一名词做一番具体的说明,否则万一发生两种不同的措施,一方以为我是民主,而一方以为是集中……例如民主集中制必备之条件:组织、首脑、小组。它的施行法,关于选举,从编选名单起到开会当场无记名圈选,应该怎样怎样;关于开会,怎样召集、讨论、议决,到怎样通过记录,怎样保留不同意见;以及关于执行,关于检讨,奖惩,等等,一一举出实例,说明理由。这些工夫,管见颇以为需要,只不知已有人做过没有? 尊见以为怎样? 敬求公余赐教。①

民主制度从来不是一句空洞的口号,也不是一个笼统的制度。民主的实质必然体现于程序之中:怎么设立议题,怎么开会、讨论、选举、表决、执行,怎么保留不同意见,都是决定民主程度的关键问题。

对民主问题,黄炎培是有过深入研究与思考的。1945年,他参与创立的民主建国会,揭橥的旗帜便是民主。民主建国会政纲开宗明义写道:"建国之最高理想,为民有、民治、民享。我人认定民治实为其中心。必须政治民主,才是贯彻民有,才能实现民享。"②在民主建国会成立大会上,他在致辞中说:我们站在民众立场,清清白白,不依靠特殊势力,完全依靠民众,"对于人民有利的行动,我们都赞成,反之,有害于民之行动,我们坚决反对。"③他还在一些论著中专门讨论过民主问题。他说,一说民主,便以为是指政治上的民主制度,竟认为"民主"是政治学者专用的名词,甚且认为只有欧美式民主政治制度才配称民主,实在是大谬。他认为:民主的形式,必须滋溉以民主的精神,民有、民治、民享,随处适用。"耕者有其田""有饭大家吃",现时口头流行的这一类语句,都没有跳出这原则范围。④他对于政治民主与经济民主之间的关系,有深入理解:

---

① 黄炎培1949年8月29日致毛泽东函,黄炎培故居展品。转见朱宗震:《黄炎培对兴亡周期率的悬念》,载《黄炎培研究文集》,第110—111页。
② 《民主建国会政纲(一九四五年十二月十六日)》,载邱钱牧等编:《民主革命时期的民主党派》第二辑,湖南人民出版社1986年版,第383页。
③ 《平民》1—3期合刊,转见汪朝光:《抗战胜利后的黄炎培》,载《黄炎培研究文集》,第73页。
④ 黄炎培:《民主化的机关管理》自序,商务印书馆1948年版。

政治民主和经济民主两者是互相为用的,如果做到真实的政治民主,并不是不可能做经济自由的保证;而反之,如果真实做到经济民主,也很可能做政治自由的保证;因为无论政治民主或经济民主,所谓"民",是一不是二,如果真正根据全民的公意,一切以全民的利害为取舍,彼此间一定可能发生相互的良好影响。①

正因为对民主问题有这样丰沛的思想储备,所以在建国前夕,他思深虑远,能将此问题直接向毛泽东提出来。

五

交游广,朋友多,是黄炎培人生一大特点,也是他事业有成、甚至逢凶化吉的重要因素。他的朋友,上自党国要人,下至贩夫走卒,有专家学者、巨商富贾、社会贤达,也有地痞流氓。这些朋友,为他开展教育活动、政治活动提供了极大的方便,也为他逢凶化吉提供了条件。

黄炎培一生经历两次险境,两次都是在友人的帮助下化险为夷的。

第一次,就是上文述及的1903年南汇新场演说。演说的时间是8月12日(六月二十日),黄炎培被南汇县令逮捕的时间是8月15日。以后,当地仇家诬告他"毁谤皇上,毁谤皇太后",想造反。南汇官府呈文两江总督和江苏巡抚,请示处理办法。两江总督下令就地正法。8月18日,美国寓沪传教士步惠廉因同情黄炎培等,应请来到南汇,指责官府无确凿证据即乱捕热心教育的读书人,实属不该。县令惧怕洋人,又未接到上司关于处理此事的明令,于是,在中午12时15分,让步惠廉将黄炎培保释出去。说来真险,半小时后,即中午12时45分,两江总督关于要南汇县令将黄炎培等革命党"就地正法"的电报送到。县令无法追人,懊丧欲死,但已无计可施,后以办理不善,被记过三次。

步惠廉与黄炎培等人素无往来,他为什么会出来援救呢?原来有两个人出来帮忙:一是新场天主堂的陆子庄牧师,他认识步惠廉;二是川沙名人杨斯盛,认识上海滩著名律师佑尼干。他们经过商量,由杨斯盛出钱聘请佑尼干,再由步惠廉、佑尼干这两个外国人共同出面到县衙门交涉,这才将黄炎培等保释出来。黄炎培出狱以后,又是杨斯盛资助川资,使其流亡日本。② 如果没有这一批朋友全力相助,黄炎培是很难逃出虎口的。

---

① 黄炎培:《政治民主与经济民主》,《国讯》杂志第422期,1947年7月20日。
② 黄炎培:《八十年来》,第41页。

第二次是1947年底,国民党特务对黄炎培实施监视,准备下毒手,事为黄的同乡好友杜月笙所悉,通报于黄,黄避地他处,躲过一劫。黄炎培与杜月笙为浦东同乡,一为社会名流,一为著名流氓,但黄炎培与杜月笙过从甚密。据周育民研究,自1931年起,两人就建立起很好的合作关系。杜月笙的很多社会活动,包括建立浦东同乡会,调解董家渡渡船工会与市政府的关系,调解公共租界电力工人罢工事件、浦东英美烟草工厂工人罢工事件等,黄炎培均躬与其事。黄炎培曾说,他最佩服的读书不多的朋友有两个,一个是毁家兴学的杨斯盛,还有一个就是杜月笙。黄、杜关系深,社会上都知道。1946年,国民党拟召开伪国大,想拉拢黄炎培,最后物色的最合适说客就是杜月笙。1949年上海解放前夕,蒋介石要杜月笙离开大陆,杜月笙拿不定主意,也找黄炎培商量。① 正因为有那么深的关系,杜月笙才会一有不利于黄炎培的情报就向黄通风报信。黄炎培有了杜月笙这么个朋友,等于多了个情报网。

交游广泛,为黄炎培了解中国社会各个层面实际情况提供了条件。黄炎培在1949年以后,相继担任中央人民政府委员、政务院副总理兼轻工业部部长、全国政协副主席、全国人大副委员长。在开头几年,他积极参政、议政、执政,直抒胸臆。他与毛泽东通信频繁,毛泽东对他优礼有加,多次与他一起吃饭、开会,甚至长谈。他遇到、看到、知道认为不妥当的事情,也直言相告。他曾就地方征收公粮、"土改"政策、共产党基层干部的工作作风、"三反""五反"等问题,向毛泽东直接反映。毛泽东大多能虚怀听取,不少时候也能接受他的意见和建议。但是,1954年实行粮食统购统销政策时,他持不同意见,未见采纳,以后,他就很少有实际作为了,也很少提与中共相左的意见了。

什么原因呢? 可能是年纪大了,身体差了,也可能是根据他对毛泽东等人的近距离观察和比较深入的了解,感到再多提不同意见,不但无益,还可能有祸。黄万里在《念父生平》的诗中写道:"时平归大隐,何用鲁连篇。"并在注释中说明其父黄炎培在1954年"粮食统购统销后于国事无所建树"。② 诗中提到的"鲁连",指鲁仲连(约前305—前245),战国时齐国名士,善于出谋划策,屡建奇功。赵、齐等国都请他当大官,他一一推辞,退而隐居。这里透露出的信息很重要,说明黄炎培自1954年以后实际上已经从政治上归隐了。七十六七岁的老人,历事既多,阅人更夥,到这个时候,经验就是财富。这以后,尽管有反"右"运动,有"大跃进",黄炎培先前民盟、民建的朋友中有不少人(如章乃器等)被错误地打成"右"派,黄炎培的儿子黄万里也被错误地划为"右"派,但黄炎培

---

① 周育民:《略谈黄炎培与杜月笙的关系》,载《黄炎培研究文集》,第306页。
② 黄万里:《关于我父亲任之公讳炎培的道德情操》,载《黄炎培研究文集》,第17页。

安然无恙。

黄炎培有一座右铭:"理必求真,事必求实,言必守信,行必踏实;事闲勿荒,事繁勿慌,有言必信,无欲则刚;如若春风,肃若秋霜,取象于钱,外圆内方。"其最后一句"外圆内方",既是其立身处世原则,也是他在风云变幻的多事之秋得以自保的经验总结。

黄炎培年轻时体质孱弱,但养身有道,善于调摄,享年88岁。这也是他聪慧的地方。他中年以后开始阅读佛经,40岁左右开始素食,且戒杀生。看其晚年照片,天庭饱满,地阁方圆,慈眉善目,活脱脱一尊佛像!近代史上几位长寿学者,郑观应、吴稚晖、沈钧儒、黄炎培、叶景葵,均善养身,各有一套养身之道。

(2010年)

近代上海城市对于宋庆龄的意义[①]

宋庆龄生在上海,长在上海,很长时间生活在上海,很多重要活动发生在上海,最后安眠在上海。一部宋庆龄传记,大半部写在上海城市地图上。宋庆龄伟大的名字已经镌刻在上海这座城市的历史上。那么,上海对于宋庆龄的成长有些什么关系呢?或者说,上海城市文化对于宋庆龄来说具有怎样的意义呢?

一、特定的中外文化格局孕育了宋氏家族

宋氏家族是一部令许多文学家想象力都黯然失色的传奇故事。那么宏大,那么绚丽,那么曲折,那么深刻,那么令人荡气回肠!这部历史活剧,只有近代上海这一奇特的舞台才有可能上演。

1886年,宋嘉树自美国留学回国,没有去故乡海南,没有去先前中国对外联系重镇广州,没有去被割让的英国殖民地香港,也没有去当时的政治中心北京,却来到了上海。这固然是出于美国监理会的安排,但归根结底是由当时上海在中外关系中的特殊地位决定的。

当时的上海,已处于中西文化交汇的前沿,有中国最大的租界,居住着远比其他城市为多的西方人。当时的上海,已是基督教在华传播活动的中心地,更是美国监理会在华活动的主要城市。1848年,监理会传教士秦右(Benjamin Jenkins)、戴乐(Charles Taylor)等已到上海活动。1860年,林乐知(Young John Allen)的到来,更打下相当坚实的基础。他创办了《教会新报》(后改《万国公报》),是基督教传教士在中国最重要的中文杂志,在中国官绅中有广泛的影响;创办了面向中国富庶家庭的中西书院,成效显著。美国监理会花了多年心血,将宋嘉树培养成受过高等教育的合格神职人员,就是要让他到上海这样关键的地方发挥关键的作用,取得投入产出效益最大化。难怪,宋嘉树想留在美国继续深造,教会不同意;宋嘉树想到日本去拓展教务,教会也不同意。

---

① 原载《孙中山宋庆龄文献与研究》第二辑,上海书店出版社2011年版。

刚刚回国的宋嘉树,基督教背景,"一身洋鬼子的西服,留着油光可鉴的西式分头"①,服饰发式都与众不同,中国话不流畅,上海话听不懂,中国饭也吃不惯,被人视为"洋鬼子"。这样一个另类,如果是在内地城市,无论如何是很难混下去的,保不准教案发生,连性命安全也成问题。但上海不一样。这时的上海,开埠已经40多年,已是一个洋气四溢的城市,风气开放,兼容并蓄,儒教、佛教、基督教并行不悖,西洋人、西洋货、西洋菜、西洋建筑随处可见,西洋话随处可闻,洋泾浜英语早已风行。学习英文的日校、夜校已经多如米铺,广方言馆、约翰书院的学生,已经等不到毕业就被洋行挖去。

此时的上海,已是为数不多的欧美归国留学生的创业中心,"海归"天堂,诸如:曾在美国俄亥俄州建阳学院留学的颜永京,此时正在约翰书院教书;此前在耶鲁大学法律系留学的唐国安,也于此前一年(1885)因清政府中断留学计划而提前回国,在约翰书院教书。中国最早留学美国的容闳,此前也主要在上海活动。那些算不上留学生但有海外游历经历的人,如王韬、唐廷枢、唐廷植等,这时也都活跃在上海。

教会为宋嘉树选择了上海。上海这座另类的城市接纳了宋嘉树这一另类的中国人,为他的发展提供了广阔的空间。有了这一前提,有了这一城市特别的场景,以后的剧情才可能延展:与倪珪贞结婚,创办华美书馆,印书致富,暗中资助反清革命,陆续送六个子女留美。

从宋嘉树回国到宋庆龄留学回国,即19世纪80年代至20世纪开头20年,这30多年间,是上海城市史上极为开放、快速发展的时期,是上海租界"国中之国"特点凸显的时期。在清末,清政府管不了上海,上海事实上成为反清宣传基地,思想活跃、风气开放、文化繁荣,这正是宋嘉树事业开展、宋氏姐弟成长的时代。到了民初,无论是孙中山,还是袁世凯,还是其他人当总统的北洋政府,谁也治不了上海,又都离不开上海。上海既混乱,又富有,也开放,这都为宋氏姐弟接受教育、张扬个性、施展才华提供了难得的社会环境。

特定的中外文化格局孕育了上海宋家,或者说,宋氏家族是近代上海社会的产物。

二、特别的城市文化氛围造就了宋氏姐妹

宋氏三姐妹,性格、志趣各有特点,差别很大,但以下四点是相同的:聪明、自信、独立、坚强。

---

① [美]斯特林·西格雷夫著,丁中青等译:《宋家王朝》,中国文联出版公司1986年版,第73页。

这些特点既得自遗传、天赋,更与后天的教育有关,与健全的人格养成有关。父母是儿童的第一位老师。受美国文化影响,宋嘉树对女儿教育很重视。即使她们在美国留学,也经常会写长信教育她们,寄剪报传递信息。倪珪贞的传教士家庭背景,教会女塾的教育背景,天足,会弹钢琴,这些都是宋氏姐妹容易接触、接受西方文化的重要原因,也与她们健全的人格养成有直接关系。追根溯源,倪珪贞的这些素养,与近代上海特别的城市文化氛围有关。

在宋庆龄出生以前,上海至少已存在过7所女学。1850年,美国公理会传教士裨治文夫人格兰德女士(Eliza Gillette)创办了裨文女塾(今上海市第九中学前身),地址在西白云观(今方斜路),开头有学生20人,以后逐渐增多。1871年裨治文夫人去世,学校由美国圣公会和公理会管理。1851年,美国传教士琼司在上海创办了文纪女塾。1853年,法国天主教传教士在南市开办明德女校(今上海市蓬莱中学前身)。1861年,美国长老会传教士范约翰(John M. Farnham,1830—1917)夫妇在南市开设清心女塾。1881年,美国圣公会主教施约瑟创办圣玛利亚女校,由原文纪女塾与裨文女塾的一部分合并而成,黄素娥为首任校长,设址梵皇渡圣约翰书院之后,开始时招生40余人,以后陆续增加。1908年,添设师范科,添设图书馆。1886年,公共租界工部局开办女童学校。1892年,美国南方妇女监理会女传教士海淑德(Laura Haygood,1845—1900)创办中西女塾。

自宋庆龄出生以后到她留学美国的1908年,上海又有一批女学问世,包括:1897年美国南浸礼会开办晏摩氏女学;1898年经元善等人开办中国女学堂,这是国人在上海自办的第一所女学;1902年爱国学社创立爱国女学,创办人有蔡元培、蒋观云等;1902年上海地方士绅吴馨创立务本女塾。

这些散布在上海各处、规模或大或小、历史或长或短、风格各异的女学的开办,对上海地区女子教育的开展、社会风气的开新,有着难以估量的作用。倪珪贞是在15岁(1883)进入裨文女塾读书的,三年后(1886)毕业,在校期间,精算学,嗜西琴。她与宋嘉树结婚时是1887年,19岁,刚走出校门一年,青春年华,聪明活泼,知识新颖,思想新潮。这些素质,对于她儿女的健全人格养成,有潜移默化影响,沦肌浃髓,胜过任何老师。假如倪珪贞生在内地偏僻乡村,能具备这些素养吗?假如倪珪贞是一个缠着小脚、无知无识、因循守旧的女子,她的那群孩子能像后来那样聪明能干、叱咤风云吗?

宋氏三姐妹中,霭龄属现实主义者,庆龄属理想主义者,美龄属权力主义者,故各有爱财、爱国、爱权之说。这与三人在兄弟姐妹中的位置有关(通常老大稳健,老二智慧,老幺机灵),更与她们成长时期的社会影响有关。

宋庆龄价值观、世界观形成时期,主要是她在中西女塾读书时期(1902—1908),即她10至16岁时。中西女塾,当时校舍位于西藏路汉口路,是一所专向富裕人家女子开放的贵族式女学。宋庆龄入学时,创始人海淑德已经去世,继任校长是美国南方妇女监理会女传教士连吉生(Helen Richardson)。中西女塾走的是精英教育路子,学生人数不多,开办时只有5名学生。1900年,才有第一批学生毕业,凡三人。1903年,学生有两个班级,一班14人,另一班16人,总共30人。从连吉生手订的章程看,学校以十年为期,有三门课是自始至终每年必修的,即英文、算学与圣道(宗教)课,到高年级开始有地理学、天文学、历史学、物理学、化学、植物学等课程。章程规定学生必须参加礼拜等宗教活动,但入教与否由各人自主,不作硬性规定。学校学费昂贵,住馆学生每月学费5元,伙食费5元,学琴及笔墨纸砚另外收费。学校管理严格,暑假、寒假、节日、不同季节,每日上课、下课时间都有具体规定,不同年级课表排得清清楚楚,升级、留级也有明确规定。章程规定学生年满13岁必须住校,12岁以下住校与否听便。章程对于学生衣着、床上用品都有统一要求:

> 学生铺陈,皆须照本塾式样名目,新制全套,专留塾中应用,直至不再入塾,方可携归。其式样名目开列如下,若能亲自来塾,阅看一过,更妙。
>
> 计开:大红绒毯一条;被头一条,长六尺阔四尺半;褥子一条,长五尺二寸阔二尺八寸;漂白粗花旗布被单二条,长七尺阔二幅;漂白粗花旗布褥单二条,长六尺阔一幅半;红花洋布被面一条,长六尺阔二幅;漂白洋布枕头套三个;告布褥子一条,长五尺二寸阔二尺八寸;告布枕头一个;漂白洋纱帐子一顶,门面长五尺,横头长四尺半,帐顶长五尺二寸,阔二尺八寸。[①]

重英文,重宗教,重科学知识,重独立人格,中西女塾这些特点,对于宋庆龄素质养成,具有非同寻常的意义。依据章程,宋庆龄至少从1905年起是住在学校的。住校,离开父母生活,有利于独立人格的养成。

宋庆龄就读于中西女塾时期,也是上海社会极有活力的时期。那一时期的上海,理想主义、爱国主义、革命主义、民主主义激情澎湃,日涌日激,长盛不衰。1902年,南洋

---

① [美]林乐知译编、任廷旭述:《全地五大洲女俗通考》第十集,上海广学会1903年版。

公学发生学潮,一批学生退学,爱国学社成立。1903年,先是拒俄运动波澜壮阔,影响全国。然后是"苏报案"发生,震动世界。1904年,日俄战争爆发,拒俄运动在上海落实为反抗沙俄的实际斗争;光复会在上海成立,暗杀活动成为其特点;万福华在上海刺杀王之春未遂。1905年夏天,抵制美货运动轰轰烈烈,持续数月;冬天,矛头直指租界当局的大闹会审公堂的事件又起风潮。1906年,因抗议日本排斥中国留学生,姚宏业等一批留学生在上海创办中国公学,姚因遭受挫折而投水自杀,轰动一时。1906年以后,地方自治、要求立宪的运动已由舆论变成行动。1902年以后,"革命""民主"已成热血青年的口头禅,张园的反清演说已成上海政治生活中一道亮丽风景线。宋庆龄本人对这段时期的活动没有什么记载,但是,她就读的中西女塾与爱国学社近在咫尺,与张园相距也就步行一刻钟路程,抵制美货、大闹会审公堂的游行就发生在她学校的周围,可以想象,那些事件、演说、学说,一定会对她产生相当深刻的影响。相比之下,大她4岁的霭龄,已比较理智;小她4岁的美龄,还比较懵懂。宋庆龄一辈子以理想主义、爱国主义、革命主义、民主主义著称,其根子就扎在中西女塾读书阶段。晚年,美国记者斯诺问宋庆龄当年为什么要嫁给孙中山,她回答说:

> 我当时并不是爱上他,而是出于对英雄的景仰。我偷跑出去协助他工作,是出于少女的罗曼蒂克的念头——但这是一个好念头。我想为拯救中国出力,而孙博士是一位能够拯救中国的人,所以,我想帮助他。

这是典型的理想主义自白。

三、特有的城市历史成就了宋庆龄的卓越功勋

宋庆龄作为重要人物活跃在政治舞台上,主要是在孙中山去世以后、新中国建立以前。在那跌宕起伏、波谲云诡的四分之一世纪中,宋庆龄发出独特声音或起了重要作用的事情,主要有以下四个方面:

其一,维护孙中山的三民主义与三大政策,揭露、谴责国民党右派背叛革命。诸如,1926年1月,在国民党第二次全国代表会议上,公开谴责国民党右派背叛革命。1927年4月,鉴于蒋介石发动"四一二反革命政变",联名发表讨蒋通电。1927年7月,鉴于汪精卫叛变革命,发表《为抗议违反孙中山的革命原则和政策的声明》,宣布与国民党决裂。1927年8月,为了公开与国民党决裂,拒绝家人帮助,避地苏联。1929年8月,发

电报给柏林反帝大同盟,严厉谴责国民党背叛革命,在上海以传单形式散发此电报;怒斥戴季陶受蒋介石旨意就传单事对她的责问。

其二,高举抗日旗帜,支持抗日战争。1932年1月,"一·二八事变"后,亲临抗日第一线,慰问十九路军;筹设临时医院,救助伤员。1936年,促成与安排美国记者斯诺和马海德医生到陕北根据地。1938年,发起组织保卫中国同盟。1941年,与何香凝等联名通电,斥责当局破坏团结抗战,制造"皖南事变"。出任工合国际委员会名誉主席,支持抗日战争。

其三,谴责国民党镇压、杀害爱国民主人士,努力保护、营救爱国民主人士。1931年12月,赴南京面斥蒋介石杀害邓演达。1932年底,与蔡元培、杨杏佛、鲁迅等组织中国民权保障同盟,营救大批爱国志士和进步人士。1933年3至4月,积极营救被捕的廖承志、陈赓等人。1933年6月,发表声明谴责国民党杀害杨杏佛。1936年,冒着生命危险,主持鲁迅丧事,站在送葬队伍前列。1937年7月,到苏州监狱探视沈钧儒等"七君子",迫使当局释放了"七君子"。

其四,投身世界反法西斯运动。1929年3月,在柏林出席反法西斯国际大会。1932至1934年积极参与营救国际进步人士牛兰夫妇活动。1933年9月,参与筹备并出席在上海秘密举行的远东反战会,担任大会执行主席,做了题为"中国的自由与反战斗争"的演讲。

宋庆龄从事这些活动,屡经风险而终无大碍,得益于两大因素,一是她的孙夫人身份,二是上海这座城市特殊的政治格局。前者诚如西格雷夫所说:

> 遗孀的丧服保护了她,但也使她如坐禁闭。她能够以他人做不到的方式冒险陈词。她曾激励过同时代的人们,但是当他们身遭杀戮时,她虽欲干预但又无能为力。她完全可以在像巴黎这样的城市里过着富裕的流亡生活,了结此生。但她没有这样干。[①]

至于后者,由于近代上海是一个国际大都市,一个行政系统多元化、人口高度异质化的移民城市,一市三治,公共租界、法租界、华界互不统辖,各自为政,造成诸多治安缝隙,宋庆龄有效地利用了这些缝隙。比如,1927年8月,她秘密前往莫斯科,其手续是由

---

① [美]斯特林·西格雷夫:《宋家王朝》,第657页。

美国友人、英文报纸《人民论坛报》的主编普罗梅帮助办理的,也是在普罗梅的护送下离开上海的。离开的情形:

> (8月22日)是日早上3时30分,宋庆龄由雷娜·普罗梅陪同,悄悄地离开莫利爱路寓所,乘上预先停在路旁的一辆苏联总领事馆的汽车。她们与陈友仁及其两个女儿和武汉国民政府外交部秘书长吴之椿在黄浦江边两个不同的地方分别乘上两艘机动舢板,转驳到苏联货船上。一起上船的还有一个俄国人。①

美国人、苏联人、中国人、外交官、汽车、机动舢板,诸多元素集合在一起,这在其他城市是很难想象的。20世纪30年代,宋庆龄与众多欧美国际友人的联系,包括与萧伯纳、史沫特莱、斯诺、路易·艾黎、马海德、伊罗生、罗森堡等的联系,与共产国际的联系,与中国共产党的联系,以及对红军的支持,对新四军的支持,都是利用了上海复杂的政治环境。她将廖承志开列的叛徒名单转交给共产国际;她将左尔格获得的蒋介石对鄂豫皖革命根据地的第四次"围剿"计划的情报转送给苏区,使得红军能够从容应对,取得第四次反"围剿"胜利;这些在隐蔽战线进行的斗争,也都是利用了上海城市管理多元、社会复杂的特点。

上海哺育了宋庆龄,成就了宋庆龄。宋庆龄对上海这座城市充满深厚的感情。1937年,日本悍然发动"八一三事变",野蛮侵略上海。驻守在上海的中国军队和上海各界人民奋起抗击,谱写了悲壮的抗日史诗。奋不顾身投身抗日洪流中的宋庆龄,对这一抗争予以极高的评价,视之为中国民族精神的象征。12年后,她在上海的一次大会上说道:

> 我相信,每一个在这儿的人,都会记得,日本军阀曾经怎样夸口说:中国军队不能抵抗三个月。然而每一个人却也知道,尽管敌人疯狂地轰炸和海军用大炮来掩护进攻,只是在上海,我们就曾经和敌人战斗了三个月。保卫未曾设防的上海,怎样会可能呢?对于这一问题的回答是:为了保卫我们的民族独立,每一个爱国的中国人民曾经准备了牺牲,这便形成了一个警告。必须承认,这一警告的重大意义正逐渐地加强,因为中国人民在今天已经处在一种更其不可征服的地位。在我

---

① 盛永华主编:《宋庆龄年谱(1893—1981)》上册,广东人民出版社2006年版,第366页。

们悠久的历史上,我们第一次有了真正的人民的军队,在他们的后面是我们全体人民的力量。此外,我们为了民族独立与自由所进行的英勇斗争和取得的胜利,已经动摇了帝国主义者在中国、在亚洲统治的基础,他们的势力正在崩溃中。①

宋庆龄对上海这座英雄的城市怀有深深的敬意。1949年7月1日,她在《向中国共产党致敬》的文章中,特别突出上海作为中国共产党诞生地的特点:

> 欢迎我们的领导者——这诞生在上海、生长在江西的丛山里、在二万五千里长征的艰难困苦中百炼成钢、在农村的泥土里成熟的领导者。向中国共产党致敬!②

世界眼光,民主精神,宽广胸怀,刚正,勇敢,坚韧,看似纤弱,实则坚强,宋庆龄身上闪射出来的这些夺目光彩,与上海这座城市的精神正相契合。

近代以前,如果选一位最能代表上海城市形象的人物,非徐光启莫属。近代史上,如果选一位最能代表上海城市形象的人物,宋庆龄最为合适。

(2011年)

---

① 宋庆龄:《在上海各界纪念"七七"庆祝解放大会上的讲话》,载《宋庆龄选集》上册,人民出版社1992年版,第463页。
② 宋庆龄:《向中国共产党致敬——庆祝中国共产党成立二十八周年》,载《宋庆龄选集》上册,第461页。

文化与社会人物

近代教育先驱张焕纶①

张焕纶(1846—1905)是中国近代新式小学教育创始人②,师范教育开山祖,又是一位思想敏锐、立志改革的爱国者。

一

张焕纶,字经甫,号经堂,死后门人谥之为"宏毅先生",1846年出生于上海县城内梅溪弄的一个书香门第。父佳梅,字逊庭,号南园,又号补梅居士,经营豆米生意,曾设义塾六所,收教儿童,又曾筹捐设局留养难民,被江苏巡抚李鸿章奏保为盐运司运副,加运同衔,家藏书数万卷,常自悔早年失学,故题其书斋曰"读也迟",善诗文,有著作行世。③ 张焕纶弟焕丰、焕斗,皆在上海经商治学。

张焕纶幼时随父识字读书,青年时入上海龙门书院从刘熙载肄业。刘为道光朝进士,由编修累官中允上书房行走、广东学政等职。晚年病归上海,主讲龙门书院。张焕纶秉性聪慧,刻苦好学,深为刘所赏识。其同乡、同学李平书称,当时上海地区"积学之士,首推经甫"④。

张焕纶像

张焕纶"幼读书,即有经世志"⑤,在龙门书院时,不曾拘于迂腐空疏的义理、考据,而是不断地关心与国计民生有关的经世之学。在习学经书之余,对地理学、军事学都有深入研究。鸦片战争以后,中国边警频仍,国土日蹙,地理学、军事学成为很多爱国之士留意考究的对象,如魏源、左宗棠等即如此。张焕纶钻研这两门学

---

① 原题《近代进步教育家张焕纶》,《华东师范大学学报》1983年第1期;2004年有所修改,易题为《上海文人张焕纶》,收入拙著《万川集》,上海辞书出版社2004年出版。现复有所增订。
② 江家瑆等修、姚文枏纂:《民国上海县志》,1936年排印本,卷九,第5页。
③ 吴馨等修、姚文枏等纂:民国《上海县续志》,1918年刊本,卷十八,张佳梅传,第22页。
④ 李平书:《且顽老人七十岁自叙》。上海书店2012年版,第263页。
⑤ 吴馨等修、姚文枏等纂:民国《上海县续志》卷十八,张焕纶传,第42页。

问,其意正是借此"为经世之本"①。1876年,张焕纶尚在龙门书院就读时,苏松太道冯竣光创建求志书院,闻其名,延请他主讲舆地之学,并请他以冯自己的名义编撰了一部《历代方略纪要》,专述历史上兵事所据的地理得失。②

1878年冬,张焕纶创立正蒙书院。1882年,书院扩建,改为梅溪书院。1885年,张焕纶受江苏学政黄体芳赏识,调优赴南京省试,不料临场患病,吐泻交作,面无人色③,未能终考。罢考后,其父张佳梅赋诗云:"梅花开早菊开迟,芳信须知各有时。培植但期人事尽,九天雨露总无私。"④勉励他不要灰心,继续在科举路上努力。但张焕纶本来就对此兴趣不大,经过此番曲折之后,他更绝意于八股了。

1891年,原苏松太道邵友濂擢任台湾巡抚,张焕纶应邀赴台,负责基隆金砂局。由于他善于管理,企业"收款大盈"⑤。不久,因台湾气候湿热,张焕纶染病,返回上海,病愈后又应邀赴台"再领商务局事"。甲午中日战争爆发时,各国商轮宣告中立,以致台湾岛上清军饷械之转运接济,全恃商务局中两艘轮船,"日人方以兵舰数十弋海上,焕纶电授两轮机宜……历数月无少误"⑥。1894年10月,邵友濂调任湖南巡抚,张焕纶亦以病乞归上海。

1897年,南洋公学开办,张焕纶被聘为总教习,翌年夏以病辞职。一说因与盛宣怀意见相左,"不获行其志,托病而行也"⑦。辞职后,仍主持梅溪书院事务。1902年,上海敬业书院改为官办学校,张焕纶"力疾任总教"⑧。1905年病逝于上海,享年60岁。著作有《历代方略纪要》《尚书地名今释》《救时刍言》《暴萌录》《警醒歌》《自有乐地吟草》等。

二

张焕纶一生主要业绩在于教育方面。他先后在求志书院、正蒙书院(后改梅溪书院)、南洋公学、敬业学校四个新旧学校执教,其中以创办正蒙书院意义最大。

正蒙书院是张焕纶1878年发起创办的一所小学,它虽然沿用了旧式书院的名称,

---

① 沈恩孚:《张焕纶先生传略》,《中华教育界》1937年第24卷第20期。
② 此书迄未之见。
③ 李平书:《且顽老人七十岁自叙》,第263页。
④ 张佳梅:《纶儿省试报罢,诗以勖之》,载《补梅书屋诗存》,收入《梅溪张氏诗录》,1919年铅印。
⑤ 吴馨等修、姚文枏等纂:民国《上海县续志》卷十八,张焕纶传,第42页。
⑥ 吴馨等修、姚文枏等纂:民国《上海县续志》卷十八,张焕纶传,第43页。
⑦ 沈恩孚:《张焕纶先生传略》,《中华教育界》1937年第24卷第20期。
⑧ 吴馨等修、姚文枏等纂:民国《上海县续志》卷十八,张焕纶传,第43页。

但教学的目的、内容、方法都与旧式书院有很大不同。

清代的教育,在中央有国子监和为八旗子弟开设的官学,在地方有府学、州学、县学等各级儒学,有由国家设立的大小书院,还有私人开设的私塾、经馆。这些学校名目不同,教育对象也各有所别,但所教的都是四书五经之类的儒学经典,所治的都是义理、考据之类的学问,各类学校实质上都是科举预备班或补习班。鸦片战争以后,日益紧迫的民族危机,急遽变动的社会现实,中西教育的优劣对照,向人们提出了改革旧教育、造就新人才的迫切任务。魏源、冯桂芬、容闳、王韬、郑观应等人都明确提出这一问题,从理论上阐述了改革旧式教育、培养经世人才的意义。张焕纶"感科举之溺人,救时人才之匮乏,日思以实学培后进,储为国用"[1],于是,创办了正蒙书院,进行改革教育的尝试。所以,正蒙书院自创办之始,宗旨就与旧式书院迥然不同。

旧式小学如私塾,所设课程为读书、习字,习字习楷书,读书以《三字经》《百家姓》《千字文》及四书为基本教材,需要深造者加读五经,教学方法分课读和背读,很少讲解课文内容。正蒙书院则不然。张焕纶明确规定,"不授帖括,以明义理、识时务为宗旨"[2]。其学校课程设置、学生组织管理、作息制度均"参以西国学校之法"[3],课程有国文、舆地、经史、时务、格致、数学、歌诗;1884年后添设外语(英、法文),还有内容丰富的体育游戏课,如击球、投沙囊、投壶、习射、蹴鞠、超距、八段锦等。教学方法也较旧式书院有很大改变。沈恩孚记述:

> 其于学生,若父母之爱子弟,对其饮食、衣服起居,而一一导以轨范。又如将帅之部勒其士卒,自晨动,迄晦休,各有定程。膳有师同席,宿有师同舍,班置班长,斋置斋长,督之以学长。游息时,则由学长、斋长递相监护,而统以一教员。一以养成其服从规律习惯,一以试验其管理才也。[4]

这里的师生关系比较融洽,不再像旧式书院里师生之间俨若猫鼠了。学生的组织管理也与后来学校中组设组长、班设班长,而统以班主任的制度基本相似。

张焕纶在这所学校中,已明确地对学生进行爱国教育和军事训练。中法战争爆发

---

[1] 沈恩孚:《张焕纶先生传略》,《中华教育界》1937年第24卷第20期。
[2] 吴馨等修、姚文枏等纂:民国《上海县续志》卷十八,张焕纶传,第42页。
[3] 《黄炎培颂词》,见江家瑂等修、姚文枏纂:《民国上海县志》卷九,第5页。
[4] 沈恩孚:《张焕纶先生传略》,《中华教育界》1937年第24卷第20期。

时,他让学生"受军事训练,率之夜巡城厢",更深人静之时,"闻履声音,皆知其为梅溪生矣"。① 后人评论:梅溪书院"是上海最早实行军事训练的学校,同时是上海童子军的老祖师"②。张焕纶为学生制定了校训六条:和厚、肃静、勤奋、精熟、敏捷、整洁。并选择古人嘉言懿行作为教育学生的材料。

正蒙书院创建以前,中国已有一些不同于旧式书院的新式学校,但有的是外国传教士所创办,如1844年英国传教士在宁波创办的女塾,1850年法国传教士在上海创设的徐汇圣依纳爵公学(后改为徐汇公学),1851年美国传教士在上海虹口所设的文纪女塾(后改为圣玛利亚女校),等等;有的是中国人所办的专为培养翻译人才的学校,不是进行全面基础教育,也没有小学、中学、大学等阶段之分,如1862年创设的京师同文馆,1863年设立的上海广方言馆等。中国人自己创办的第一所新式小学当推正蒙书院。论者谓,中国近代小学,正蒙书院"实开其先"③,"光绪四年上海张焕纶所办之正蒙书院……为国内小学教育之先导"④。这是符合实际的。1917年12月梅溪小学举行建校40周年纪念会,大总统冯国璋特颁额曰"成绩卓然",江苏省长齐耀林颁额曰"学津先觉",从中也可以想见正蒙书院在近代教育史上的地位。1921年,黄炎培、穆湘瑶等上海地方士绅,特地呈文北京政府,要求国家教育部将张焕纶事迹宣付国史馆,以彰荣典而垂后世。呈文称张焕纶"办理义学,素具热心,即振兴学校,成绩尤著"。⑤

在晚清,任何进步的改革都会遭到习惯势力的顽固反对。张焕纶在书院里,废帖括,讲时务,教外语、格致,进行军事训练,这对于传统教育制度来说,不啻离经叛道,当然要激起士大夫的强烈反对。所以,正蒙书院创立以后,"时沪上犹风气僿隔,诧为不合时宜"⑥;"众诧为未经见,疑忌丛集"⑦;"寡识之士,相顾骇怪,或浮造言以撼之"⑧;"谣谤腾沸,若异言异服之背于时,非圣无法之戾于道,去之若将浼焉"⑨。这些记载已足以说明正蒙书院创办时所受压力之大和所受诽谤之甚。但是张焕纶"毅然不为动"⑩,独辟群疑,力排障碍,显示了改革旧式教育的坚定信念和敢于创新的雄伟气魄。

---

① 沈恩孚:《张焕纶先生传略》,《中华教育界》1937年第24卷第20期。
② 李纯康:《上海学校溯源》,载《上海研究资料续集》,上海书店1984年版。
③ 江家琤等修、姚文枬纂:《民国上海县志》卷九,第5页。
④ 袁哲:《中国小学教育史》,《国立劳动大学月刊》1930年第1卷第5号。
⑤ 《呈请襃扬故绅张焕纶》,《四民报》1921年12月8日第12版。
⑥ 江家琤等修、姚文枬纂:《民国上海县志》卷九,第4页。
⑦ 沈恩孚:《张焕纶先生传略》,《中华教育界》1937年第24卷第20期。
⑧ 朱树人:《记梅溪学校》,吴馨等修、姚文枬等纂:民国《上海县续志》卷十,第12页。
⑨ 江家琤等修、姚文枬纂:《民国上海县志》卷九,第5页。
⑩ 朱树人:《记梅溪学校》,吴馨等修、姚文枬等纂:民国《上海县续志》卷十,第12页。

正蒙书院纯系私人创办，创始人除张焕纶外，还有沈成浩、徐基德、范本礼、叶茂春、张焕符等，诸人多为张焕纶在龙门书院的同学，他们分任数学、化学、舆地、体育等课和管理校务。书院经费全由私人捐助，各位创办人或出房屋，或出钱钞，或捐助校用杂物。资助最多的是校董姚天来，租屋补薪，"月糜巨金，数岁无倦色"①。民国以后，梅溪师生特悬"景姚"之匾于学校，以资纪念。书院初创时，因缺乏经费，教员教书纯尽义务，均不取修脯。② 开始，社会上对书院疑忌甚深，入院就读者甚少。经教员、校董动员，并送自己子弟入学，才有40多名学生。后来，由于成效日著，生徒日进，到1882年已有学生近百人，成为一所颇具规模的学校。是年，苏松太道邵友濂叹服张焕纶"用志之宏，任道之毅，而虑其力之或不继也"，于是拨银4 200多两，钱六千多缗，"为之廓讲庐，辟精舍"，又旁建洋文书馆，聘请通晓西文之士为教习。③ 至此，正蒙书院已变为公办性质的学校了。张焕纶向邵友濂进言：书院"旧称正蒙，近一姓家学，义不敢居，考其地，正当县志梅溪故址"，改称梅溪书院为妥。④ 邵氏诺其言，正蒙书院遂易名梅溪书院。1902年，清廷令各地书院改为学校，梅溪书院又改称"官立梅溪学校"，民国以后，称"市立梅溪小学校"。1949年以后一度改为"蓬莱路第一小学"，1986年又恢复"梅溪小学"之名。

梅溪书院培养的学生颇为不少，胡适兄弟均曾在此校就读，日后担任中国驻巴黎总领事的赵颂南也曾就读于此。胡适回忆：

> 我父亲生平最佩服一个朋友——上海张焕纶先生（字经甫）。张先生是提倡新教育最早的人，他自己办了一个梅溪书院，后来改做梅溪学堂。二哥三哥都在梅溪书院住过，所以我到了上海也就进了梅溪学堂。我只见过张焕纶先生一次，不久他就死了。现在谈中国教育史的人，很少能知道这一位新教育的老先锋了。他死了二十二年之后，我在巴黎见着赵诒璹先生（字颂南，无锡人），他是张先生的得意学生，他说他在梅溪书院很久，最佩服张先生的人格，受他的感化最深。他说，张先生教人的宗旨只是一句话："千万不要仅仅做个自了汉。"我在巴黎乡间的草地上，听着赵先生谈话，想着赵先生夫妇的刻苦生活和奋斗精神——这时候，我心里想：张先生的一句话影响了他的一个学生的一生。张先生的教育事业不算是失败。⑤

---

① 江家瑂等修、姚文枏纂：《民国上海县志》卷九，第5页。
② 沈恩孚：《张焕纶先生传略》，《中华教育界》1937年第24卷第20期。
③ 邵友濂：《梅溪书院记》，载《上海碑刻资料选辑》，上海人民出版社1980年版。
④ 邵友濂：《梅溪书院记》，载《上海碑刻资料选辑》。
⑤ 胡适：《胡适四十自述》，武汉出版社2015年版，第48页。

在近代教育史上张焕纶所做第二件很有意义的事,是他在南洋公学创办师范班,开创了中国近代师范教育的历史。

1896年冬,大理寺少卿盛宣怀奏请在上海筹设南洋公学,奉旨允准,并被委派为督办。1897年春,盛奏派何嗣焜为南洋公学首任总理,聘张焕纶为首任总教习。何嗣焜(1843—1901)是盛宣怀同乡,先后做过李鸿章、张树声幕僚,参与过治理黄河等工程,并未办过教育,所以南洋公学草创时,"全校教务,悉归总教习张经甫先生主持"①。

南洋公学初创时,鉴于教员缺乏,决定先办师范班,招生40名,培训一段时间后,留校作为教师。这是中国近代最早的师范教育。1897年4月8日师范班正式开学,也即南洋公学正式成立。师范班学生,年龄都比较大,一般在20~35岁,于国学素具根柢。张焕纶名为总教习,相当于后来的教务长,但他不但负责全校教务,而且还要临堂讲课,学生"遇有疑难,则就正于总教习"②。所以,他实际上是教务长兼教授。1897年秋,南洋公学设外院,招收小学生120名,师范班的第一批40名学生便轮流去担任教员。

在南洋公学,张焕纶"一循梅溪成法而扩大之",在对学生传授知识的同时,也对学生进行爱国教育。他亲自作《警醒歌》以勉励学生。歌凡四章,每章皆以"警"字开头,以"醒"字结尾。全歌以爱国为宗旨,唤起学生关心民族命运,以挽救民族危亡为己任,音调铿锵,很有感染力。其歌词不长,全录如下:

第一章 言黄种之可危,庶几惧而思奋也。

警警警,黑种奴,红种烬,黄种酣眠鼾未竟。毋倚冰作山,勿饮酖如酳,焚屋漏舟乐未央,八百兆人,瞥眼同一窨,醒醒醒。

第二章 言愚柔之可耻,庶几愧而思奋也。

警警警,胚羲轩,乳孔孟,神明摇落今何剩!碧眼红髯仿佛流风韵,不耻为之奴,转耻相师证,漫漫万古如长暝,醒醒醒。

第三章 言责任之不可贷,庶几勤学勤诲也。

警警警,野吞声,朝饮恨,百年养士期何称!毋谓藐藐躬,只手擎天臂一振。毋谓藐藐童,桃李成荫眼一瞬。自觉觉人,不任将谁任,醒醒醒。

第四章 言韶光之不可再,庶几急所当务,弗骛歧途也。

警警警,水东流,日西轫,朱颜弹指成双鬓。策驽马,追八骏,九达之衢苦不迅。

---

① 傅运森:《何梅生先生传略》,《南洋》1915年第1期。
② 杨耀文:《本校四十年来之重要变迁》,《交通大学四十周年纪念刊》,1936年刊。

刻乃绝藤凿迂径,玩物愒时,买椟珠谁问! 醒醒醒。

这首《警醒歌》由师范班学生张惕铭、姚立人、沈庆鸿共同谱曲。每月朔望,张焕纶率学生身穿礼服,向孔子牌位行礼之后,由赞礼员提出此歌章目,学生们便"应声而唱歌词,奏乐者以箫管和之"。一派庄严肃穆的气氛,很能激发青年学生的爱国热情。这首歌曾在1897年7月出版的第25册《知新报》上发表,对当时学生界颇有影响,不但南洋公学学生唱它,校外亦多传诵。①

在南洋公学,张焕纶还摘录名人言行,编成《暴萌录》四卷,"以启童蒙"。②

张焕纶还在1896年,与钟天纬、宋恕、赵颂南、孙仲瑜、胡中巽等人结"申江雅集"之会,每七日一会,讨论改良教育、提倡新教育法等问题。③ 这开了日后的教育学会、教育研究会等团体的先河。这在中国近代教育史上也是值得一提的。

三

张焕纶毕生致力于教育事业,是由他强烈的爱国思想和进步的改良思想决定的。

张焕纶出世的前一年,即1845年,他的家乡上海开始擘划租界。此后,上海逐步成为资本主义列强侵略中国的重要基地,也成为中国人了解西方的最大窗口。张焕纶一方面目睹耳闻了资本主义侵略者欺凌、掠夺中国人民的种种暴行,一方面痛切感受到当时中国的愚昧落后。雪耻救国与启蒙发聩两种思想同时在他心中潜滋暗长。他在一首诗中写道:"男儿三十不得志,七尺雄心未肯死。臂弓腰矢气昂藏,手缚猛虎如犬豕。……即今边塞起风沙,碧眼胡人吹悲笳。文武泄沓酣未醒,辄抚髀肉三嗟呀。"④愤怒、激昂、苦闷、哀叹,他要"臂弓腰矢",像缚猛虎一样去擒拿"碧眼胡人",可是环顾国中,文武泄沓,如醉如梦,救国雪耻的力量何在? 方法何在? 他像当时很多先进的中国人一样,在黑暗中思考、求索,提出了种种设想。

他向当时的达官显宦们提出过一系列救国方略。他曾向两广总督张之洞建议,为对付西人的新式枪炮,各城守兵宜深挖壕,筑土城,练兵"宜添人演习筑垒一层"⑤;为对

---

① 沈恩孚:《张焕纶先生传略》,《中华教育界》1937年第24卷第20期。
② 吴馨等修、姚文枏等纂:民国《上海县续志》卷十八,张焕纶传。《暴萌录》具体内容,已不可考。
③ 《钟鹤笙(天纬)征君年谱》,光绪二十二年。
④ 张焕纶:《冬猎行》,载《自有乐地吟草》,1919年排印本。
⑤ 张焕纶:《救时刍言》,载葛士浚辑:《皇朝经世文续编》,上海书局1888年刊本,卷一一〇。

付边患频仍的局势,中国宜"广求边才"①;为了适应迅速变化的世界形势,中国有必要续编《瀛寰志略》或《海国图志》②;为了加强对西方的了解,有利于中外交涉,中国宜"译西律以教华官"③。他请求清朝政府,洋务折子一律发抄,让天下百姓共知共晓,以期群策群力,千万不可只让少数人专断其事。④

早在1878年,张焕纶就向即将接任驻英法公使的曾纪泽提出"固结英好,以弭俄患"的主张。他指出:

> 今日之俄,七国之秦,而英则齐,土(耳其)则魏也……或谓英俄同虎狼也,英何独可亲?岂知今日之英,将有外强中干之渐,故一切措施务为保泰持盈之计,与道光时迥异,断可坦然者也。⑤

他认为英国势力顶峰已过,正在走下坡路,而俄国势力正在急剧扩张,这种对英俄势力未来发展趋势的预见,是颇有眼光的。

他还向曾纪泽建言,如何恰当地聘请外国人帮助中国购买机器,洋为中用,使中国尽快地发展起来:

> 机器利钝,价值贵贱,宜随时采访,以免欺伪。中国开采煤铁,鼓铸船炮等事,在在需用机器,往年购买或窳败不合用,或价值浮滥,及与理论,往往恃强胡赖,耗费不赀,纵立合同,视为具文。为今之计,宜于随员中奏派一人,专司访察,再访税务司中选一西人辅之,机器之制,岁易月新,随时纪录。设欲购买,即责令担保工匠教习,亦令选择,器有不合用,匠有不称职,惟彼是向。西人重利恤名,既居其任,必不欺负。此事虽小,益国甚大。⑥

特别值得指出的是,1878年,张焕纶已指出,西方富强之本,不在"炮械之利",而在

---

① 张焕纶:《救时刍言》,载葛士浚辑:《皇朝经世文续编》卷一一〇。
② 张焕纶:《救时刍言》,载葛士浚辑:《皇朝经世文续编》卷一一〇。
③ 张焕纶:《救时刍言》,载葛士浚辑:《皇朝经世文续编》卷一一〇。
④ 张焕纶:《救时刍言》,载葛士浚辑:《皇朝经世文续编》卷一一〇。
⑤ 曾纪泽:《使西日记》,湖南人民出版社1981年版,第29页。曾纪泽对张焕纶综合评价很高,称"此君英年好学,器宇不凡,所陈六条,卓然有识,非浮泛空谈可比"。曾纪泽:《使西日记》,第25页。
⑥ 张焕纶:《上曾侯条陈第四则》,载葛士浚辑:《皇朝经世文续编》卷一百十六。洋务十六。

于先进的政治制度。他写道:"今之论西国者,曰财货之雄、炮械之利而已,岂知西国制胜之本不在富强,其君民相视,上下一体,实有暗合于儒者之言,则其为政教,必有斐然可观者。"①这里所说的"君民相视,上下一体",实际就是指西方的议会制度。这表明张焕纶已在一定程度上看到当时中国只学西方船炮技术、不学政治制度是舍本逐末。这个认识产生于19世纪70年代,可谓洞烛机先,因为当时洋务运动方兴未艾,批评洋务运动舍本逐末的只有郭嵩焘、王韬、郑观应等极少几个人,直到80年代和90年代,改良派才较多地谈到这一点。

此外,张焕纶还明确提出了教育救国的思想。他在1878年向曾纪泽所递条陈中写道:

> 窃谓国家盛衰,系乎风俗、人才,而风俗、人才尤急于蒙养。西国孩童皆有书院,犹得古者小学之意。今虽设有出洋局,然费巨难继,所养仅百人,岂能家喻户晓!不如取各国学校书院章程,翻译成书,寄归中国。请先于通商各埠设蒙养书院,取古人教子弟之法,而略以西法参之,冀渐推广,其费视出洋为省,而其功必宏远矣。教者政之本,教成则政立矣。②

近代,从冯桂芬、容闳,到王韬、郑观应、张树声等,都是把教育与议会制度并列作为西方立国之本的,所谓"育才于学堂,论政于议院,君民一体,上下同心……此其体也"③;而张焕纶则认为,"教者政之本,教成政则立",视教育为议会制度之本,他在一定程度上看到了民主议会制度与人民智识开化之间的联系,看到了启蒙教育对于国家政治的重要性,所谓"世运无盛衰,转移人才始"。④ 这是他毕生致力于新式教育的原因所在。他又看到,启蒙必须从小开始,所以他从小学办起,而不是先办大学、中学或其他专门学校。在近代,"教者政之本"的思想并非张焕纶独有,戊戌变法时期,梁启超、严复等都有类似看法,所谓"欲兴民权,宜先兴绅权;欲兴绅权,宜以学会为之起点"⑤,这与张焕纶"教成则政立"的说法相似,但张焕纶提出此说比梁、严早了20年。

---

① 曾纪泽:《使西日记》,第28页。
② 曾纪泽:《使西日记》,第28页。
③ 张树声:《遗折》,载《张靖达公奏议》卷八,1899年刻本。
④ 张焕纶:《冬猎行》,载《自有乐地吟草》,1919年排印本。
⑤ 梁启超:《上陈宝箴书论湖南应办之事》,载中国史学会编:《戊戌变法》(二),上海人民出版社1957年版,第553页。

张焕纶向曾纪泽提出上述"先于通商各埠设蒙养书院"建议的时间,是 1878 年 11 月 5 日,他创办正蒙书院的时间是 1878 年 12 月,这说明,他不畏时忌、自集钱物、自筹人力、首先开办近代新式小学教育的行为,正是他教育救国思想的初步实践;也说明,他想通过办教育来改革风俗,培育人才,启发民智,最后达到"教成则政立"的目的。

为了解西学,张焕纶刻苦学习外文。好友孙宝瑄称:"经甫虽不能西语,颇通西文,能浏览泰西说部,谓其文章之佳妙,如我国《石头记》者不少。"① 在那个时代,中国能直接阅读西文小说的人,微乎其微,这说明张焕纶思想相当开明。

张焕纶在 19 世纪末的上海为文化名人,南来北往的学者,路过上海,照例都会去拜访他。孙宝瑄有多次拜访的记录。康有为、梁启超等,对张焕纶的德行才学都相当器重。康有为在考虑于上海办理《强学报》的人选时,就推荐了张焕纶。他在致何树龄等人信中称,"张经甫亦佳绝……张经甫原我所举,其人笃实,与莲珊至交,在城里梅溪书院"②。1896 年,梁启超与汪康年通信,讨论办报之事,特地询问汪康年是否熟悉上海张焕纶,嘱汪向张致意。晚清学者宋恕对张焕纶评价极高。他说:"忆昔丁亥岁,见江南张经甫所著《救时刍言》中有六种俗儒之论,讥刺极为痛切。经甫与袁爽秋观察同出刘融斋之门,其学高于爽秋百倍,然当世人人知有袁爽秋,不能人人知有张经甫者,则以一媚世,一不媚世之故也。"③ 袁爽秋即袁昶,晚清很有见识的著名官员,宋恕认为张焕纶学问比袁高百倍。日本等国来上海的学者,也以与张焕纶交往为荣。张焕纶与日本著名汉学家冈鹿门有交往,与丰岛舍松论学,"往复至数千百言"④。张焕纶逝世以后,湖北提学使黄绍箕评价张是中国教育史上数得上的具有重要贡献的人物。⑤

(1983 年初稿,2018 年改定)

---

① 孙宝瑄:《忘山庐日记》上册,上海古籍出版社 1983 年版,第 593 页。
② 康有为:《致何树龄、徐勤书》,载姜义华、张荣华编:《康有为全集》第二集,中国人民大学出版社 2007 年版,第 100 页。
③ 宋恕:《六字课斋津谈》,载《宋恕集》,上册,中华书局 1993 年版,第 72 页。
④ 易惠莉摘辑:《张焕纶复日本儒学者丰岛毅函》,载《近代中国》第十三辑,上海社会科学院出版社 2003 年版,第 302 页。
⑤ 黄绍箕在挽张焕纶联中写道:"干济大略,若新建,若湘乡,名世老林泉,是科举学末流极弊;讲授盛业,如文中,如安定,及门遍海内,为教育史有数传人。"见奇梵《潮音馆联话》,《更生》1939 年第 3 卷第 10 期。

钟天纬深通西学[①]

思想家的思想影响,大抵分三种情况:一是在世就有影响,后世亦有影响,如朱熹、康有为,这种情况比较多见;二是在世没有多少影响,去世后资料被发现,才产生影响,如王夫之、谭嗣同,这种情况也不少见;三是在世时颇有影响,去世后在一段时间里却没有多少影响,这种状况最为少见。本书传主钟天纬就属于第三种情况。考其原因,可能是他在世时没有什么让人仰视的社会地位,也没有什么惊天动地的事业,死得也不像谭嗣同那样悲歌慷慨。他平凡地来到这个世界,平凡地生活在这个世界,平凡地离开这个世界。但是,衡量一个思想家的历史地位,毕竟不是看其官有多高、权有多大,而主要是看其思想的创新与深刻程度,看其在思想的长河里增添了多少新鲜的涓滴,提供了多少前人所不曾说过、不曾想过的内容。在钟天纬去世一个世纪以后,人们细检思想史资料,在梳理西学东渐史、政治思想史、经济思想史、教育思想史时,终于发现钟天纬卓尔不凡的身影,发现他远迈同侪的深邃思想。

钟天纬毕业于上海著名的外国语学校广方言馆,随使德国两年,在江南制造局翻译馆工作多年,参与过多部西书的翻译,参与过多项洋务企业的活动,是西学素养相当丰厚、对西学确有真知灼见的人。

他很早就对西学有较为全面的理解,指出"西国理学,初创自希腊,分有三类:一曰格致理学,乃明征天地万物形质之理;一曰性理学,乃明征人一身备有伦常之理;一曰论辩理学,乃明征人以言别是非之理"。他对于从亚里士多德、培根到斯宾塞等人的学说都有清晰的介绍与准确的评价。他很早就对达尔文进化论有简要而准确的介绍:

钟天纬像

---

① 本文系为薛毓良著《钟天纬传》所作序言,该书由上海社会科学院出版社 2016 年出版。

> 迨一千八百零九年而达文生焉。达文为英之塞罗斯玻里人，祖为医生，父为格致家。幼入公塾，聪慧绝伦，及长入苏格兰壹丁培格大书院读书，得入选。后随英国兵船，环游地球，测量绘图，并考究动植各物、舆地等事，返至英国，凡天下所有格致博物等会，无不邀请主盟，屡得金牌等奖赏。一千八百五十九年，特著一书，论万物分种类之根源，并论万物强存弱灭之理。其大旨谓，凡植物动物之种类，时有变迁，并非缔造至今一成不变，其动植物之不合宜者，渐渐渐灭，其合宜者得以永存。此为天道自然之理。但其说与耶稣之旨相反，故各国儒士，均不服其言。初时辩驳蜂起，今则佩服者渐多，而格致学从此大为改变。此亦可谓千秋崛起之人也。①

他写这段话的时间，是1889年春天，比严复在1895年发表《原强》述及进化论早了整整六年。

他很早就从中西文化比较的角度分析中弱西强的根源，认为国势盛衰、强弱的根源在于中西学问消长之机。中国学问专注于纲常伦理的完善，西方学问侧重在研究客观世界的规律。思维方式的不同，是中西文化的重要差异：中国惟尊古而薄今，西人则喜新而厌故；中国尚义理之空谈，西人得物理之真际。

> 中西相合者系偶然之迹，中西不合者乃趋向之歧。此其故由于中国每尊古而薄今，视古人为万不可及，往往墨守成法而不知变通；西人喜新而厌故，视学问为后来居上，往往求胜于前人而务求实际。此中西格致之所由分也。②

他分析了民族性格的差异："西人之性好动，动则勤，勤则喜事，而好为更张，视学问为后来居上，往往求胜于前人，虽有卤莽灭裂之讥，终收先难后获之效。其究也，人心则日益聪明，国势亦坐成强大。而华人之性好静，静则懒，懒则自画，而惮于有为，……人心因之委靡，国势亦渐成不振。"③

这类见解，在"五四"以后，已是知识分子口头禅，在19、20世纪之交的严复、梁启超那里，也很常见。但是，在19世纪80年代，能从文化传统、价值取向上分析中西文化的差异，实属空谷足音，难能可贵。

---

① 钟天纬答卷，载《格致书院课艺》，光绪己丑弢园选印，1889年春季。
② 王佐才(钟天纬)答卷，载《格致书院课艺》，光绪己丑弢园选印。
③ 钟天纬：《格致之学中西异同论》，载《刖足集外篇》，1932年刊本，第69页。

他参加过多种实业实践,对于涉及国计民生的铁路、轮船、开煤、贸易、银行、货币、国债、保险、邮政、电报、减租、养蚕等方面,都有丰富而精当的论述。他在推广新式教育方面,不但有思想,而且有实践:举办过中国具有新式意义的小学堂,新编教材,用新法教授,开历史先河。

他是个热忱的爱国主义者,在洋务运动时期批评时政,反对食古不化,呼吁变法。日本发动侵华的甲午战争时,他力主抗战,撰写条陈,向李鸿章献计献策;战争期间,他撰写《募捐义饷以兴义兵启》,呼吁募捐义饷以兴抗日义兵,号召民众为保卫国家有钱出钱、有力出力。战争结束以后,他痛定思痛,积极参加变法维新运动。

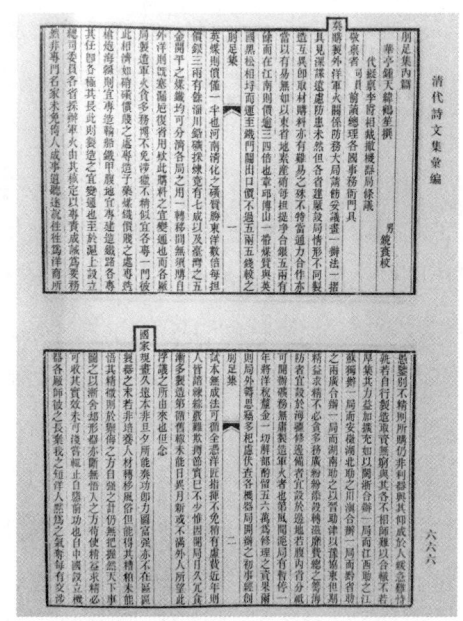

《清代诗文集读篇》之《刖足集内篇》

他是个既好学深思也乐于表达的人。19世纪80年代后期、90年代初期,王韬在格致书院进行时务征文时,钟天纬已经四十大几岁、五十来岁,但他像二三十岁的年轻人一样,以超乎常人的热情撰文应征;除了用真名投稿,还以别人名义撰文。他所撰课艺,获得盛宣怀、王韬等人高度评价。盛宣怀对钟天纬关于洋务的议论极为欣赏,认为钟氏所言,"口讲指画,动中窾要"。王韬对他论述西学的课艺评价说:"诠发具有实义,作者于中西学问源流,俱能了然于心,故腕底风生,胸中雪亮。"①他有十多篇课艺入选晚清各种经世文编中。可以毫不夸张地说,在19世纪80年代末、90年代初,或者说在严复以前,论对西学理解的程度,不光在上海,就是在整个中国,无出钟天纬右者。

研究钟天纬,可以连带出一个很有价值的研究取向,就是加强对近代思潮中于某一方面有所贡献而社会地位不高、不为后人重视的思想者的研究。诚如先师陈旭麓先生所论:

> 思潮是思想史中的峰峦,在近代思想史的推进中最常见。它的形成,不是出于几个人的构思,而是先从远处传来潮音,然后是拍天巨涛向堤岸迎面冲来,有首先

---

① 王佐才(钟天纬)答卷评语,载《格致书院课艺》。

听到潮音而呐喊的先驱,也有迎上潮去一显身手的弄潮儿。因此,我们不但要注目于一些公认的先进思想家,而且要放眼于那些在浪潮中敢于弄潮并不太知名的人们。①

钟天纬就是"迎上潮去一显身手的弄潮儿"。近代上海,处于中西文化交汇的前沿,得时代风气之先,像钟天纬这样的弄潮儿不是一两个,而是一大批,诸如:在变革思想、教育实践等方面很有特色的张焕纶,在了解外国、介绍新知方面有不凡贡献的姚文栋,在翻译西书、介绍西学方面名重一时的蔡尔康和任廷旭,在批评专制制度、思索变法路径、比较中西文化方面都有建树的宋恕,还有以一人之力译编百科全书的范迪吉……由于种种缘故——或因他们在当时位卑言轻,没有引起世人应有的重视;或因时代变动速度太快,思想火花稍纵即逝——他们在后人书写的思想史上,没有获得与其贡献相称的地位。其实,只要仔细爬梳晚清经世文编,认真研读那时的书籍杂志,这些人在思潮中的位置就会突显出来。前些年,易惠莉对沈毓桂的研究,张敏对姚文栋的研究,杨际开对宋恕的研究,都显示了这样有开拓性的取向与可贵的努力。这些人的资料零散,搜集不易,可以借鉴的成果也少,唯其如此,研究出来的成果价值才高。

十几年前,我在撰写《西学东渐与晚清社会》时,读到收在《格致书院课艺》里的钟天纬文章,每每惊叹于其西学知识之丰富、议论之深刻,多处征引他的文字,也很想多了解一些他的生平。但是,除了一本《刖足集》之外,找不到相对集中的资料。那时就想,如果有谁给钟天纬编部文集,写本传记,该有多好!去年,忽接薛毓良先生来信,得知他正在为乡先贤钟天纬写传,我喜出望外,尽力促成。书成,蒙毓良先生不弃,让我先睹为快。读完全书,我感到作者功力相当了得。全书系统地研究了钟天纬的一生,资料足称翔实,举凡个人文集、档案资料、报章文章、经世文编、通信、教材,都尽可能地搜罗进来;于钟氏生平诸多细节考证得细密而坚实,经得起推敲,在学术上有重要推进。尤其是对钟天纬家世、亲朋故旧、风土民情,以文献资料与实地考察互证,细致,准确,亲切有味。对钟氏重要实践活动、重要思想侧面,均有重点讨论,置评有见。毓良先生当过教师,当过教育局的领导,富有教学经验,熟谙教育学理论,因此,对钟天纬在教育方面贡献的论述尤显功力,对钟天纬为人处世方面的分析有自身阅历融入其中,非一般书生的浮泛之说。全书文字行云流水,生动活泼,行所当行,止所当

---

① 陈旭麓:《〈中国近代民主思想史〉序言》,载熊月之著:《中国近代民主思想史》,上海人民出版社 1986 年版。

止,长辔远驭,收放自如。

　　总之,这本《钟天纬传》在资料、义理、文采方面,都相当不错,具有重要的学术价值。本书的问世,一定会受到近代史学者、思想史学者的欢迎与重视。

(2011年)

王培孙与南洋中学①

近代上海,私立小学以梅溪最为著名,私立大学以大同最有成效。私立中学中,民立、浦东、三林均各具特色,卓尔不凡,但论历史之久、成就之大、影响之广,则无出南洋中学之右者。

南洋中学滥觞于1896年,定名于1904年,迄今整整两个甲子。近代史上,除了战乱时期有所困顿、挫折之外,其教育质量一直在高位运行。数理化成绩之好,外语之优,国文之佳,饮誉海内。毕业生有相当高的比例,或直接留学欧美,或进入清华、交大、北洋等名牌大学深造。所造就人才,除了本书附录所列出的19位中外院士,如物理学家饶毓泰、地球化学家於崇文、材料科学家殷之文、高分子化学家黄葆同、航天飞行力学家余梦伦等;除了驰骋于政坛的政治精英,如同盟会会员、南京临时大总统府秘书、南社主要创始人朱少屏,无产阶级革命活动家吴亮平;搏击于商海的经济行家,如上海银行公会会长钱新之、金城银行上海分行经理吴蕴斋;活跃于教育、科技、文学、艺术、新闻等领域的奇才异能之士,更是灿若群星,难计其数,诸如大文豪巴金、著名经济学家钱端升,东南大学校长秦汾,暨南学校校长柯成懋,《新闻报》主笔郭步陶,东北造船所所长邢契莘,著名公路专家陈体诚,杰出画家艾中信,著名摄影家郎静山。因此,清朝政府表彰她,民国政府表彰她,社会各界赞颂她,认为其"科学之美备,管理之谨严,成绩之优胜"(唐文治语),名闻遐迩。甚焉者称之为中国的"伊顿"(吴稚晖语),将其与世界上最优秀的中学英国伊顿公学相提并论。1915年,国家教育部对其评价是:我国"私立中学虽不多,但如上海之南洋中学、民立中学,天津之南开中学,最有声色于时。南洋、南开毕业学生之优秀者,竟能直入美国大学,尤为特色"②。这不但置南洋中学于上海私立中学之首,也定其为全国之冠。这是立于调查基础上的评价,是比个人意见更能经得起社会检验的评价,也是经得起历史检验的评价。

---

① 本文系为马学强主编《为国桢干:上海南洋中学120年(1896—2016)》所作序言,该书由商务印书馆2016年出版。
② 《教育部行政纪要乙编(关于中学概况及全国中学校一览表)》,1915年,载李桂林编:《中国近代教育史资料汇编·普通教育》,上海教育出版社1995年版,第847页。

南洋中学取得如此骄人的业绩,考其缘由,大略有以下四端:

其一,取法其上。学校初创阶段,校长王培孙便将其定位为高品位学校。鉴于当时中国科技落后,教育不振,王培孙在考察日本教育之后,参酌日本中等学校规则,以国际眼光,确定其办学目标。学校极端重视英文,极端重视数理化。除了国文课、中国历史与地理之外,数、理、化等各门学科,一律采用英文教材,用英文授课。这在今人看来,似乎有些崇洋味道,但在当时,则是追赶世界先进科学技术的最佳途径。那时,上海最好的大学、中学,诸如圣约翰大学、沪江大学、交通大学、圣约翰附中、南洋公学附中、中西女塾,无一不是如此。学校也极端重视国文,一年级选读《左传》、浅显记事文,二年级选读《史记》、两汉书,三年级选读周秦诸子,教学过程中特别强调写作,国文教学时数与英文差不多。这么做,既有要学生切实了解中国文化特别是传统文化的用意,也是为了让学生文理全面发展。

聘用优秀教师是确保教学质量的重要一环。南洋中学对于所聘教师,极重素质,所聘多为大学毕业生,热爱教育,善于教育。学校在清末民初所聘教师,如丁文江、叶达前、胡敦复、秦汾等,都是接受过欧美大学教育的一代英才,20世纪20年代的王引才、汤济沧、钱端升等,即使放到任何一所名牌大学里,也都足以胜任教职,遑论中学!40年代末期,其教师在本校任教达十年以上者几占半数,甚有至三四十年之久者。"凡优良而尽责之师长,均以久任为旨。故教师悉能尽心教授,视学生如子弟,学生亦能潜心向学,谨敬受教。"[①]众多毕业生所写一篇篇饱含深情的回忆录,年代有所不同,情境亦自有异,但一个共同点就是某某老师多么热爱教育,多么热爱学生,而同时对学生又是多么严格,让学生受益无穷。

其二,校长得人。任何一所学校质量如何,校长因素所占比重都很高,但私立学校的比国立学校的比重更高。近代上海私立学校数以百计,但是发展良好、赢得声誉的就是那么几所,很多私立学校或因经费支绌,旋兴旋废,或因校长离去,人亡政息。幸运的是,南洋中学校长王培孙钟情教育,熟谙教育,且健康长寿,执掌学校超过30年,这使得学校能够按照既定的宗旨坚定前行。他人脉丰沛,善于社交,能为学校增添许多资源。他目光远大,阅历丰富,意志强毅,使得学校能够在一波又一波的政治风浪中平静走过。他确立的办学宗旨是,"知行并进,为己积福,为家增光,为国桢干,为天下肇和平"。平实、周到而又不失理想的光辉,有机地将修身、齐家、治国、平天下的理想融为一炉,且具

---

① 徐镜青:《本校概况》,载上海市南洋中学编:《南洋中学文史资料选辑》(二),内部资料,2003年印,第27页。

有那个时代中国最迫切的需求：爱国、和平。最了不起的是，作为一校之长，他对学校定位准确，从不好高骛远，从不贪大求全。其学校质量好，口碑佳，不少人善意地劝他将中学升格为大学，但他心静如水，不为所动，表示，"我宁可做一个办得较好的中学校长，我不愿当一个办得不好的大学校长"。一个人，一个单位，能够在献花与赞歌的包围中保持冷静的头脑，知止守静，非有大智慧与好修养不能为功。

其三，西学中魂。细考起来，南洋中学的学术传统有两支，一支是圣约翰大学、南洋公学而来的西学传统。南洋中学创始之初，校名为"王氏育材书塾"。其名为"书塾"，似乎与一般私塾类似，但实质大不一样。其书塾章程明确规定此校为"中西书塾"，所设课程，不但有经史、词章、算学，还有化学、英文。尤为与众不同的是，此校特别重视体育，在章程中专有"体操说"一段，阐明体育于健康、于社会有五大益处。这与当时其他私塾大相径庭，而与中西书院等新式学校名异实同。王氏育材书塾开始时聘请的西学教师为上海最著名教会大学约翰书院（后改名圣约翰大学）毕业的学生胡可庄，学校"一切教法次序，悉照约翰章程"。其学校章程与管理制度，诸如课程设置（富国策、形学、三角学、天文、化学考质、电学、地学、译文件、辩学之类）、作息制度、分级制度，无不从西式学校搬来。王培孙本是南洋公学的学生，他执掌校务以后，特地将校名改为南洋中学，一方面以示不忘母校培育之恩，另一方面也标明了此校在学术统绪上与南洋公学一脉相承，而南洋公学在当时是以国人新办新式学校而著称的。

南洋中学传统的另外一支是中国的义学。中国古代即有义田、义庄、义学之设，以宗族所有之田产雇人租种而收地租，以赡贫困无助之族人，以宗祠办私塾，以教宗族子弟。宋代以后南方宗族颇多此类事业。南洋中学即由宗族义学转化而来。其创始人王维泰1895年就在松江创办过一所学塾，从学者多为王氏族人。王氏育材书塾1896年在上海大东门创办之后，从学者仍多为王氏族中子弟及教员子女，仍含有一定的义学性质。1904年改为中等学堂以后，其义学性质才发生改变。传统义学与现代学校有一个根本区别，在于前者是家、学一体或族、学一体，学生都是族人或亲戚，学校宛若家庭。此校由义学改为现代学校以后，其管理方式变了，学生来源变了，规模变了，制度变了，但是，其先前族、学一体和学校宛若家庭的遗风犹存，并且潜移默化地影响了一茬又一茬的教师与一茬又一茬的学生，从而成为这所学校绵延不绝的传统。校长王培孙当然懂得现代学校与传统义学的区别，但私立学校的独特性质，他个人的经历与素养，比如受过浓厚的儒家传统的熏陶、秀才身份、信佛、视校如家、待生如子，更使得这一传统发扬光大。王培孙先生没有子女，学生都是他的子女。他的一辈子心血，一辈子积蓄，包括他办利川书店的盈利,他自己收藏的所有书籍,全部留给了学校。对于他来说,南洋中学是他安身立命的根基,南洋中学就是他的一切。学生深情地回忆:

> 先生办学数十年,一贯对学生爱护备至。有一段时间,低年级学生住在先生住宅旁的日晖桥织呢厂街外宿舍,学生有病,先生夫人在世时常亲为护理。南洋中学很多家境清寒的学生,免费入学,有的甚至依先生为生。学生有困难,商诸先生,先生总是尽力帮助。先生还常为毕业生就业操心。学生有过错,先生教育时,总是苦口婆心,循循善诱,让心服口服,从不挫伤学生的自尊心。先生这种爱生精神,也影响到教师。在南洋中学有严师,但没有对学生讽刺挖苦辱骂的老师。师爱生,生尊师,师爱生如子,生尊师如父。……先生去世三十多年了,先生的学生很多两鬓花白了,只要一提到先生,无不威威有动于衷。①

王培孙对南洋中学的爱,是一种发自肺腑的真爱,一种毫无保留的大爱!在这样的氛围中,学生接受了各种知识的教育,也受到了中华为人处世优良传统的浓烈熏陶。

上述两支传统在南洋中学都很突出,且没有冲突,两者融合,相得益彰。其教学内容是西学为主,但是教育宗旨、管理方式,则有浓厚的中国特色。所以,我将这种模式归纳为"西学中魂"。这是特定的时代(从传统到现代的过渡时代)、特别的学校(私立学校)、通过特别的人(王培孙)和一批特殊的群体(教师群)综合作用的结果。这种模式的出现具有极大的偶然性,但其意义却有相当广阔的阐释空间。

其四,校友资源。南洋中学是个有学有识、有规有矩的地方,更是一个有情有义的地方。学校视学生如子弟,则学生视母校为家园。校友资源是世界上任何一所优秀学校都普遍拥有的资源,历史悠久的名校尤其如此。南洋中学比起上海其他优秀学校来说,由于其私立性质,特别需要校友资源。由于其家园色彩特浓,其校友资源也就格外丰厚,别具风采。南洋中学在1910年就成立了校友会,其后一直卓有成效地开展活动。在其校史上,人们看到,事业有成的校友,通过各种方式回馈母校,或为母校捐款,或为母校兼课,或为母校扬名,或尽其所能地为母校拓展各式外部资源。母校盖房子,有人捐款,有人绘图,有人负责建筑。最为奇特的场面是,校庆30周年时,不少德高望重、日理万机的老校友,除了自愿捐输资金,还亲临校庆会场,打理会务:

---

① 曹良僖:《我体会到的王培孙先生的办学精神》,上海市南洋中学编:《王培孙纪念文集》,2005年内部印,第97页。

> 钱新之君帮同抬桌,布置会场,登高敲钉,悬挂窗帘;郭步陶君日夜孜孜编订三十周纪念册、临时纪念刊及搜罗校友著作,布置陈列;朱少屏君对年司仪疏忽之处,力加纠正;吴厚鳌君饭不吃来挂彩;张定澄、凌济时、蒋清如君专司收付出纳,尽心力而为之。其他校友你帮我助,如做自己之事,不肯稍自落后。[①]

其时之钱新之、郭步陶、朱少屏等人,早已是名满天下的大富豪、大学者、大教授,也都是两鬓斑白的老先生,但是,一旦回到母校,立刻将时光拉回到其在校的年头,立刻恢复其学生的身份,于是,搬桌凳,敲墙钉,编册子。这就是母校的魔力!难怪103岁的老校友郎静山重回母校,冒着蒙蒙细雨,要一间间地查看教室,要一遍遍地强调"我永远是南洋的学生",要郑重其事地写下:"南洋中学,日新又新。癸酉仲秋百零三岁学生郎静山回母校留书。"

以上四点,相互联系,相互促进,甚至互为因果。因为校长得人,取法其上,才会质量优越,人才辈出。因为学校厚爱学生,校友才会更加热心回报母校,而校友回报母校,又使学校质量更高,影响更大。当然,除此四点,南洋中学还有许多方面也都可圈可点,诸如精选教材、重视实验、严格管理、奖惩分明、宽严得当,不过因为那是任何优秀学校都必然具有的共性,所以不一一细述。

任何学校的优良传统,都是在历史演进中缓慢形成的。影响传统形成的因素很多,有天时、地利、人和。人和因素中有些是必然的,也有些则是相当偶然的。但是,传统一旦形成,就会对学校的发展产生很大的影响,甚至是至关重要的影响。南洋中学很幸运,有那么一位万难得一的卓越校长,形成了其光彩夺目的优良传统。南洋中学更幸运,今日之南洋中学正在沿着其优良传统阔步前进:校园美如花园(为上海市绿化先进单位、市花园单位),教学设施一流,教学质量卓越,在德、智、体、美全面实施素质教育方面成绩斐然,为上海市科技教育有特色学校、中学生行为规范示范校、上海市心理健康教育实验校、上海市科技教育示范校,多次被评为上海市体育先进集体,2005年更被确定为上海市实验性示范性高中,学校物理劳技、数学信息、语文学科组等,均特色鲜明,蜚声沪上。近些年,学校以"优化适合每一个学生终身发展的教育之路"作为发展新思路,努力建设特色鲜明的实验性示范性高中。在校友回馈母校方面,南洋中学也卓有成效,令人钦羡。这些成就,可以归结为两点:一是教学,让学生得到高品质的良好知识

---

① 郑初年:《校友纪念母校之真精神》,《南洋中学校友会会刊》1931年第2卷第3期。

教育;二是育人,让学生德、智、体、美等方面全面发展。这两点,与王培孙先生当年所倡导的宗旨,既一脉相承,又有所光大。老先生倘地下有知,重回南洋中学走走,一定会喟然而叹:后生可畏,吾道不孤也!

(2016 年)

"老上海"孙曜东的口述史价值[①]

近代上海是世界城市史上的特例,政治格局、经济特点、社会结构、文化风格,都戛戛独造,自成一体,不能以寻常都市视之,至于人物,更是五方杂处,鱼龙混杂,既藏龙卧虎,也藏污纳垢。在这里,善恶、美丑、真假、新旧、光明与黑暗、合法与非法、地上与地下,相反相成,相摩相荡,产生了许许多多或广为流传、或罕为人知的有趣有味的故事。近些年,"上海史热"持续升温,关于老上海的书籍、影视作品层出不穷,满坑满谷,其原因盖在于此。至于老书重印,老歌新唱,老店新开,老街新建,无不弥漫着怀旧的气氛,诉说着老上海的魅力。

在云蒸霞蔚、氤氲蓊郁的上海史热中,有一种努力最为可贵,这就是对那些栉风沐雨、履霜践雪的健在的"老上海"的访谈。因为,随着时光的流逝,能谈老上海历史的老上海人,作为一种不能再生的资源,越来越稀缺了。虽说如今生活条件好了,人的寿命长了,但是,屈指算来,对于20世纪三四十年代上海有所经历、有所记忆的人来说,至少已是八十来岁的耄耋老者,发苍苍,视茫茫,齿牙动摇,步履蹒跚。这些人本已寥若晨星,何况其中记忆混沌、口齿含糊者又所在多有。档案过几年还可以再查,杂志过几年还可以再翻,小说过几年还可以再写,但是,留存在那些"老上海"脑海里的历史碎片,再过几年可能就晦明永隔,难以寻觅了。这就是"老上海"口述历史无可替代的独特价值。

本书口述人,孙曜东先生,是不可多得的老上海,其传奇般的经历,如果深入发掘,就是写三五部书,也绰有余裕。他是安徽寿县人,1912年出生,曾叔祖孙家鼐,为光绪皇帝老师,祖、父均为官僚。他生于北京,长于上海,就读于圣约翰大学,留学美国,专攻金融,毕业后回沪发展,任法商洋行买办、重庆银公司经理,汪伪时任伪复兴银行行长、伪中国银行监察人,担任过大汉奸周佛海的机要秘书。抗战胜利后,坐过牢房,又与中共地下党联系,在扬帆领导下做秘密工作,策反过军统重要人物邓葆光。在政权递嬗之际,为辞旧迎新做了贡献。1955年潘汉年、扬帆冤案事发,被牵连入狱,在安徽白茅岭农场劳动改造。1975年特赦,返回上海,晚年担任徐汇区政协侨联高级顾问。他曾富

[①] 本文系为孙曜东口述、宋路霞整理的《浮世万象》所作序言,该书已由上海教育出版社2005年出版。

比陶朱，也曾穷若乞丐；与国民党要人为伍，与大奸巨憝为邻；娶舞女为妻，与明星有染……这么显赫的家庭背景，这么多彩的人生经历，或儒、或商、或政、或黑、或灰、或红、或京、或海、或中、或洋，忽焉上天，忽焉入地，忽焉纸醉金迷，忽焉冷清孤寂，曲折坎坷，斑驳陆离，若非亲访亲闻，即令莎士比亚再世，也无法编造得如此离奇异常。跌宕起伏，引人入胜。

口述史，主要述亲历、亲见、亲闻之事，其珍贵性依历、见、闻顺序而递减。孙曜东先生此书的非常可贵之处，是其亲历、亲见之比重相当大。

作为阔少爷、留学生、银行家，他是上海众多舞场、妓院、戏院、茶馆、饭店的财神爷，时常出入其间，非常熟悉这些场所的规矩、习俗、历史，书中对此记述翔实生动，尤其对舞场特点、舞女生涯，如数家珍，娓娓道来。他长期在金融界工作，熟悉诸多银行家的经历、个性、风格、特点，如谈周作民之能、朱博泉之圆、吴鼎昌之闯、谈荔孙之精、陈光甫之明，述其家世，道其缘由，叙其事理，析其得失，探幽阐微，提纲挈领，举重若轻，其中许多感悟性、综合性的见解，不是从文字资料中可以总结出来的。

作为周佛海的心腹，孙曜东与汪伪集团众多要人稔熟，记述颇多传神之笔，状梁鸿志之好诗近迂，述周佛海之好色藏娇，记谢芝庭之大都会血案，说唐寿民之八面玲珑，均亲历亲闻，绘声绘色，为有我之境，绝非道听途说、捕风捉影、三人成虎之类野史戏说可比。

青年时代的孙曜东，兴趣相当广泛。他好京剧，看戏、评戏、捧角，对于京剧界的掌故特别留意，所述京剧界秘辛珍闻甚多，所记马连良、余叔岩、程砚秋、章遏云等事迹，亲切而生动。他是足球迷，看球、踢球、追星，所述亲历的上海足球片段相当有价值。其中记述他与伙伴们黑夜里痛揍"黑哨"洋裁判的故事，以"误打"对"误判"，以义愤对恶行，令人捧腹之余，感到有趣而解恨。

孙曜东在老上海生活30多年，是20世纪上半叶上海风云变幻、陵谷兴替的当事人和见证人，其所记史事，对于复原老上海那段历史，具有特别的意义。书中写道，近代中国兵荒马乱，地方实力派都给自己预留后路，以便打仗失败、政治失意后，好到租界当寓公，因此纷纷在上海租界置办房产。置办花园洋房的，就有刘骥在五原路、李鸣钟在香山路、刘郁芬在永嘉路，这些洋房都是托孙曜东管理或经租的。这对于理解近代上海冠盖云集的原因、上海在中国的特殊地位很有帮助。

"是非成败转头空，古今多少事，都付笑谈中。"《三国演义》开头的这几句俯瞰历史、富于哲理的话，用来描写晚年的孙曜东心态，再恰当不过了。经过那么多的是非曲直，悲欢离合,看惯春花秋月,潮涨潮落,年逾九旬的孙曜东心静如水,宠辱不惊。他眼不花,耳不聋,思路清晰,心情开朗。叙述往事,不偏颇、不激愤,也不迎合时尚潮流。他失势潦倒以后,那些看重钱财、权势的姨太太,远他而去,各奔东西,他理解、谅解,并无怨言。他的口述,有当事者的真切,审视者的清明,旁观者的幽默,但没有为自己辩诬的繁词,没有对落水者痛骂的垢语。冲淡平和,一片坦诚,其言实,其理朴,其情真。

现代史上,有相当一批搏风击浪、大起大落的风云人物,在风停雨歇之后,息影林泉,悠游卒岁,得高寿者并不少见,张学良、宋美龄、陈立夫,都活过期颐之年。我接触过的薛耕莘、陆久之,还有本书口述人孙曜东,也都过九望百。是什么营养在滋润他们那累累伤痕的生命绿树?我曾问过其长寿秘诀,他们各有各的说法。我想,遗传基因、规律生活等因素之外,最重要的一条,就是乐观、达观。乐天者寿,达观者寿。进而为儒,退而为道,对于中国传统知识分子这一进退哲学,真正明理不易,践行更难。孙曜东身历两朝,学兼中西,大富大贫,大红大黑,两入牢狱而不改其为人宗旨,乐天顺命,可谓深得入儒出道之文化三昧矣。

人与人的关系是一种缘,人与事的关系也是一种缘。本书整理者宋路霞,本非史学专业出身,一个偶然的机会,因缘际会,让她对老上海名门望族的历史产生了兴趣,一头扎进去,一发不可收,一干20年,走街串巷,飞南走北,翻阅旧籍,考核新知。王谢堂前,图书馆内,洒下了她串串汗水。在她的名下,已经排出一长串书名:《百年收藏》《洋楼沧桑》《百年家族——盛宣怀》《上海的豪门旧梦》《上海滩豪门望族》《回梦上海大饭店》。在今天的上海史学界,"宋路霞"三字,已与上海豪门掌故同义。为了解读孙曜东这部大书,她四年来,周必一访,不避寒暑,设问发履,口访笔录,由此及彼,牵丝攀藤,补漏充实,更讹纠谬,获得了大量极其宝贵的资料。其心诚,其志专,这些丰硕的成果都是她应有的回报。

这是我第三次为宋路霞的书作序了。她一再表示抱歉,说是写序增加了我的负担,其真诚毋庸置疑。但是,她哪里知道,读这样内蕴丰富、文字秀美的好书,真是如沐春风、如饮醇醪,如看好戏,如听美乐,可以增知识、长见识、明事理、陶情性,甚者可以从中悟得一些人生与历史的真谛。那是一顿文化大餐,一次美的享受,何苦之有!

是为序。

(2003年)

人物群体

明末松江士人的实学思想[①]

上海在单独设县以前属于华亭县一部分,单独设县以后属于松江府一部分。近代以前,上海一直浸润在松江文化中。海派文化在近代以来才形成气候,松江文化是海派文化重要源头。海派文化的一些基本元素,诸如重利性、务实性、世俗性、开放性,在松江文化中都有丰富表现。要阐述松江文化与海派文化的渊源流变,自非这篇短文所可承载,这里仅从崇祯《松江府志》的内容来看明末松江士人的实学思想,进而分析其与海派文化的内在脉络。

崇祯《松江府志》有初刻本与重订本两个版本,分别刊行于明崇祯三年(1630)与崇祯四年。重订本仅存残本,比较流行的是初刻本。本文所述均基于初刻本。此志主修为时任松江知府方岳贡,主纂为松江著名学者陈继儒。与此前或此后的其他《松江府志》相比,此志一个鲜明特点,是相当务实与开明。一般说来,志书记一地史实,多隐恶扬善,誉多贬少,而对于负面内容多一带而过。此志虽然对正面内容也一一叙述,但对在常人看来的所谓负面内容也不加讳饰。用方岳贡的话来说,即"以志吾过而已"。正因如此,此志有许多关于当时民生疾苦的记述,也有许多不为他志所载的内容。

比如,志书收录徐献忠《布赋》,记述一家男女分工纺纱、织布、售布的情形:一家起早贪黑,或去棉籽,或弹棉花,或纺纱、织布,然后持布到市场去卖。"织妇抱冻龟手不顾,匹夫怀饥奔走长路。持莽莽者以入市,恐精粗之不中数,饰粉傅脂,护持风露。摩肩臂以授人,腾口说而售我,思得金之如攫,媚贾师以如父。幸而入选,如脱重负。坐守风檐,平明返顾。"正当主妇洗好锅、备好水等待丈夫以卖布之钱买米回来烧饭,不料丈夫哭丧着脸归,告知途中遭恶吏盘剥勒索,连本钱都被抢去了(卷六《物产》)。志书中附录张世美《织布词》,述织布之苦以及纺织在百姓生计中的重要性云:"寸纱尺缕自纺绩,车经架刷趁风日。朝来喜得上机轴,家人不厌当窗织。当窗织,急生计,口食相关殆非细。泖上有田岁不熟,日资一匹聊洽济。朝织暮纺勤所为,机声轧轧犹嫌迟。阿婆近前催迫语,邻家易米待同时。"(卷七《风俗》)志书中直述松江因为重赋而带来生活困难,"纺织

[①] 原题《从崇祯〈松江府志〉看松江士人的实学思想》,刊于《文汇报》2017年9月1日。

不止乡落,虽城中亦然。里媪晨抱棉纱入市,易木棉花以归,机杼轧轧,有通宵不寐者。田家收获,轮官偿债外,未卒岁,室庐已空,其衣食全在此"(卷七《风俗》)。志书中详细介绍沿海盐场工人晒盐、熬盐之辛苦,记述一位负盐妇,其丈夫与小儿均战死沙场,大儿在军中生死未卜,家有公婆亟需赡养,自己只好负盐去卖。"负盐妇,何劳苦,百结青裙走风雨。雨花洒盐盐作卤,背负空筐泪流雨。"(卷七《风俗》)这些记述,贴近民情,同情百姓疾苦。对于当时松江地区重赋问题,志书多处表示相当的不平之意。这需要相当大的勇气。

志书中动态性地记述了自正德以后一百多年间松江风俗的变迁,涉及 24 个方面,包括乡饮、婚娶、丧祭、赠赙、宾宴、冠髻、服饰、履袜、组绣、布缕、染色、几案、舆盖、舟楫、室庐、园林、迎送、缇絉、楮素、巫医、方外、优剧、声妓与僮竖,总体趋势是由俭趋奢,由简趋繁,其始作俑者,"率巨家势阀先之"。其将批评矛头对准巨家势阀,也需要一定的勇气。当然,这"二十四变",每变都是很好的社会史资料。比如,述室庐之变,称松江城里,原先只有少量厅事堂楼,乡绅多居城外,现在情况大变,"今缙绅必城居,故宦宅第,转展相售。居必巧营曲房,栏楯台砌,点缀花石,几榻书画,竞事华侈"。志书中认为,如果要改良风俗,必须自士大夫开始(卷七《风俗》)。

最为了不起的地方是,此志书破天荒地把天主教传教士庞迪我(Diego de Pantoja, 1571—1618)作为"流寓"人物记录在册:"西儒庞迪我,利玛窦之门人也,精于天文地理技术,宗天主教,由海外抵香山墺,至留都,遂游云间,士大夫多崇礼之,而徐宗伯光启尤敬事焉。制器甚精巧,如西洋炮,试之辽左,尤有奇效,奴虏闻之胆落。相敺目长髯,坦易近人,非礼不动,有中华大儒之风。他著述甚富,不胜书。凡用物名目、种类特创,并西字记号二十,形象各异,不能殚记,详其门下西海耶稣会士邓玉函口授《图说录最》一书,关西王公徵有序。"(卷四十四《游寓》)志书中如此高度评价庞迪我,称其"有中华大儒之风",为其他志书所未见。此志书崇祯四年版的人物传《游寓》中,将"庞迪我"替换为"利玛窦",记述文字基本相同,只是删除"利玛窦之门人也"数字,另在"徐宗伯光启尤敬事焉"一语后面加了"入京都,卒,神庙特恩赐葬",其余文字均同。查现在所能见到的各种利玛窦传记,均无利玛窦来松江的记录,此志书不知何据。

晚明的松江地区,涌动着浓厚的实学思潮,为学讲究实际、实在、实用,主张经世致用,反对空谈心性。徐光启、孙元化等讲求农学、兵学、西学,陈继儒讲求有益地方经济、社会的实际之学。陈子龙、夏允彝等人组织的几社,便以经世致用相号召。《明经世文编》的编选者凡 24 人,包括陈子龙、夏允彝在内,全部是松江府人,其中 20 人为华亭县人。这些人中,有 12 人为进士,其余也都有举人或监生功名。对此志书支持最力者,一是方岳贡,二是陈继儒。前已述及,在崇祯《松江府志》中,方、陈二人,一为主修,一为主纂,夏允彝也是编纂者之一。由此可见,崇祯《松江府志》中对于社会现实状况的记载,其实是松江士人实学思想具体运用的反映。

明清鼎革以后,江南地方势力遭到朝廷严重打压,以松江为中心的实学思潮也有所沉寂。康熙朝所修《松江府志》,对地方情事的记载,就每多皇上喜闻乐见的正面信息,而反映民间疾苦的内容大为减少,庞迪我的传记也被从《流寓》中删除。但是,松江文化中讲究实际、实在、实用的传统还在潜滋暗长。道光年间,上海开埠以后,这一传统便在上海得到淋漓尽致的发挥。助李善兰等刻印《续几何原本》的韩应陛,海派书画家胡公寿,以倡导经世之学著称的江南制造局翻译馆译员钟天纬,创办商务印书馆的夏瑞芳,以及著名天主教徒、实业家朱志尧等,都是松江府人。

(2017 年)

近代上海儒商的特有风采

时代不同,生产方式、生活方式不同,所处国际、国内环境不同,儒商的经营特点自有不同,所体现的精神风范也会有所不同。近代中国面对三千年未有之变局,外则强敌入侵,内则政治腐败,经济不振,教育不兴,民生凋敝,亡国灭种的危机一阵紧一阵地逼来。一批有眼力、有能力、有财力的儒商,投袂而起,投身到救国救民、振兴中华的行列中,展现了近代儒商特有的风采。约略说来,可分以下五个方面:

其一,把握时代脉搏,倡导变法革新,引领学习西方。这以由买办而转变为民族企业家的郑观应、唐廷枢等人最为典型。他们都是广东香山人,是近代最早的一批买办。他们在为洋行服务的同时兼营自己生意,经营得法。在掘得第一桶金以后,他们毅然从收入相当丰厚的洋行中抽身而退,服从于国家的长远需要,投身到洋务企业当中,在轮船招商局、开平矿务局等机构中担任领导,从事现代企业管理工作,成为洋务企业中最早的一批新型企业家。他们是近代中国最早的一批双视野人,一只眼睛看着西方,一只眼睛看着中国,比较两者的长短得失,进而成为倡导变法革新、引领学习西方的新型人才。他们在洋务企业中,将西方先进科学技术、现代企业管理方式、先进思想理念引进中国,还著述立说,大声疾呼变法革新。唐廷枢编过专教国人如何学习英语的书籍,郑观应的《盛世危言》则是19世纪后期影响最大的启蒙著作。《盛世危言》所论,认为中国不但要学习西方坚船利炮、科学技术,学习西方教育制度、社会管理制度,还要学习西方破上下之隔阂、合君民为一体的政治制度。能有此远见卓识,很重要一点,就在于他不但是儒,而且是商,合儒商为一体,是通晓国内外情事、关心国计民生大事的新型儒商。稍晚一些,穆藕初、陈光甫等,在学习西方方面,又迈出了新的步伐。穆、陈都是留美归国后投身工商业的。穆将西方先进的科学管理方法系统地翻译引进,并将其运用于企业管理之中,大获成功。陈光甫则在中国金融业、旅游业方面,走出了新路。

其二,坚决抵抗外国侵略。抗日战争时期,不知道多少爱国资本家为了抵抗日本侵略,捐钱、捐物、捐购枪炮子弹,努力生产抗日前线所需要的各种物品,为抗日队伍提供各种服务。最典型的是民生公司的卢作孚。1938年秋,因日军野蛮侵略,武汉失守,大量后撤重庆的人员和迁川工厂物资近10万吨屯集于宜昌无法运走,不断遭到日机轰炸。在此危急情况下,卢作孚集中民生公司全部船只和大部分业务人员,分段运输,昼夜抢运,不顾日机狂轰滥炸,不计公司损失,经过连续40天的奋战,终于在宜昌失陷前,将全部屯集的人员和物资抢运到了四川。在整个抗战时期,民生公司共抢运各类人员150多万人、物资100多万吨,遭日机炸毁船只16艘,牺牲职工100余人。卢作孚领导的民生公司,以无所畏惧的爱国热情,以自己的运输长项,为抗日战争做出了其他行业难以做到的特有贡献。

其三,关心民瘼,造福桑梓。众多儒商致富以后,努力以其财富服务社会,特别是救济穷人,造福桑梓。近代历次慈善活动中,捐款最多的,都是那些成功的儒商。最典型的是张謇,他在南通经营大生纱厂等实业,开垦农场,经营教育、水利、交通、慈善诸端,成为著名的状元资本家。他曾自述投身事业的初衷,是"为通州民生计,亦为中国利源计",小而为桑梓,大而为国家。胡适评价张謇:"他独力开辟了无数新路,做了三十年的开辟先锋,养活了几百万人,造福于一方,而影响及于全国。"但是,张謇自奉极为俭约,坚守儒商的优良传统。他创办大生纱厂,自议创至开车,历时44个月,其生活费仅靠书院薪俸维持,未挪用厂中一文钱。他经商极其重视诚信,合做事与做人为一体,再三强调:"当悟人生信用,作事一而二,二而一,若人格无亏,则事即艰厄,不至失败;即失败而非堕落,反是则事败而人亦随之矣。"

其四,兴办新式教育,培养新型人才。教育不振,人才匮乏,是近代中国落后贫弱的重要原因。近代中国儒商在发达之后,很多人都在资助教育、兴办新式学校方面,做出过努力。寓沪浙江商人叶澄衷,晚年出一大笔钱,创办澄衷学堂,从事新式教育。上海浦东人杨斯盛,从事营造业,成功以后,倾其全力,兴办新式教育。他所捐款、资助办起来的浦东中学,是晚清、民国时期浦东最好的中学,张闻天、蒋经国、蒋纬国、潘序伦、范文澜、罗尔纲、王淦昌、闻一多等都曾在此校就读。留美归国的穆藕初在经营纺织业致富以后,捐款资助上海众多学校,特别是资助北京大学学生留学欧美,造就许多杰出人才。他开创了近代中国儒商资助留学的先河。至于爱国华侨陈嘉庚,捐巨款创办厦门大学的事迹,早已为大家耳熟能详。

其五,保护、弘扬中华优秀传统文化。近代西学东渐,中华文化遭遇严峻挑战,中华古籍也因历次战争而损失惨重。一批经商致富的有识之士,为抢救、保护中华古籍,为弘扬中华优秀传统文化,进行了艰苦的努力。进士出身的叶景葵,在清末放弃仕途,改走实业救国之路,先后担任汉冶萍公司经理、浙路股款清算处主任、浙江兴业银行董事长,曾担任兴业银行董事长达30年之久,为金融界巨子。鉴于中华典籍在战乱中损失至为惨重,他不惜花费巨资,搜集、购买珍贵典籍,并与也是进士出身的商务印书馆总经理张元济等,发起成立合众图书馆,到1946年,该馆藏积存文献已至14万册。他们为保存中华文化典籍做出了不朽的贡献。这些典籍,成为今天上海图书馆的文献基础。鉴于国粹昆曲维持困难,后继乏人,穆藕初则慨然捐款,创办昆曲传习所,培养一大批昆曲人才,为昆曲传承做出了巨大的贡献。

这五个方面,综合起来,就是诚信经商、忠诚报国、造福桑梓、服务社会等。与传统儒商相比,近代儒商在穷则独善其身、达则兼济天下上有一脉相承的地方,但也有新的特点,这包括学习外国先进科学技术、倡导新式教育、引进科学管理方法等方面。

(2017年)

近代上海城市对于贫民的意义①

关于近代上海城市社会的叙事,有两类文字最为普遍,一类是穷人遍地,棚户连片,食不果腹,衣衫褴褛;一类是两极分化,极端悬殊,富人的天堂,穷人的地狱。这两类文字又往往糅合在一起,直指其间的因果关系,认为穷人遍地正是城市两极分化的结果:

> 贫富之最不平者,莫上海为甚。富人以穷侈极奢、挥金如土为第二之天性,而视路隅之鸠形鹄面、露肘见踵者,若无所睹。呜呼!富人一宴会,中人十家产,此之谓矣。②

> 上海,是富人的天堂,同时,也是穷人的地狱。③

> 华丽洋房的背面,同时却就是二十世纪出现于文明都市中的地狱。④

> 上海是富人们的天国,穷人们的地狱。富人在高大的洋房里,电风扇不停地摇头,吐出风来,麻将八圈,眼目清亮,大姐开汽水,娘姨拿香烟。穷人们在三层阁上,亭子间里,闷热得像在火炕上,臭虫蚊子,向你总攻击,大便在这里,烧饭也在这里,洗浴与卧室也在这里。⑤

在诸如此类的强烈对比、义愤填膺的叙述中,很少有人仔细分析,这些穷人是怎么出现的?他们到底是先贫而后进城,还是进城以后变贫的?城市对于这些穷人的意义到底是什么?

---

① 原载《史林》2018年第2期。
② 田光:《贫富不平》,《民立报》1911年7月1日。
③ 公怀:《自食其力的孤岛儿童》,《上海生活》1940年5月。
④ 《漫话上海生活》,《上海生活》1937年3月。
⑤ 杜鹃:《上海的夏夜弄堂》,《社会日报》1936年7月24日。

本文试图对此做一分析。

一、上海，集聚贫民的最大城市

所谓贫民,是与富人相对的概念,指物质财富匮乏之人。按照联合国粮农组织提出的标准,恩格尔系数①在59％以上者为贫困,50％—59％为温饱,40％—50％为小康,30％—40％为富裕,低于30％为最富裕。乔启明根据卜凯、李景汉等人对6省农村2 854户人家的抽样调查结果推算出,1922—1934年间,中国农村人口的消费支出中,食品、衣着、房租、燃料灯光、杂项所占比例分别为59.9％、7.1％、4.6％、10.4％、18.0％,恩格尔系数已达到60％,临近绝对贫困状态,可见当时农村居民基本上是贫民。② 依此标准,则中国农村除了地主、富农以外的广大农民,包括中农、贫农、雇农在内,均属贫穷人口。这种情况,与时人的观察相吻合。研究中国农村问题的学者在20世纪30年代写道：农村"十家人家有八九家没有饭吃,凄苦的情状惨不忍睹,土匪到处涌起,日复一日的急速增加,人口流离,死亡率增高,灾域扩大,农产品减少,田地集中于地主,大多数农民沦为佃农,即无天灾人祸,也难养活自己"③。

中国各地的地主、富农所占比例多少不一。毛泽东在《湖南农民运动考察报告》中说："据长沙的调查,贫农占百分之七十,中农占百分之二十,地主和富农占百分之十。百分之七十的贫农中,又分赤贫、次贫二类。全然无业,即既无土地,又无资金,完全失去生活依据,不得不出外当兵,或出去做工,或打流当乞丐的,都是'赤贫',占百分之二十。半无业,即略有土地或略有资金,但吃的多,收的少,终年在劳碌愁苦中过生活的,如手工工人、佃农(富佃除外)、半自耕农等,都是'次贫',占百分之五十。"④文中还指出,在贫农数目上,他县或没有长沙这多,但相差常不大。在《中国革命和中国共产党》中,毛泽东就全国情况分析说,"富农约占农村人口百分之五左右(连地主一起约占农村人口百分之十左右)",中农约占20％左右,贫农连同雇农在内,约占70％。⑤ 学术界依据民国时期各种调查数据综合分析,认为民国时期中国各地总平均大约地主占3％,富农

---

① 恩格尔系数(Engel's Coefficient),指居民家庭中食物支出占消费总支出的比重。一个家庭收入越少,家庭收入或者家庭总支出中用来购买食物的支出所占的比例就越大,随着家庭收入的增加,家庭收入或者家庭支出中用来购买食物的支出所占比例将会下降。一个家庭或国家的恩格尔系数越小,则这个家庭或国家的经济越富裕。
② 乔启明：《中国农民生活程度之研究》,《社会学刊》第1卷第3期,1930年。
③ 陈醉云：《复兴农村对策》,《东方杂志》30卷13号,1933年7月。
④ 毛泽东：《湖南农民运动考察报告》,载《毛泽东选集》卷一,人民出版社1996年版,第20—21页。
⑤ 毛泽东：《中国革命和中国共产党》,载《毛泽东选集》卷二,第643页。

7%,中农 20%,贫农和雇农占 65%,乞丐、流浪者或其他不从事耕作的贫民约占 5%。①这与《中国革命和中国共产党》的结论基本一致。不过,这一比例放在江南一带就比较高。20 世纪二三十年代,《东方杂志》曾对相关农村社会结构做连续性的系统调查,结果显示,江浙一带地主比例远远没有十分之一,上海附近的地主占农民总数的 1%,武进占 1.4%,句容占 2%,靖江占 3%,浙江鄞县占 5%,松江竟然是 0%,只有太仓最高,占 10%。②

尽管在战乱情况下地主、富农也会离开土地进入城里,在承平时期地主、富农为了事业的发展,或为了过更好的生活,也会移居到城里,但是,在灾荒来临或迫于生计的情况下,广大农民更易于被推出农村,并流入城市。按照这样的阶级比例与流动可能性,将进入城市的绝大多数人视为贫民,是不会与实际相背离的。

上海在 1843 年开埠时,城市人口 20 多万,1900 年超过 100 万,1915 年超过 200 万,1930 年超过 300 万,1949 年达到 546 万。这些急遽增长的人口中,属于自然增长的很少,绝大多数为机械增长,是从全国各地迁移来的。③到 1949 年,上海 80% 以上的人口是从外地移入的。1947 年,上海人口 430 万,几乎是天津(171 万)、北平(167 万)与南京(103 万)三大城市人口的总和。所以,说近代上海是中国吸纳贫穷人口最多的城市,也不会背离实际。

再看上海城市贫富人口的比例。1935 年,上海华界农、工、劳工、家庭服务、学徒、佣工、无业人员,共占总人口的 80.9%;公共租界农、工、交通运输业、家务、杂类人员,共占总人口的 80%。④上述比例,不包括商业与文教方面的人口,因为商业与文教方面人口中有富有穷,没有确切统计。如果加上一定数量的贫穷商人与文教方面的人口,则无论华界还是公共租界,穷人的比例都超过总人口的 80%。

一波又一波的贫民涌入上海,或为逃避灾荒,或为躲避战争,或为谋生发展,这几种

---

① 路遇、滕泽之:《中国人口通史》,山东人民出版社 1999 年版,第 1090—1091 页。
② 调查所列项目有地主、自作农、半佃农、佃农、雇农五项,没有"富农"一项。参见王先明:《20 世纪前期乡村社会冲突的演变及其对策》,《华中师范大学学报(人文社会科学版)》2012 年第 4 期。
③ 中国人口总数,1840 年为 4.1 亿(姜涛:《中国近代人口史》,浙江人民出版社 1993 年版,第 406 页),1949 年为 5.4 亿(路遇、滕泽之:《中国人口通史》,第 1186 页),109 年间总共增长 1.3 亿,317‰,不到三分之一。照此比例,上海人口自然增长的数量,如果以 1843 年的城市人口 20 万为基数,则增长不超过 7 万人;如果以全上海县 54 万为基数,则增长不超过 18 万人。即使以最高增长额 18 万人计算,加上基数 54 万,共 72 万人,那么,在 1949 年的 546 万人中,有 474 万是从外地来的机械增长数,占总人口的 86.8%。这一推算比例,与实际统计数据接近。1950 年 1 月,上海本地籍贯人口占全上海的 15.1%,非上海籍占 84.9%(邹依仁:《旧上海人口变迁的研究》,上海人民出版社 1980 年版,第 113 页)。
④ 邹依仁:《旧上海人口变迁的研究》,第 106—107 页。

因素往往交织在一起。19世纪50年代末,"黄河决口,江苏北境竟成泽国,人民失业,无家可归者,无虑千万,咸来上海就食"①。以后,江、浙、皖一带,每遇水旱灾害,每遭战乱,农民总习惯于逃往江南,逃往上海。据记载,江苏省"人口之移动,有二倾向:自长江以北移至长江以南;江南各地则集中于上海,或经商,或劳动,自帝国主义经济侵入,农村固有生活打破,人民不得不求食于四方,但一以上海为壑,向外省者极少,因其为全国第一商埠也"②。在一个多世纪中,共有三次因躲避战争而发生的涌入上海的移民潮。第一次是太平天国期间,长江中下游地区,尤其是江、浙一带,战事频仍,大批难民涌入上海,从1855到1865年,上海人口一下子净增11万。第二次是抗日战争期间,上海两租界人口增加78万。第三次是解放战争期间,上海人口增加208万。

城市并非农民逃荒避难、谋求发展的唯一选择,但城市是他们最主要的目的地。1936年的一项调查报告显示,全国22个省中举家外迁逃难、做工、谋生、住家的四项合计,以城市为目的地的占59.1%,而以别处乡村为目的地的占36.9%。其中,青年人以城市为目的地的比例更高,达64.9%。③

二、城市为贫民提供了就业机会

穷苦农民进入城市以后,无论是工作还是待业,其身份都发生了改变。近代上海以下各类人员,基本上是由农民直接或稍加培训以后转化而来的,即工人、农业人口(农业、林业、花果业、畜牧业、渔业人口)、交通运输人口(服务于一切舟、车、邮电行业的人口)、劳工(人力车夫、肩夫工)、家庭服务人口、学徒、佣工、杂役(理发、镶牙、扦脚、擦背人口)、无业人口(流浪汉、捡垃圾者、乞讨者、废疾者、无正当职业者)。

就比例而言,工人最多。上海自19世纪50年代起,已有一些船舶修造厂出现,产生了一些工人。其后,随着外资企业与民族资本企业,包括造船厂、兵工厂、纺织厂、丝厂、自来火厂、汽水厂、烟草公司、印刷厂等的增多,工人越来越多。到1894年,上海工人已有5万人。甲午战争以后,外资在上海投资速度加快,清末新政时期及民国建立以后,民族工业奋起,上海逐渐成为全中国工业中心,工人数量急遽增多。1919年,上海工人总数已超过51万,其中工业工人超过18万,交通运输业工人超过11万,手工业工人超过21万。1936年,全市产业工人有46.4万人,占上海在业人员的21%。1949年,

---

① 容闳:《西学东渐记》,湖南人民出版社1981年版,第40页。
② 李长傅:《江苏省地志》,中华书局1936年版,第106页。
③ 《农情报告》4卷7期,1936年7月。

全市工人122.5万,占总人口的四分之一。①

近代上海工业的一个重要特点是轻工业为主,劳动密集型为主,技术含量较低,职业门槛较低。1930年,曹家渡的230户中,男工与男童工中的58%是文盲。② 1935年,上海印刷工人中的79%是由农民直接转化而来的。③ 上海某纱厂的男工,60%目不识丁,能读自己姓名的占40%,能写自己姓名的占20%。同一纱厂的女工,目不识丁的占85%,能读自己姓名的占15%,能写自己姓名的仅8%。④ 诚如谢诺所说,"在农业危机压力下离开土地的农民,都是在农村里不能再生活下去的农业劳动力和小土地所有者,长江北岸的江苏地区,那里的生活很苦,蕴藏着大批劳动力经常不断地供应上海、无锡和长江口的其他工业中心。许多棉纺织工人、缫丝工人、人力车夫和码头工人都是从那里来的"⑤。

仅次于工人群体的是家庭服务业人员。从1930至1936年,此类人员数在32万—48万之间浮动,占在业人口的20%—22%。此类人员与执业门槛同样不高的佣工人员相加,约占在业人口的26%。⑥

还有一类人员所占比例也很高,即无业人员,包括失业者、无业者以及在家庭里操持家务而不外出工作的人。此类人员不同时期统计口径不完全一致,但从总体上看,数量都相当可观。从1930至1936年,上海华界此类人员数在28万—35万之间浮动,占华界人口的16%—18%。⑦ 1946年,此类人口97万,占总人口的33%。⑧ 1949年,此类人口近126万,占全市人口的25%。⑨

以上三类,即工人、家庭服务业人员与佣工、无业人员,都对文化与职业门槛要求不高。此三类人员相加,几乎占上海15岁以上人口的四分之三。就经济收入与生活程度而言,与商人、军政人员、新闻记者、工程师、律师、会计师、医生、教师等职业相比,这三类人员多属贫穷。这些人中又可以分为三种情况,即比较贫穷、非常贫穷与极端贫穷。

---

① 此段数据,据《上海工运志》编纂委员会编:《上海工运志》,上海社会科学院出版社1997年版,第一篇,第一章《上海工人阶级的形成与发展》。
② 刘明逵编:《中国工人阶级历史状况》,中共中央党校出版社1985年版,第一卷,第一册,第550页。
③ 刘明逵编:《中国工人阶级历史状况》第一卷第一册,第167页。
④ 刘明逵编:《中国工人阶级历史状况》第一卷第一册,第551页。
⑤ [法]谢诺:《中国工人运动(1919—1927)》,转见刘明逵编:《中国工人阶级历史状况》第一卷第一册,第169页。
⑥ 例如,1936年上海佣工人数为76 502人,占在业总人口的3.57%;家庭服务业人员480 275人,占在业总人员的22.39%;两类相加,占在业总人员的25.96%。见邹依仁:《旧上海人口变迁的研究》,第106页。
⑦ 邹依仁:《旧上海人口变迁的研究》,第106页。
⑧ 邹依仁:《旧上海人口变迁的研究》,第109页。
⑨ 邹依仁:《旧上海人口变迁的研究》,第111页。

就工厂工人而言,尽管其中有工种的不同,有技术含量高低的差异,有熟练、非熟练的差异,但总体上,就其实际经济收入和社会评价而言,都不是社会最底层。只要有份稳定的工作,其个人与家庭的温饱是基本能够维持的。相关研究成果表明,20 世纪 30 年代前半叶,尽管有经济恐慌等各种波动,但上海工人阶层的生活状况总体上是基本稳定的,其工资收入基本稳定,工资率波动并不很大,生活程度基本稳定,生活费指数起伏较为有限。来自上海以外的第一代移民劳工,在 20 世纪 30 年代的上海,只要能够在工厂企业找到稳定的工作,就很有可能在上海落户、成家,并由此形成上海工业发展中十分重要的熟练工人队伍。①

在城市职业群体中,工人的经济收入与社会评价,不及公务员、商人、律师、会计师、医生、教师等脑力劳动者,但比人力车夫、码头工人要高一档次。一个熟练技术工人的工资,大约相当于最低级文官的一半、小学教师的三分之二、大学教授的十几分之一,②但是,比起人力车夫、码头工人等劳工来说,他们则好得多。人力车夫多住棚户区,工人则有自己的住房,极少居住在棚户区内。20 世纪 30 年代的杨树浦,是上海工厂最为集中的地方,据沪江大学教授的调查,该处工人极少住在棚户区内。③ 在社会评价中,工人也具有相当正面的形象,"大的方面,因工业化为当时中国发展之经济目标,因此工人往往与国家兴旺相联系,小的方面,女性能当上工人则会成为家庭的荣耀。相反,棚户区的那些苦力包括人力车夫,往往被指为懒惰、无知、肮脏,并常与犯罪等现象相联系。一般而言,只有社会的最底层才有可能被这样污名化"④。1929 年,上海市社会局对沪南、闸北等 7 个庇寒所之类单位收容的 1 471 名游民进行问话,发现被收容人员之前所从事的职业,或为无职业者,或为小工小贩,或为退伍兵、店伙计,或为车夫、船工,其中做过机器工人的只有 4 人。⑤ 这也说明,由产业工人沦落为游民的几率极低。

与乡村农民比起来,工人更是令人羡慕的职业。上海工人的收入比起农业劳动者要高得多,雇佣工人的最高工资是农业劳动者的 7—10 倍,最低工资也是农业劳动者的 3—7 倍。1933 年,全国制造业工人年平均工资为 178 元,而农村劳动者的平均

---

① 张忠民:《近代上海工人阶层的工资与生活——以 20 世纪 30 年代调查为中心的分析》,《中国经济史研究》2011 年第 2 期。
② "国史馆"中华民国国史社会志编纂委员会编:《中华民国社会志(初稿)》(上册),"国史馆"印(台北),1998 年,第 399 页。
③ [美] 卢汉超著,段炼等译:《霓虹灯外——20 世纪初日常生活中的上海》,上海古籍出版社 2004 年版,第 120—123 页。
④ 匡丹丹:《上海工人的收入与生活状况(1927—1937)》,华中师范大学硕士论文,2008 年,第 109 页。
⑤ 《一千四百余游民问话的结果》,《社会月刊》1929 年第 1 卷第 4 期。

年收入只有 26 元,前者为后者的 6.8 倍。① 根据田中忠夫的研究,在江苏省农村的农业工资中,即使是比之长工有较高工资的短工,膳食由雇主提供,每月只有 3.6 元;而在上海,即使是中国人住宅及公司中的仆人,每月也可以得到 5—6 元的工资。乡村长工每年 27 元的平均工资,远不及上海人力车夫一年 100 多元的实收。江苏省比较富庶的吴江县,农忙期间工资最高的散工工资,每日 2 角,也只相当于上海清洁夫月 6—7 元的收入。②

与上海以外的其他城市相比,上海工人的收入也是较高的。同一时期,南通大生纱厂工人的平均工资要比上海纱厂的低 10%—20%,③上海火柴业工人的工资是重庆同类工人工资的 2—3 倍。"不管是何种行业、何种工种,无论有技术与否,不管男工女工,上海工人的收入都比外埠工人同类工种的收入高。"④

民国时期已有学者总结说,就工资水平而言,无论供食、不供食,都市均高于农村,大都市工资均高于小都市与内地城镇,"就此月工资而言,农村工资低而小城市工资高,大都市工资更高。此所以农村人口要从农业转移到工业,要由农村到小城市,再由小城市到大城市了"⑤。

由此可见,评价近代上海工人生活水平与社会地位,要注意两个方面。其一是低水准。诚如张忠民所说:"必须肯定的是 20 世纪 30 年代的上海工人及其家庭,无论是工资水平还是生活程度都是低水准的。这一低水准至少可以体现在三个方面。一是与国外工人阶层比是低水平的;二是除了城市中处于社会最底层的城市贫民、无业游民阶层之外,与其他社会阶层比,也是低水平的;三是就其生活程度以及消费内容来看,也就仅仅是只能够维持最基本温饱的低水平消费。"⑥其二是有提升。无论从实际经济收入与生活水平,社会声望或自我感受来看,或是与乡村或外地城镇相比,那些由农民转化而来的上海工人的生活质量、社会声望都有所提升。工人阶层在上海城市社会中所处的地位,属于比较贫困的一群,但不是非常贫困,更不是极端贫困。

相对于工人阶层来说,人力车夫、码头工人等属于非常贫困的群体。民国社会统计

---

① 巫宝山:《中国国民所得,1933》上册,中华书局 1947 年版,第 73—74 页。
② [日]田中忠夫:《中国农业经济研究》,汪馥泉译,上海大东书局 1936 年版,第 257—258 页。
③ 汪敬虞:《中国近代工业史资料》第 2 辑(下册),科学出版社 1957 年版,第 1230 页。
④ 张伟:《近代不同城市工人家庭收入分析》,《西南交通大学学报(社会科学版)》2000 年第 1 期。
⑤ 汪疑今:《中国近代人口移动之经济的研究——江苏人口移动之一例》,《中国经济》1936 年第 4 卷第 5 期,第 14 页。
⑥ 张忠民:《近代上海工人阶层的工资与生活——以 20 世纪 30 年代调查为中心的分析》,《中国经济史研究》2011 年第 2 期。

分类中,通常将此两类人归为"劳工"一档。人力车夫是上海数量可观的一个群体,1930年有8万人,1937年约11万人,且不包括数量相当可观的自用人力车的车夫。由于人多车少,他们往往两人或三四人合拉一辆车,拉一日闲一日,每月拉车约15—18天,呈半失业状态,平均每月净收入只有8—10元。① 这个工资水平,相当于同时期工人中收入最低的缫丝业的女工收入,男女时件工中收入最低的女时工的收入,只及工厂男工收入的三分之一到二分之一。

码头工人的工作更是辛苦万分,笔墨难摹。民国时期,上海码头工人曾多达10万人。由于供大于求,"不管风霜雨雪,数九寒天,码头工人只好每天天不亮就爬起来,饿着肚皮,蜷缩着身子,守候在码头门前,等候封建把头发工作票。有时一连跑了几个码头都没有拿到工作票,这一天就只好勒紧裤带喝西北风。碰到运输淡季或台风大雨,情况就更糟糕,一连几天找不到工作,也是常事"②。

人力车夫与码头工人的工作强度大,时间长,收入低,社会评价也比较低。他们的名字通常与棚户区、"滚地龙"连在一起。但是,比上不足,比下有余。比起失业者、流浪汉,比起守在家乡的村民,他们的境况,还不是处在社会最底层。据调查,车夫每月拉车净收入为9.23元③,这个水平自不如在工厂的工人,但是,比起农民来,还是一笔不小的数目。上海一位人力车夫说过:就算是拉车饥一顿,饱一顿,相比之下,也还是"拉黄包车比较好一点,以前乡下种田,生活不了,再说现在哪有地种呢"④。1934年,上海市工部局人力车委员会对49个人力车夫在上海居住年限的调查结果是:车夫居住上海的年限自3—44年不等,平均为15.9年;已拉车的年限自1—31年不等,平均为11.5年,大多数在5—9年间。一个人连续多年拉车而没有改行,说明他或者没有改行的欲望,或者没有改行的能力,或者不改行也还能维持下去。另据调查,车夫59人中,有20人自离家后从未返乡,19人回乡之目的仅为探视,只有5人返乡系为帮助农事。⑤ 这也说明,生活虽贫困,人力车夫仍愿长期居留于城市。诚如调查报告所称:"人力车夫大都为农村之破产农民,在乡间无法维持生活而来沪谋生者。彼等因未受过教育,无专门谋生之技能,遂不得不仿效牛马以图生存。……今日之下,农村破产,方在制造大批人力车

---

① 郭崇阶:《上海市的人力车问题》,《社会半月刊》(创刊号),1934年9月。
② 刘晋瑞:《野鸡工》,载《罪恶的旧社会——旧中国经济杂谈》第一辑,上海人民出版社1984年版,第54页。
③ 郭崇阶:《上海市的人力车问题》,《社会半月刊》(创刊号),1934年9月,第26页。
④ 孔祥成:《现代化进程中的上海人力车夫群体研究——以20世纪20—30年代为中心》,《学术探索》2004年第10期。
⑤ 郭崇阶:《上海市的人力车问题》,《社会半月刊》(创刊号),1934年9月。

夫后备军,源源而来沪求生。"①无锡码头的一位来自盐城的工人说得很实在:"在无锡生活与在苏北生活是完全不同的,我自己的看法是苏北的生活非常艰苦。在这里我可以吃到米饭……至少我们在棚区能赚一些钱,而在农村我们赚不到一分钱。"②他说的是无锡情况,放在上海也一样。与业已破产的农村相比,人力车夫与码头工人在上海至少还可以维持生计,而在农村连最低的生计也维持不了。

与人力车夫和码头工人相比,还有更差的群体存在,这就是无业人员,包括流浪汉、捡垃圾者、乞讨者以及其他无正当职业者。此类人员为极端贫穷者,处于社会最底层。上海历年职业统计中,有的时候将流浪在社会上的无业人员与待在家里不上班的从事家务劳动者一并统计,有的时候分开统计。1946年将此两类人员分开统计,流浪在社会上的无业人员有139 968人,以闸北、洋泾两个地方最多,闸北区有15 742人,洋泾区有11 799人。③ 这类人员来源比较复杂。1929年的调查表明,其中有逃避债务者,有退役士兵无业可就者,有不堪师傅虐待而外逃者,有吸毒、赌博、嫖娼堕落者,有因年老体弱无法就业者,但大多数是因穷失业、来沪谋生而未果的。1 471个被调查者中,有940人是来上海寻找工作的,占64%。他们或听说上海工作易找而贸然前来,或随亲友而来:

  盖内地人目光中,以上海为最富华之区,有似银钱铺地俯拾即是之想象,并以为工商业发达,谋事甚为容易,遂不惜摒挡资斧梯山航海而来;亦有以亲友在沪做事,而不量亲友之能力,亦是自顾不遑计及一身之辈,而乃贸然而来,失望而去,欲归不得。④

其中有53人此前是农民,问他们因何而来,回答说"无非艳羡都市文明,欲向都市中讨生活,结果仍无所获"。这些游民之籍贯,以江苏最多(756人),浙江次之(332人),其他山东、安徽、湖北、湖南、江西、广东都在20—80人之间。大抵离上海越近,人数越多。就在沪逗留时间而言,一个月到半年以内有725人,半年以上、一年以内有153人,一年

---

① 郭崇阶:《上海市的人力车问题》,《社会半月刊》(创刊号),1934年9月。
② 韩起澜:《论对上海的苏北人的偏见》,载《上海研究论丛》第4辑,上海社会科学院出版社1989年版,第25页。
③ 邹依仁:《旧上海人口变迁的研究》,第109页。
④ 《一千四百余游民问话的结果》,《社会月刊》1929年第1卷第4期。

以上有 557 人。① 这一方面说明流民在不断流动,半年以内的比较多;另一方面也说明,有三分之一以上的流民在上海已经超过一年,他们似乎就打算扎在上海不想流动到其他地方去了。

那么,这些流浪汉、无业者何以为生呢?

其中,有一些人靠拆迁废旧房屋为生,被称为"三光厂"的人。他们成群活动,为的是拾捡一些遗弃的木材废品。"此辈百十成群,专伺居民拆迁之最后一日,任何扫除之役,并不取值。盖所谓扫除者,非对于垢秽而言,其目的所在系搬取迁出时之遗剩废件,如朽木、破器等均为搜括,相沿成例,遂有不待主人辨别弃取彼辈已自由行动者,常至喧争不已,虽鸣捕亦无如何。……但此种人数虽众,平日尚无其他不法行为,捕房恒宽待之。"②另有一些人靠卖艺乞讨,其场所便是所谓的"露天舞台"。闸北宝山路、永兴路口,虹口的红江庙、下海庙,沪西的曹家渡、小沙渡,英租界的新闻路等空地上,都有此类场所。③ 法租界的南洋桥、安纳金路,大世界东南的一些街区及八仙侨,则是民国上海最大的露天舞台。爱来格路、东自来火街、西自来火街、宁波路等街区,都挤满了不同类型的娱乐场子。表演节目有独脚戏、说书、魔术、卖梨膏糖、唱大鼓、花鼓戏、车技、西洋镜、木偶戏、剑术、走钢丝、斗兽、说因果、气功表演、吞剑表演、驯猴、畸人表演、说唱等。④以卖唱为例,他们先在地上用粉笔画了一个大圆圈子,写上"平地舞台"的字样,然后,操起京胡,开始表演。他们在表演中间,或者结束的时候,便行乞讨:

> 露天舞台的演员,真是件件皆能,五花八门,包罗万象,这样多才多艺的艺术家,落得这一个怪可怜的场合里,真使人兴"上海吃饭难"之感!你想一把胡琴,自拉自唱,哼上几声"三姊不必泪双流,丈夫言来听重头,十担干柴米八斗,你在寒窑度春秋……",同时还要唱几声"一更一点月正东……"的小调,还要奏一曲《何日君再来》《永别了,弟弟》等,的是非凡。假使不是一个聪明伶俐的人,怎能胜任?虽然是生得这样的灵敏,却是境遇是很可怜的,只要听到他们向观众讨钱的时候,就可以想到他们的境遇了。他说:"请大家赏光赏光,还要请多多的捧场。如果认为我唱得好,就请掉下几个钱来!出外靠朋友,在家靠父母。如果认为不好,或者袋里

---

① 《一千四百余游民问话的结果》,《社会月刊》1929 年第 1 卷第 4 期。
② 陈伯熙:《上海轶事大观》,上海书店出版社 2000 年版,第 12 页。
③ 《低级社会乐园,新闻路露天游艺场》,《社会日报》1936 年 3 月 29 日。
④ [美]卢汉超:《霓虹灯外——20 世纪初日常生活中的上海》,第 86 页。

钱不便,请二只腿帮帮忙,多站一会儿,捧捧场,免得我丢脸。如果一旦唱好了,你也走我也跑,叫我吃什么,还要请在场的各位爷叔帮帮忙!"这一席话,说来虽漂亮,赤裸裸地表示出走江湖的生活可怜呀。①

他们讨钱的方式,是"用一只胡琴屁股,向场上各个观众讨钱,一个铜子、二个铜子是随便你的,假使身边不便的话,他们也不一定是要的,而且叫你不要走开,帮帮场子"②。

更有一些人以种种方式在街上乞讨,包括告地状、赶猪猡、说好话、打鼓、口技、吟诵八股文、鞠躬行礼等,有的比较文雅,有的比较粗野。更有一班名为帮助拉车、实为强行乞讨者,他们专候在外白渡桥、自来水桥、天后宫桥、盆汤弄桥、老闸桥等处,轮流帮人力车夫把车子拉上桥头,然后向车中乘客要钱。③

包括乞丐在内的各式流浪者的收入,没有确切的统计资料。据研究,拾荒、拾煤的儿童,每天可得3角左右,拾垃圾月入五六元。④ 拾荒者,走街串巷,收拾破烂,卖到旧货摊上,每天可得二三角钱;码头丐,即专候在码头上帮人扛包抬货(不属于正式码头工),生意好时,每天能得七八角钱;拾香烟头丐,将拾到的香烟头汇拢起来,卖给人家,每天所得之钱,也能免除饥饿。⑤

此外,还有相当一部分流浪者进了收容所,或者流浪街头,居无定所。从晚清开始,上海租界、华界就陆续建立了一批收容所、庇寒所之类机构,收留流浪者。1868年,上海公共租界开放了一批房屋,收容乞丐。同治初年,公共租界会审公廨谳员陈福勋出面,在新闸大王庙后,建立上海栖流公所,经费由沪上富商捐助。公所占地13亩,收留了众多无家可归者,并对他们进行就业培训。1891年,北四川路上也有名为元济堂的收容机构建立。⑥ 民国时期,上海各式收容、教养机构更多,包括沪南有4个庇寒所、闸北有1个庇寒所,有淞沪教养院,宗教界设立的一些教养机构和各种同乡组织也有一定的收容功能。上海市社会局对1927年所办各种收容、慈善事业进行统计,计施医695 752号,施药89 686元,设义务学校25所,有学生4 677人,设习艺所4所,有学生215人;收养贫病3 734人,收养贫儿511人,教养游民120人,留养迷拐妇孺358人,留

---

① 江湖:《街头的露天舞台——上海夏夜的都市插曲》,《上海生活》1938年第2卷第3期。
② 《江北大世界,突然兴旺起来了》,《社会日报》1936年1月4日。
③ 邵雍:《晚清上海乞丐初探》,载邵雍:《社会史视野下的近代上海》,学林出版社2013年版,第75页。
④ 《上海儿童界职业现况》,《国际劳工通讯》1935年第3期,第97页。
⑤ 吴元淑、蒋思壹:《上海七百个乞丐的社会调查》(稿本),1933年。邵雍:《晚清上海乞丐初探》,载邵雍:《社会史视野下的近代上海》,第76页。
⑥ 邵雍:《晚清上海乞丐初探》,载邵雍:《社会史视野下的近代上海》,第80页。

养妇孺 587 人,养老 213 人。① 上海残疾院在 1919 至 1925 年间,收容残疾人 225 人。② 中国救济妇孺总会在 1912 至 1937 年,拯救人数达 16 000 余名,将不幸妇女收容,或帮助安排工作,或帮助介绍对象,或资遣回家。③

民国时期,上海市社会局的职员曾分析上海游民如此之多的原因,将其归纳为三点:"上海固工商业发达之区,而亦游民荟萃之处。盖以工商业发达,四方之慕名而来者众,以上海一隅之地,势无以应各方之所求,于是谋业而不得者,不久而为游民矣。又以上海绾中外交通之枢纽,道出是途,流连繁华,任情挥霍,囊用皆空而流落者,胥皆一变而为游民矣。此外如自甘堕落,以及工商业衰败,失业为游民者,又更仆难数。"④其实,除此之外,还有一个原因,就是与上海收容流民的能力有关。流民的源源不绝与城市收容能力有相互刺激的关系。流民越多,收容呼声越大;收容努力越多,则收容能力越强。收容能力越强,对于外地流民的引力又越大。这是包括乞丐、流浪者等在内的上海流民越来越多的原因之一。晚清时期,有传教士提议公共租界专门设立收容乞丐等流民的机构,被工部局董事会断然否决,其理由是,一旦有了这样的机构,就会吸引越来越多的流浪者来到租界,到头来将不可收拾。⑤

三、上海工人运动为何难以成功?

上海城市与乡村直接的血脉联系,城市贫民的多层次性,赋予上海产业工人以浓厚的中国特色,直接影响了近代上海工人运动的进程。

上海是中国工人阶级最为集中的地方,也是中国共产党成立以后进行工人运动的重点。但是,历次运动的效果,特别是大革命失败以后的运动效果,并不理想。这方面,学界已经有了很多的研究成果。王建初等人正确地指出,从 1927 年大革命失败以后到 1936 年,中共领导的工人运动,一直处在"左"倾错误支配之下,导致白区工人运动惨遭失败。"左"倾教条主义者不懂得把马列主义原理同中国工运具体实践相结合,不愿意去研究中国工运的实际,只想生搬硬套外国模式,把革命的中心规定在城市,特别是中心城市,总是驱使工人群众去孤军奋战,一次又一次地组织城市工人起

---

① 《民国十六年慈善事业统计》,《申报》1928 年 11 月 16 日。
② 赵莹莹:《上海慈善教育事业的社会功能》,载邵雍:《社会史视野下的近代上海》,第 343 页。
③ 赵莹莹:《上海慈善教育事业的社会功能》,载邵雍:《社会史视野下的近代上海》,第 344 页。
④ 《一千四百余游民问话的结果》,《社会月刊》1929 年第 1 卷第 4 期。
⑤ 邵雍:《晚清上海乞丐初探》,载邵雍:《社会史视野下的近代上海》,第 78 页。

义,一味蛮干,撒传单,贴标语,搞"飞行集会",结果导致工人运动一次又一次失败。① 裴宜理则从中西比较的角度来分析这一现象,指出南京国民党政府时期,中国仍是一个分裂的社会,没有哪一个阶级能够独占上风。中国的资本主义还很不发达,中国工人阶级还极其弱小,与这一时期社会相合拍的并不是建立在研究资本主义发达国家基础上的《资本论》的理论。② 他们的分析都很有道理。值得补充的是,在上海这样急剧膨胀起来的社会里,无论是产业工人还是苦力工人,都主要是刚刚离开乡村的农民,他们与乡村保持着千丝万缕的血脉联系,其经济收入与社会地位都无时不处于与农村的比较之中。经验告诉他们,他们在上海的生活,比在乡村更好,更能维持,更有盼头。特别是产业工人的社会地位,并不处在社会的最底层,在他们的周围,就有远不如他们的大批苦力存在,还有连苦力都不如的大量失业、无业群体存在。庞大的苦力与无业群体,映衬出产业工人还算不错的社会地位:虽然比较贫穷,但还有令人羡慕的地方,还有一大群待业群体在觊觎他们的位置。普通工人可能不懂得很多理论,但"他们不是党派陶工手里的陶土,可以随意捏弄"③。当工运积极分子照搬"左"倾教条主义理论来发动这些普通工人去搞那些与工人实际利益完全脱节的"飞行集会"时,他们怎么可能心甘情愿、全力以赴地去参加呢! 据研究,1928 至 1936 年,上海市劳资纠纷和罢工的原因中,占据首位的是雇佣和解雇问题,其次为工资问题。9 年间,围绕着雇佣和解雇问题而发生的劳资纠纷共 1 590 次,占纠纷案件总数的 65.35%。"工人无论是罢工停业还是劳资纠纷,保护自己和他人工作的保险系数是放在最重要的位置的,其次才是考虑工资问题。"工人关心的首先是有没有饭碗,其次才是饭碗里饭的质量。④

从全国范围来看,农民离开乡村到城里寻找工作,与离开乡村到军队里当兵吃粮,看上去不一样,但究其实质却高度一致,都是离开业已破产的乡村,寻求新的发展空间。农民在城里有了工作,哪怕收入不那么高、环境不那么好,但比起乡村农民来,算是已经上了一个台阶了。所以,"左"倾教条主义者照搬共产国际的理论,搞城市暴动,脱离了中国工人阶级的处境,只能处处碰壁。毛泽东发动农民起来,打土豪分田地,再农村包围城市,最后获得了成功。

---

① 王建初、孙茂生:《中国工人运动史》,辽宁人民出版社 1987 年版,第 177 页。
② [美]裴宜理著,刘平译:《上海罢工:中国工人政治研究》,江苏人民出版社 2001 年版,第 148 页。
③ [美]裴宜理著,刘平译:《上海罢工:中国工人政治研究》,第 345 页。
④ 匡丹丹:《上海工人的收入与生活状况(1927—1937)》,第 105 页。

四、城市集聚的多重效应

近代上海作为中国特大城市,是多重集聚的叠合。其中,最基本的是产业集聚、人口集聚与财富集聚。产业集聚带动了人口集聚,制造业、交通运输业的集聚吸纳了众多的人口,于是,将那么多的农民变成了产业工人。① 人口的持续集聚,刺激了商业、金融业、房地产业的发展,刺激了饮食、旅馆、理发、浴室、环境卫生保护等各种服务业的发展,于是,又将那么多的农民变成了第三产业的工作者。产业集聚、人口集聚,加上由于租界存在带来的上海城市的安全因素,使得全国各地富人麇集上海,促进了上海的财富集聚。

人口高度集聚,刺激了分工,促进了新的行业发展。在上海,捡垃圾者、缝穷婆、推车夫、拾香烟头者、掏大粪者、算命打卦者,都可以维持最低生计,都能自成一行。这种行当,只有在人口集聚到一定规模的时候,才有可能被分化出来自成一业。在人口稀疏的乡村,或只有两三万人口的小城镇,是很难形成的。以命理行业为例,1928年,在上海从事星相占卜的人就有23 400余人。1931年,上海华界有从事卜筮星相人员623人。② 1946年,上海星相同业公会成立,有400多人参加,后改名命理哲学研究会,在社会局登记,成为正式社会组织。③ 这种组织,在乡村或小城镇是不可能出现的。

任何行业、阶层人员的高度集聚,都会带来三大效应:

一是凸显自身存在的实体效应。乞丐多了,就能形成乞丐团体。理发师、命理师、掏粪工都能自成组织。三两个乞丐,你可以不在乎他们的存在。但有三五十个乞丐,甚至三五百个乞丐,结成一个团体,有组织,有头领,社会、政府对他们就不能视而不见。人员集聚,行业形成,各种业内分工、行为规范就会出现,就会将分散变为集中,将无序变为有序,将无机变为有机,就能提升本行业的生存能力与活动能力。

二是人员个体的素质提升效应。城市人口高度集聚,异质文化共处,导致人际空间的接近性,使得商品交换与思想交流更加方便,使得城里人较乡下人更见多识广,更容易具有现代性。兹以女性素质为例,相关研究表明,上海女性更具有独立性,更具有现代意识,职业女性尤其如此。1932至1934年离婚案件统计表明,无论哪一年份,女方主

---

① 近代上海城市在农业方面,亦有集聚功能。上海城市产业、人口财富的集聚,直接带动了周边农业的集聚,包括蔬菜、牛奶、肉类、鱼虾等各种食品的需求,以及园艺的发展对于花木业的带动。这种集聚,加强了城市与农村的联系,也加强了上海周边农村与更远乡村的联系。
② 其中江苏籍273人,浙江籍202人,上海本地人90人,安徽籍26人,其余山东、湖北、湖南、福建籍均10人以下。参见《市社会局取缔卜筮星相办法意见书》,《上海市政府公报》1931年第106期。
③ 公之羊:《星相业成立公会》,《七日谈》1946年第15期;《星相业公会的内幕》,《精华》1946年第2卷;玉燕女士:《燕巢随笔》,《春海(上海)》1947年。

动提出离婚的案件都远远高于男方主动提出的案件,最高的是1933年,女方主动者占10.1%,男方主动者占1.4%。这一现象,与乡村正好相反,反映的是女性自主个性的崛起及权利意识的觉醒。①

三是与其他个人、团体、机构对话、竞争时的拳头效应。在上述两个效应,即实体效应与素质提升效应的基础上,各种体现本行人员的经济、社会乃至政治方面的诉求,就能被集中、提炼出来,本行人员的各种能力就能被聚合起来,从而形成集体意志与群体力量。青帮在民国时期的上海能有那么大的能量,以致任何一个群体、任何一个党派、任何一届政府对其都不敢小觑,其实就是因为达到一定规模的游民,经过一定方式的整合,利用上海一市三治的缝隙而呈现出来的拳头效应。人力车夫群体也是如此。从晚清到民国,从租界当局到上海地方政府,都在限制、取缔人力车方面进行了多次的努力,但是,由于人力车夫已是一个颇具规模与实力的群体,也有比较强的对话能力,从而在整体上维护了其群体的利益。尽管到1955年这一行业最终从城市里消失了,但人力车夫的个人与群体权益,从晚清到民国,再到新中国,都是受到重视并基本得到保障的。②

集聚在上海的那么多穷人,除了进工厂当了工人、进商店成了店员、进机关成了职员之外,并不属于某一个行业,也没有经过高度的整合。但是,他们生活在上海这个有限的空间里,集聚在闸北、南市、杨树浦与浦东一带,还是在一定程度上体现了上面所说的三个效应。近代上海穷人集中的地区,无论在闸北、南市还是浦东,都有廉价的房子,廉价的饮食,廉价的茶馆,廉价的医生,廉价的教师,廉价的学校,廉价的娱乐场所(诸如"江北大世界"),从而成为虽然贫困但又相对自洽的贫民社区。这就是聚合效应的典型表现。

与充满活力的上海社会大系统紧密地联结在一起,贫民集聚会给贫民催生出向上流动的期待。因为,在他们身边,就有从贫民区走出的成功人士:上焉者如商务印书馆的创始人夏瑞芳、鲍咸昌,卖水果出身的青帮大亨黄金荣、杜月笙,拉人力车出身的顾竹轩;中焉者如从土山湾孤儿院以及其他各种贫民院、教养院走出来的一批批画工画匠、各种技术人才;下焉者则有难计其数的到工厂里当工人、到店里当伙计的人,有些人就是从这些棚户区走出去的,或者现在还生活在这些地方。

---

① 忻平:《无奈与抗拒:20—30年代上海转型时期的社会问题》,《学术月刊》1998年第12期。
② 孔祥成:《现代化进程中的上海人力车夫群体研究——以20世纪20—30年代为中心》,《学术探索》2004年第10期。

贫民集聚的一个后果,就是使得贫民问题凸显,引起社会各界重视,迫使政府下大力气去解决。同样死亡十个人,十个人横尸街头,与十个人抛尸荒野,其信息呈现、媒体关注、社会关心的程度会有天壤之别,前者可能成为重要社会新闻,后者则可能根本无人知晓。媒体高度发达的上海与信息极不发达乃至为信息死角的乡村,其间的差异更大。这是集聚效应的另一种表现。

城乡贫困信息呈现的不均衡性,使得城市贫民问题往往会引起政府特别的重视。且以棚户区为例。贫民集聚的产物之一,是棚户区大量出现。这在晚清已经相当严重,到1930年,上海棚户已达3万户以上,遍布租界四周及浦东地区。此后,"一·二八事变"与"八一三事变"的发生,更加重了这一问题。这些地方的卫生、治安、消防、犯罪问题,触目惊心。1928年5月3日、10月5日,浦东、闸北接连发生棚户区失火惨案,浦东焚毁草棚500多家,闸北焚毁190余家。两案促成上海市政府解决棚户区问题。上海专门组织了筹建平民住所委员会,至1931年先后建成全家庵路、斜土路、交通路三处平民住所。1935年,又成立平民福利事业管理委员会,综合解决贫民问题,先后建成中山路、其美路、普善路、大木桥路四处平民村。这些平民住所在抗战期间历经兵燹摧毁,损失奇重。抗战胜利后,政府又派员接收、管理、修复。① 人们可以从各种角度批评那时的政府对于贫民问题解决得这也不是、那也不是,但要看到,同时期各地乡村的贫穷问题,不知道比这要严重多少倍!穷人不集聚,问题不凸显,就不会受到当局的特别重视,也就更加难以解决。所以,单从解决贫穷问题的角度来看,贫民集聚也有其正面价值。

贫民生活在上海,尽管很多方面不如人意,但是,这个城市的一些综合型设施及其优势,还是可以让他们在一定程度上沾其余溉的。以对传染病的预防与救治能力为例,民国时期,大城市的能力强于小城市,小城市的能力强于乡村。在上海、南京、北平这些大城市,由于自来水厂的设立、饮用水安全的关注、城市排污系统的建设等,由于卫生防疫措施的制定实施和保健工作的推行,天花、痢疾、伤寒、肺病、霍乱等传染病已经得到有效的控制。但在同时期的乡村,这些设施、措施仍然缺少,这些疾病依然是农村人口死亡的最重要原因。《中华民国统计提要(二十四年辑)》载有上海、北平、天津、青岛、杭州、南京、汉口、广州8个城市中各种原因死亡人口的年龄分组数据,为1931—1933年的数据。陆汉文利用这些数据,参考其他相关资料,计算出这些城市中分年龄人口死亡

---

① 张世光:《上海市政府的平民住宅建设(1928—1949)》,上海师范大学硕士论文,2012年。

率,其中普通死亡率为 14.17‰,而同期中国农村人口的普通死亡率为 27.1‰。① 农村人口死亡率几乎是大城市的 2 倍。②

再退一万步说,集聚在上海的穷人,即使到了山穷水尽的地步,比起乡村来,上海有钱人多,慈善机构多,好心人多,新闻媒体多,对于穷人的发现与救济也比乡村要好得多。哪怕死在上海,也会有同乡组织或其他慈善机构帮其入殓安葬,而在乡村,则可能连这点死后待遇也没有。这是上海贫民,宁愿在上海受苦受穷,也不愿意返回家乡的根本原因。

追根溯源,近代中国城市贫民不断增多,在于农村破产,农民被抛出乡村。而农村破产,在于帝国主义军事侵略与经济掠夺;在于军阀混战,社会动荡,灾害频仍,民不聊生;在于中国生产力低下,政治腐败,在全球性竞争中处于劣势。换句话说,考察近代中国城市贫民问题,必须从中国、世界两个更高的系统中去考察,要从城乡联系、中国与世界的联系中去考察,而不能孤立地、静止地只看城市。

综上所述,尽管也有人是到上海以后才由富变贫的,但从总体上说,城市的贫民主体部分是从乡村迁移而来的,是先贫而后入城,而非入城以后变贫。乡民进入上海以后,相当部分变成了产业工人、商店职员、家庭服务人员与劳工,也有人成了无业者、流浪汉。在城市社会中,产业工人为比较贫困阶层,人力车夫、码头工人等劳工为非常贫困阶层,无业者、流浪汉为极端贫困阶层。产业工人、商店职员、家庭服务人员的经济收入与社会地位,较之他们此前在乡村,都有所提升。劳工与流浪汉,生活虽然极端困窘,但较之完全破产之农民,处境依然有所改善。产业工人正因为其有较之破产农民尚可维持的处境,在城市中所处的地位并非社会最底层,所以,他们不可能不顾一切地投身由"左"倾教条主义者发起的工人运动。产业集聚、人口集聚与财富集聚的叠合,刺激了社会分工,促进了新的行业发展,凸显了贫民群体的存在,提升了贫民个人的素质,强化了贫民群体与其他个人、团体对话竞争的力量,也有利于引起政府对贫民问题的重视与

---

① 陆汉文:《民国时期城市居民的生活与现代性(1928—1937)——基于社会统计的计量研究》,华中师范大学博士论文,2002 年,第 60 页。普通死亡率指一个国家或地区一年中死亡人数与年平均人口数之比,分年龄人口死亡率是指某年龄组年内死亡人数与该年龄组年平均人口数之比,两者一般均用千分率表示。
② 在医疗资源配置不均衡的情况下,大城市医疗条件优于小城市,小城市又优于乡村。侯杨方利用北平第一卫生示范区 1929—1333 年死亡人口统计,得出结论:由于医疗卫生条件的改变,该区人口死亡率大幅度下降,大大低于同期农村人口的死亡率,也低于 10 年前北平人口的死亡率。侯杨方:《中国人口史(第六卷)1910—1953 年》,复旦大学出版社 2001 年版,第 576 页。陆汉文:《民国时期城市居民的生活与现代性(1928—1937)——基于社会统计的计量研究》,第 60 页。

解决。

近代贫民在上海的高度集聚,为贫民群体向上移动提供了营养与动力,提升了贫民群体抵抗风险、应对灾难的能力,增强了这一群体在上海生存的耐力。美国学者格莱泽所著《城市的胜利》,讲印度、拉美国家大城市贫民窟问题,认为:不是城市让人们变得贫困,只是城市吸引了贫困人口;贫民问题从根本上说是乡村破产的缘故,是整个社会的问题;大城市贫民窟的出现,说明了城市对这些人的吸引力。[①] 这一结论,对于我们分析近代上海城市贫民问题很有参考意义。

(2018年)

[①] [美]爱德华·格莱泽著,刘润泉译:《城市的胜利》,上海社会科学院出版社2012年版,第三章《贫民窟有何好处?》。

晚清上海女权主义实践与理论[①]

女权问题是"五四"时期思想界广泛讨论的议题,陈独秀、胡适、鲁迅、沈雁冰、吴虞等人都有文章发表。他们涉及的问题有:妇女解放问题,伦理、道德、贞操问题,男女社交公开问题,婚姻家庭问题,女子教育问题,女子经济独立与职业问题,废除娼妓问题。[②] 这些问题,在晚清思想界大多讨论过。有的是晚清倡其先,"五四"继其后;有的是晚清言其简,"五四"申其详;有的问题是晚清、"五四"各有侧重。现据晚清上海的情况作一分析。

一、女权主义实践

妇女解放运动在晚清上海社会有五个特点:就业人数较多,出入社交场所较早且普遍,追求婚姻自由,成立不缠足运动中心,女学普及与女报众多。

1. 妇女就业人数较多

上海开埠以前,包括上海在内的江南地区妇女就有参加劳动的传统:或在室内纺织,或参加田间劳动,或参与煮盐。滨海的妇女,编结渔网,出入江波之上,参与捕鱼。[③] 有些妇女甚至从事贩盐之类的商业活动。[④] 这与中国北方有很大不同。

上海开埠以后,迅速商业化的大城市,为妇女提供了更多的就业机会,出现了女艺人、女佣人、女工人,还有色情服务业。女艺人活跃在评话、髦儿戏、花鼓戏等曲艺行业。评话原先只有男性演员,"道咸以来,始尚女子,珠喉玉貌,脆管幺弦"[⑤]。自19世纪50年代中期,上海演出中心迁移到城外,女演员名角辈出,王韬在《瀛壖杂志》中就提到袁云仙、吴素卿等十个女艺人的名字。上海女佣人在19世纪70年代主要来自无锡一带,东家主要在租界。女工人则比较集中在缫丝、轧花等行业。据估计,在1893年,从事清

[①] 原载《学术月刊》2003年第11期。
[②] 见中华全国妇女联合会妇女运动历史研究室编:《五四时期妇女问题文选》,生活·读书·新知三联书店1981年版。
[③] 罗苏文:《女性与近代中国社会》,上海人民出版社1996年版,第86页。
[④] 李长莉:《晚清上海社会的变迁——生活与伦理的近代化》,天津人民出版社2002年版,第314页。
[⑤] 王韬:《瀛壖杂志》,上海古籍出版社1989年版,第106页。

理禽毛、清理棉花及制造火柴、卷烟等职业的女工,就有15 000至20 000人。① 至于色情业,更是晚清上海一大特色,有妓院多于米铺之说,1864年上海租界就有登记在案的妓院688家,1869年有妓女不下万人。② 色情业不是什么正当的职业,但在妇女取得经济独立地位方面,有一定作用。

2. 妇女出入社交场所较早且普遍

上海在开埠以后,外国妇女开风气之先,或看戏,或跳舞,或宴客,或进教堂,公开出入社交场所。她们落落大方,与男子携手同行,成为上海滩一道风景线。

与此相随,上海华人妇女参加社交活动,光顾茶馆、戏院等处,逐渐频繁。1872年《申报》有文章说:"上海地方之妇女蹀躞街头者不知凡几,途间或遇相识之人,欢然道故,寒暄笑语,视为固然。若行所无事者,甚至茶轩酒肆,杯酒谈心,握手无罚,目眙不禁。……此风日盛一日,莫能禁止。"③

最早出入这些场所的华人妇女是娼妓。她们到公共场所搭识客人,招揽生意。一些女佣、娘姨也到这里来约会、休闲。有《竹枝词》写道:"大脚娘姨寻旧交,手撑洋伞汗珠抛。寻来茶室三繁畅,瓜子花生吃几包。"在此影响下,一些家庭妇女也开始出入这些场所。开始时,有些良家妇女有所顾忌,打扮成女堂倌模样:"荆钗裙布越风流,独步城隅秉烛游。扮作女堂倌样子,好听花鼓上茶楼。"④

到19世纪70年代中期,上海妇女公开出入社交场所,无论是妓女、女佣、堂倌,还是普通家庭妇女,已经相当平常。妇女看戏,相当普遍。上海知县的一则告示称:"上海一区,戏馆林立,每当白日西坠,红灯夕张,鬓影钗光,衣香人语,沓来纷至,座上客常满,红粉居多。"⑤

1876年2月,某官员携眷赴金桂轩茶园看戏,据说优伶"手持千里镜窥探,评骘妍媸"。一位署名"冷眼旁观客"的人在报上撰文,认为以"名门淑质为优伶指视,是非看戏而为戏所看矣",因此劝妇女不要出入社交场所,不要轻易看戏。⑥ 但文章发表后,立即引起舆论批评。一篇署名文章认为,如果因为看戏女子为戏子所看,就禁止妇女看戏,

---

① 孙毓棠:《中国近代工业史资料选辑》第一辑下,科学出版社1957年版,第1232页。
② 李长莉:《晚清上海社会的变迁——生活与伦理的近代化》,第318页。
③ 《二人摸乳被枷》,《申报》1872年6月4日。
④ 泾左碌碌闲人:《沪上游女竹枝词》,《申报》1872年10月18日。
⑤ 《邑尊据禀严禁妇女入馆看戏告示》,《申报》1874年1月7日。
⑥ 《申报》1876年2月9日。

实属因噎废食,春节这样的良辰美景,妇女理应与男子同样游目骋怀,观戏娱乐①。

官绅在中国传统社会是道德的象征。官绅眷属出入茶园,尽管有人评头品足,但这件事情本身就有冲破传统的象征意义。到了19世纪80年代,愈演愈烈,茶楼烟馆中,"妇女呼朋引类,趋之若鹜。男女杂处,昼夜嬉游",相沿成风,毫不为怪。② 这些妇女中,已经有相当一部分来自体面人家。③

上海妇女的社会活动,除了戏院看戏,还有游园观剧,品茗看花,打弹子,放风筝,也有出入西餐馆的。④ 到20世纪初年,妇女不但公开出入社交场所,而且踊跃参加各种社会与政治活动,上海的拒俄运动、抵制美货、辛亥革命等政治活动中,都有妇女参加。陈撷芬、张竹君、秋瑾、吴芝瑛等为其著者。辛亥革命前后,由女知识分子发起组织的各种妇女团体约有35个,这些团体遍布全国8省4市及日本东京,其中上海最多,有15个,东京次之,有5个。⑤

3. 婚姻自由的先声

先看一则女佣离夫案。王某之妻瞿氏,在上海升宝洋行为佣。王某为无业流民,依靠瞿氏收入为生。一日王某唤瞿氏归而遭拒,王某诉至会审公堂。参与会审的英国领事以王某为无赖,不让其领回瞿氏。中国谳员以伦常所系,有关风化,袒护王某权益,反对以此缘故而任瞿氏离去。公堂最后判王某胜诉。瞿某所在的升宝洋行打抱不平,雇人在法庭外面将王某痛打一顿,并"拥瞿氏以去"。⑥ 在传统时代,只有丈夫出妻的权利,向无妻子离夫的道理,现在瞿氏竟然提出离夫,这事很有象征意义。这一案件,既反映了中西法律的差异,也可以看出,妇女在经济上的自食其力,有助于改变其在家庭中的从属地位。

这种情况在晚清上海绝非个别。有的妇女对原来的婚姻不满,与别的男人同居,并且直诉公堂,求官判决与前夫解除婚姻关系。会审公堂的官员,并不一味责罚女方,"每每准其分拆,或令赔偿前日所用之费,或令量予川资,劝令远离,从无有深究其罪者"。对于妇女请分而男方不愿者,问官甚至会劝其分离,谓:"尔妇既有外心,必不能安于室,

---

① 《申报》1876年2月11日。
② 《示禁浇风》,《申报》1885年8月6日。
③ 李长莉:《晚清上海社会的变迁——生活与伦理的近代化》,第433页。
④ 罗苏文:《女性与近代中国社会》,第109页。
⑤ 沈智:《辛亥革命时期的女知识分子》,见《辛亥革命与近代中国》,中华书局1994年版,第361页。
⑥ 《乾纲不振》,《点石斋画报》,丙集第8页。

与其不能相安,何如一刀两段,斩断葛藤之为快乎?"①官府的这种态度,默认了妻子离夫的事实。

在冲击父母之命、媒妁之言的传统婚姻制度方面,天主教、基督教关于教徒婚姻方面的规定起了一定作用。1846年上海地区天主教神父对教徒结婚做出规定:1.对家长指腹为婚,买卖式婚姻,凡教徒一律禁止;2.禁止童养媳制,禁止童年订婚;3.凡教徒婚礼由神父主持,在教堂举行,在这种婚礼上,须诵读规定的经文,男女双方需彼此握手,高声表示同意,并接受神父的祝福。②上海许多教徒如著名医生黄春圃的结婚仪式,就是在教堂举行的。显然,在这种婚姻关系中,女子已经取得与男子相对平等的地位。

在冲击传统婚姻制度方面,最值得注意的是"台基"现象。所谓台基,是指"借台演戏,仅租基地,云雨自兴,巢窟自备"③,也就是男女幽会的场所。台基在19世纪五六十年代的上海已经出现,租金低廉,三四百文钱小房一间,任意勾宿。1877年上海两租界内有台基二三百家,到八九十年代越发兴盛,"他处之台基犹不多见,而上海则遍地皆是;他处之台基尚皆隐藏,而上海则彰明较著"④。借台基幽会的男女大致有三种情况:一是男女自相结识,相约幽会;二是男子看上某女子,让台基店主引诱女子来会;三是店主引荐女子给男客。⑤三者之中,第三类近乎暗娼,第二类是半推半就的性交易,第一类最富有性自由色彩。据李长莉研究,借台基幽会的男女大致为两类人:一是外地来沪谋生的单身男女,多属下层,男则为店伙、小贩、车夫、小工等,女则多为仆妇佣女;二是中小商贾、士人等中层市民及一些良家妇女。上海是一个移民社会,居民人口高度异质性,维持传统伦理的最重要的社会力量——士绅在这里基本不起作用,这为不满婚姻现状的男女冲破现存制度的束缚、冲破传统贞操观念提供了比较理想的空间。这是台基能有较大市场的社会原因。⑥

4. 不缠足运动中心

对于妇女缠足,近代以前就多有批评。清代钱泳(1759—1844)在所著《履园丛话》中,激烈批评缠足一违天性,二害妇女,三误国家。具有警世意义的是,他将自从南唐缠足以来的历代盛衰作一分析,说是哪个朝代缠足,哪个朝代衰弱,反之亦然:"试看南唐

---

① 《风俗宜防其渐说》,《申报》1882年2月25日。
② 罗苏文:《女性与近代中国社会》,第104页。
③ 《台基宜禁说》,《申报》1883年7月28日。
④ 《论惩办台基之法》,《申报》1882年4月4日。
⑤ 李长莉:《晚清上海社会的变迁——生活与伦理的近代化》,第486页。
⑥ 李长莉:《晚清上海社会的变迁——生活与伦理的近代化》,第499页。

裹足,宋不裹足得之;宋金间人裹足,元不裹足得之;元后复裹足,明太祖江北人不裹足得之;明季后妃宫人皆裹足,本朝不裹足得之,从此永垂万世。由是观之,裹足为不祥之金、明矣,而举世犹效之何也?"①李汝珍在小说《镜花缘》中,也生动地描述了缠足给人带来的苦难。

上海开埠以后,来华西人对妇女缠足提出激烈批评。其后,中国知识分子对此批评日多。1872年,《申报》载文批评缠足陋习,指出缠足给中国妇女带来极大痛苦,"自幼至老无日不然,自妍及媸无人不然。方缠之际,筋骨受困,已有寸步难移之势;既缠之后,筋骨受伤,更有移步不便之时,又或动则赖人扶持,否则如病疯瘫"②。到戊戌时期,几乎所有进步思想家都对此提出批评。梁启超指出缠足陋习"毁人肢体,溃人血肉,一以人为废疾,一以人为刑戮,以快其一己耳目之玩好,而安知有学,而安能使人从事于学?是故缠足一日不变,则女学一日不立"③。

随着对缠足陋习的批评,不缠足运动亦由通商口岸发起,推向内地。1895年,由10名外籍妇女在上海发起成立"天足会"。1897年,谭嗣同、梁启超、康广仁等在上海发起成立不缠足会,其章程规定:凡入会者所生之女子不得缠足,其所生男子不得娶缠足女子;如已缠足在八岁以下,须一律放解。为了推广这一运动,他们打算在全国各省设立分会,在各州、县、市、镇设立小分会。这一计划在以后虽然没有完全实现,但许多地方确实建立了分会,以上海为中心的不缠足运动在全国蓬勃发展。这方面的研究成果颇多,不具论。④

上海发起的不缠足运动影响极大。据《中国新女界杂志》报道,江苏沭阳某地,有一女士名胡仿兰,18岁嫁与本县徐沛恩,生一子二女。胡识字通文,读了上海等地所出宣传女子放足等书以后,深受影响,不但自己放足,而且四处宣传,谓"欲兴女学,必除女害,除害必自放足始,放足必自躬行始"。她时时以宣传妇女解放之类的书劝导族戚姊妹放足,使得胡的妯娌们、徐氏亲戚家的妇女也都放起足来。胡的公婆痛心疾首,认为这是家道不祥,辱及祖宗。他们决心干涉,先是准备"驱使豪奴悍仆,硬将放足复缠,继则以为缠其足无以缠其口,缠其身未能缠其心,乃一变桎梏主义而为鸩毒主义"。他们将胡闭锁房中,给以毒药一瓶,令其自裁,连续四天不予饮食。胡的哥哥闻讯来救,徐母

---

① 钱泳:《履园丛话》卷二十三,中华书局1979年版,第627—631页。
② 《缠足说》,《申报》1872年5月24日。
③ 朱有瓛:《中国近代学制史料》第一辑下册,华东师范大学出版社1989年版,第872—875页。
④ 参见罗苏文:《女性与近代中国社会》,第五章;刘巨才:《中国近代妇女运动史》,中国妇女出版社1989年版。

回话:"只能抬死的回,休想要活的返。"挨至第五日,胡仰药而死。

胡仿兰死后,上海天足会会长沈敦和获悉此案,极为气愤,上书两江总督,谓"匹妇之死其事小,进化之阻其事大",要求官厅旌表胡氏,并罚徐氏以重金,用以创办沭阳女学堂。两江总督允其请,沭阳遂有女学堂之设。维新思想家宋恕感慨万分,特赋诗三首以志悼亡。诗中指出,缠足陋俗盛于宋后,"孔妻孟母皆天足,惨俗无关宋以前",对惨遭迫害的妇女表示深深的同情:"世间多少徐家妇,万鬼啾啾竟孰怜?"①

5. 女学普及与女报众多

晚清上海,女子教育相对说来比较发达,女学比较普及。

自19世纪50年代,上海就有女校兴起。1850年,美国传教士裨治文夫人设立裨文女塾,招收中国女孩20人入学。1851年,美国女传教士在虹口设立文纪女塾,最初有女生8人。1859年,上海浦东有14所女校,女学生132人。② 女生所受教育,除了识字、书法等,还有刺绣等女红。

从19世纪70年代起,上海的报纸、上海的知识分子,不断发出兴办女学的呼声。生活在上海的知识分子宋恕、郑观应、梁启超等在女子教育方面都有许多很好的见解。宋恕将中外女子教育状况做了比较,认为"白种之国,男女识字者多乃过十之九,少亦几十之二",印度平民女子识字亦有百分之四,而中国女子识字者,仅四万得一,不但不如欧美,也不如日本,甚至不如印度。他提出女子在6至13岁,皆须入学,否则罚其父母。③ 郑观应在《女教》中提出,广筹经费,增设女塾,参仿西法,译以华文,教育女子,同时教给女红、纺织、书数等,使得女子精通纺绣,通晓书算,能够相夫教子,由纯粹消费者变成劳动者。梁启超认为,中国之贫穷,缘于一人养数人,劳动者少而消费者多,究其根源,最根本一点,即妇女不从事生产活动;中国要自强,必须从女学开始,"治天下之大本二,曰正人心,广人才,而二者之本必自蒙养始,蒙养之本必自母教女学,母教之本必自妇学始。故妇学实天下存亡强弱之大原也"④。

1890年创办的中西女塾,是近代上海最著名的女子学校。发起人为林乐知,创办人为美国南方妇女监理会女传教士海淑德(Laura Haygood,1845—1900)。1892年3月17日开学,最初学生7人,全部来自基督教家庭,以后逐年增多。1899、1907年两次添

---

① 宋恕:《哀海州胡普芳烈女仿兰》,载胡珠生编:《宋恕集》下册,中华书局1993年版,第887页。
② 以上数字由罗苏文《女性与近代中国社会》第107页所附表格中数字综合而来。
③ 宋恕:《变通篇·开化章第四》,载胡珠生编:《宋恕集》上册,第135—136页。
④ 朱有瓛:《中国近代学制史料》第一辑下册,第872页。

建校舍。1912年开设特别班,招收已婚妇女。早期教材除了语文外均用英文教科书,学科中强调英文、算学、音乐、家政等,其家政教育在上海最为出名。学制10年,主要招收富家女子入学。

中国人在上海自办的女学中,比较著名的有中国女学堂、爱国女学与务本女塾。中国女学堂,一名经正女塾,创办人经元善(1841—1903),1898年5月31日正式成立。校址在城南高昌庙之桂墅里。学校制订了《上海新设中国女学堂章程》凡31条,规定学生年龄在8至15岁之间;良家女子粗识文字者方能入学,奴婢娼不得入学;专门之学分算学、医学、法学三科,外加师范科;学堂上自教习、提调,下至服役人等,"一切皆用妇人,严别内外,自堂门以内,永远不许男子闯入"。林乐知的女儿林梅蕊任西文总教习,第一年年底有学生40余人,翌年初学生总数增至70余人。因为来学者众,经元善等又于1898年10月在城内淘沙场增设分塾,延请中西教习各一人,到年底亦得学生20余人。1900年秋,经元善因反对"己亥立储",被指明缉拿,逃离上海,女学堂不久停办,但兴办女学的风气在上海吹开了。

爱国女学为爱国学社所办,1902年创立,创办人有蔡元培、蒋观云、黄宗仰等,分本科、预科,即中学和小学。创办人多为思想激进人物,因此学校中颇注重革命教育。1904年,张竹君在爱国女学附设女子手工传艺所,以传授手工技艺、解决女子谋职为宗旨。1907年爱国女学脱离革命机关,成为普通女学。1912年以后,分设中学、小学两部,添办体育科、文科。

务本女塾为上海士绅吴馨所办。1900年,吴馨延师来家教育女儿。1902年,他在此基础上办起了务本女塾。初创时有学生7人,年内达40人,第二年又翻一倍,以后规模逐渐扩大,到1905年设有师范正科、预科、中学科、高小科。1912年,务本女塾校产捐归县有,改称县立第一女子小学。① 学校禁止学生缠足。

与女学普及相一致,晚清上海妇女报刊众多。据估计,晚清中国的女报,至少一半以上出在上海。全国最早的女报《女学报》、影响最大的女报《女子世界》、秋瑾主编的《中国女报》、陈伯平主编的《神州女报》、沈敦和主编的《天足会报》、上海城东女学校刊《女学生杂志》,都是在上海出版的。其中,《女学报》同名报纸有两份:一份是1898年7月24日创刊,这是中国第一份以妇女为对象的报纸,旬刊。另一份是1902年创刊,月刊。后一份《女学报》在壬癸之际风雷激荡的上海,鼓吹妇女解放,呼吁民主,不遗余力,

---

① 吴若安:《回忆上海务本女塾》,载朱有瓛:《中国近代学制史料》第二辑下册,第604页。

不啻为"女界《苏报》"。《女子世界》,1904年1月创刊,月刊,1907年停刊,丁初我等人主编,诸人均为清末宣传妇女解放的知名人士。此报被誉为"宣传最持久、言论最勇猛、反应最强烈的一家革命妇女报纸"。这些妇女刊物创刊时间有先后之差,存世时间有长短之别,影响有大有小,编者背景也不一样,多为女子所办,也有男子编的,但栏目设计大同小异,多有论说、科学、家政、女红、手工、传记、译丛、小说等。其思想主张也有很大的共同性,都鼓吹尊重女权,反对尊男卑女,提倡女学,开通女智,鼓励妇女自身解放,主张婚姻自由,反对包办婚姻,反对缠足,尤以揭露缠足之苦、宣传天足之益的文字为多。

二、女权主义理论

女权主义理论方面,在晚清上海的表现,一是产生较早,二是持续不断,三是比较深刻。

从19世纪70年代起,上海的报纸杂志对于妇女问题就一直比较关注。早在1876年,《申报》就载文批驳传统的男尊女卑观念,认为男阳女阴,本为对待之词,无尊无卑,要说先后,那倒是女先男后,"盖万物先阴后阳,不有女也,男何以生"①。文章对民间溺女恶俗尤其深恶痛绝,愤怒指出:"设家家溺女,人类不几于绝乎!"②

1876年,《申报》曾就女子教育问题展开讨论,先后发表《论女学》《书〈论女学〉后》《再论女学》等文。这些文章介绍了英、美、德等欧美国家女子教育高度发达的情况,指出女子占人口一半,女子教育不但对于女子,而且对于整个国计民生、人口素质都有极大关系。文章认为,女子教育在中国上古三代已经开始,只是后世荒废了,现在应当恢复。女子教育内容,不应限于传统范围,而应增加许多切实有用的学问,应包括天文、舆地、算法、格致诸学,使妇女学成以后,或执掌教育,或研究学问,或靠学得的一技一艺,"堪为糊口之资,家贫亲老或借女子以沽升斗"。这实际已经提出把妇女作为生产力从闺房里解放出来,使妇女成为自食其力者的重要问题。文章集中批驳了女子无才便是德的古训,认为人们的道德本是后天养成的,有才学然后才能善于学习,养成良好的道德。③

1878年,《申报》有一篇文章《扶阳抑阴辨》,通过对阴阳学说的辨析,批驳了重男轻女的传统观念,很有说服力。文章指出,阴阳是并立并尊的,男女也应当并重无别,"阴

---

① 《论女学》,《申报》1876年3月20日。
② 《论女学》,《申报》1876年3月20日。
③ 《再论女学》,《申报》1876年4月11日。

阳既相为用,男女亦无所别",如果女不能与男并立,即地不能与天齐。作者运用近代天文知识,说明天皆空气,地为球体,天地二者本无相对之形。日常所说阴阳现象,用天文学知识来解释,完全是由太阳与地球的位置不同决定的,日在球面则为昼、为阳,另一面则为夜、为阴,因此,阴与阳是可以互相转化的,没有什么轩轾高下。既如此,则传统的阴阳之说也就失去了立论的基础,所谓男尊女卑也是没有依据的。①

1880年,《申报》有文章继续讨论男女平等问题,认为,"天地生人,乾道成男,坤道成女,初无厚薄于其间也。孤阴不生,独阳不长,万物莫不皆然,于人岂能独异? 乃观于中国,则殊有不然者;男则可以恣意游观,及时行乐;独至妇女,断不听其出外,拘拘于阃内之禁,闺房深锁,即以为女道克贞,不至冶容诲淫,以贻帷薄之耻"②。

这些思想,有鲜明的时代特点,能够以最新的科学知识驳斥传统的男尊女卑观念。人们在立论时,能以西方男女平等为参照体系,论证中国男女之不平等:"泰西男女绝无异视,男子所为之事,妇女皆得而为之;男子所游之地,妇人皆得而游之。以视中国之妇女,其苦乐有大相悬殊者。"③这样,就使得女权思想,与近代以前有很大不同。到19世纪90年代,对女权问题的讨论,对男尊女卑的批评,在上海几乎所有进步思想家那里都有。

女权思想在20世纪初年达到很高水平。如前所述,那时在上海出版的众多妇女报刊,以不同体裁(论说、诗歌、小说、剧本),在宣传男女平等、批判男尊女卑方面,做出了贡献。其中,最有系统性、最能代表那个时期思想水平的是《女界钟》。此书为金天翮所著,较为系统地论述了女子的道德、品性、能力、教育方法、权利和婚姻进化论。

三、晚清与"五四"时期比较

回溯了晚清上海的女权实践与理论以后,我们再来看"五四"时期,其评价就比较容易恰如其分了。

"五四"时期与晚清时期相比,相同的地方是,男女平等问题(包括人格平等、经济平等、政治平等)、婚姻问题、女子教育问题、男女社交问题都在继续讨论。比较明显不同的是,到"五四"时期,缠足问题谈得少了,贞操问题谈得多了。

---

① 《扶阳抑阴辨》,《申报》1878年7月15日,参见李长莉:《晚清上海社会的变迁——生活与伦理的近代化》,第468页。
② 《论中国妇女之苦》,《申报》1880年2月27日。
③ 《论中国妇女之苦》,《申报》1880年2月27日。

男女平等问题、婚姻问题是"五四"时期讨论最多、社会影响最大的问题。1919年11月,长沙青年女子赵五贞被父母包办婚姻强迫出嫁,在花轿中自杀。广西女学生李超,反对家庭威胁与压迫,不远千里北上北京,求学于女高师,家中以断绝经济来源相威胁,逼她辍学,李超最后抑郁成疾而死。南北两案,激起思想界强烈反响,报纸杂志发表了许多文章,蔡元培、胡适、鲁迅、恽代英、张闻天、沈雁冰、陆秋心等都有文章发表,声势很大,影响很广。但是,就其内容而言,还主要是辛亥以前《女界钟》中所说的那些,只是在某些具体问题上有所深入。

以吴虞的《女权平议》为例,该文是"五四"时期关于男女平等问题的名篇。此文内容,一是介绍欧美女权情况,二是历数中国历史上男尊女卑之事实,三是批驳种种尊男卑女的言论。这些,应当说,在辛亥以前都已经有人说过。吴文特别的贡献,是将男女不平等问题放在人类社会发展的历史长河中考察。作者利用西方社会学的研究成果,说明渔猎时代为平等夫妻时代,耕牧时代为专制夫妻时代,将中国文献中关于男女地位变化的记载与西人的论述结合起来论述。

与吴虞的《女权平议》相类似,田汉的《第四阶级的妇人运动》、李达的《女子解放论》,都将妇女解放运动与社会发展结合起来,说明妇女解放运动在不同历史阶段有不同特点。李达认为女子解放需要七种条件,即男女共同教育、婚姻制度之改善、女子精神的独立、女子经济的独立、男女普通选举之实行、家庭恶习之废止与娼妓之禁绝,是"五四"时期讨论这一问题比较系统的文字,其与《女界钟》比较而言,说法不同,精神一致。

男女社交问题,是"五四"时期谈论相当多的问题,单收录在《五四时期妇女问题文选》中的就有杨潮声的《男女社交公开》、徐彦之的《男女交际问题杂感》、沈雁冰的《男女社交公开问题管见》《再论男女社交问题》、李汉俊的《男女社交应该怎样解决》等文章,但从内容上看,感想多,学理少,与晚清时所论没有多大差异。

贞操观念虽然在晚清上海已经有所松动,谭嗣同等人曾对此问题有所讨论,但是,系统讨论这一问题是"五四"时期。周作人翻译的日本人与谢野晶子的《贞操论》,胡适写的《贞操问题》,鲁迅的《我之节烈观》,可以说把这个问题的事理、道理、学理说透了,这较之晚清时有很大发展。

综上所述,我们可以看到,女权主义的实践与理论,在晚清时期已经有了很大的建树,有了相当程度的发展。"五四"时期关于女权方面的实践与理论,与晚清时期的是一脉相承的。就理论而言,在男女平等(包括人格平等、经济平等、政治平等)、婚姻、女子教育、男女社交等方面,"五四"时期并不比晚清时期提供了更多的东西。两相比较,晚清时期谈论较多的缠足问题,在"五四"时期比较少谈了,而代之以贞操问题。这一消一长,正好反映女权主义实践与理论的演进轨迹。深入地研究晚清,有利于比较公正、恰当地评价"五四"。

(2003 年)

略论晚清上海新型文化人的产生与汇聚

晚清上海崛起了一个新型文化人群体。与传统士大夫比起来,他们的共同特点是:有较新的知识结构,主要是有较好的西学素养,不像传统士大夫那样,除了诗云子曰、孔孟程朱之外,对天体地球、五洲万国、声光化电一无所知;有比较相近的价值观念,不再把传统的重义轻利视为不可动摇的准则;有比较相近的人生观,不再把读书做官视为实现人生价值的唯一取向,而往往凭借新的知识,服务于新式的报馆、书局、学校、图书馆、博物馆等文化机构,从而实现自己的人生价值。

笔者做过估计,戊戌变法时期,上海新型文化人约1 200名[①],到1903年增加到3 000人[②],1909年增加到4 000人[③]。

这一新型文化人群体的形成与发展,大体分为两个阶段,以1900年为分界,也就是说,19世纪中后期为一个阶段,20世纪初期为另一个阶段。

一、西儒的作用与影响

晚清上海一共有多少从欧美来的文化人,现在还无法做出确切的统计。据研究,比

---

① 估计的依据是:从1895到1898年,上海新创立了27种报刊,加上此前已有的《万国公报》《申报》《新闻报》等报刊,共约50种,每种报刊算有10名文化人在内工作,则从事报刊业的新型文化人约500名。这时,上海有各类新式学校约20所,包括华人办的南洋公学、广方言馆、梅溪书院,西人办的圣约翰书院、中西书院等,从事新式教育的文化人有200名。上海有较为著名的出版机构10家,包括江南制造局翻译馆、广学会、商务印书馆等,每一机构估计有10名文化人,则从事出版业的文化人为100名。此外,上海这一时期成立过8个学会,除了与上述各业重合者外,每一学会亦算10人,加上医院的华人西医,如黄春圃,少数企业的工程师,共算200人。与华人社会关系不大的租界图书馆、博物馆、天文台的科技人员,租界的律师,亦算200人。这样,几方面加起来,共计1 200名。
② 参见张仲礼主编:《近代上海城市研究》,上海人民出版社1991年版,第1026页。
③ 根据商务印书馆在1909年出版的《上海指南》估计的依据如下:1. 这年上海有大中小各类学校230所,每所含新式文化人平均10人(有的不止10人,有的不到10人),则从事教育的文化人计2 300人。2. 1909年上海创刊的报刊29家(据史和的《中国近代报刊名录》统计),加上此前创刊、尚继续出版的《申报》《新闻报》等29家,1909年上海有58家报刊,每家以10人计算,则从事报刊的文化人有580人。3. 上海有挂牌营业律师28人,均为洋人,每人雇佣翻译、文案、帮办平均3人,则从事律师业务的中国文人为84人,华洋合计112人。4. 有藏书楼4家,博物院2家,天文台1家,每家从业人以5人计算,则此类人员有35人。5. 有商务印书馆等出版机构与仪器馆22家,每家从业人平均10人,则此类人员有220人。6. 有医院12所,正式医生55人,辅助人员当不少于110人,则此类人员有165人。7. 有各类学会32个,每个学会专职人员算3人,则此类人员为96人。8. 有教堂39所,从业人算39人。9. 有挂牌卖画的画家22人。10. 在官府、海关、会审公廨、洋务局、电报局及保险、慈善等机构从业新式文人计500人。以上十类,合计4 069人。

较著名的有以下一些：

从事新闻、教育、出版、西书翻译、科技、医疗、律师其中两项工作以上的，有编辑《上海新报》《格致汇编》、执教格致书院、在江南制造局译书多种的傅兰雅，执教广方言馆、创办中西书院、主编《万国公报》、在江南制造局译书多种的林乐知，编辑《六合丛谈》《远东释疑》、在墨海书馆和江南制造局译书多种的伟烈亚力，在虹口医院行医并曾在江南制造局译书的玛高温，在墨海书馆工作、译书和编书多种的艾约瑟与慕维廉，创办广学会、译书多种的韦廉臣，主持广学会工作、译编书籍多种的李提摩太，创办清心书院、《小孩月报》并参加美华书馆工作的范约翰，圣约翰书院校长、译编书籍多种的卜舫济，主持《新闻报》、协助办理南洋公学的福开森，等等。

从事其中某一项的人更多。比如，从事出版业的有墨海书馆的创始人麦都思，美华书馆的姜别利、韦利、巴特勒、马提尔、霍尔特、费启鸿。从事教育的有创办徐汇公学的晁德莅，创办圣方济学校的郎格拉特，创办圣约翰书院的施约瑟，创办裨文女塾的格兰德，创办中西女塾的海淑德，华童公学校长李琪，创办同济德文医学堂的宝隆，创办浸会大学堂的万应远，以及在广方言馆执教的一批从欧美来的教习。从事新闻业的有创办《申报》《点石斋画报》的美查，创办《北华捷报》的奚安门，英文《上海汇报》主笔鲍克，英文《文汇报》主笔开乐凯，英文《捷报》的发行人兼主笔欧希，创办上海第一家英文晚报《晚差报》的琼司，英文《上海泰晤时报》创办人包尔，英文《上海社会》月刊的创办人肖洛克，上海第一份法文报纸《上海新闻》的主笔比埃，上海最重要的法文报纸《中法新汇报》的主笔雷墨尔、孟烈士特、弗雷德特、范德莱特，《德文新报》的主编内维拉、芬克。从事西医的有雒魏林等。从事律师工作的有大律师担文等。从事科技活动的有在江南制造局担任技术顾问的科尔等，还有在徐家汇天文台工作的一批人。

上面所列的，仅是西儒中很小的一部分，有很多人我们还无法知道他们的具体情况，比如在徐家汇天文台工作的那批科技人员，庄仁济、公济、同仁等医院工作的众多医生，在土山湾孤儿院教西洋绘画的那些画师的情况。

这些来自欧美的文化人，大多数住在英租界，其次是法租界、徐家汇。这些人大多有教会背景，其活动区域也因所在教会和所在地的租界为转移。在19世纪60年代以前，英租界山东路上的墨海书馆及其临近的仁济医院、教堂，是来自英美的文化人的活动中心。其后则扩展到北京路上的美华书馆、圆明园路上的广学会。美界虹口一带在19世纪后期依然比较冷落，所以，美国侨民多住在英租界。法国天主教系统的人多在法租界和徐家汇。徐家汇天主堂、藏书楼、天文台、土山湾一带，是法国文化人的集结地。高昌庙的江南制造局一带,一度住过傅兰雅、林乐知等人,他们在那里译书、教书,到19世纪80年代以后,就基本不住在那里了。

西儒对晚清上海文化的作用与影响,主要有四个方面:

其一,直接参与上海文化事业。伟烈亚力在墨海书馆、傅兰雅在江南制造局翻译馆所译之书,晁德莅、卜舫济等所办之学校,林乐知、福开森等所办之报纸,都是上海文化事业的重要组成部分。西儒所从事的事业,有些与上海华人社会似乎没有多少关系,如他们所办的许多仅供西人阅读的报纸,但从整个上海文化来看,那仍然是很重要的一个部分。这些西文报纸,是上海信息的一个重要来源,中文报刊上的许多信息译自它们。这些西文报纸也是西方了解上海的一个重要窗口,上面刊载了大量关于上海的信息。

其二,他们所从事的不少文化事业,具有先导性和示范性。《六合丛谈》是上海第一份中文期刊,《格致汇编》在上海科技报刊中具有先导地位,《申报》对于上海中文报纸具有开创意义,《万国公报》对于上海政论性报刊有广泛的影响。圣约翰大学之于上海的教会大学,徐家汇天文台对于近代上海气象预报的价值,以及西儒所办的图书馆、博物馆,在上海都具有先导和示范意义。

其三,他们对中国存在的弊端,时有"旁观者清"的议论。西儒中爱对中国时局和社会问题发表意见的颇为不少,有些是隔靴搔痒,但也有一些是旁观者清,切中要害。花之安等人对中国科举制度的批评,李提摩太等人对中国贫困问题、实业问题的意见,林乐知对中国男尊女卑、妇女缠足问题的批评,不但早,而且深刻。特别是在中日甲午战争以后,林乐知对中国战败各种原因的分析,具体而透彻,言他人所未言。只要翻翻晚清出版的各种经世文新编、续编、再编,对照一下《盛世危言》等中国知识分子所写著作与西儒著作的关系,就可以看出西儒言论的价值了。

其四,刺激和促进了一批中国文化人由传统向近代的转化。王韬在进墨海书馆以前,其知识结构、价值观念与一般士大夫没什么两样。他的转化,完全发生在与一批西儒交游以后。李善兰在到墨海书馆以前,虽说在数学上已颇有名气,但他的数学功底,主要是中国传统数学和明末清初耶稣会传教士输入的几何、对数之类,他的许多新的数学知识,是在与伟烈亚力等翻译西方数学著作的过程中获得的。徐寿、华蘅芳等人的近代科学知识,无一不是主要得益于与傅兰雅等人的译书工作。至于读了西儒的书刊而获得新的知识,发生思想变化,如郑观应之类,人数已无法统计。

需要指出的是,晚清上海西儒中,有不少人是传教士。提到传教士,人们可能马上会闪出两个观念:一是帝国主义文化侵略分子,二是只传宗教,不传科学,或者传学是

假,传教是真。对这个问题,我以为:

第一,从总体上说,晚清基督教东来,是从属于帝国主义侵略的。政治侵略、经济掠夺、文化渗透是互相结合的。从学理上说,宗教与政治是两个范畴,一般的宗教活动,并不等于政治活动。印度佛教东来,鉴真和尚东渡,我们称之为文化交流,因为那是常态下的宗教活动。但是,鸦片战争以后的基督教来华,是在不平等条约特别是治外法权保护之下的活动,不是常态下的宗教活动。

第二,对传教士需作具体分析。来华传教士中,确有为虎作伥,搜集情报,为非作歹,为帝国主义出谋划策,既传教,也作恶;但也有许多人确是上帝的虔诚信徒,热衷传播福音,反对鸦片贸易,个人操守也不错,只传教,不作恶。对待后一类人,即使他们没有传播科学,也不应将其归于侵略分子之列。

第三,对待某些有恶言劣行的传教士,也要综合评价,不应只看一时一事,而要看其全部历史。在戊戌变法时期,李提摩太向清政府要员献策,实质是要将中国变成英国的保护国,说他是狼子野心,一点也不过分。但是,我们不应该因为这点而否定他此前翻译《泰西新史揽要》所起的启蒙作用,不应该否定他主持的广学会出版西书的重要影响,不应该否定他在山西抗灾施赈时所做的艰苦努力,也不应该否定他此后创办山西大学堂时所做的贡献。

第四,大量事实证明,传教士在传播科学方面,做了大量贡献。他们译书,兴学,出版报刊,办图书馆,开博物院,这些都是有目共睹的。

第五,基督教并不完全排斥科学。说到基督教与科学,人们自然会想起宗教对科学的排斥,教廷对科学家的迫害,日心说遭排斥,伽利略受审判,布鲁诺被烧死,进化论遭攻击。在人们的印象中,宗教与科学,水火不容,互相对立。其实,宗教与科学的关系,远比人们传统的印象要复杂得多。一个显而易见的诘难是,如果两者关系确为水火,在近代科学出现以前,在宗教统治长达千年之久的中世纪里,西方应该毫无科学可言,那么,近代科学由何而来?西方许多大科学家,开普勒,波义耳,牛顿,为何同时也是虔诚的宗教徒?

对这个问题,宗教社会学、科学社会学的研究者已有较为深入的研究。有一种意见认为:基督教对科学不但不是完全、绝对排斥的,相反,还有一些适应或促进科学发展的因素。古希腊科学留下了两种传统,即数学唯理主义自然观和机械主义自然观,前者认为自然界是按照数学原则构造起来的,因而可被人的理性从数学的角度加以认识。中世纪基督教利用了作为统一意识形态的力量,将这两种观点灌输给整个社会。在中世纪的神学教育中,数学始终被置于重要的位置。这是因为,基督教为了使人们信服上帝,需要用自然秩序去论证上帝的伟大,认识自然秩序是认识上帝的必要途径。中世纪的神学家,都是通过论证自然界的和谐去论证上帝的存在。数学,则是研究自然的必备工具。宗教改革以后,新教伦理认为赞颂上帝的最好途径有二:一是研究和认识自然,因为上帝的智慧完全体现在它所创造的自然秩序中;二是为社会谋福利,最好的途径是运用科学技术为社会创造更多的物质财富。这些对科学技术的发展都有促进意义。[①]我以为这种解释是有道理的。

宗教与科学的关系不是一成不变的。在一段时间里,当科学的结论与宗教的教义相抵触时,宗教会排斥、压制科学。哥白尼的日心说与基督教信奉的地心说相抵触,达尔文的人猿同祖论与上帝造人说相违背,教会便对这些学说横加压制、排斥:伽利略受审判,进化论被冷落。但是,当科学结论以其严密的逻辑、历试不爽的实验为广大社会普遍接受以后,宗教也会调整教义,适应科学。日心说终于被接受,伽利略毕竟被平反,就是明证。基督教并不是绝对封闭的信仰系统,否则,在科学日益昌明的西方,基督教仍然是影响最广的第一大教,许多科学家同时也是信徒,甚至有些诺贝尔奖获得者最后又皈依上帝,就是不可思议的了。

考察基督教传教士在中国的活动,可以看出:首先,对于一般科学知识,诸如数学、物理、化学、地理、地质、生物、医学等,传教士是乐于介绍、宣传的。其次,对于某些与基督教义相抵触的科学知识,传教士的处理方式与西方教会同步。晚明来华的耶稣会士对日心说避而不谈,到了清代,蒋友仁等已不回避,且有准确的介绍。晚清来华传教士,宣传的都是日心说。对于达尔文的人猿同祖说,传教士一般持比较谨慎的态度,这也与西方教会的态度一致。当然,也不是完全没有述及,傅兰雅在《格致汇编》中就曾提到。所谓传教士对西方科学精华部分秘而不宣、只介绍低浅粗劣部分的说法,并不符合历史实际。

二、缓慢转变,自然集结

19世纪中后期上海的新型文化人,除了西儒,大体由以下几部分人构成:

一是在教会机构工作的,如在墨海书馆工作的王韬、李善兰,在《万国公报》和广学会工作的沈毓桂、任廷旭、蔡尔康,在圣约翰书院教书的颜永京。

---

① 参见[美]罗伯特·默顿著,范岱年、吴忠、蒋效东译:《十七世纪英国的科学技术与社会》,第四至六章,四川人民出版社1986年版。

二是在西人文化机构工作的,如在《申报》馆和《新闻报》馆工作的钱昕伯、黄式权、袁翔甫、高太痴、韩邦庆等,在《点石斋画报》工作的吴友如、张志瀛等。

三是在国人自办的文化机构中工作的,如在江南制造局翻译馆工作的徐寿、华蘅芳、徐建寅、赵元益,在广方言馆教书的舒高第、顾文澡、黄致尧、刘彝程,在梅溪书院、南洋公学教书的张焕纶。

四是靠知识独立谋生的,如以卖画为生的任伯年、胡远,先以卖文为生、后来编报的邹弢,以及自办小报、靠文学换钱为生的李伯元这样的人。

这些人只有很少几个是上海本地人,如张焕纶、蔡尔康、黄式权,而绝大多数是从外地来到上海的。他们的来沪时间,19世纪40年代较少,多在50和60年代以后,因为太平军与清军在江浙一带打仗,他们在本地难以维持生计,来沪避难或谋生。王韬是因父亲病逝,家乡遭水灾,被迫到墨海书馆觅食的。管嗣复是从太平军中逃出,无处安身,遇到传教士才来上海的。

这些人来沪,一开始未必就作长远打算,而是得过且过,有合适机会再走。尽管王韬、沈毓桂等人口口声声厌恶科举考试,但实际上,在19世纪五六十年代,他们大多没有超越"酸葡萄心理",一有机会,还是要去碰碰运气的。王韬、沈毓桂到上海以后,都回乡参加过科举考试。最典型的是蒋芷湘,原在《申报》当主笔,后一下子得中进士,便马上辞去报馆工作,回归士大夫的行列。沈毓桂虽然早已来沪,但他是1860年以后才决定长住上海。

从传统文化人转变为新型文化人,是个缓慢的过程,在很多人身上看不出明显转变的环节。我们很难说某人是从哪一年开始就由传统文化人变成新型文化人了。而且,这个转变也是相对而言的,在很多人身上,其实是新旧一体,亦新亦旧,半新半旧,有新知识、新观念,也有旧习气、老传统。有些人工作是新式的,如办报纸,但生活是旧式的。有些人虽然在新式文化机构中供职,但一有机会,还是想做传统士大夫。王韬、沈毓桂等人在上海工作多年以后,也还时不时地去参加科举考试。但幸运之神没有向他们招手。假如在19世纪50年代后期,王韬能中举、中进士,他日后所走的很可能是另外一条路了。

从传统文化人转变为新型文化人,从动力来源方面说,可以区分为外压型和内驱型两种。

所谓外压型,是指因外界某种压力,如灾荒、贫苦、战争等,而从事新式文化事业,接触新的知识,然后发生转变的。王韬的例子是众所周知的,可以推想,假如不是因为江南水灾,不是因为父亲去世,家中生计无法维持,以王韬先前的志趣和抱负,他是不会走进墨海书馆的。沈毓桂也属此类。他幼年丧父,家境贫寒,在50岁以前,一面在乡间设馆做塾师,附带行医,维持家庭,一面研习八股文,不断参加科举考试,走的是典型的旧式读书人的路子。1849年他因水灾来过上海,但未久留。1859年,他52岁那年,实在穷极,孑然一身,再来上海,卖文鬻字,聊资自给,途遇英国传教士艾约瑟,遂被聘为墨海书馆译员。他这以后才久居上海,在《万国公报》、中西书院中工作。管小异、蒋敦复之受雇于墨海书馆,情况也与王、沈相似。

所谓内驱型,是指主要因个人的兴趣、思想而投身新式文化事业、接受新的观念的。李善兰属于此类。李善兰来上海之时(1852年),已经足42岁。他究竟因为什么原因而来上海,没有确切的记载史料。但是,在此以前,他在数学方面已颇有名气,出版了三本跟明末清初输入的西方数学知识有关系的数学著作,即《方圆阐幽》《弧矢启秘》和《对数探源》。他的家境如何,不是很清楚,但能在那么多年时间从容研讨数学,至少应算吃穿有余的中等家庭。摆在他面前的不止一条路,他可以一而再、再而三、三而四地去参加科举考试,也可以继续独自遨游在他的数学王国,还可以像他家乡许多人一样去经商。但他没有选择这些,而是进入墨海书馆,以后在同文馆教书,也是吃的西学饭。他走的这条路,比王韬的自觉成分大得多。

另一个典型是张焕纶。这位土生土长的上海人,1846年出生,差不多可以算是上海租界的同龄人。他在青年时期,参加过一次科举考试,但因为生病,没考完就退了出来。他是绝顶聪明的人,文章写得好,诗也不错,家庭也比较富裕,父亲是做豆米生意的。他如果一直走科举道路,外部条件绝对没有问题。他如果继承父业,也顺理成章,说不定能成为上海著名的资本家。但他没有走这两条路,而是选择去开办新式学校,在1878年就自己掏钱创办了中国人自己开办的第一所新式小学,道路崎岖,备极艰辛。他走这条路,自觉成分很大。他认识到中国要自强,就要兴教育、废八股。他之投身新式教育事业,完全是一种自觉的行动。他拼命读西书,认真想问题。他不会说外国话,但能看外文书,据说他能顺畅地阅读英文小说。他是个思想极为敏锐的人,曾经给曾纪泽等人提过许多很有见解的富国强兵的建议。到了戊戌时代,他已成为上海远近闻名的新式教育家,是代表上海地方新文化的标志性人物。南洋公学开办,请他当教务长。康有为等南来北往的文化人到上海,照例都要去拜访他。

张焕纶是沿着"义"这条路变成新式文化人的,还有一些人则是沿着"利"的一条路成为新式文化人。胡远、任伯年、虚谷等画家大体走的都是这一路。卖画比卖文、卖知识更有传统。胡、任等人以画谋利、以画谋生,苏州市场好就到苏州,上海市场好就到上海。19世纪60年代以后,上海市场越来越好,这些人干脆就定居上海。他们靠知识、艺术为生,比较独立,在人格上更像近代文化人。他们是内驱型转变文人中的特别一群。

当然,所谓外压、内驱两种类型的区分,也是相对而言的,王韬等人的转变也有内在的因素,张焕纶等人的转变也不是完全没有外在的因素。

并不是所有到上海的文化人都转变成了新型文化人。有些人虽然在上海生活多年,也多少读了一些西书,但观念还是老观念,做的还是老行当。上海龙门书院、求志书院的山长刘熙载、俞樾、孙锵鸣等,都是科举正途出身的翰林、进士,在上海多年,但教的是传统文化,治的是传统学问。19世纪中后期的上海,存在着两个文人活动圈,一是王韬、沈毓桂、蔡尔康之类比较洋化的文人活动圈,二是刘熙载、俞樾等传统文人的活动圈,前者的中心在租界,后者的中心在县城,前者近商,后者近官。两者偶有往来,但不频繁。冯桂芬可以算是介于两者之间的人物。他是从科举一路过来的,但比较重视西学。他因公事与洋人有点来往,比如为江南制造局翻译馆的事他找过傅兰雅。但从总的情况来看,他似乎不大愿意与洋人来往。他想了解西方国家社会的情况,自己不直接去问洋人,而是让他的弟子管嗣复去问。此外,画家是自成一群的,他们组织画会,切磋画艺,他们与上述两个圈子的人都有联系,似乎与比较洋化的文人活动圈关系更密切些。

由传统文化人向新型文化人的转变,其轨迹在一个人或几个个人身上可能看得不明显,在一个短时期内可能看得不明显,但是,如果将一类人放在一个较长时期内考察,可能看得比较清楚。以办报文人论,在19世纪70至90年代,在《申报》主持笔政的,多为科举考试中的不得意文人,其中只有蒋芷湘是举人出身,且在1884年中了进士以后就离开报馆了;其余吴子让、钱昕伯、何桂笙、沈定年、蔡尔康、姚赋秋、黄式权、高太痴等,或为秀才,或为布衣,或为落职官吏。[1] 在《汇报》《新闻报》做主笔的袁祖志、朱逢甲、孙玉声等,情况也是如此,很少有举人以上出身的人愿意供职报业。在时人心目中,供职报馆,卖文为生,实在是穷极无聊的表现。难怪左宗棠有"江浙无赖文人,以报馆为末路"的说法。诚如姚公鹤所说:

> 盖社会普遍心理,认报纸为朝报之变相,发行报纸为卖朝报之一类(卖朝报为

---

[1] 马光仁:《上海新闻史(1850—1949)》,复旦大学出版社1996年版,第101—102页。

塘驿杂役之专业,就邸抄另印,以出售于人。售时必以锣随行,其举动颇猥鄙,而所传消息亦不尽可信,故社会轻之,今乡僻尚有此等人),故每一报社之主笔、访员,均为不名誉之职业,不仅官场仇视之,即社会亦以搬弄是非轻薄之……昔日之报馆主笔,不仅社会上认为不名誉,即该主笔亦不敢以此自鸣于世。[①]

这种情况,到戊戌变法时期,起了很大变化。从梁启超、汪康年开始,不只是举人办报,而且进士办报、翰林办报已是稀松平常事,张元济、蔡元培、严复、夏曾佑、王修植等都有进士以上或受人崇敬的社会地位。报人地位迅速上升,报人生存空间大为扩展,报人队伍迅速扩大。到20世纪初年,"报人"已不再是一个受鄙视的名称,一批传统文人变成了新式报人。

书局、出版业的情况也与此类似。在19世纪90年代以前,经营出版业的,多为不得意文人或买办。开办同文书局、靠石印《二十四史》《资治通鉴》大发其财的徐润是买办,将扫叶山房从苏州搬到上海、石印《百子全书》的是书商,开办商务印书馆的夏粹芳、鲍氏兄弟,都是家境贫寒、教会学校出身、在西人报馆当过排字工人的。到20世纪初年,这个情况发生很大变化,翰林蔡元培、张元济愿意为商务印书馆效劳,状元出身的张謇在1906年也带头发起组织中国图书有限公司,从事编译、印刷、发行图书工作。

三、特殊的吸引力

上海开埠以后,由于多种因素的综合作用,对各地文化人产生巨大吸引力,逐渐形成八方文人荟萃于一地的奇特局面。

这些因素包括:

其一,政治因素。租界既是列强侵略中国的据点,又因其具有属于中国领土却不受中国政府直接管辖的特点,使得租界成为战乱频仍、动荡不定的晚清中国的一块相对稳定的地区。这对于吸引文化人才、繁荣文化事业,有着至关重要的意义。许多文化机构在上海设立,不只是因为上海交通便利、人才荟萃,更因为这里比较安定。1853至1864年,太平军在上海周围的江、浙、皖地区与清军频繁作战,驱使这一地区的大批文化人涌入上海,如冯桂芬、吴友如、蒋敦复、管嗣复等。1900年北方战乱,上海一带实行"东南互保",基本无战事,又驱使北方一批知识分子进入上海。严复先前执教于北洋水师学

[①] 姚公鹤:《上海闲话》,上海古籍出版社1989年版,第128、131页。

堂,战乱发生后,匆忙离京赴沪,以后便将家庭安置在上海。天津北洋大学有相当一批学生,因战乱而南迁上海。1901年,丧权辱国的《辛丑条约》签订以后,爱国知识分子对清廷的失望达于极点,他们或打算留学日本,或准备到上海寻求发展,又一批知识分子来到上海。

由于租界的存在,在清政府权力版图上,出现了一块管控薄弱地带,这为反对清朝的力量留下了一点活动空间。1898年戊戌政变以后,慈禧太后下令禁止维新报刊发行,全国各地新闻业遭到重创,上海因有租界关系,影响不大。慈禧太后下令搜捕维新人士,黄遵宪因身在上海而免遭清政府迫害,康有为因上海租界的关系而得以活命。此后,租界的缝隙效应逐渐为进步人士所认识,各地激进知识分子纷纷汇聚上海。容闳在戊戌政变后逃出北京,来到上海;张元济因参加维新而被革职,南下上海;蔡元培在政变后,先到绍兴,随后转至上海。有些人选择上海作为谋事之地,有些人在别处起事失败后再以上海为避难所。1903年于右任在陕西倡言革命,遭到通缉,逃到上海便太平无事。1904年黄兴等在湖南策动反清起义,事泄,也跑到上海避祸。

其二,经济因素。上海文化事业发达,对于文人来说,谋生较易。这里出版机构众多,学校林立,报刊、书店遍布大街小巷。这里文化市场比较发达,有钱的寓公较多,买画、买字的人远远多于他处。稍有一技之长的文人,能撰稿、能印书、能教书、能翻译、能绘画、能看病,在这里都能立足。文人中,能教外文的收入最好,日校且不说,倘教业余培训班和夜校,随便招十来个学生,每月就能有五六十元的收入,便可过上中等生活。写小说的作家收入不很固定,但日子也不错。包天笑回忆,1906年以后,他在上海每月为《时报》写论说6篇,其余写点小说,工资80元。当时,论说每篇5元,小说每千字2元。他同时在《小说林》兼职,每月40元。这样,他月收入120元。他租爱文义路一间厢房,月租金7元,每月家用50至60元,还可剩下五六十元,足够他请客吃饭、喝茶、吃花酒之类开销了。当时,一碗茶2角,一瓶绍兴酒1角,一碗面条1.5角,去著名西菜馆一品香吃顿西餐也仅3元。那时《申报》馆访员月薪28元。报刊发表小说,每千字稿费2元,也有1元的。林琴南的小说稿酬比较高,商务印书馆付每千字5元,后来增加为6元。这些文人,一般均身兼数职,既办报又写稿,固定工资加上稿费,日子过得还是挺不错的。当时,一个下等巡警的月收入是8元,稍好一点的工厂工人的月收入也是每月8元。比起巡警、工人、苦力,文人的收入应该说是相当不错了。

其三,社会因素。上海交通发达,进出方便。在津浦铁路通车以前,四川、两湖等内地人到京师去,要经过上海转海轮北上。内地青年若到日本留学,上海更是必经之地。

这里信息灵通,便于社交。这里旅馆、戏院、茶楼、妓院等娱乐场所众多,风气开放,能满足多种类型文人的生活需要。上海是个特大移民城市,到1900年人口已超过百万。这里的人,只有先后之别,没有主客之分。这里有名目繁多的会馆、公所,能为各地新来移民提供诸如居留、谋职等多种方便。

由于多种因素的综合作用,上海逐渐成为各地文化人的汇聚之地。在19世纪六七十年代,上海已汇聚一批新型文化人,他们分布在图书出版、报刊、教育等文化事业中。到戊戌变法时期,上海此类文化人已颇具规模。1898年戊戌变法的失败,1900年北方义和团运动的发生,八国联军侵略中国的战争的发生,"东南互保"局面的出现,《辛丑条约》的签订,这接二连三的事件,促使各地文化人大量涌入上海。20世纪初,是各地文化人进入上海的高峰期。1900年1月,经元善领衔通电反对慈禧太后的"己亥立储",列名者达1231人,其中很多是新式文化人,如叶瀚、王季烈、蔡元培、章太炎等。1903年上半年,南京陆师学堂闹学潮,一下子就有30多名学生来沪。1901年以后,张园爱国集会,动辄上千人。1905年以后,科举考试废除,传统文人读书做官的通路被堵死,上海更为各地读书人所注目,无论求学、经商、出国,都百川归"海"。1903年以后、1912年以前,估计常年在上海活动的文化人有三四千人,不包括在校学生。

20世纪初年的上海,汇集了全国各地的文化精英。以20世纪最初六年(1900至1905年)为例,以笔者所知,在上海从事各种活动、在当时或后来比较著名的文化人就有:江苏的马相伯、张謇、吴稚晖、刘师培、黄宗仰、汪凤藻、史量才、狄楚青、李伯元、曾朴、刘鹗、罗振玉、金天翮、陈去病、柳亚子、高旭、蒋维乔,浙江的蔡元培、张元济、汤寿潜、劳乃宣、沈曾植、夏曾佑、章太炎、汪康年、蒋智由、马叙伦、王国维、舒高第、谢洪赉、杜亚泉、李叔同、叶瀚、陈介石、樊炳清、虞和钦、宋恕、孙宝瑄,安徽的陈独秀、胡适,广东的容闳、伍廷芳、邓实、黄节、吴趼人、丁惠康、伍光建、苏曼殊、温宗尧,广西的马君武、龙积厚,福建的严复、林纾、郑孝胥、高梦旦、林白水,湖南的陈范、陈撷芬、黄兴、章士钊,四川的邹容,河北的张继,陕西的于右任。全国各地这么多名儒硕彦汇聚上海,用"群贤毕至,少长咸集"的古语来形容,已远远不够了。

这些知识分子成立了名目繁多的学会。维新运动时期,上海就17个学会;庚子以后,学会数量更多;辛亥以前,有各种学会32个。[①] 其中,政治色彩较强的有上海中国教育会、预备立宪公会、地方自治研究会,社会色彩较强的有不缠足会、女学会、戒鸦片烟

---

① 据《上海指南》卷四《公益团体》,商务印书馆1909年版。

会、沪学会、江苏学会等,一般性的或比较专门的学会有新学会、农学会、蒙学会、医学善会、医学研究会、格致学社、算学会、实学会、译书公会、地图公会、经济学会、名学会、教育研究会、国学保存会等,还有许多演说会、各省旅沪学会。他们或出版刊物,或定期演说、讨论。这些人教育背景不尽相同,有像张謇、蔡元培、张元济、汤寿潜、劳乃宣、沈曾植、郑孝胥这样在科举考试中获得很高功名的人,也有像容闳、马相伯、严复、伍廷芳、舒高第、汪凤藻这样西文功底很好的人。这些人政治倾向不尽一样,有章太炎、邹容、黄兴这样的激进派,也有马相伯、严复、狄楚青这样的温和者,更多的是只管办报、写稿、绘画,不太过问政治的文人。他们因地域、职业、志趣的不同,形成一个个既有区别又有联系的文人活动圈。

来自全国各地这么多的文化人,聚集、进出于上海,办报、印书、教书、讲学、演说,进行各类文化活动,使得上海成为全国名副其实的文化中心。这批人中产生了许多杰出的教育家、出版家、翻译家、名记者、国学大师、文学大师、小说家、诗人、艺术家、大律师、政治家,对中国近代文化的发展,产生了难以估量的影响。

(1997年)

辛亥鼎革与租界寓公[1]

国运鼎革之际,故国旧臣的命运,或死、或降、或隐,除极个别逃亡海外的(如明末朱舜水),并无他路可走。辛亥革命以后,清朝旧臣的命运,除了死、降(从一个角度是降,但从另外一个角度说是反正、起义)、隐以外,多了一条出路,不死、不降,也不隐,而是到租界里去做遗老。那时中国有 23 个租界,对清朝旧臣有吸引力的主要有三个,即上海、天津、青岛。黄河以南的封疆大吏到上海的比较多,清廷皇室近臣、满族官员、蒙古族官员和黄河以北的地方大员到天津的比较多,也有一些人到了青岛。

流寓上海租界的遗老比较知名的有(按年龄排序):

冯煦(1843—1927),江苏宝应人,1886 年进士,历任安徽凤阳知府、山西按察使、安徽布政使、安徽巡抚。清廷被推翻以后,痛哭失声,避地上海,后死于上海。[2]

盛宣怀(1844—1916),江苏武进人,官至天津海关道、会办商约大臣、邮传部大臣等,在革命爆发以后,由天津经青岛,再由大连逃往日本。到 1912 年 10 月,风浪平息以后,再回到上海,以后一直住在上海。

秦绶章(1849—1925),江苏嘉定(今属上海市)人,光绪进士,历任编修、湖南乡试副考官、侍讲学士、礼部侍郎、福建学政、兵部左侍郎,辛亥革命爆发后,迁居上海,"杜门著书,宾客罕觏其面,而江湖魏阙之思,往往形诸歌咏间"[3]。

瞿鸿禨(1850—1918),湖南善化人,同治进士,官至工部尚书、军机大臣、外务部尚书,辛亥年冬,避地上海。

沈曾植(1850—1922),浙江嘉兴人,1880 年进士,历任刑部主事、总理衙门章京、安徽提学使、署安徽布政使等职,1910 年即辞官定居上海。在上海,坚持忠清立场,1917 年参加张勋复辟,失败后仍归居上海。

陈三立(1852—1937),江西义宁人,1886 年进士,曾任吏部主事等职,辛亥革命后,

---

[1] 原载《学术月刊》2001 年第 9 期。
[2] 蒋国榜:《金坛冯蒿庵先生家传》,载卞孝萱、唐文权编:《辛亥人物碑传集》,团结出版社 1991 年版,第 661 页。
[3] 唐文治:《清故光禄大夫建威将军兵部左侍郎镶黄旗满洲副杜统秦公墓志铭》,载《辛亥人物碑传集》,第 690 页。

避居上海等地,以遗老自居。

王仁东(1854—?),福建闽县人,1876年举人,曾任内阁中书、南通知州、苏州粮道,辛亥以后居住上海,参加郑孝胥等人的读经会。①

严复(1854—1921),福建侯官人,历任北洋水师学堂总教习、总办,安徽高等学堂监督,学部审定名辞馆总纂。清末已在上海置有房产,在辛亥革命爆发以后,他住在上海,以遗老自居。风浪平息以后,到京师大学堂任职,但家仍在上海。

胡湘林(1856—1925),江西新建人,1875年进士,官至湖南按察使、广东布政使,武昌起义以后,流寓上海,"赁虎陋巷中,出入一小车,从二三耆旧游,绝口不道世事",后死于上海。②

陈夔龙(1856—1948),贵州贵阳人,1886年进士,官至漕运总督、湖广总督、直隶总督兼北洋大臣。武昌起义后,拒绝宣布直隶独立,辛亥年十二月,移居天津德租界,第二年八月,南迁上海,闭门谢客。③ 在沪生活颇为富裕,与一批遗老声妓遗意,诗酒怡情,娱老有方。每岁春秋佳日,出游江浙名胜。④

沈瑜庆(1858—1918),福建侯官人,沈葆桢子,光绪举人,历任刑部主事、江南水师学堂总办、湖南按察使、贵州巡抚等职,辛亥革命后避地上海,参加郑孝胥等人的读经会。

康有为(1858—1927),民国初年回国,在香港小住以后,于1914年定居上海,以后常住上海。

郑孝胥(1860—1938),福建闽侯人,1882年举人,历任中国驻日使馆书记官和神户领事、安徽按察使、广东按察使、湖南布政使。在清末即在上海置有房产,辛亥革命爆发以后,居住上海,以遗老自居。

秦树声(1861—1926),河南固始人,1886年进士,历任工部主事、云南曲靖知府、云南按察使、广东提学使。1911年秋,革命军起,移居上海,"自是不复谈世事"⑤。

瑞澂(1864—1912),满洲正黄旗人,历任上海道、江西按察使、江苏巡抚、湖广总督。武昌起义爆发后,他镇压失败,逃到上海,躲入哈同花园,1912年7月病死。

---

① 《郑孝胥日记》第三册,中华书局1993年版,第1437页。
② 陈三立:《皇清诰授光禄大夫护理两广总督广东布政使胡公墓志铭》,载《辛亥人物碑传集》,第688页。
③ 高振霄:《清授光禄大夫太子少师故直隶总督北洋大臣陈公墓志铭》,载《辛亥人物碑传集》,第676页。陈夔龙:《梦蕉亭杂记》,山西古籍出版社1996年版。
④ 徐一士:《谈陈夔龙》,载《一士类稿》,书目文献出版社1984年版,第180页。
⑤ 王树楠:《广东提学使固始秦君墓志铭》,载《辛亥人物碑传集》,第744页。

吴保初(1869—1913),安徽庐江人,刑部主事,清末即流寓上海,为章士钊岳父,虽与倡议光复者交游,但不赞成革命,民国政府建立,即杜门谢客。1913年逝于上海。①

流寓天津租界做遗老的有(按年龄排序):

张曾敭(1853—1921),河北南皮人,1884年进士,历任广西布政使、山西巡抚、浙江巡抚等,辛亥革命后,避地天津。他在浙江巡抚任上,曾下令杀害秋瑾。②

荣庆(1860—1916),蒙古正黄旗人,1886年进士,官至军机大臣、学部尚书,辛亥革命后避地天津。③

张彪(1862—1927),山西榆次人,张之洞部下,曾出国考察军政,在湖北编练新军,官至湖北提督、陆军第八镇统制。武昌起义爆发后,卸兵东渡,后回国,定居天津日租界,"抑郁无聊,惟辟宅前隙地为园,莳花种树,借以自遣"④。所辟花园被称为张园,日后溥仪到天津就住在这里。

铁良(1863—1938),满洲镶白旗人,官至军机大臣、陆军部尚书、江宁将军,辛亥革命爆发后,流寓天津。⑤

流寓青岛的遗老有数十人,比较知名的有⑥:吴郁生,江苏吴县人,曾任吏部、邮传部左侍郎;周馥,安徽秋浦人,曾任署直隶总督、山东巡抚、两广总督;张人骏,直隶丰润人,曾任山东布政使、两广总督、两江总督;张英麟,山东历城人,曾任都察院左都御史;劳乃宣,浙江桐乡人,曾任江宁提学使、直隶提学使、京师大学堂总监;于式枚,广西贺县人,礼部左侍郎;刘廷琛,江西德化人,曾任学部副大臣、京师大学堂总监督;黄曾源,福建闽县人,曾任监察御史、青州府知府;刘世珩,安徽贵池人,度支部右参议;赵尔巽,汉军正蓝旗人,曾任湖广总督、东三省总督;李经羲,安徽合肥人,曾任福建布政使、云贵总督;柯劭,山东胶县人,曾任翰林院编修、湖北提学使、京师大学堂监督。此外还有,张士珩(约1857—1918),安徽合肥人,李鸿章外甥,1888年进士,官至山东候用道、江南制造局总办,辛亥革命后,避地青岛。⑦ 对于他来说,和上海、青岛都有渊源,都有选择的理由,但他在上海光复中,固守江南制造局,拒不投降。这是他在事败以后不留上海而逃

---

① 章炳麟:《清故刑部主事吴君墓表》,载《辛亥人物碑传集》,第716页。
② 陈宝琛:《皇清诰授荣禄大夫建威将军山西巡抚兼提督张公墓志铭》,载《辛亥人物碑传集》,第667页。
③ 王季烈:《蒙古鄂卓尔文恪公家传》,载《辛亥人物碑传集》,第683页。
④ 周贞亮:《清授建威将军湖北提督陆军副都统统陆军第八镇统制官奇穆钦巴图鲁榆次张公墓志铭》,载《辛亥人物碑传集》,第605页。
⑤ 冯恕:《皇清诰授光禄大夫建威将军前江宁将军予谥庄靖满洲穆尔察公墓志铭》,载《辛亥人物碑传集》,第698页。
⑥ 刘成禺:《洪宪纪事诗本事簿注》,山西古籍出版社1997年版,第290—291页。
⑦ 贾熟村:《张士珩》,载马昌华主编:《淮系人物列传——李鸿章家族成员》,黄山书社1995年版,第60页。

青岛的原因。

有些人是在三个城市中两个或三个都先后住过的,如:章梫(1861—1949),浙江宁海人,1904年进士,历任翰林院授职检讨、国史馆纂修、京师译学馆监督。辛亥革命爆发以后,离京到上海,以移民自居,后转青岛,在上海仍有住所。1917年张勋复辟帝制时,曾参与密谋。70岁以后,移居天津。① 朱家宝(1860—1923),云南黎县(今建水)人,1892年进士,历任保定知府、江苏按察使、安徽巡抚等官,辛亥革命爆发后,被拥立为安徽都督,旋兵败,流寓上海。民国初年,曾任直隶民政长,1917年参与张勋复辟,失败后定居天津。②

以上仅是笔者所确知的一些人,流寓三地成为遗老的自然远远不止这些。严复记载,辛亥革命爆发以后,天津租界挤满了避难的人,"人极众,至无借宿地"③,其中应当有不少是遗老。我估计,三地遗老加起来,当不下于二三百人。

改朝换代之际,君臣之义、道德操守对于旧臣来说,是人人都面临的实际问题,是一次重大考验。历史能提供的选择有三:一是忠于朝廷,或战死疆场、以身殉国,如端方、赵尔丰之类;二是逃亡外国,如盛宣怀;三是认同、顺从革命宗旨,如黎元洪、程德全、汤寿潜,还有很多临时反正的知县、知府。第一、二种选择,对于一般人来说,殊非易事。第三种选择,要分两种情况:一是真诚拥护革命共和,那在转变时内心没有痛苦;二是并不拥护革命、共和,而仅作权宜之计,对于饱读经书、一向以仁义道德律己责人的士大夫来说,那就会带来极大的内心痛苦。历史上不食周粟、贰臣的传的故事,妇孺皆知,事到临头,要说完全无动于衷,那不可能,这也是换代之际常有忠臣自杀殉国现象出现的道德原因。

既属中国领土又不受中国政权直接管辖的租界的存在,为那些既不愿以身殉国,也无法逃亡外国,又不拥护革命共和的清廷士大夫,提供了另外一种存在空间:到租界做遗老。这样,既无杀身之苦,也无亡命之难,又无降敌之讥,于道德无亏。用郑孝胥的话来说:"余今日所处之地位,于朝廷无所负,于革党亦无所怍。"④于是,租界遗老,成了民国初年一大特殊社会景观。对于在租界做遗老,郑孝胥有一段话很能代表遗老的心态:"世界者有情之质,人类者有义之物。吾于君国,不能公然为无情无义之举也。共和者,佳名美事,公等好为之。吾为人臣,惟有以遗老终耳。"⑤他有诗答陈三立:"恐是人间干

---

① 章乃羹:《清翰林院检讨学部左丞宁海章先生行状》,载《辛亥人物碑传集》,第636页。
② 马其昶:《云南黎县朱公墓志铭》,载《辛亥人物碑传集》,第467页。
③ 王栻主编:《严复集》第五册,中华书局1986年版,第1512页。
④ 《郑孝胥日记》第三册,第1358页。
⑤ 《郑孝胥日记》第三册,第1356页。

净土,偶留二老对斜阳。"①认为租界的存在,为他们保持道德的圆满和生活的安宁,提供了一片干净土。

这些遗老先前在任时,多有积蓄,因此到了租界,多能购房置业,过上比较舒适的日子。更为重要的是,他们可以继续拖着长辫子,用清朝纪年。严复在上海便不肯剪除辫子,"以示不主共和之意"②。陈三立到1912年5月仍蓄辫子,曾游张园,那是上海最热闹的地方,有革命党强欲剪去,陈叱曰:"必致若于捕房,囚半年乃释放!"其人逡巡逸去。③ 郑孝胥不光不剪辫子,也拒绝使用民国政府颁布的公历,而继续使用清朝纪年。郑孝胥的日记,在清帝宣布退位以后,使用纪年方式是"宣统皇帝退位后第一年""宣统皇帝退位后第二年"。

遗老在租界的安全是有所保障的。那时的保安即巡捕是可以雇佣的,只要出了一定的钱,巡捕就可担负保护之责。上海光复以后,郑孝胥不断地收到革命党的恐吓信。1911年11月25日、12月4日、12月5日、12月6日、12月13日,先后六次有人自称"民国团""革命团"来信恐吓,扬言要杀死他,也有人咒骂他为什么不去自杀,他把这些信交给巡捕房,巡捕房便加强保安措施。

遗老在租界的精神生活也是比较宽松的。他们或莳花种树,或写字鬻画,或吟诗唱和。瞿鸿禨"与耆旧结吟社,推为祭酒"④。郑孝胥等人在上海组织了一个读经会,从1912年7月开始,到1913年7月,约每周一次,没有间断。参加者除了郑孝胥,还有陈介庵、王仁东、刘宣甫、杨小宋、何鉴泉、沈瑜庆、刘葆良等,所读经书有《孟子》《礼记》等。起初轮流在各人家中举行,后来基本上固定在郑孝胥寓所。

租界为遗老提供了生存空间,也为他们复辟清廷提供了活动空间。1917年张勋复辟时,其文武班底如康有为、周馥、李经羲、赵尔巽、章梫、劳乃宣、沈曾植、朱家宝等,都是生活在租界的遗老。

在中国历史上,改朝换代是寻常事,遗老遗少也多得很,但清末民初租界遗老人数之多,影响之大,现象之奇特,则是绝无仅有的,这在文化史、社会史上,都有深入研究的价值。

(2001年)

---

① 《郑孝胥日记》第三册,第1410页。
② 《郑孝胥日记》第三册,第1373页。
③ 参见《郑孝胥日记》第三册,第1417页。
④ 刘宗向:《瞿鸿禨传》,载《辛亥人物碑传集》,第701页。

上海音乐人与抗日救亡

翻阅20世纪三四十年代抗日救亡音乐史,我们会发现一个极其突出的现象:上海诞生、创作的抗日救亡音乐、电影、戏剧,数量特别众多,影响特别巨大。最早的抗日救亡音乐,即黄自创作的《抗敌歌》是在上海产生的;影响最广的《旗正飘飘》《大刀进行曲》《义勇军进行曲》《毕业歌》《"九一八"小调》《放下你的鞭子》等,都是在上海产生的;一大批从事抗日救亡运动的著名音乐人才,都是在上海活动,或从上海走向全国的,诸如黎锦晖(1891—1967)、田汉(1898—1968)、任光(1900—1941)、贺绿汀(1903—1999)、韦瀚章(1905—1993)、冼星海(1905—1945)、陈鲤庭(1910—2013)、陈田鹤(1911—1955)、聂耳(1912—1935)、麦新(1914—1947)、周巍峙(1916—2014),等等。

分析这一突出的现象,有些原因是显而易见的,比如,近代上海是西洋音乐输入的窗口,是培养新式音乐人才的高地,有上海国立音专这样的学校,是新式音乐人才荟萃的都市。我这里想略作分析的是上海城市的集聚效应对于抗日救亡音乐、电影、戏剧的影响。

其一,众多新型音乐艺术人才荟萃上海,是上海特大城市集聚效应的体现。

众所周知,上海自1900年以后,就是中国最大的城市,到20世纪30年代,已是拥有300多万人口的特大都市,是远东最大城市之一,世界第五大都市。到40年代,上海人口一度是北京、天津与南京三个大城市人口的总和。人口高度集聚的结果,不但刺激各行各业分工的细密化,促进各行各业的优质化,而且可以促进很多新的行业的产生,提供很多新型的就业机会。这是城市化的必然结果。上海国立音专这样的学校,之所以在上海创建,而不是在北京创建,政治原因当然很重要,但经济与社会原因更为根本。20年代中后期,工商业不发达的北京,容纳不了那么多的新型音乐人才,就像那时候商务印书馆、中华书局这样的大型出版机构,百代唱片公司、立信会计事务所这样新的文化企业,只会在上海出现,而不会是在北京创立一样。那些新式音乐艺术人才要过体面的生活,要过上能够发挥自己专业特长的生活,自然会选择上海。这里有交响乐队,有那么多戏曲曲艺机构,有那么多的电影公司、唱片公司,这类机构,都是吸纳、培育新型音乐人才的场所。

其二，上海移民与全国各地的紧密联系，增强了上海城市爱国主义关注的广度与以天下为己任的自觉程度。上海人来自全国各地，上海的经济、文化、人才与全国各地有千丝万缕的紧密联系，发生在全国各地的事情都变成了上海的事情。所以，当日本帝国主义侵略东北、华北等地时，上海的反应会特别强烈。《"九一八"小调》并不是产生在"九一八事变"发生的东北，《大刀进行曲》也不是产生在宋哲元率领的第二十九军大刀队与日军激战的华北，而是产生在上海，因为，上海的血脉是与全国各地紧紧地联系在一起的。上海自"九一八"以后，一直是全国性的涵盖不同民族、不同阶级、不同政党的最为广泛的抗日救亡运动中心。

其三，一市三治的政治格局，对于爱国主义情感的产生，具有强烈的刺激作用。

对于这点，可以从两个方面讨论：一方面，日常生活中，租界市政建设先进，华界落后，租界众多场所禁止华人入内，不光四大公园（外滩公园、法国公园、虹口公园与兆丰公园）在1928年以前禁止华人入内，而且跑马厅、各色外国总会，都是禁止华人入内的。在上海租界，华人长期受到歧视，不光很长时期没有参政权，而且在日常生活中，也到处被歧视。比如，外国人办花展，通常第一天是外国人参观，以后才让华人参观；马车在道路上行驶，明确规定华人马车不能从后面超越西洋人马车。诸如此类，都强烈地刺激华人的爱国主义产生。另一方面，"一·二八"与"八一三"两次战争，直接轰炸、破坏的都是华界地区，而租界地区则基本完好。自1860年以后，每次遇到战争，无论是中外战争、外外战争（日俄战争），还是纯粹的中国内战，上海租界都是处于中立位置，不受战争破坏。华界与租界，没有天然屏障，往往只是一路之隔、一河之隔。这样，日本帝国主义的轰炸、屠杀，就发生在中国人的眼皮底下，或仅仅一河之隔。这种在场效应，对于爱国主义的刺激，是任何远距离的纸质、广播的宣传所无法比拟的。所以，我们看到，自从"一·二八"以后，上海抗日救亡运动一波接着一波，一浪高过一浪。

以上三个因素，相互刺激，相互促进。有优秀的音乐人才可以创作出高品质的音乐作品，有广播、报纸、演说等现代传媒与游行、示威、撒传单等新型动员手段，以具有悠久的、强烈的爱国主义传统的上海人民为基础，抗日救亡音乐就会成批地在这里产生、提炼、传播、放大，影响全国。以麦新创作的《大刀进行曲》为例，这首歌大家都耳熟能详，曲调激昂，激动人心，一开始在里弄里咏唱，不久就传遍整个上海。据说，国民救亡歌咏协会在上海文庙演唱这首歌曲时，1 000多名群众自发参加，越唱人越多，越唱越激动，指挥唱歌的麦新更是激动，连指挥棒都挥断了，他就攥起拳头指挥。群众唱得热血沸腾，竟不自觉地把原曲的第一句唱得有所变调，结果显得更加勇猛、更加刚劲有力了。

后来，也就采取了这一变了调的唱法。《大刀进行曲》的第二句，原先是"二十九军的弟兄们，抗战的一天来到了"，后来被改为"全国爱国的同胞们"，这样一改，就将具体的宣传对象，上升为一般的对象，实用性更广。再比如，抗战时期影响最广的街头剧《放下你的鞭子》，其蓝本源于德国作家歌德的一部小说，经田汉改编为独幕剧，再经陈鲤庭改变为街头剧，由一批艺术家导演、演出。这是一部洋为中用、众人合作的艺术精品，典型地反映了上海这座城市艺术人才荟萃、广泛吸纳世界文化营养的特点。

高度集聚的城市人口，远比稀疏分散的乡村人口更容易被鼓动、被激动、被组织，在这里，品质优越的音乐作品更容易被接受、被传播，因而，充满爱国主义传统而又有被侵略、被压迫、被屠杀的强烈在场感的上海市民，更容易群情激奋，更容易怒发冲冠，更容易拔剑而起。

（2017年）

"七君子"与时代精神[①]

发生在1936年的"七君子事件",是民族危亡时刻的一次伟大的爱国壮举,是全国各界人民反对内战、要求抗日的爱国主义的集中体现。

1931年"九一八事变"以后,日本帝国主义加快了侵略中国的步伐。1932年初,在上海挑起"一·二八事变",从1933年5月—1935年,日本帝国主义通过武力,迫使国民党政府与其达成《塘沽协定》《秦土协定》与《何梅协定》,侵占了热河和河北的大部分主权,还指使汉奸,以共同防共名义,策划河北、山东、山西、察哈尔、绥远五省"自治"。

在日益深重的民族危机面前,各地爱国人民奋起救亡。1935年12月9日,北平大中学生掀起著名的"一二·九运动",数千人举行抗日救国示威游行,反对日本策动的"华北自治",反抗日本帝国主义侵略中国,要求国民党政府当局保全中国领土的完整。三天以后,12月12日,上海文化界著名人士马相伯、沈钧儒、李公朴、章乃器等,联络280多人,发表《救国运动宣言》,成立上海文化界救国会。随后,上海妇女界救国会、上海各大学教授救国会、大中学校学生救国会、上海电影界救国会、上海职业界救国会、上海工人救国联合会等救国团体相继成立。1936年1月28日,上海各界救国联合会宣告成立。不久,北平、南京、武汉、天津等地也成立了各界救国会。

1936年5月31日至6月1日,由沈钧儒、章乃器、陶行知、邹韬奋等人发起,在上海举行全国各界救国联合会成立大会,简称"救国会"。出席大会的有全国20多个省市的60多个抗日救国团体的代表70多人。大会通过了《全国各界救国联合会成立大会宣言》《抗日救国初步政治纲领》和《全国各界救国联合会章程》。救国会是全国统一的联合救国阵线,以团结全国救国力量,统一救国方针,保障领土完整,图谋民族解放为宗旨。救国会的成立,冲破了此前国民党政府不准成立抗日团体的禁令。救国会领导人物主要是社会知名人士,参加救国会的各界各阶层人士有中共党员、无党派爱国人士,也有国民党内反蒋派别代表,具有相当广泛的群众基础。

[①] 本文系笔者2016年11月18日在上海福寿园举办的"七君子与时代精神讨论会"上的发言。

救国会的成立,有力地推动了波澜壮阔的抗日救亡运动的开展。救国会成立以后,进行了积极的、具有广泛影响的活动。他们运用各种形式广泛开展抗日救亡宣传活动,包括创办《救亡情报》《上海文化界救国会会刊》《学生呼声》《大众生活》及英文《中国呼声》等多种救亡报刊,组织群众性的剧团和歌咏队,组织歌咏大会,大演、大唱抗日救亡短剧和歌曲。著名的《放下你的鞭子》就是这时候演出的街头剧,《义勇军进行曲》《松花江上》等爱国歌曲也是在这时流行开来的。救国会赞同中国共产党提出的停止内战、一致抗日的主张,要求国民党改变"先安内后攘外"的方针,联合红军,共同抗日。他们提出释放政治犯,给人民以抗日救亡的言论、出版、集会、结社的自由。他们通过募捐、组织慰问团等各种方式,帮助、声援绥远的中国军队进行抗日斗争。他们援助上海工人的反日大罢工。

沈钧儒、章乃器、邹韬奋、史良、李公朴、王造时、沙千里等"七君子",1936年11月25日被南京国民党政府以所谓"危害民国"罪相继逮捕,到1937年7月31日被宣布释放。"七君子"在狱中,不屈不挠,顽强抗争,赢得了全国人民的尊敬与声援。国民党政府镇压救国会"七君子",非但未能压制住如火如荼的群众爱国运动,反而使得这一运动以更加激昂的方式、在更加广泛的范围内发展。宋庆龄、何香凝、张学良、杨虎城和国际友人罗素、杜威、爱因斯坦等纷纷要求国民党政府无条件释放沈钧儒等人。张学良发动"西安事变",所发布的通电中,共提八项要求,其中第三项就是"立即释放上海被捕之爱国领袖"。当国民党正式起诉"七君子"以后,宋庆龄、何香凝等发起"救国入狱"运动,宋庆龄甚至到苏州监狱要求与"七君子"一起坐牢,随后更出现了一批又一批爱国人士申请"入狱"与"七君子"一同坐牢的奇特现象。

所有这些,使得南京国民党政府更加不得人心,使得蒋介石不敢对"七君子"采取更加极端的镇压措施,也使得抗日救亡运动更

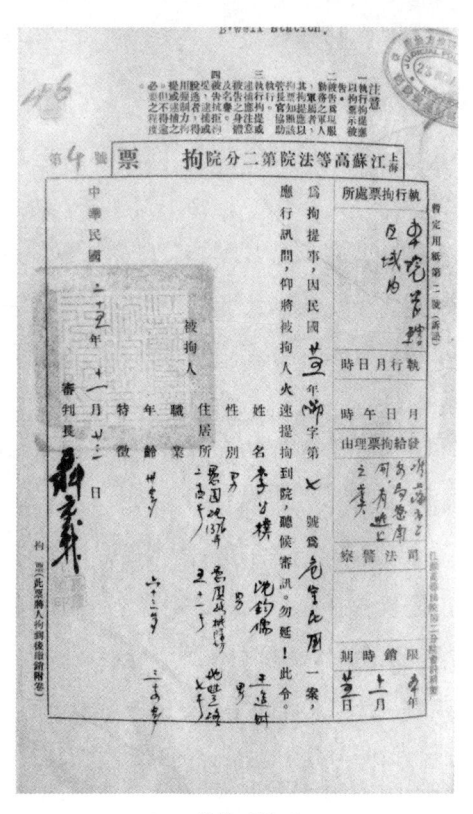

七君子被捕时拘票1

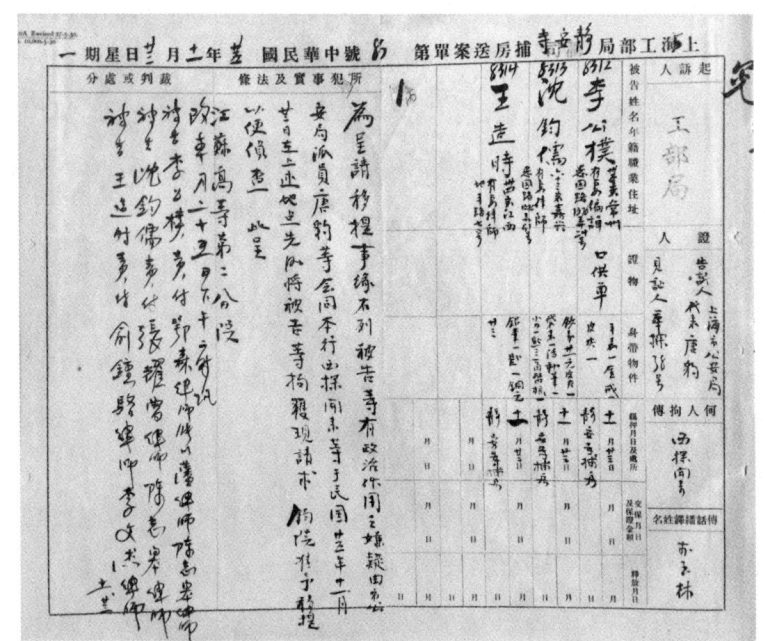

七君子被捕时拘票 2

加蓬勃地发展。据估计,到 1936 年底,救国会会员人数达数十万人。

中国共产党对救国会的爱国行动给予高度的评价。毛泽东曾致函沈钧儒、章乃器、陶行知、邹韬奋等,指出救国会的抗日救国言论和英勇行动,已经引起全国广大民众的同情,使全体红军和苏区人民产生无限的敬意。同时表示中国共产党愿同救国会在各方面诚意合作和共同奋斗。① 中共中央曾发表宣言,要求立即释放七位爱国领袖和全体政治犯,彻底修改所谓的《危害民国紧急治罪法》(《救国时报》1937 年 8 月 5 日)。

"七君子事件",是近代上海持续高涨的爱国主义情绪在新的历史形势下的集中表现。

救国会"七君子"中,沈钧儒、史良、沙千里三人是律师,李公朴、王造时是教师,邹韬奋是杂志主编,章乃器是中国信征所的董事长。沈钧儒年纪最长,被捕时 61 岁;最年轻的是王造时,被捕时 34 岁。他们在成为救国会骨干之前,既不在同一个机构工作,更不属于某一个共同的党派。他们走到一起,完全是出于一个共同的目标,即救国。他们在成为救国会骨干之前,还有一个共同点,即都在上海工作。

---

① 毛泽东:《论团结御侮——复沈、章、陶、邹等》,《救国时报》1936 年 10 月 30 日。

韬奋等七人出狱后与战友杜重远会见爱国老人马相伯

上海是一个具有爱国主义光荣传统的伟大城市，也是一个具有运用近代斗争方式进行反帝爱国运动光荣传统的杰出城市。"七君子事件"发生的年代，上海已经是一个拥有350万人口的特大城市，是国际第五大城市、中国第一大城市，是一个具有反帝爱国丰富历史的城市，是一个不断爆发反帝爱国斗争的著名城市。自1903年拒俄运动以后，历经1905年的抵制美货运动、1915年的抵制日货运动、1919年的"五四运动"、1925年的"五卅运动"、1926年至1927年的上海工人三次武装起义，上海各界爱国人士，对于帝国主义侵略怀有满腔仇恨，对于动员民众起来进行反对帝国主义的斗争也有比较丰富的经验，诸如集会、游行、罢工、散传单、喊口号、发通电、出版书刊等，都能运用自如。上海有发达的交通与通信系统，居住着数量可观的外国侨民，与世界各地有便捷顺畅的联系。特别是4年之前发生的"一·二八事变"，日本帝国主义侵略上海，将上海闸北等地由繁华都市变为废墟，中断了上海城市正常的发展轨道，严重地破坏了上海城市，这使得广大上海人民对于帝国主义的仇恨，特别是对于日本帝国主义的仇恨，容易如烈火烹油那样一下子爆炸开来。

综上所述,沈钧儒等"七君子"当年所从事的爱国运动,是全国各界人民反对内战、要求抗日的爱国主义的集中体现,有力地推动了全国抗日救亡运动的开展,是近代上海持续高涨的爱国主义热情在新形势下的表现。"七君子"伟大的爱国主义的精神,是中华民族优秀文化的组成部分,也是上海城市历史文脉的重要组成部分。

(2016年)

近代上海广东人[①]

广东人欧榘甲在清末写过一本《新广东》,讨论广东特质,要点有四:一曰人才之出众。通商最早,风气最开,通外事而知内情者所在多有,办实业,兴制造,开报馆,开学堂,开学会,开国会,游学海外,议论国事,爱国爱种,无不由广东人发起,于是全国之事,几乎有广东人则兴,无广东人则废。二曰财力之雄厚。广东财雄闻于天下,咸丰、同治以来,国家若有兵事、赈荒、国债、赔款,举凡大款大项,无不向广东搜刮,其数常倍于他省。至于广东财富之耗于官吏、耗于外洋者,更不知几何。广东一县之财,往往胜于其他荒瘠之一省而有余。三曰地方之握要。背负长江,面对南洋千万岛屿,紧扼东西两洋之吭。外国文明输入中国之前沿,东西两洋轮舶所必经,万物运输,无能留阻。四曰户口之繁殖。广东人口滋生之易,世界殆无其匹。人口众多,不独充塞其本部,流寓海外者达数百万。

原文颇长,这里只能述其梗概。清末反满交响乐中盛奏地方曲,各省人各说本省特点以自炫,浙江人办《浙江潮》,湖南人办《新湖南》,江苏人办《江苏》,直隶人办《直说》,巴蜀人办《鹃声》,陕甘人办《夏声》。湖南人杨度的名言"中国如今是希腊,湖南当作斯巴达。中国将为德意志,湖南当作普鲁士。若道中华国果亡,除非湖南人尽死",最有代表性,传诵一时。在这种情境下,广东人编《新广东》,侈言广东优长,不足为奇,即使有些夸耀,也在情理之中。但是,揆诸实际,欧榘甲所言,条条有据,事事在理。近代以来,广东人在全国,领风气之先,创时代之新,外抗强敌,内兴实业,接引西学,除旧布新,确实不同凡响。从洪秀全、康有为到孙中山,农民起义、变法维新与反清革命的三大领袖都出在广东,绝非偶然。

广东人将开放的风气吹向全国,也将创新的种子撒向全国。上海是他们重要的活动舞台。上海开埠以后,广东人就追随洋商的脚步来到上海,成为上海移民中极为重要的一支,人多、钱多、影响大。我曾经留意过上海香山人的情况,感到光是上海香山人的历史就足可写一本大书。香山以一边陲小县,竟然有那么多著名人物在上海活动,既有

[①] 本文系为宋钻友著《广东人在上海》所作序言,该书由上海人民出版社2007年出版。

孙中山、容闳、唐绍仪这些在教科书上都能见到的名流要角,有徐钰亭、徐宝亭、徐润、唐廷枢、唐廷植、唐瑞芝、唐国泰、莫仕扬、郑翼之、徐渭南那么多褒贬不一的买办,有百货业巨头、创办先施等四大公司的郭乐、郭标、郭泉、郭葵、郭琳爽、马应彪、蔡昌,有实业界巨子方举赞、马玉山、郑伯昭,还有撰写《盛世危言》的郑观应,杰出艺术家郑君里,著名音乐家萧友梅、遗世独立之影星阮玲玉,精武体育会创建人卢炜昌、陈公哲,发明四角号码之王云五,小刀会首领刘丽川,上海市长吴铁城……从政治、经济、社会到文化、艺术,群星璀璨,流光溢彩,人数之多,影响之大,令人浩叹!香山一县已经如此,将目光投射到整个广东,从人物到事件、团体、网络,如本书所记述的那样,简直数不胜数,笔墨难摹。很难想象,一部上海史,假如没有广东人,会是什么模样!行笔至此,只能套用一句古语:猗欤盛哉,猗欤盛哉!

"广东人在上海"这一课题有重要研究价值。

然而,课题的重要性常常与研究的艰巨性相伴。改革开放近30年来,关于各地人在上海的研究成果层出不穷,关于宁波人、苏北人、福建人,都有专著,关于广东人的分门别类成果也相当可观,涉及买办、留学生、政治家、思想家、艺术家等,论文、著作一大堆,但是,迄今没有一部关于上海广东人的综合性专著问世。考其原因,不外乎范围广、资料多、起点高、难度大。钻友兄的这部著作,创榛辟莽,筚路蓝缕,填补了上海史研究中的重要空白,可敬可贺。

本书系统而比较全面地梳理了100多年间广东人移居上海的历程、规模,研究其人口来源、在上海的空间分布、同乡组织、区域特点,展示其丰富多彩的政治、经济、社会、文化活动,对于金融、商业方面着墨尤多。作者以社会网络理论为分析框架,以翔实的资料为分析基础,脉络清晰,论证细密。披览全书,我觉得本书在资料、方法、论述诸多方面都有独到之处。特别是资料,作者多年来查档案,做口述,南奔北走,日录夜作,多次到广东做田野调查,积累极其丰富。在学术大厦的建构中,资料不仅仅是钢筋、水泥、黄沙,也是地基。任何学术观点的产生,都是在与资料的反复对话中完成的。在这个意义上,资料就是质量。书中关于广东同乡组织的运作特点、不同县级同乡组织的联系与区别、广东人的宗教与信仰、粤商的商业伦理、旅沪广东人与原籍的关系等问题的论述,都富有创见,言必有征,学术含量很高。

钻友兄自历史系毕业以后,供职于文化管理部门,因钟情史学,放弃公务员"热沙发"来历史所坐"冷板凳"。他不畏险阻,知难而上,围绕着"广东人在上海"这一难题,发表过多篇论文,翻译过美国顾德曼教授的关于上海同乡组织的名著,多次到中国香港、新加坡、日本等地作访问研究。在学术圈子里,他关于广东人的研究已颇有名气,有"宋广东"之称,尽管他的祖籍是山东而非广东。十几年来,他脚踏实地,默默耕耘,钩沉索隐,阐幽发微,暑往寒来,年复一年,档案馆、图书馆里洒下他串串苦读的汗水,电灯下、弄堂里留下他孜孜求索的身影。天道酬勤,在过五望六之年,终于捧出这部沉甸甸的力作。作为多年从事上海史研究的同事,我衷心地为他祝贺,为上海史学界祝贺。

书稿付印在即,我有幸先睹为快,聊敷数言,是以为序。

(2007年)

上海香山人与香山文化①

一、寓沪香山人概况

近代上海是移民城市,人口来自全国各地,行政格局为一市三治,政府对社会控制能力相对薄弱,各地移民的同乡组织在社会生活中起重要作用,移民的地域特征相当显著,广东人、宁波人、苏北人是最为重要的三大群体。广东人中,又以香山人最为突出。

香山,唐代建镇,南宋设县,其范围相当于现在的中山市与澳门特别行政区全部,珠海、斗门之大部,番禺、顺德、新会之小部。所谓香山人,即指这一区域的人。香山设县之初,因僻处海滨,农田稀缺,粮食不足,经济落后,被列为下县,论经济,论文化,近不能与广州、佛山相比,远不能与苏州、杭州相比,很不起眼。那时的近万户香山人,也没有什么令人艳羡之处。苏东坡诗云:"日啖荔枝三百颗,不辞长作岭南人。"那时整个岭南,都被视为边陲荒僻之地。到明代,香山依旧被视为"其地最狭,其民最贫"②。康熙《香山县志》仍称此地"土旷人稀,生理鲜少,家无百金,取给于渔农"。嘉庆、道光年间,香山才渐趋富庶,全县人口超过40万,与南海、番禺、顺德、东莞同列为上县。

香山地处珠江三角洲南端,毗邻澳门、香港,是中国最先飘洒欧风美雨的地方。香山人口有较大幅度增长之时,适逢中国被迫对外开放,香港割让,五口通商,与欧美世界联系空前密切。香山人抓住了这一时机,一面向东南亚、檀香山、北美、澳大利亚移居,一面踩着西洋人的足迹,向中国沿海、沿江通商口岸拓展。上海是晚清中国发展最快、规模最大的通商口岸,也是香山人谋求发展的重点城市。

最早到上海谋求发展的香山人,是随洋行从广州北上的香山买办。上海在1843年开辟为通商口岸,同年上海就有怡和、宝顺等5家洋行开设,第二年增加到11家,1847年增加到24家,到1852年已有41家。1844年中美《望厦条约》规定,洋商觅雇员为事所必然,例所不禁,各听其便。因此,洋行开办之时,也是买办到沪之日。早期洋行买办

---

① 原载《社会科学》2006年第9期。
② 语出《永乐大典》,转见郑华冠:《香山史话》,载政协广东省中山市委员会文史委员会编:《中山文史》第15辑,1988年。

多为香山人,因此,上海洋行急速增多,上海香山人也快速增多,宝顺洋行的徐钰亭、琼记洋行的朱雨亭①,都是19世纪四五十年代就来到上海的香山买办。1845、1846年先后到上海的怡和洋行的买办阿三、阿福,具体籍贯不详,只知道是广东人,但是,根据那时洋行买办多为同乡人互相推荐、担保的惯例推测,这两人很可能也是香山人,因为他们的后任林钦、唐廷枢都是香山人。

随着中国外贸中心从广州移到上海,广东商人也纷纷北上,其中有相当一部分是香山人。日后成为上海道台的香山人吴健彰,原来是广州十三行之一的同顺行商人,在1842年就来到了上海。从事糖业和丝茶业生意的香山人刘丽川,1849年来到上海,日后成为著名的小刀会首领。

据估计,1853年以前,上海有广东人8万②,其中广肇帮最多,潮州帮其次,雷钦惠梅帮最少。广肇帮中香山人最多,人数有两万多。③

随着上海经济中心地位日趋增强,香山人来沪日多。到1949年底,上海有广东人119 178人,其中香山人估计为3.5万。他们相对集中的区域,为老上海的虹口、新成、静安寺、嵩山等区,在今虹口、黄浦、卢湾、静安等区域内,都是上海的黄金地段。

还在1853年以前,广肇帮已在上海建立同乡组织广肇会馆,小刀会起义失败后被清政府焚毁。1872年,在上海县知县、香山人叶廷眷和大买办徐润等倡导下,广肇帮重建广肇公所。晚清公所不设总董,只设董事。唐绍仪长期资助公所,因此长期担任董事。从创办到活动,可以看出香山人在广肇公所中占主导地位。公所主要职能,一是建立广肇山庄,定期运送灵柩还里;二是创办义学,为旅沪广肇子弟提供教育机会,到1919年已办9所义学,入学人数1 200;三是一年一度举办盂兰盆会,将家乡习俗搬到上海;四是设立医院,救治寓沪广肇同乡;五是为同乡排解纠纷,提供贷款、信用担保等各种帮助。

香山人在上海的职业门类众多,包括商业、工业、金融、房地产、教育、出版、艺术等,成功者、杰出者、著名者灿若群星,如革命伟人孙中山,政治活动家唐绍仪,对上海政治、社会产生过重大影响的吴健彰、刘丽川、叶廷眷、吴铁城,著名买办、企业家徐润、唐廷枢、唐廷植、郑观应,上海百货业巨头、创办先施和永安等四大公司的郭乐、郭标、郭泉、郭葵、郭琳爽、马应彪、蔡昌,永安纺织公司的郭棣活,为发展中国糖果业做出巨大贡献

---

① 一作"朱雨滕",见上海对外经济贸易志编委会编:《上海对外经济贸易志》上册,上海社会科学院出版社2001年初版,第111页。
② 见 George Lanning & Samuel Couling, *The History of Shanghai*, Kelly & Walsh, Limit, 1921, p.299。
③ 据研究上海广东人的专家宋钻友估计,上海香山人通常占上海广东人的30%。

的马玉山,为发展中国烟草工业做出重要贡献的郑伯昭,杰出电影艺术家郑君里,著名音乐家萧友梅,举世闻名的影星阮玲玉,引进西方科学技术、思想文化的容闳、黄胜,发明四角号码的著名出版家王云五。这些,都已经为学术界所熟知,有许多研究成果,兹不赘述。

此外,上海各行各业,还活跃着一批香山人,名气可能没有上面那些人大,但也相当突出,相当有成就。

比如,经济方面:为发展中国民族机器工业做出重要努力的方举赞[①];香港著名的新都城酒楼总经理、被誉为"酒楼闻人"的黄瑞麟,是在上海长大、起家的[②];发起成立中华实业银行、创立上海国民合作储蓄银行的薛仙舟[③]。政治方面:参加领导广东省港大罢工的革命家杨殷曾在上海刺杀袁世凯干将郑汝成,其最后牺牲地是上海[④];实业家兼政治活动家冯少山基本活动地在上海[⑤];为反对国民党黑暗统治而光荣牺牲的革

---

① 方举赞(1820—1906),15岁到上海,进打铁铺当学徒。满师后在上海各洋商船厂做工,逐步以拆卖外商船厂旧机器、旧船零件积累了一定资本。1866年,与打铁工孙英德合伙,在英商虹口老船坞对面开办近代上海民族机器工业第一家工厂发昌号,当时仅是一家锻铁作坊,从洋商船厂包揽一些零件加工业务。1873年前后,发展为发昌号铜铁机器车房。19世纪80年代已成为民族机器工业中自行造船的规模最大的机器厂。
② 黄瑞麟(?—1985),祖籍中山县,自幼在上海长大。16岁时进酒楼当实习生,后任上海南国酒楼夜总会营业经理。1949年携家迁居香港,将海派风格带入了香港酒楼业,先后开设或经营金宝、香槟、云华等酒楼。1970年出任香港著名的新都城酒楼总经理,被誉为"酒楼闻人""酒楼业的革新大师"。次年举家迁澳大利亚,先后开设太源、新太源等酒楼,还兼营赛马业。数年间成为悉尼商界名流,积极参与华埠内的社区福利事业,曾任澳大利亚华人福利联合会主席、美化德信街委员会主席,具体负责改建、美化悉尼唐人街。1985年在悉尼家中被害身亡。
③ 薛仙舟(1878—1927),9岁居上海。1901年赴美国加利福尼亚大学留学。1905年留德,入柏林大学读研究生。辛亥革命后回国。经南京临时政府派任上海中国银行副监督。发起成立中华实业银行,兼任复旦公学教务长。1918年,为上海工商银行赴海外集股。次年归沪,创立上海国民合作储蓄银行,发行《平民周刊》,宣传合作主义。1920年任工商银行总理,并与陈果夫等组织上海合作同志社。1927年9月14日病逝于上海。复旦大学1929年图书馆新舍建成后,特定名"仙舟图书馆"以志纪念。
④ 杨殷(1892—1929),1910年在学校宣传反清思想被开除,到广州圣心书院读书。1911年加入同盟会。1913年在上海刺杀袁世凯干将郑汝成,将郑炸伤。1917年任护法军政府参军处副官。1919年受聘广西西关盐务稽查处师爷。1922年参加中国共产党,年底赴苏参观学习。1923年初回国,被选为中国国民党广州第四区分部委员,兼任秘书。1924年参加领导广东省港大罢工。1925年出席中共第四次全国代表大会。1927年参加领导广州起义。1928年参加在苏联举行的中共六大,当选中共中央委员。六届一中全会当选政治局候补委员,并任中央军事部部长。曾到苏、鲁、皖等地指导武装斗争。1929年在上海被捕牺牲。
⑤ 冯少山(1884—1967),幼年随父母侨居美洲,长成后回上海发展实业。1927年当选上海市总商会临时委员会执行委员,1928年4月当选上海市总商会执行委员会主席委员、中华全国商会联合会主席。同年7月26日,因反对蒋介石黑暗政治遭通缉,避居海外。1931年9月,由虞洽卿等5人联名提请国民党政府取消通缉令,回到上海。1940年,傅筱庵被杀后,汪精卫、陈公博让其出任伪上海特别市市长,坚辞,遂离沪。1945年,与马叙伦、许广平、周建人等发起组织中国民主促进会,任理事和民进上海分会理事兼工商委员会主委。中华人民共和国成立前任上海开林油漆公司董事长,中华人民共和国成立后"开林"与"益民""利达"合并,由工业部轻工处接管。1952年参加抗美援朝第二届赴朝慰问团。1956年起当选上海市工商联第二、三、四届执委。历任中国民主促进会上海市委员会常务委员,上海市粮食局、上海市第二商业局、上海市民政局副局长,民进第三届理事和第四、五届中央委员,民建第一、二届中央委员,第二至四届全国政协委员。

命烈士梁仁达①；无政府主义思想家刘思复一度在上海活动②。文化与社会方面：1949 年以前在上海从事教育与革命活动、1949 年以后曾任上海市副市长的教育家韦悫③；热心女子教育的著名教育家徐婉珊④；为发展民族体育事业做出重要贡献、在 20 世纪二三十年代的上海赫赫有名的精武体育会创建人卢炜昌⑤、陈公哲⑥；著名法国文学家吴达元⑦；享有盛誉的建筑学家吴景祥⑧；蜚声海内外的魔术大师张慧

---

① 梁仁达(1916—1947)，19 岁入上海永安公司，先当练习生，后升职员，爱打乒乓球，曾获上海第一届华联乒乓赛亚军。1947 年 2 月 9 日，上海各界人士在南京路、山东路路口劝工大楼召开演讲会，号召"爱用国货，抵制美货"，遭国民党当局镇压，200 多名特务混在人群中肆意殴打出席会议人员，捣毁会场。梁仁达见状怒斥凶手，被暴徒围攻毒打，伤重致死，成为"劝工大楼事件"中著名烈士。

② 刘思复(1884—1915)，1912 年在广州组织晦鸣学舍。1913 年在广州发刊《晦鸣录》，此刊屡次被禁，并于澳门更名为《民声》，1914 年该刊转至上海出版。7 月，在上海成立无政府共产主义同志社。11 月，上海漆业工人因要求增加工资举行罢工，刘撰文鼓吹工团主义，要工人"不恃政府而惟恃自己实力以来除贫富阶级"。在传播无政府主义期间，刘思复与传播社会改良主义的江亢虎展开辩论，并将有关文字编成《伏虎集》。

③ 韦悫(1896—1976)，早年参加辛亥革命。获美国芝加哥大学哲学博士学位。1921 年回国，先后任教于广州高等师范、岭南大学、复旦大学、大夏大学、光华大学等。1928 年后任上海市教育局长、中央大学教育学院院长、上海青年会中学校长等。1932 年任商务印书馆编审部主任，后任上海《译报》总经理和《上海周报》总编辑。1942 年参加苏北、皖北抗日民主工作。1949 年 5 月来上海，后任上海市副市长、国家教育部副部长、中国文字改革委员会副主任等职。著有《中国教育的改造》《德国教育思想概论》等。

④ 徐婉珊(1866—1947)，女，1905 年以个人嫁妆费创办启秀工艺女塾，自任校长。校址在爱而近路(今安庆路)。1910 年女校增设初中、高中，扩充校舍，改名私立启秀女子中学，又设小学、幼稚园及义务小学，学生从 30 余人发展到 560 人。1937 年上海沦陷后，徐多方筹资，在法租界重建校舍，坚持办学，并在险恶环境中不畏日伪利诱，拒绝汉奸吴世宝担任校董。其先后收养十几个贫穷遗孤，抚养成才。

⑤ 卢炜昌(1883—1943)，上海汉璧礼英文书院毕业。原为礼和洋行职员，后任新瑞祥五金号经理。1911 年与陈公哲、姚蟾伯等重建精武体育会，1916 年协助筹建精武体育会新校舍。曾任该会会计、座办、书记等职。1923 年为全国武术大会发起人，同年任精武体育附设体育师范学校校长。为中华体育协会筹备委员。此后，卢一直主持上海精武体育会工作。1924 年任中华全国体育协进会董事，兼名誉会计。1936 年因参加李济深、李宗仁发动的"两广事变"，受到牵连。1938 年被国民党政府以"日特嫌疑"名义下狱，1943 年死于桂林狱中。著有《少林宗法》《少林拳术图论》等。

⑥ 陈公哲(1890—1961)，是精武体育会创始者之一，15 岁参加健身球社，20 岁参加精武体操学校，为精武体育学校第一批学员，一直是精武的领导核心人员，与卢炜昌、姚蟾伯一并有"精武三杰""精武三公司"之称。曾就读于复旦大学，精摄影技术，拍摄了初期精武书籍的照片，并与程子培拍摄了精武体育会的电影纪录片 5 卷。1916 年前后，曾两度捐出宅址、家产和房屋给精武体育会。在精武体育会书刊中发表过数十篇文章。1927 年去南京政府任职。抗日战争爆发后，迁居香港。

⑦ 吴达元(1905—1976)，早年在上海广肇义学和上海南洋大学附中学习。1925 年考入南洋大学，翌年转清华大学外文系，毕业后为该系研究生。1930 年毕业后赴法国留学，先后入巴黎大学、里昂大学。1934 年回国，任清华大学外文系教授。抗日战争爆发后在昆明西南联大外文系任教授。1946 年冬返回北平，任清华大学教授。1952 年任北京大学西方语言系教授、法语教研室主任、系副主任，并在北京外语学院等院校兼任教授。著有《法国文学史》《法语语法》等。与人合著《欧洲文学史》。

⑧ 吴景祥(1905—?)，同济大学教授。1929 年毕业于清华大学土木系，赴法国留学。1933 年毕业于法国巴黎建筑专门学院，获得法国教育部颁发的 DESA 建筑师学位。回国后任中国海关总署建筑师。中华人民共和国成立后历任之江大学教授、华东建筑设计院总工程师。1952 年任上海同济大学建筑系主任、教授。1956 年"华沙英雄纪念物"在国际设计竞赛中获奖。1981 年任上海市第五届建筑学会理事长。是第三届全国人大代表、第六届全国政协委员。长期承担我国沿海港口及内陆江河口岸多项建筑设计。著有《中国的教育与学校建筑》《资本主义国家的建筑》等。

冲①；音乐教育家、上海音乐学院指挥系主任杨嘉仁②；长期活跃在上海电影界、产品相当丰富、有广泛影响的电影艺术家黄绍芬③；以设计"上海人民英雄纪念碑"等众多雕塑而出名的建筑设计师谭垣④；擅长风景摄影，出版有《南京影集》《昆明影集》《黄山影集》《西湖倩影》等众多影集的摄影家郭锡麟⑤；优秀儿童文学家郑马⑥；如此等等，不胜枚举。

近代百余年，香山人在上海纵横驰骋，开拓创新，实干巧干，声名卓著，其中有四个方面，对上海经济社会影响最大：一是买办集团，起步早，势力大，在早期上海对外贸易中，起着相当巨大的作用；二是环球百货，开一代风气，极大提升了上海商业中心地位和服务形象；三是小刀会起义；四是外滩公园交涉。前两个方面，学术界研究成果甚多，讨

---

① 张慧冲(1896—1962)，祖籍香山，生于上海。1916年毕业于吴淞商船学校。成年后虽从事航海业、电影业，但对魔术一直情有独钟，因发明聂哥拉四面出水而一举成名。20世纪30年代始，融汇中外魔术精华，首创巨型魔术体系，形成独特风格。抗战期间，自组魔术团巡演全国，并3次在越南、缅甸、泰国、马来西亚、新加坡、印尼等地巡回演出，大获成功。1949年后继续从事魔术表演。著有《魔术》上、下集。

② 杨嘉仁(1912—1966)，祖籍香山，生于南京。1935年毕业于金陵大学教育系。后赴美国学习音乐理论，获硕士学位。1940年回国，到上海工作，先后在圣约翰大学、沪江大学和国立音乐专科学校执教。1949年后任上海音乐学院指挥系主任。

③ 黄绍芬(1911—1997)，中山师范学校毕业后，1925年到上海民新影片公司当学徒，初为童星，后学冲印、摄影、照明等技术。1929年与孙瑜合作，拍摄《故都春梦》。后继参加拍摄《野草闲花》《一剪梅》《恋爱与义务》等影片。1932年"一·二八事变"时，赴前线实地拍摄抗日官兵英勇杀敌和群众支援前线的镜头。1933年投入左翼文化运动，参加拍摄《三个摩登女性》《母性之光》《天作之合》《春到人间》等影片。1937年在上海新华影片公司参加拍摄《貂蝉》《武松与潘金莲》《白蛇传》等古装影片。1943年，因拒绝与日本技师合拍反动影片《春江遗恨》而离开摄影界。抗日战争胜利后，指导拍摄《夜店》《假凤虚凰》《生死恨》《艳阳天》等。1949年5月上海解放时，参加拍摄人民解放军入城的大型纪录片。此后担任天马电影制片厂、上海市电影局工程师兼技术办公室主任，中国电影家协会上海分会主席，上海市文联副主席，中国影协理事，中央文化部电影局技术委员会委员，上海市政协委员等职。1953年，参加拍摄中国第一部彩色戏曲片《梁山伯与祝英台》。以后又陆续拍摄《伟大的起点》《女篮五号》《聂耳》《天罗地网》《十五贯》《林则徐》《霓虹灯下的哨兵》《枯木逢春》等影片。

④ 谭垣(1903—1996)，1929年获美国宾夕法尼亚大学建筑硕士学位。回国后，曾任中央大学、之江大学建筑系教授。中华人民共和国成立后，任同济大学教授。擅长纪念性建筑设计，讲究设计手法，又长期从事建筑设计和教学，提出"轴线分析法"等独特教学方法。1951年设计"上海人民英雄纪念碑"，获全国方案竞赛一等奖；1983年设计"上海聂耳纪念雕塑"，获优秀作品奖；1985年设计陕西"西安英烈馆"，获优秀设计奖。著有《纪念性建筑》等。

⑤ 郭锡麟(1896—1976)，字澹观，1910年毕业于上海广肇公学。后在上海外商公司、银行任职。1914年开始从事摄影创作。是中国最早的摄影组织中华摄学社的成员。与胡伯翔、郎静山等研制油渲照片。曾在上海、昆明、南京及杭州等地举办过个人摄影展。1948年任中国摄学学会理事。次年任上海招商局美术室办事员。后从事业余摄影创作。擅长风景摄影。出版有《南京影集》《昆明影集》《黄山影集》《西湖倩影》《普陀洛迦》等。

⑥ 郑马(1928—1992)，1948年于上海中国新闻专科学校毕业，在南京《大同报》晚刊任记者。1943年开始发表文学作品。1948年在《华美晚报》发表第一篇短篇小说《阿英》。1949至1956年在《新少年报》任记者、编辑，后任上海少年儿童出版社文艺编辑。1956至1964年在上海少年儿童出版社文艺编辑室工作。1957年被错划为"右"派。20世纪80年代始在该社任《少年文艺》主编、副总编辑、编审。有短篇小说集《秘密》，中篇小说《爸爸妈妈离家以后》，童话《有魔法的乒乓板》《翘嘴巴的小姑娘》《小阳伞飞飞》，诗集"咚咚"响的大队长》《戴上红领巾的第二天》等。其中诗歌《歌声》获1992年陈伯吹儿童文学奖。

论甚多,兹不赘述。后两个方面,则所论甚少,略述于下。

二、香山人与小刀会起义

19世纪50年代,以香山人为领袖,在上海发动了一场重大政治事件——小刀会起义。

小刀会起义的发动、交涉、善后处理,都与香山人有直接关系。

首先,吴健彰重用、偏袒广东人,为起义的酝酿、爆发埋下了伏根。

如前所述,吴健彰、刘丽川都是上海开埠以后来到上海的。吴本为广州行商,以捐纳而为候补道员,早在1842年便来到上海。他从宫慕久担任上海道台开始,便事实上成为上海地方政府办理外交的参谋。宫曾以他为助手,参与对外交涉。1848年"青浦事件"以后,英美等国领事和上海租界当局,很希望上海道台是一个比较了解外国情况、容易沟通的人。于是,在洋行里干过事、与外国人比较熟悉、会说英语的吴健彰便成了理想人选。特定的时间、特定的环境、特定的中外态势选择了吴健彰。吴比较会做生意,但不大会做官,缺乏行政经验。太平天国定都南京以后,上海一部分守军被调往镇江一带驻防,身为道台的吴健彰为安全计,招募粤勇、闽勇,以作防御。上海地方士绅提醒他,这样做非常危险:

> 古来谭兵者,谓召外兵不如募土著,固也。外兵主客不相习,痛痒无关,生事滋累。土著则家室自谋保聚,子弟必卫父兄。今浙、闽、广各为一帮,本地招集亦非一处,此其势固犹是外兵耳。江、浙懦而多诈,闽、广悍不畏法,近已小有斗狠,诚恐积为厉阶,贻误匪浅。脱巾一呼,变生肘腋,当事者何以待之?①

日后事态的发展,证明地方士绅说的完全在理,但吴健彰听不进去。他做道台,不依靠上海地方士绅,而依靠广东人,特别是香山人。为了安全起见,他雇了40名广东人为警卫,衙门上下都是广东人,估计其中相当一部分是香山人。广东帮倚仗这位本乡道台,走私贩毒,偷税漏税,得到好处不少。刘丽川是一个颇有心计的人,他利用同乡关系,将吴身边的警卫都发展为小刀会会员。后因太平军一时并未来攻上海,团

---

① 蒋敦复:《上某兵备书》,载上海社会科学院历史研究所编:《上海小刀会起义史料汇编》,上海人民出版社1958年版,第1027页。

练需费浩繁,清政府下令将团练解散,这引起练勇中会党成员的愤恨。小刀会遂酝酿起义。

其次,政府的高度机密被小刀会侦知,是起义提前发动的直接动因。

小刀会原定起义时间是1853年9月18日,即农历八月十六日。8月底,隐蔽在吴健彰身边的小刀会成员报告,道署中藏有40多万两银子,近期将运走。为了这笔巨款,小刀会决定将起义提前。9月3日(八月初一),吴健彰照例要到天后宫进香,小刀会拟在途中袭击,后因吴加强了防卫而未下手。

再次,起义戏剧般成功,上海道台戏剧般被捉、被放,都是广东同乡关系在起作用。9月7日,为农历八月初五,县城内文庙照例举行祭祀孔子的大典。凌晨,正当牺牲供好、祭者到达、准备祭祀之时,成百上千的起义者,头扎红巾,手执器械、旗号,冲进县城。县署中担任警卫的40名广东练勇,立即从腰间取出红巾,摇身变成起义者。吴健彰见昔日警卫今日尽扎红巾,始则厉声吃喝,继则容色沮丧,后则北面再拜,作欲自杀状。那些广东小刀会成员念同乡之情,也看在他平日对同乡多有照顾的份上,没有杀他,且以礼相待,劝他加入起义行列。吴不从,结果被挟至西城广东会馆监禁起来。到这时,吴才醒悟,但为时已晚。有人作诗讥刺:

私心自用为乡亲,招集南方无赖人。养虎自伤还误国,资财费尽又殃民。①

吴健彰被俘以后,如何处置,小刀会内部意见不一。福建帮主张一杀了事,广东帮主张劝降。刘丽川念同乡之谊,下令勿杀。吴是美商旗昌洋行的股东,美国驻华公使马沙利在吴被俘的当天,就致函刘丽川,表示愿负保护之责。刘接信后,当晚会见马沙利,表示吴的安全没有问题。9月9日,美国洋行派人到吴被关押的地方,让吴脱去官服,扮成商店伙计模样,着便服,戴墨镜,持破伞,由两名身强力壮的广东人充当侍从,溜到城墙根,用事先准备好的长布条缒城逃脱。吴出城后,先躲在传教士晏玛太的家里,然后躲入旗昌洋行。他的家属稍后由传教士救出。显而易见,吴表面上是逃走的,实质上是被放走的。

小刀会起义及其被镇压,给上海城市带来不可估量的影响,上海城市重心此后逐渐移往租界,租界由华洋分处变成华洋杂处,工部局等机构由此设立。小刀会起义对广东

---

① 姚际唐:《避氛后集》,载上海社会科学院历史研究所编:《上海小刀会起义史料汇编》,第1039页。

人在上海的活动也有一定影响。小刀会起义被镇压以后,两江总督怡良、江苏巡抚吉尔杭阿奏请办理善后事宜,凡14条①,其中5条与广东人有关,即:一、广东游民,未来者严其防范;二、广东游民,已至者分别递回;三、慎选会馆董事;四、稽查洋行雇员情况;五、闽、广商民会馆不准进入城内。经此顿挫,香山人在上海的势力受到很大打击。但是,当时清政府权力并不能达于租界,因此,所谓限制、防范广东人来沪的说法,只是流于一纸空文。广东人来上海发展的势头仍然很强。

三、香山人与外滩公园交涉事件

近代上海,发生过著名的关于外滩公园游览权利交涉事件。这是上海华人与租界当局交涉的大事,也是近代中国人民反对外国欺凌的著名事件。最初向租界当局提出抗议、持续进行交涉的为首人物,就是唐廷植等香山人。

外滩公园在1868年建成开放,以后的十多年中,虽然没有公开挂牌禁止华人入内,但工部局授令巡捕,允许衣冠整洁之上等华人入内,禁止下等华人入园。华人可否入园,并无身份证件,全凭巡捕主观判断,因此,不时会有有身份华人入园受阻的事情发生。1885年,公园明示游览规则,禁止华人入内。②

唐廷植等人的交涉始于1881年。这年4月初,唐廷植等入园被阻,引起交涉。他们致函工部局质问。4月20日,工部局先在覆信中表示,因花园面积有限,势不能尽容华人入内,故禁止下等华人,但衣冠整洁的上等华人可以入园。5天以后,4月25日,工部局推翻前说,不承认华人有享用公园之任何权利。对于工部局前后不一致的表态,唐廷植等很为不满,但也从中看出工部局对于上等华人入园问题是能够松动的。同月4月29日,《申报》提出变通办法,即有限制地向上等华人开放:

> 或为西人计,不如择华人行栈之家有体面者,每行分与照会数张,准其持此以为游园之执照,如持有执照则听其入内游玩。设有折损花木、作践地方等事,即可

---

① 这14条是:一、广东游民,未来者严其防范;二、广东游民,已至者分别递回;三、慎选会馆董事;四、稽查洋行雇员情况;五、闽、广商民会馆不准进入城内;六、已烧毁的小刀会的活动据点不准再建房屋;七、安抚在战争中受难的百姓;八、逐一清查版图册籍;九、颁发游民出海之禁;十、革除马迹、舢板船;十一、酌添营兵;十二、海防同知酌兼捕盗事宜;十三、已毁学宫易地改建;十四、改建衙署。见《协办大学士户部尚书柏葰等奏遵旨会议何桂清等所奏酌定上海善后章程摺》,载中国第一历史档案馆编:《福建、上海小刀会档案史料汇编》,福建人民出版社1993年版,第503—505页。

② 《公家花园》,载《公共租界工部局巡捕房章程》第24项,1903年印刷,转自上海租界志编纂委员会编:《上海租界志》,上海社会科学院出版社2001年版,第703页。

令该行赔偿,想各行家深知西例,亦决不使粗卤龌龊之流持照往游。其或有往来过客意欲一扩眼界,即可由该行家处借照以便进园。既可公与人同乐之志,又无虑毁损糟蹋之事;而函中所谓上等华客听其入内游赏之言,亦有以自实其语,而不致人之疑为权词慰藉。①

《申报》的建议,得到唐廷植等人的赞成。同年11月,唐廷植、陈咏南、李秋坪、唐廷枢等八人联名具函,"希望工部局能允许那些高贵阶层的中国居民和外地客人能进入工部局管辖之下的娱乐场所"。他们提出有条件开放的建议:

第一,所有善意的、真诚的来花园游玩的中国人,必须出示证件。证件由工部局发给。有名望的中外人士的介绍信,或是社区居民团体委员会的介绍信,都可以作为入园的证件。

第二,每星期安排两三天(星期六和星期天)允许持有上述证件或介绍信的有名望的、受人尊敬的当地中国人入园。

第三,鉴于现在花园面积小,可以把外滩前面那块用栏杆和链条围起来的草地(译注:即外滩街道绿地)当作花园的附属场地对外开放,供大众休息散步。也就是说中国人和外国人一样,都可以使用它,随时随地都能在草地上休息。如果这样做,目前这种不公正的感觉就会消失。②

此后,工部局部分地采纳了唐廷植等人的建议,由公花园委员会或工部局秘书长酌发华人游园证,每证限用一星期。1889年共发183张,每证以4人计,全年入园华人有700多人。

这一情况到1890年有所变化,一是入园游览的中国人比以前大为增多,影响了外国人的游览;二是有些中国人在游园券上弄虚作假,"如更改日期,过期的入场券再使用等。游园券的有效期限已经写得清清楚楚,他们有意乱用"③。此后,工部局对中国游客限制更严。1890年12月,位于苏州河南面的华人公园建成开放,专供中国人使用,张

---

① 《书本报工部局复信后》,《申报》1881年4月29日。
② 《唐廷植等八人致工部局秘书函》,载《上海英美租界工部局1885年年报》,译文转见上海园林志编纂委员会编:《上海园林志》附录,上海社会科学院出版社2000年版。
③ 《上海市公共娱乐场委员会报告——致洋泾浜以北租界工部局》,载《上海英美租界工部局1890年年报》,译文转见上海园林志编纂委员会编:《上海园林志》附录。

园、愚园等私人花园也对游客开放,华人很少再索证游览外滩公园了,但是,身着西装的华人还是可以入园的。

综上所述,唐廷植等人的抗争,取得了局部性胜利。

对香山人与外滩公园事件,有两点值得注意:

其一,抗争的领头人与骨干是香山人。从1881年入园被拒引起交涉,1885年致信工部局要求享受与西人同等待遇,到1889年禀请上海道龚照瑗与租界交涉,查考一下,可以看出,领导抗议运动的主要是如下八人:唐廷植、谭同兴、陈咏南、李秋坪、吴虹玉、唐廷枢、颜永京与陈辉庭。

八人当中,除了陈咏南生平无从查考外,其他七人情况如下:

唐廷植(1827—1897)、唐廷枢(1832—1892)兄弟二人,为广东香山唐家湾人。谭同兴,广东人,具体籍贯不详,上海谭同兴营造厂的厂主,后来成为上海著名房地产商。陈辉庭(1850—?),一作辉廷,广东新会人,上海轮船招商局翻译①,1891年以后担任轮船招商局商董、总董兼会办,1909年以后担任上海商务总会议董,曾任上海华兴保险公司总理。李秋坪(?—1888),香山人,高易洋行的买办,曾应吴虹玉之请,捐助土地和10 700银元给同仁医院建造大洋房、诊治房各一。②颜永京(1838—1898)祖籍山东,生于上海。1848年入上海教会学校,1854年由教会送往美国留学。1862年返国,任上海英领署翻译,后改就工部局通事,以后担任圣约翰书院学监、虹口救主堂牧师。吴虹玉(1834—1919),江苏常州人,1848年入上海教会学校,受洗入教,1854年秋随军舰去美国,在一家报馆当印刷工,1864年回到上海,在教会工作。

八个人当中,至少五个是广东人③,三个是香山人。其中,唐廷植曾在旧金山为维护华人权益而进行斗争,在给工部局的信中,他的名字签在最前面。八人签名的名称顺序如下④:唐茂枝⑤、谭同兴、陈咏南、李秋坪、吴虹玉、唐廷枢、颜永京、陈辉庭。因此,有理由认为香山人在这次抗争事件中起领头和骨干作用。

其二,抗争有理有节。唐廷植等人既反对租界不分青红皂白地排斥华人,但也批评

---

① 陈旭麓、顾廷龙、汪熙主编:《轮船招商局》,载《盛宣怀档案资料选辑》之八,上海人民出版社2002年版,第123、411、760页。张桓忠:《上海总商会研究》,台北知书房出版社1996年版,第369页。
② 吴鸿钰(即吴虹玉):《善士李秋坪太守传》,《申报》1888年3月31日。《吴虹玉牧师自传》,朱友渔整理,徐以骅译,载上海中山学社主办:《近代中国》第7辑,上海社会科学院出版社1997年版,第303页。
③ 陈咏南很可能也是广东人,待考。
④ 见《唐茂枝等八人致工部局秘书函》,载《上海英美租界工部局1885年年报》,译文转见上海园林志编纂委员会编:《上海园林志》附录。
⑤ 唐廷植,字茂枝。

一些华人不守游览规则、折损花木的不文明举动。在交涉中,他们所持的理由,完全是西方社会公认的纳税人权利、义务对等的观念,击中要害,所以,工部局无言以对。这种世界眼光与斗争艺术,与他们开阔的视野、所受良好的西方教育密切相关。

顺便指出,上海租界各公园最后向华人开放,也与寓沪广东人努力有直接关系。包括外滩公园在内的上海租界公园,是在1928年6月以后陆续取消禁令,向华人开放的。其时代背景是北伐战争取得胜利,民族主义高涨,汉口英租界被收回,上海租界当局不得不做些让步。其直接原因,则是上海绅商的持续交涉。为了交涉租界公园开放,上海总商会推选冯炳南与吴蕴斋、刘鸿生为代表,组成开放公园华人委员会,领头人是大律师冯炳南。冯炳南从1926年3月20日开始与工部局交涉,书信往复持续两年多,从法律角度逐一驳斥工部局的诡辩。工部局理屈词穷,最后只好同意开放。冯炳南虽然不是香山人,而是广东高要(今肇庆)人,但属于广肇公所,与上海香山人声气互应。

外滩公园的交涉,从开头到最后,都是广肇公所的人领头,广东人在上海反帝爱国斗争中常常走在前面,这一现象很值得研究。

四、从上海香山人看香山文化

寓沪香山人最多时也不过3万多人,但他们在拥有几百万人口的特大城市上海却那么彪炳显赫,引人注目,干了那么多大事,出了那么多名人。考其原因,就是香山人一直在讨论的香山文化在起作用。

从上海香山人的身上,我以为可以归纳出香山文化的四个特点:

其一,目光远大,视通中西。近代香山,处于中国对外开放最前沿,"春江水暖鸭先知",香山人接触西方早,走出国门早。容闳、黄胜、唐廷植、唐廷枢在教会学校接受教育时,内地一般人还不知道大地是圆球,不知道英吉利、美利坚,更不知道近代西方声光化电。第一批官派留学生赴美时,香山子弟那么多,京师及各地官绅还耻于与洋人接触。1883年,唐廷枢偕袁祖志等游历欧洲各国,回国后,唐为袁祖志所作游记写序,内称,处今之世,了解外国,应该"身历其境,心识其事,略其小,详其大,揣其本,明其末,事事以利我国家、利我商民为务,而不为纸上凿空之谈"[1]。这几句话,可以看作香山人走向世界、心系中华的写照。唐廷植、唐廷枢兄弟以一商人而编辑《英语集全》,郑观应以一商人而写《盛世危言》,其议题广度,思想深度,令当时众多专门读书治学的文人汗颜。这

---

[1] 唐廷枢:《〈出洋须知〉序》,载袁祖志:《出洋须知》,光绪丁酉上海藏经史馆石印。

些本来应该由专业文人做的事情,倒让商人去做了,看上去有些不可思议,但是,将其放到特定的历史时空来考察,就不难理解了。既知道西方又了解中国的香山商人,与既不了解西方又盲目自大的内地文人,适成鲜明的对比。而当时的中国,确实需要启蒙,需要振聋发聩的呐喊,于是,这副担子落到了香山商人身上。

其二,善捕良机,决策果断。鸦片战争前后,清政府并不鼓励向外移民,也没有保护华侨的政策,甚至苛待华侨。但是,香山人善于捕捉时机,看到了向外发展的巨大空间与美好前景,移民东南亚,移民北美,以后又移民澳洲。虽然千辛万苦,但是他们成功了。五口通商以后,香山人又一次捕捉到良机,北上沿海、沿江通商口岸,到上海、天津、汉口发展,他们再一次获得巨大成功。容闳曾经拒绝当买办,认为那名声不好,他坚守的是中国文人珍视清誉、爱惜羽毛的传统。但这是个案,一般香山人不是这样,而是看准就干,迅速付诸实施。香山买办中有许多家族现象,子承父业,弟继兄业,世代相续,很重要一个原因,就是他们不畏清议。光绪初年,石印业面临巨大的发展机遇,原来从事房地产、航运业的徐润抓住了这一机遇,果断地投资石印业,开设同文书局,获得极大成功。清末民初,环球百货面临重大发展机遇,身在澳洲的香山华侨,抓住了这一机遇,转身向内,大举发展,创办了先施、永安等百货公司。他们再一次获得了成功。即使是20世纪40年代后期,华侨资本由内地向香港、澳洲等地转移,也是他们从全球的角度审时度势做出果断决策。日后成为上海新新公司经理的李承基,少年时代在上海悠闲地学习上海话,在私塾里读诗书,学习《唐诗三百首》《东莱博议》等传统文化,突然,他的父亲李敏周(新新公司总经理)遇刺身亡,他的母亲立即决定,要他改变方向,专攻英文,并请了专门的英文教师。① 李承基母亲看到了在李敏周去世以后,对李承基来说,日后最好的发展空间就是子承父业,最好的途径就是懂得现代企业惯例,最近期的努力就是先学好英语。机会永远向有准备的人招手,机会也永远向果断的人伸手。虽然看准,但不果断,仍然会让机会从身边溜过。一个企业如此,一个家庭也是如此。

其三,脚踏实地,精益求精。据研究,唐廷枢一生自营、合营、参与、主持的各种企业有47家,涉及航运、矿业、铁路、医院、学校等方方面面,每一样他都由外入内,仔细琢磨,认真学习,力求最好。这简直叫人难以置信。而郭氏兄弟为开办永安公司进行游客调查的故事,早已众所周知:

---

① 见陈绛校阅,黎志刚访问、整理:《李承基先生访问纪录》,中研院近代史研究所2000年版,第44页。

  日升楼转角马路边上,面对面站着两个壮汉。一个在路南,一个在路北。两个人的双手全都叉在短褂子衣袋里。一会儿,右手摸出样什么东西,递交左手,左手连忙接住放进袋袋;一会儿,摸来递去,再放再掏的动作又重复一遍、两遍、三遍……

  郭葵许以重金交代他俩,每从身边走过一个行人,就摸出一粒豆子放到另一边的袋里去,一个也不能放过,一个也不能弄错,从早到晚,就做这件工作,但不得有丝毫差错。①

  这说的有些传奇,但反映了郭家一丝不苟的敬业精神。人都是学而知之,在学习中不断成熟、不断成长的。只要脚踏实地,精益求精,就能与时俱进,不断进步。郑观应的著作,从早先的《易言》,发展到《盛世危言》的初版、修订版、再修订版,就是不断汲取新的养分、逐步完善的。孙中山三民主义思想的发展史,就是不断修正、精益求精的生动记录。

  其四,融会中西,植根中华。上海香山人以善于吸收外来文化特别是西方文化出名,孙中山自不用说,其余香山名人,从容闳、唐廷枢、郑观应到郑君里、萧友梅、王云五,无不如此。但是,在吸收西学的同时,他们并没有脱离中国文化,在骨子里仍然是中国文化,是吸收了西方文化营养的中国文化,是随时而进的中国文化。唐廷植、唐廷枢急公好义,在慈善方面做了许多贡献,唐廷枢单是义校就支持了9所,专供贫困子弟入学。②徐润在社会公益方面,举凡赈灾、医院、学校、孤儿院、尚贤堂、青年会、洋药局、派遣留学生等,无不尽力为之。在杨梅南担任太古洋行买办、广肇公所董事时,凡流落在上海的广肇同乡,都可免费搭载太古轮船返回家乡。穷则独善其身,达则兼济天下,是儒家的理想人格,上海香山人在这方面表现相当突出。读李承基的口述史,看先施公司及其他香山人的行事,重然诺,讲信用,忠爱仁厚,济贫帮困,乐善好施,完全是儒家文化熏陶出来的儒商。先施的英文名称SINCERELY,揭橥的旗帜就是"真诚"。先施倡导的"货不二价",以及搜集世界各国商品,分门别类,加以陈列,供顾客货比三家、自行选择,打破了商场讨价还价的惯例,树立了诚恳直率的商业形象。

  目光远大,视通中西;善捕良机,决策果断;脚踏实地,精益求精;融会中西,植根中

---

① 庄新儒:《海上百货大亨郭琳爽》,载赵云声主编:《中国大资本家传》第八册,时代文艺出版社1994年版,第19页。
② 唐佑钧、唐仕进:《唐廷枢传记》,载政协珠海市委员会文史资料研究会编:《珠海文史》第7辑,1988年。

华——这四条,前三条是行为特点,第四条是文化特色,综合起来,就是从上海香山人身上反映出来的香山文化。

这些年,全国各地都在发掘地域文化资源,纷纷提出以地域命名的××文化,恰如其分者有之,牵强附会者亦有之。从近代上海香山人行为特点来看,我觉得,香山文化不但实至名归,自具特色,而且确实值得深入研究。

(2006年)

上海珠海人短论九篇

近代上海活跃着一大批珠海人(原属香山),涉及买办、留学生、政治家、外交家、思想家、艺术家等众多方面。2010年上海世博会举办期间,受《珠海特区报》之约,我写了一组活跃在近代上海的杰出珠海人短论,凡9篇,在该报连载。以生年为序,他们依次是徐荣村、容闳、唐廷枢、徐润、唐国安、唐绍仪、苏曼殊、苏兆征、杨匏安。因报纸在刊发这些短论时,配有介绍这些人物具体事迹的文字,所以,这些短论每篇皆千字左右,有论而无述。现汇拢于下,个别地方略有修改。

邮丝参与首届世博会的徐荣村(1822—1873)

如果不是邮丝参加150年前的伦敦世博会,他过去肯定不会有这么大的名气。如果这次不是在上海举办世博会,将他的有关历史挖掘出来,他现在肯定还不会有这么大的名气。由于他与世博会的特别关系,报纸、杂志、电视、互联网上,随处可见徐荣村的名字。这个活跃在上海的香山人,赢得了"中国世博第一人"的美誉。

徐荣村的故事并不复杂,但是,这一故事背后所隐含的意义却极不寻常。

最显而易见的是,对他个人来说,湖丝获奖,扬了名声,拓展了商机。对今人来说,证明从1851年的第一届伦敦世博会开始,中国人就已经参与其事,为上海申办世博会提供了有分量的砝码。

从更广阔的社会背景、更深的思想文化层面来说,徐荣村现象更值得研究。

伦敦举办世博会,英国是很希望中国参加的,然而,清朝政府漠不关心,毫无兴趣。那时,尽管鸦片战争已经过去了八九年,从国家层面上来说,统治阶层还是缺乏国际眼光,缺少现代意识,对西方发达国家了解甚少,对世博会这类活动的意义更没有了解。在此背景下,他们视西方科技为奇技淫巧,将世博会称为"赛奇会",就毫不足怪了。但是,中国幅员辽阔,人口众多,不同地方、不同层面的人对国际知识、对西方发达国家情况的了解,并不都像统治阶层那样颟顸无知。在此之前,魏源已经在编《海国图志》,徐继畲已经在著《瀛寰志略》,广东人梁廷枏已经出版《海国四说》,他们对于西方情况都有比较清晰、比较准确的了解。而那些很少留下文字记录的、活跃在洋行的中国买办,或通过直接接触,或通过报纸杂志,或通过道听途说,对西方情况也会有程度不同的了解。徐荣村就是其中一个。徐荣村虽然本人没有亲身到会,但是他邮寄的湖丝到了世博会,留下了文字记录和奖牌,使我们今天得以了解到一些情况。我想,没有留下文字记录但对伦敦世博会有所了解的人,一定还会有一些。徐荣村的故事,说明中国社会确实有那么一些眼光远大、思想开明、富有世界知识、脚踏实地、很会办事的人。这在思想文化史上也是有其重要意义的。

那么,为什么是徐荣村邮寄湖丝到伦敦而不是别的什么人呢?我以为,这既有偶然性,又有必然性。自葡萄牙人在明代占领澳门以后,香山一带就处在中西文化交汇、融合的前沿,那里的中国人,对西洋文明接触最多,了解最切,最肯学习。鸦片战争前后十多年间,对西方新生事物信息灵敏的人,主要是这一带人,特别是买办。近代买办有广东籍、江浙籍之分,但那时候江浙买办还没形成气候,活跃在洋行里的买办主要是粤人,特别是香山人。所以,1851年伦敦世博会上,中国要么没有人参与,如果有人参与,可能性最大的是香山买办。至于香山买办中,究竟哪一位会参与,那就要看其人之商业敏锐性和行事果断性了。徐荣村善于学习,感觉敏锐,行事果断,经商诚信,讲究质量,所以他成了"中国世博第一人"。

坚韧不拔的先行者容闳(1828—1912)

1912年,84岁的容闳长眠在美利坚土地上。他早已加入美国籍,但弥留之际,他牵挂的依然是遥远的中国,劝自己的孩子回到中国去。他洋装穿在身,心是中国心,难怪美国报纸说"他从头到脚,身上每一根神经纤维都是爱国的"。1855年,27岁的容闳在离开中国8年后,重新回到这块他魂牵梦绕的土地上。他此前所接受的教育,几乎都是西式教育,包括他在澳门马礼逊学堂的6年。他对亚里士多德、莎士比亚的了解,远远超过对孔子、老子、曹雪芹的了解。他能用英文流利地写出博士论文,但不能用中文流畅地表达自己的思想。但是,他还是要回来。他要用自己所学的知识,使自己的祖国变得文明而强大。为了这个目标,他补习中文,以当翻译糊口。他拜访过太平天国干王洪仁玕,提出一系列除旧布新的变法主张。他晋谒过位高权重的曾国藩,提出采买机器、兴办工厂、兴办教育、派留学生等建议。在民族危亡时刻,他在上海参加过旨在保全中国自主、推广中国未来之文明进化的"中国国会",最后遭到通缉。他还支持过革命领袖孙中山。

如果他像黄宽那样学的是医科,回国以后,他会是位名医。如果他学的是工科,回国以后也能有一些用武之地,比如詹天佑。他学的偏偏是文科——西方文学,拿的是文学博士学位,那是在晚清时期与中国文化相容性最低的学科。如果他回国以后,在某个教会学校谋个教职,教授西方文学,那也可以学尽其用,温饱不愁。但是,他志不在此,他要探索救国救民之路。这样,等待他的,就只能是一次又一次的失望与失败。容闳的理想有一部分在一定程度上有所实现,但大多落空。这是他个人的悲剧,也是时代的悲剧。他的理想,在改革开放以后的中国,才得以完全实现,他的名字也在这个时代最为闪亮,被认为是走在时代前面的先行者!

爱国买办唐廷枢(1832—1892)

40岁以前,唐廷枢读过6年教会学校,当过10年英语翻译,干过10年洋行买办。他说得一口流利英文,编过学习英文的《英语集全》,熟悉外国人,通晓西方文化,从一定意义上可以说,他是在西方文化浸润中长大的。在学习西方文化、与西方人打交道的过程中,他拓宽了视野,历练了才干,积累了财富,也看到了中国社会的许多弊端,看到了中国文化的不少短处。另一方面,他的爱国意识也在潜滋暗长。他不能容忍西方列强对中国的欺凌,不能容忍洋人对华人的蔑视,不能坐看中国利权的丧失,不能坐视中国继续衰败。1873年,他做出常人难以理解的举动,辞去已经驾轻就熟、待遇极为丰厚的怡和洋行买办位置,就任成立不久、没有任何起色的上海轮船招商局总办。他为什么会做出这样的决定?他自己没有细说。他的好友郑观应倒是说过其中的原委:有一次,唐廷枢乘船由上海返回香港,途中遇到风浪,其船避风,洋人船主限给每位乘客一壶水,约重1磅,饮用、洗面均在内。船中有100多头羊,则满桶水任其饮用。唐廷枢受此人不如羊的刺激,大为愤恨,从此萌发与洋人争利的思想。他任职轮船招商局,目的之一就是挽回利权,与洋商争利。

魏源有一名言"师夷之长技以制夷",唐廷枢将此名言落实到行动中。他负责轮船招商局之后,努力引进西方先进的企业管理制度,增强招商局的商办比重,扩大资本,加强管理,改善经营,使得业务大为扩展,不到十年,招商局已拥有江海轮船26艘,中国少溢出白银不下数千万两。他主持开采开平煤矿,开创华商保险业,也都实行先进的管理制度,大获成功。

唐廷枢既是著名的买办,又是成功的民族资本家,还是卓有成就的爱国者!他在努力学习西方文化的同时,强烈反对西方列强对中国的欺凌;他在努力维护国家利益的同时,对于官僚体制下的种种腐败行为痛心疾首。其兄唐廷植的工作经历、思想境界,亦与唐廷枢相似。唐氏兄弟是晚清极具研究价值的个案,现在虽然已经有了一些关于他们的研究成果,但还远远不够。

卓识坚韧的富商徐润(1838—1911)

徐润的成功,根基于"卓识""坚韧"四个字。

他15岁到上海洋行当学徒,很大程度上是受环境与家族的影响。家乡人在上海洋行干事的很多,伯父、叔父都是以当买办而发迹的。但是,他到洋行以后,由学徒而副账房,而副买办,而买办,则是他苦学历练的结果。他经营丝茶,很大程度上是从众行为,那时很多买办都在经营这两样商品,利润也高。但是,他经营轮船、矿务、钱庄、房地产、保险业,则是其卓识所在。他经营房地产,可以在很短的时间里,买三千多亩地,盖那么多房子,投资200多万两银子,没有对市场前景准确的判断是很难想象的。特别是经营石印业,那时还是新兴产业,很少买办出身的人经营此行。影印《二十四史》《古今图书集成》《资治通鉴》《佩文韵府》《全唐诗》与《康熙字典》这些典籍,既赚钱,也传播文化。这是徐润高明之处。

徐润的卓识,也表现在他善于学习方面。他没有读过多少书,中学、西学知识均靠自学而来。他自称,"向明即起,夜分而寝,以余暇读书自励"。他也很重视子女教育,将他们一个个送到美国、英国去留学,让他们学有所成。

徐润的卓识,还表现在他有通达的财富观,会敛财,也善散财,以财为己用,而不为财奴。他乐善好施,出手大方,赈灾、办学校、办孤儿院,行善事无算。1894年唐山一带大饥荒,他筹款20万两,救济灾民。他善于享受人生,办婚庆酬谢酒席,历四五天,每日摆四五十桌,极一时之盛。他在上海、苏州、镇江、天津与老家香山等地有多处住房、园林,其中在上海山东路的住宅,画栋雕梁,华丽异常,门窗镶嵌大理石,地板光洁如镜,时人诧为欧西大洋房。

商海、宦海都有风浪,经商、当官都有风险。徐润的过人之处,在于他面对风浪不气馁,挺得住。1883年随中法战争而起的金融风潮,给上海许多商人带来灾难,巨商胡雪岩即因此而破产。徐润亦未能幸免。招商局经营困难,他自己亏空巨款,被挤出招商局,南京的书局又遭火灾,政治失意,经济困窘。在此困境中,徐润咬紧牙关,顽强挺住。用他自己的话说:"只有一个'定'字,立意终不负人,忍耐至今,亦渐渐过去。"经过几年的努力,他终于还清债务,东山再起。

外交长才唐国安(1858—1913)

唐国安在上海各种活动中,名声最大的是作为中国代表团代表参加万国禁烟会议。那次会议于1909年2月2日至26日召开,共有41名代表,分别代表中、美、英、法、德、俄、日、意、荷、葡、土等13个国家。这是由美国发起、中国主办的第一次多边反毒品会议,也是国际联合反毒、禁毒的开端,意义很大。

中国政府此前从来没有举办过这样的国际会议,从会议的一些细节很能看得出清末的时代特点。

其一,会议的地点是在公共租界汇中饭店,而不是在华界。当时的上海华界,找不出一个像样的地方能够举行这么大规模的会议。汇中饭店是1908年刚刚落成,即今和平饭店南楼,其五楼会议室是当时上海最为现代化的会议场所,有两部电梯上下。为了这次会议,饭店对这间大会议室专门进行了装修,配有舒适的座椅,有大约20张桌子,上面铺着毡毯。

其二,会议的座次,是用抓阄的形式解决的。每个代表团从一个盒子里抓一个号码,然后确定其位子。

其三,主席台后面的墙上,悬挂的是中美两国国徽。这次会议是美国发起、中国主办的,所以并悬两国国徽。这在今人看来,也是不可思议的。大厅两面墙上,分悬各国国旗。会议开幕,没有奏任何歌曲,只是在端方宣读中国皇帝指派他担任中国代表大臣时,全体起立。

其四,中国大臣的表现,不那么完美。两江总督端方是中国代表大臣,即中国代表团团长。他在致开幕词时,声音时高时低,低的时候人们不知道他说的是什么意思。他的讲稿准备得不那么充分,记者报道说那讲稿是皱巴巴的,上面做了多处修改和增添。讲话当中,他看到某些不合乎他心意的话时,还停顿了一会,与身边的随员耳语了几句,临时做了修改。开幕当晚,中国官员举行晚宴,端方没有出席。

其五,会议用的语言到开幕以后还有改动。会议的语言一开始是英语,法国代表提出争议,要求将法语也列为与英语同等的位置。后来经过讨论,决定英、法语均可。除了端方在致辞时用的中文,其余人均用英语或法语。

这种种情况,在今人看来,相当怪异。这也在一定程度上折射了中国作为半殖民地国家被纳入世界格局的时代特点。

在这次会议上,唐国安的表现相当出色。他兼任中国代表团发言人,凡是中国代表团在会上报告、答疑、质询、讨论、提案、演讲,均由他承担。他在会上做了长篇演说,从中西文化的广阔视野,论证了中国政府对禁止鸦片烟毒的严正立场。他演说的英文稿被《字林西报》全文发表,被舆论界评价为"一份杰出的、逻辑性很强的报告"。两年后,他再次作为中国代表团代表,参加了海牙第二届万国禁烟会议。

才识兼具的政治活动家唐绍仪(1862—1938)

晚清留美 120 名幼童中,以日后在国内的政治声望而言,唐绍仪当推第一。他的这一声望既是他在清末逐步积累起来的,也与他在清末民初鼎革之际的关键时刻、关键事情上的非常表现有关。

唐绍仪在清末积累起来的政治资本,一方面与他的才干与政绩有关。比如他在天津海关出众的管理才能,在中国驻朝鲜总领事任上表现出来的外交才能,在中英关于西藏问题谈判中表现出来的广博的国际知识与高超的谈判才能。另一方面,与他受袁世凯器重有关。唐绍仪在清末所任之职,多属袁世凯的势力范围,袁世凯也确实对这位海归才俊刮目相看,视为心腹,不断提携。正因为如此,1911 年武昌起义爆发后,南北对峙,双方在上海举行和谈,南方革命党派伍廷芳为代表,北方袁世凯则派唐绍仪为代表。作为北方代表,唐绍仪最省力、也最保险的办法,是忠实地表述袁世凯的意见,不要过多地表达自己的看法。但是,唐绍仪没有这么做。他表述的是他自己内心认可的意见,而不是袁世凯的意见。在谈判中,他对南方做了较多让步。结果,和议达成了,他与袁世凯之间的裂缝也产生了。中华民国成立以后,他作为南北两方都能接受的人物,成了第一任内阁总理。他在此以后,如果事事顺着袁世凯,他们之间的矛盾也不会加大,更不会最后决裂。但是,他按照自己的理想、按照自己的价值标准行事,包括加入同盟会,挑选宋教仁、蔡元培、陈其美等同盟会骨干入阁担任要职,坚持事事恪遵《约法》,抵制袁世凯的大权独揽,而这些都是袁世凯断断不能容忍的。结果,他被迫辞职,与袁世凯分道扬镳。唐绍仪的坚持,来自他的理念:共和、法制、三权分立,都是他在美国读书时耳熟能详的,也是他衷心信奉的。他为信念而辞职,所以很坦然。

唐不惜与袁决裂,源于他的自信。那次自信,成就了他的英名。晚年的唐绍仪,依然自信,这次自信,则导致了他的灾难。日军占领了上海,日本派来劝降的人已经找上门来了,朋友、家人都劝他及早离开上海,但是,他就是不走。结果,死得那么惨,留下一大历史谜案。老人的自信,很容易流为固执。

亦奇亦怪之情僧苏曼殊(1884—1918)

1918 年 5 月,苏曼殊在上海广慈医院去世,一代天才,集诗僧、文僧、画僧、情僧、革命僧于一身,从此了无牵挂,寂然归真。那年,他才 34 岁。

曼殊身世奇特,命运多舛,踪迹东西南北,类若转蓬,身份认同则亦中亦日,半僧半俗,依违两可,这本身就具有传奇色彩。

他慧根天植,记性超群,悟性绝伦,20 多岁,便通晓日文、英文、梵文,能文,能诗,能画,能译诗,能编辞典,博识多才,清奇俊逸,蜚声文坛。

他天性敏感,又胸无尘垢,待人真诚,迹近于傻,所以在他的诗歌、散文、小说中,氤氲蓊郁、充溢弥漫的就是一个"情"字。男女恋情、母子亲情、故国乡情,或郁结难纾,幽怨凄恻,或自不能禁,长歌号啕。偏偏这样一个多情、任情之人,做了一个断情、了情之举,遁入空门。无奈情根难铲,俗缘难断,从而演绎出那么多哀怨迷离的故事。

他从事多项革命活动,从上海到湖广,从东京到南洋,与章士钊、陈独秀为朋,与章太炎、刘师培为伍,受到孙中山重视,还曾与蒋介石同寓一屋。他参与的革命活动之多,许多专业革命家也瞠乎其后。

身世、才情、事功三项集其一身,兼之袈裟一袭,醉卧花丛,飘然而来,倏忽而去,且有时情绪失控,神经失常,怪异之举,令人侧目,苏曼殊就成为无人可以相匹的奇人,成为可以从多学科、多方面进行解读的对象。他去世以后,考究他的身世、研究他的学术的论著就不断涌现,持续几十年而不衰,他的小说还被改编成剧本。

上海是曼殊学业与事业起步的地方。他 1896 年来上海,学习中文与西文,两年后留学日本,1903 年重回上海,参与《国民日日报》工作。以后去而复还,还而复去,上海成为他出入次数最多、居留时间最长的城市。居住地点也时有变化,计有爱国女学、八仙桥、南京路第一行台、环龙路 44 号、霞飞路宝康里与新民里 11 号等处。作为僧,上海对他是不适合的,他曾在笔记里不止一次地表示厌恶这个追名逐利的物欲之都。作为俗,他又离不开这个城市,这里有他的事业、他的朋友、他的美食,有他流连的妓女。他的饮誉遐迩的名著《断鸿零雁记》,就是在这里杀青并全文发表的。

曼殊死在上海,葬在西湖孤山之阴,一在闹市,一近佛寺,与他的身份若合符契,有似天意。

利用租界进行秘密活动的中共领袖苏兆征(1885—1929)

苏兆征出生在广东,最初工作在香港,参加革命以后的主要活动地点是香港与广州。他与上海发生关系,是因为 1927 年"八七会议"以后,他当选为临时政治局委员,并担任政治局常务委员,成为中共中央的领导成员。"八七会议"是中共中央在汉口召开的紧急会议,主题是总结大革命失败的经验教训,批判陈独秀等人的右倾路线,确定实行土地革命和武装反抗国民党反动派屠杀政策的总方针。会议以后,中共中央机关从武汉迁往上海。迁移的原因,根据李维汉的回忆,中央认为当时的武汉已经笼罩在白色恐怖之中,而"上海的革命力量比武汉强,同时也比较容易隐蔽"。事实上,那时的上海是全国最大的工商业城市,居民来自全国各地,五方杂处,流动量大,交通便利,空余房屋也多,的确有利于中共中央机关的秘密活动。大概在1927年10月上旬,中央机关陆续抵达上海,苏兆征应该就是那时来到上海的。

苏兆征到上海以后,住处与生活情况怎么样呢?据李维汉回忆,党的机关迁到上海后,中央机关一般设在苏州河以南公共租界沪中区一带,江苏省委机关多设在闸北、虹口一带,团中央机关则设立在法租界;这样分散开来,容易隐蔽,比较安全。当时有一条原则,即机关社会化,党的各级机关都以商店、住家、医院、写字间的名义出现,与国际接头的机关则是古董店,这样外国人来往不易被发现。中央多数领导同志住在公共租界的爱文义路(今北京西路)一带,少数同志住在法租界与公共租界交界处,苏兆征所住的地方就是后者,具体地段是爱多亚路(今延安东路)、淡水路附近。瞿秋白、李维汉等人也住在这一带。住在这里,是为了利用租界当局与国民党方面的矛盾以掩护秘密工作。就是在这里,苏兆征参加了中央的领导工作,具体负责中央财务小组和中华全国总工会工作。1928年2月,他在这里先后主持召开了太平洋劳动会议秘书处第二次会议和中华全国总工会第一次扩大会议。也是在这里,他走完了生命的最后历程。

富有理想的革命家杨匏安(1896—1931)

中国共产党早期活动家中,在努力介绍、宣传马克思主义方面,杨匏安有点像李大钊,所以学术界曾有"南杨北李"之说。在家庭背景、个人禀赋、一生遭遇方面,他更像瞿秋白。他们两人都出生在破落的富庶家庭里,天纵英才,能文善诗,在学术上都有一定的造诣,连最后牺牲的方式、年龄也差不多,都是在拒绝敌人的一再劝降以后被国民党反动派杀害的,牺牲时都只有三十五六岁,瞿36岁,杨35岁。所不同的是,瞿秋白去世以前,写了《多余的话》,引起身后多年的波澜;杨写了《死前一夕作示狱友》,内称"慷慨登车去,相期一节全。残生无可恋,大敌正当前。知止穷张俭,迟行笑褚渊。从兹分手别,对视莫潸然",表现出其威武不屈的崇高气节。

杨匏安与瞿秋白在党内的地位都曾经大起大落,1927年的"八七会议"以后都有了变化,不同的是,瞿的地位上升,主持中央工作,杨的地位下降,被取消了中央监察委员的资格,受到了留党察看的处分。杨在长期从事革命活动过程中,似乎受过更多的磨难。在上海从事地下工作时,他一家十多口人,自己患肺病,妻子体弱,七个儿女有两个因病缺医而早夭。他白天为党工作,晚上写稿、译书外,还要帮家人推磨做米糍,让老母和孩子上街叫卖。他在1925、1929与1931年三入牢狱,受尽折磨。

杨匏安与瞿秋白都是极有才气的知识分子,都是富有理想的伟大的马克思主义者,都是卓越的无产阶级革命活动家,都是年轻的革命烈士。他们的文集,都已经被顺利出版。他们的故乡人民,也都在以不同的方式,纪念他们。他们都已不朽!

(2010年)

浦东人与浦东同乡会[①]

同乡会是以地缘为纽带的社会团体,在通都大邑特别是商业城市最为多见。近代上海是中国最大工商城市,也是同乡会最多的地方。据研究,民国时期上海共有同乡会119个,其数量、规模均为全国之最。[②]

同乡会是一种非政府组织,其功能有联络乡谊、保护同乡权益、帮困济急、介绍工作、排解纠纷、募捐赈灾等,有的同乡会还充当政府与商民之间的联系中介。近代上海是人口多元、政权多元、法律多元、文化多元的移民城市,是市民自治程度相对较高、社会组织相对发达的城市,所以同乡组织特别繁盛。

在众多的同乡组织中,浦东同乡会非常特别。首先,"浦东"这个地名的外延不很确定,不像宁波、潮州那么有所确指。此会前身为浦东同人会,1905年创立,范围较小,指黄浦江东面的区域,包括奉贤、南汇、川沙、宝山与上海县的跨浦左即浦东部分;1928年增加了跨浦左的金山、松江两县。后两县的浦左部分,确切地说是浦东南与浦南,已不是浦东。其次,会员比较特别。1931年的浦东同乡会章程指出:"本会以黄浦左方的宝山、上海、川沙、南汇、奉贤、金山、松江七县原区域内之同乡组织而成,故名浦东同乡会。"这说明浦东同乡会不限于浦东旅沪的同乡,也有居住在浦东的人入会。这与其他纯由旅沪同乡所组成的团体很不相同。之所以出现这种情况,与浦东事实上是上海近郊这一特点有关。

现在的浦东已是上海市的一部分,浦西、浦东联为一体,浦东的城市发展高起点、高水平,大有后来居上之势。但是,在100年前、70年前乃至50年前,浦东与浦西的区别,还是乡村与城市的区别,是落后与先进的区别。在先进的浦西,活跃着一批出生在浦东、引领着城市潮流的浦东人,诸如李平书、穆藕初、杨斯盛、黄炎培、杜月笙等,他们睦城思乡,油然而生一种浦东意识。这种意识,是城市化、现代化的意识,是不甘落后、见贤思齐的意识。所以,我们研究浦东同乡会,便会发现,其功能除了宁波同乡会、无锡同乡会等都有的联络乡谊等一般功能外,还有其特别功能,就是在浦东发展公共交通、修

[①] 本文系为唐国良先生主编《百年浦东同乡会》所作序言,该书已由上海社会科学院出版社2005年出版。
[②] 郭绪印主编:《老上海的同乡团体》,文汇出版社2003年版,第30页。

建铁路、修建海塘、兴办学校、创办医院等。这些努力,已经不是浦东同乡在浦西上海城市的活动,而是在推动浦东地区的现代化建设。所以,真正推动浦东地区开发的先驱,就是浦东同乡会。

李平书创立浦东同人会的时间,正是他开始领导上海地方自治、进行上海华人区域现代化的时间。对于上海地方自治的思想动因,李平书有一段话说得相当真切。他说:

> 吾一言通商以后之上海,而为之愧,为之悲。愧则愧乎同一土地,他人踵事增华,而吾则因陋就简也。悲则悲夫同一人民,他人俯视一切,而吾则局促辕下也。要之,通商以来,"上海!上海!"其名震人耳目者,租界也,非内地也。商埠也,非县治也。岂非所谓喧宾夺主耶?抑非所谓相形见丑耶?①

对于上海人李平书来说,萦绕在他脑海中的是市政建设方面租界与华界的差距。对于浦东人李平书来说,萦绕在他脑海中的还有浦西与浦东的差距。所以,浦东同乡会的缘起,真正动因就是向现代化城市看齐的浦东意识。本来,浦东、浦西,仅一江之隔,即使在大桥建造以前的摆渡时代,浦东、浦西的交通也算是便捷的,生活在浦西的浦东人并没有成立同乡会的必要。但是,近代上海是乡情特浓的城市。生活在浦西的浦东人有相当浓厚的浦东情结,这是浦东同乡会成立较晚、但最终还是成立的重要原因。

近代浦东人的浦东情结也影响了当代浦东文化人。多年以前,已故的顾炳权先生就致力于浦东历史资料的搜集,进行浦东历史的研究,还提出了"浦东学派"之说。1990年以后,浦东开发、开放,吸引了全世界的眼光,更加刺激了浦东文化人研究浦东的积极性,《浦东辞典》等一批成果相继问世。本书便是热心浦东文史的唐国良等先生不懈努力的结果。书中荟萃了上海学术界研究浦东同乡会的成果,其中既有多年从事上海历史研究的冯绍霆、顾炳权、许洪新、林其锬、郭绪印、邵雍等学者的成果,也有长期致力于浦东人文资料搜集、研究的唐国良、张建明、薛顺生、张银根、范洪涛、陈伟忠、陈金虎、陈佩芳、沈润章、柴志光等专家的成果。所述内容,大自浦东同乡会的历史沿革、社会功能,小至浦东大厦兴建、浦东医院变迁,对于浦东名人李平书、黄炎培、杜月笙、穆湘瑶、穆藕初、王一亭、周瑞庭、沈杏苑、张志鹤、李林根、叶进财等,用墨尤多。时间跨度从近代到当代。1949年以后,原上海浦东同乡会的一些成员在台北成立浦东同乡会,其规

---

① 李平书:《上海三论》,载中国旅行社编:《上海导游》,国光印书局1934年版。

模、性质虽然与先前大不一样,与其他设在台北的同乡会在本质上并无二致,但两者根源都在浦东,人脉方面也有前后相续的关系,所以,本书中有一部分内容专述台北浦东同乡会,也自有道理。

  通观全书,虽然其风格与习见的史学著作有别,征引资料没有注明出处,对于研究者未必方便,但是作为一本文史知识性读物,内容丰富,资料可靠,有的根据档案、报刊资料,有的得自亲历亲闻,叙事清晰,状人生动,文笔畅达,褒扬创业敬业、爱乡爱国、济贫扶弱精神,有较强的可读性和感染力。随着我国现代化事业的健康推进,浦东的发展日新月异,浦东的历史越来越受到人们的重视,这本《百年浦东同乡会》对于让世界了解浦东方面,推进浦东开发开放方面,存史、资政、教化方面,一定会起到积极的作用。

(2005 年)

浦东人与浦东史[①]

上海地区是自西而东渐次成陆的,开发也是西先东后。唐天宝年间华亭县设立时,浦东相当部分还在海里,汪洋一片。元代上海县设立,治所设在浦西,码头亦多设于浦西,晚清辟设租界,亦在浦西。尽管清代浦东已设有南汇县、川沙抚民厅,尽管自民国时期到浦东开发、开放以前浦东已有一批城镇颇具规模,但是,浦江两岸西城东乡、西重东轻、西盛东衰格局一直极为明显。"宁要浦西一张床,不要浦东一间房",这一流播广、远的口头禅,正是这一格局的生动写照。

1990年浦东开发、开放以后,忽如一夜春风来,浦东在很短时间里面貌大变,一个高楼林立、店肆栉比、流光溢彩、美轮美奂的现代化新浦东,如魔术般崛起,与浦西隔江呼应,比翼齐飞。浦东发展之快,品质之优,环境之美,被视为世界城市发展史上的奇迹,让人叹为观止。

就像面对一名陡然走红的明星、一位平地崛起的权贵,人们在欣赏、打量之余,总想多晓得一些他的身世,多了解一些他的信息。这既是好奇心使然,也是全面了解其人之所必需。人们在浦东置业安家,设厂创业,来浦东考察、旅游、逛公园、赏美景、游迪士尼,或忙碌或休闲之余,对脚下的这片热土,也总想多知道一些相关的信息,诸如成陆过程、行政沿革、风物名胜、人文底蕴、逸闻轶事等。谢国平先生精心撰写的《中国传奇:浦东开发史》,就是这样一部满足人们了解浦东之需要的佳作。

浦东、浦西之分,以黄浦江为界。黄浦江的走向在不同地段很不相同,在江体呈东西向时两岸便分为南与北,呈南北向时则分为东与西。两岸地质、地貌、气候、物产等自然禀赋,并没有根本不同。两岸在发展、演变的历程中,之所以会形成一盛一衰、畸轻畸重的分殊,主要是受更大的资源配置系统制约的。在农耕时代,特别是王朝实行封关禁海政策的时代,整个中国重心在内地而不在沿海;在长三角地区,重心在苏州、杭州、南京等区域政治中心;在松江府,政治、文化中心在松江。上海镇的兴起,上海县的设立,都与上海港功能有关,而上海港在很长时期内,特别是明清时期,是作为苏州的外港存

[①] 本文系为谢国平所著《中国传奇:浦东开发史》所作序言,该书已由上海人民出版社2017年出版。

在的,是苏州通往辽阔海洋的门户港,上海港的货物,无论进出,都主要与浦西有关。因此,港口设在浦西,与港口相关的机构设在浦西,管理税收的市舶司一类机构设在浦西,在此基础上兴起的上海城市自然也在浦西。其中道理至为简单:在更大的、更高的资源配置系统中,浦西比浦东交易成本更低。近代以前出版的老上海地图上,会标明"西去苏州"多少里、"西去松江"多少里,原因在于,那时沿海人眼光是向内的,在上海就是向西的。上海开埠以后,外国人将连通苏州、上海两地的吴淞江称为"苏州河"而不是"上海河",因为他们人在上海,眼睛盯着苏州,那里才是中国最为富庶、最有文化的地方,是他们最为向往的人间天堂。

当中国海洋意识增强,不再将自己视为一个纯粹的内陆国家而同时也是一个海洋国家时,当中国实行对外开放政策时,换句话说,当人们从更大的系统来看上海时——从亚太或整个东西方联系的系统来看,上海就从边缘变成了前沿。当建造桥梁、铺设隧道技术发展到一定程度,当交通进入飞机、高铁时代时,浦东与浦西在交易成本方面也就难分伯仲了。所以,当中央从中国发展战略的高度启动浦东开发、开放程序以后,浦东便日新月异地发展起来。

当然,改革开放以前,由于浦东、浦西在很长时间里同属松江府、上海县或上海市,黄浦江并不过分宽阔,因此,两岸往来尚算方便,经济、文化联系相当密切,浦东经济自具特色,人文底蕴也相当丰厚。

浦东为滨海之地,在五代以后盐业即很发达,有多处盐场,"煮水成盐,殖芦为薪"是当时沿海人的重要生计。明代中后期,因淡水南移,盐业衰落,灶民开始归农,以植棉为主。但到近代以后,才逐步以棉粮油料为主要作物。上海开埠以后,城市飞速发展,浦东依托浦西,逐步形成自己的特色和优势。产业方面有四大宗:一是毛巾业。1900年毛巾业在浦东崛起,到1937年以前川沙一县就有大小毛巾厂202家,家家经线,夜夜鸣机,因而有"毛巾之乡"之称。二是营造业。1880年杨斯盛创建了上海第一家营造厂杨瑞泰营造厂,以后陆续在上海开建的营造厂有周瑞记、陶桂记、顾兰记等十来家。江海北关榷署、杨树浦发电厂、中国银行大楼、先施公司大楼、市政府大礼堂等众多著名建筑,均为浦东人所营造。三是花卉种植业。浦东之花木乡,即因久种花木而得名,已有300多年的历史。清光绪年间,浦东花农组织"花神会",此会后加入上海市花木同业公会,在上海开店售花,承包种花业务,并代为设计园林,改建花园。四是奶牛饲养业。浦东沿海很早就饲养塘脚牛,平时充作劳役,产犊后挤奶自用。清光绪初年,引入荷兰种公牛一头,经杂交繁殖,育成独特的黑白花奶牛,此后便以出售牛犊获利。1932年,售给上海华商牧场的奶牛有一千多头。毛巾业、营造业、花卉种植业与奶牛饲养业,均为像上海这样的特大城市所必需,因此,近代浦东的产业,其实已是大上海经济体系中不可分割的有机组成部分。

近代以前,浦东出了不少积极有为、思想开明的人物。宋元之际的张瑄为浦东高桥人,与崇明人朱清一起为元政府营造大批平底海船即沙船,大的可以载重八九千石,小的也可以载重二三千石,解决了漕粮海运的难题,被元政府封为海道运粮万户、江南行省右丞。他与朱清的实践,对上海地区与太仓一带的发展做出了重要贡献。明代浦东陆家嘴一带,已是文人往来甚多的地方。陆家嘴之得名,就是因江南大家陆氏家族居住在那里的缘故,陆深、陆楫父子都是一时名人。陆深是上海县历史上第一位通过科举考试获得高位的人,为弘治十八年进士,授编修,累官四川左布政使、詹事府詹事,为著名文学家、书法家。他在浦西、浦东都有房产,在陆家嘴所筑后乐园,"土岗数里,宛转有情,俨然如山",规模、景致名闻遐迩。陆楫是很有独创性的思想家。他认为奢侈性消费有积极意义,而传统的崇俭恶奢观念并不完全正确。他认为禁奢崇俭并不能使民富裕,而奢侈倒能促进经济繁荣、财富流通、增加就业,对于社会发展有积极意义。这在中国经济史有重要地位。他的名篇《华夷辩》,提出区分华夷的标准不是种族的异同,而是文明程度的高低,这在当时实属石破天惊的观点,比王夫之的类似观点要早一百年。徐光启的老师黄体仁,为万历年间进士,官至刑部主事,是思想开明、著述丰硕的著名学者,长期生活在浦东。徐光启的学生孙元化,是浦东高桥人,在接引西学与军事方面均有重要贡献。近代浦东所出名人更是灿若明星,有李平书、杨斯盛、黄协埙、李问渔、钟天纬、黄炎培、穆藕初、张闻天、杜月笙、黄自、傅雷……不胜枚举。他们或为实业巨子,或为政治精英,或为文化巨擘,或为社会名流。这些名人多生在浦东,活跃在浦西或全国各地,他们是浦东名人,也是上海名人、全国名人。

浦东在历史上曾分属多县管辖,包括昆山、宝山、上海、南汇、川沙等,合并为大的浦东新区还是不久以前的事。因此,大浦东在历史上不是一个独立行政单位,没有一部涵盖大浦东的地方志,也没有人编写过涵盖大浦东的地方史。要编写这样一部书,资料分散是一大困难,前期成果少又是一困难。在这个意义上,这部《中国传奇:浦东开发史》筚路蓝缕,创榛辟莽,是大浦东第一部比较完整的发展史,具有重要的学术价值。全书21章,从对浦东地名释义开始,依次叙述了海岸线的迁移与浦东成陆历史、盐业发展及新场等集镇的繁荣、精耕农业的发展、浦东人走向大海的努力与困顿、浦东与浦西落差的形成、浦东人依托浦西城市寻求发展、近代浦东籍绅商在浦东的近代化创举、浦江两岸交通联系、开发开放浦东战略的形成、大浦东行政区的形成、浦东先行先试及多方面巨大成就。

谢国平先生长期在浦东工作,曾担任《浦东时报》副主编、《浦东开发》杂志主编,热爱浦东,熟悉浦东,是浦东开发、开放的亲历亲见者。他笔头勤,成果丰,已出版《改变世界的搏击》《财富增长的试验——浦东样本》《浦东故事:这样的梦想更中国》等多种与浦东相关的著作。这部《中国传奇:浦东开发史》,是他在此前多部著作以及他多年资料积累的基础上形成的。全书资料翔实,征引广博,脉络清晰,文字优美,富有感染力。可以预期,此书出版以后,一定会受到关心浦东历史的读者欢迎,也一定会在浦东历史研究方面,留下深深的印痕。

是为序。

(2016年除夕)

近代外侨

略论近代外侨对上海城市的认同[①]

所谓认同,无论是地方认同(小而一个乡村、城市,大而一个国家)、身份认同(小而族群,大而民族),还是宽泛的文化认同,都是一种情感依恋、依附、依托现象。社会心理界对此已有极其繁富的研究成果。地方认同、身份认同与文化认同有时是难以区分、合而为一的。当徐志摩写下那首脍炙人口的《再别康桥》,谁能说得清他是地方认同、身份认同还是文化认同!

侨民是全球化过程中因人口远距离移动、长时间居留而出现的普遍现象。近代上海是中国进入全球化轨道的先行城市,也是吸纳外国侨民最多的城市,1895 年超过 5 000 人,1905 年超过 1 万人,1915 年超过 2 万人,1925 年超过 3 万人,1931 年超过 6 万人,此后几年保持在六七万人之间。1937 年"八一三事变"以后,大批日本人涌来,上海外侨总数迅速膨胀,1942 年达到高峰,超过 15 万人。上海外侨国籍,最多的时候达 58 个,包括英、美、法、德、日、俄、葡等。1910 年以前,一直是英国人最多,其次是美、法、德、日、葡等。1915 年以后,日本人最多。

不同国别的外侨对于上海城市的认同各有不同,同一国别的外侨在不同时期、不同处境下,对于上海城市的认同亦有所不同。而同样的外侨,由于个人性因素,对上海城市的认同也会呈现个人性特点。

一、共聚与分处

从居住区域来看,上海外侨各有侧重,英、美、德及其他欧洲人多住在苏州河以南,即公共租界之中区与西区,也有一部分居住在法租界;日本人多住在虹口,即公共租界北区;法国人则居住在法租界与公共租界(以法租界更多些),但是彼此并无明显的物理界限,与中国人居住地亦无明显界限。也就是说,在居住空间方面,中外之间、外国人之间是共聚的。

[①] 原载姜义华、梁元生主编:《20 世纪中国人物传记与数据库建设研究》第 2 辑,上海书店出版社 2015 年版。

欧美侨民并不是囫囵一团,而是各有区隔。在日常交往中,各类外侨自成社群,各国的总会是他们最重要的聚会场所。这些总会有上海总会(英国总会)、法国总会、德国总会、花旗总会与俄国总会,还有一些专业性的总会,如斜桥总会(英国乡村俱乐部)、美国乡下总会、跑马总会、板球总会、棒球总会、划船总会等。

这些总会功能大同小异,通常能满足外侨的餐饮、娱乐、体育锻炼、阅读、交谊的需要,有的还有住宿设备。每至周末,西人"怒马高车,如云而至。簪裾冠盖,座上常盈。或打弹子以消闲,或拉风琴而奏曲。或杯邀红友,别寻酒国之春;或几倚青奴,共索花间之句。以至围棋蹴鞠,跳跃高歌,任意嬉娱,毫不拘检"[1]。总会均实行会员制,其服务对象,多以本国居民为主,兼收其他侨民。比如,参加上海总会的除了英国、美国人外,还有德国人、丹麦人等。1909 年,上海总会有会员 1 300 余人,四分之三为英国人,其余四分之一为美国人、丹麦人、德国人等。各总会均定有一定规则,规定入会人的资格、入会方法、收费标准、会员权利和义务等。上海总会规定申请人须在上海生活六个月以上,并须其他会员介绍,公示三个月后,由会员投票决定是否接纳。会员须缴纳入会费和每月门票费,入会费早期是 100 元,1920 年提高到 125 元;门票费每月 7 元,名曰捐款。假如入会后又离开上海,每年可象征性缴纳 5 元。非会员的西人可以付费进入总会聚餐、娱乐,但次数有所限制,一年不得超过三次。在欧洲、美洲、各殖民地、日本服役的航海界、军界和外交界的官员,通过总会的邀请可以成为名誉会员,免交入会费,但必须每月付款。[2] 法国总会有条件地接纳其他外侨入会,但委员会成员是清一色法国人。[3] 花旗总会允许其他国籍侨民加入,入会费为每人 50 美元,每月另需缴纳 7 美元会费。德国总会也吸纳非本国西方人入会。

各国总会是各国侨民进行具有本国文化特色活动的重要场所,是外侨族群认同的重要场所。每逢本国国庆或重要纪念日,总会照例会有纪念活动,比如上海总会之庆祝英国女王生日活动、花旗总会之 7 月 4 日美国国庆活动、法国总会之 7 月 14 日法国国庆活动。19 世纪中后期,当法国总会、花旗总会等还没有建立时,上海总会在一定程度上起着欧美侨民共同俱乐部的作用,如有关英国、美国、德国的重要庆祝活动,

---

[1] 黄式权:《淞南梦影录》,上海古籍出版社 1989 年版,第 135 页。
[2] Wright, Arnold, *Twentieth century impressions of Hong Kong, Shanghai, and other treaty ports of China: Their history, people, commerce, industries, and resources*, London: Lloyd, 1908, p.388. 吴志伟:《旧上海最著名的西人总会——上海总会》,《档案春秋》2005 年第 10 期。
[3] [法]居伊·布罗索莱著,曹胜梅译:《上海的法国人(1849—1949)》,载熊月之等选编:《上海的外国人(1842—1949)》,上海古籍出版社 2003 年版,第 128 页。

上海总会照例都会有所表示。1879年5月,美国离任总统格兰特访问上海,上海总会就曾热情接待。

除了总会,各国外侨还通过教堂、学校、文艺演出、体育竞赛、节庆活动、日常生活等各种形式,增进自己的族群认同。1887年庆祝女王登基50周年庆典、1893年上海开埠50年庆典、1897年庆祝女王登基60年庆典、1901年庆贺爱德华七世加冕,英国侨民都张灯结彩,狂欢共庆,极一时之盛。在法侨社区,每年7月14日都有阅兵、游行、招待会、演出、焰火等节目,法国公园成为法国侨民聚会的场所。美侨举行纪念仪式的节日有7月4日国庆日、华盛顿生日和感恩节。每年7月4日,美国领事馆都鼓励所有在上海的美国儿童去参加庆祝活动,给每个小孩送一面小小的美国国旗。那天的活动,首先是美国领事馆升期仪式,然后有总领事馆的接待,下午的棒球活动和晚上的草坪聚会每一个美国人都可以参加,包括富人、不那么富裕的人,甚至是白人流浪汉。

二、无形的围墙

在不同族群相处的环境下,每一族群都有自尊心理,都有彰显、放大、强化自身优势的倾向。欧美人来到上海,是挟战胜国的威势,凭借治外法权的保护,在这里工作与生活的。但是,他们又是这座城市众多人口中的少数族群,最多时也不超过5%。身处人口有极大优势、悠久历史的华人社会之中,欧美白人采取的认同路径或认同策略是自成社群或社区。

所谓自成社群,就是各族群建构自己的社群,形成一道又一道无形的"围墙"。其中,最高、最厚的是横亘在欧美白人与有色人种特别是华人之间的"围墙"。欧美白人通过强化种族优越意识,建构与维持其文化强势地位。不光中国人受歧视,其他亚洲有色人种也遭受不同程度的歧视。印度人、安南人是作为殖民地人民来上海谋生的,从事的多是收入较低行业的劳动,在租界政治生活、社会生活中均无地位。即使是日本人,甲午战争以前在上海地位也不高,其行为举止每每是西人讥刺的对象;甲午战争以后才有所上升,但很缓慢。直到1916年,在公共租界工部局9名董事中,日本人才取得一个席位,其时英国人占6名,而公共租界中日本人已超过7 000,英国人还不足5 000。

众所周知,1928年以前,外滩公园长期限制华人入内,继之而起的兆丰公园、法国公园(顾家宅公园)、虹口公园都有类似的规定,跑马厅、游泳池、各类外国总会也都限制华人入内。① 这方面,英国人显得尤为固执。德国总会则在1917年开始接纳中国会员,花旗总会在1926年允许华人入会。

欧美白人在日常生活中与中国人在社交方面几乎不相往来。他们尽可能保持与华人的距离,出门必坐马车、黄包车,极少坐公交电车。观看花展,观看戏剧、杂技演出,他们必与华人错开,不同时出现在这些场所。这起初体现在花卉展览方面,以后又扩展到其他娱乐场所。西人来沪以后,很早就举行花卉展览。② 观赏花展本是雅事闲趣,原本可以中西同看,但是,西人就是不愿与中国人一同观赏,每次总是先西后中,游资也是西贵中贱,以示区别。

西人尽可能在饮食、穿着上与华人区别开来,吃的是英国口味的食品,食品调料大多从英国进口。他们拒绝穿中式衣服,而把中式服装当作化妆舞会时逗乐的道具。有些传教士为了打入华人圈子传教,着中式服装,往往会遭到其同胞的蔑视。

为了显示欧美人高华人一等,租界在食品卫生管理方面也有所区别体现。工部局卫生处在进行检疫时,将洋人食品与华人食品分开,对洋人食品检疫极端负责,而对华人食品检疫敷衍了事,"雇佣一二不学无术之西人苦力,于猪肉上滥盖蓝印,敷衍了事,或并此种蓝印而无之"③。上海地方政府有关部门曾专门批评此事。

租界早期,英侨为了避免其子女受中国仆佣和中文环境的影响,通常将他们送回英国读书。后来,英侨在租界开办全英式学校,教材、教师、教学语言、校规全是英式的。其学校庆祝英国的节日,不习汉语,不过中国节日。英侨要求自己的子女首先得做一个道地的英国人,然后才是上海的英国人。有学生回忆,上海英国学校教室的墙上贴着英国风景画,挂着英国国王和王后的肖像,学校的教学目的就是要向这些儿童灌输英国的生活方式。英国在上海的公司更喜欢招聘在英国本土长大的英国人,而不喜欢在上海长大的英侨,认为来自英国本土的人没有受过中国人的不良影响,比较纯正。④

在上海租界,欧美人无论在商业还是社会上,都很少在平等的条件下接触中国人。他们平常所接触、认识的中国人,主要是仆人、保姆、司阍、马夫、高尔夫球童和网球球童、店员、苦力之类,还有满街都是的人力车夫。这样,他们对中国人的了解便很片面与

---

① 工部局关于跑马厅的有关规定如下:"一、此场归西董办理。二、除赛马日及西董悬牌禁止入内之时,则各西人均可入内游玩。三、各车只准由龙飞桥至抛球总会门口,或至其准到之处。四、大小马匹不准在此场训练。五、除西人与各会之庸仆外,华人一概不准入内。六、如欲用此场地,应先向抛球场西董禀准。"见《公共租界工部局巡捕房章程》第二十五项,1903年印制。
② 上海西侨何时开始举行花卉展览,确切时间不得而知,1875年已有明确记载。
③ 《禁售公共租界猪肉》,《申报·上海特别市市政周刊》1928年11月15日。
④ 张和声:《孤傲的"上海人"——上海英侨生活一瞥》,《史林》2004年第6期。

肤浅。

近代上海外侨社会在大部分时间里,是以英国人为主导的社会,是英国习俗与传统占上风的社会。直到 1910 年,两租界外国人中,英侨为 4 779 人,美侨为 984 人,法侨为 766 人,德侨为 959 人,美、法、德三国侨民加起来还不到英侨的 60%。一个北欧人说,在上海,"英国的习俗和传统占据着主导地位。我们其他人,美国人,北欧人,甚至在很大范围内还有德国人,都在不知不觉地照搬。许多人成为纯粹的英国习俗崇拜者和模仿者"[1]。这样,英国人对中国人的歧视,大体上就变成整个上海欧美侨民对中国人的歧视。

以英国人为核心、以欧美人为主体的外侨社会,对占租界人口绝大多数的中国人的歧视,必然激起中国人对外侨社会的仇视。这是 20 世纪初年民族主义在上海持续高涨的根本原因。

欧美人也有贫富之分。在欧美侨民的富人与穷人之间,也存在一道看不见的"围墙"。在公共租界、法租界掌握权力的,都是欧美侨民中的大商人和外交官。为了强化欧美白人富裕、高雅的形象,欧美人中的富裕阶层对于来自欧美的下层白人(其中很大部分是警察),持鄙视或排斥态度。各国总会在事实上是各类外侨中富裕阶层或有权势者的乐园,外侨中的下层人士是不敢问津的。那昂贵的会费,还有须人介绍、由委员会投票表决的入会规定,足以将外侨中的下层人士挡在门外。诚如挪威人石海山所说:

> 外国人中间地位最高的是由外交官、领事公务员、位居高级公共职务的人员以及若干最富有、最受人尊敬的商人组成的上流社会。然后就是从事商务和自由职业的中间阶层。普通海员则单独自成一类。诸如要被上流的社交聚会所接受、获得时髦俱乐部的会员资格,受聘担任海关高级职务等等,必须是白人,属于上层阶级,并熟悉英语和英国人的举止风度。在公共租界,最著名的俱乐部都是最纯粹的绅士俱乐部,有着一成不变的正式礼仪。[2]

比较贫穷的英国侨民为了维持生计,不得不租用中国人的廉价房,娶华人、欧亚裔或白俄为妻,酗酒打架,吃中国食品,与中国人一起打工,甚至为中国老板干活。那些高等白人便设法将最穷的英国人逐出上海,免得他们在中国人面前丢人现眼。高等白人

---

[1] 石海山等:《挪威人在上海 150 年》,上海译文出版社 2001 年版,第 29 页。
[2] 石海山等:《挪威人在上海 150 年》,第 29 页。

认为,这些下等白人有损大英帝国的声望,工部局在与这些人签约时就要求他们期满归国。至于那些穷愁潦倒的英国人则被遣送回国内;英籍罪犯被遣送到香港,遣送费由工部局支出;被解雇的警察如不肯回国就停发救济金。①

三、自称"上海人"

无论是个人还是族群,对于其工作与生活过的地方的情感认同程度,总是与其事业成功程度、生活满意程度、情感依恋程度成正比例关系。随着时间的推移,十年过去了,20年过去了,生活在上海的外侨,由年轻而年老,由事业起步而事业有成,对于上海这个城市由陌生而熟悉,上海的一街一弄,一路一桥,一草一木,以及出现、发生在上海的许多人与事,已成为他们人生记忆的重要组成部分,甚至成为他们亲身经历的内容,因而他们对上海这个城市的认同感也与日俱增。

开埠初期,不少欧美侨民来自中东地区,其中有些侨民属于纯粹的冒险家。对于他们来说,上海只是他们投机的地方,他们对于上海这座城市说不上什么情感的依恋。其中,最典型的是史密斯(Edwin Maurice Smith,生年不详,卒于1880年前后)。他来自美国,来沪之初为汇票捐客,为商人和银行穿针引线。1852年起他从事房地产经营,是近代上海房地产业第一代暴发户。到1869年,他在南京路两侧共占地7块,面积达131亩余,为南京路地产第一大户。他与英国领事阿礼国有一段对话,为他的冒险家身份做了最好的注释。这段话很有名,经常被人们引用:

> 我希望至多在二三年里能发到一笔大财,从此走开。以后上海不论化为灰烬或沉入海底,都与我何干!你不用盼望像我这种人肯为子孙之计而自甘长期流徙在这种不健康的环境里。我们是为发财,愈快愈多愈好,在合法范围内一切方法和手段都是为着这个。②

他说到做到,发财以后很快就离开上海。在他死后,人们才发觉他是个怪人,终生未婚,真名也不是史密斯,而是毕秋(Pitcher)。

---

① 毕可思:《上海人:上海英国居留者社团的形成和认同》,转见张和声:《孤傲的"上海人"——上海英侨生活一瞥》,《史林》2004年第6期。
② 沈辰宪:《上海早期的几个外国房地产商》,载《旧上海的房地产经营》,上海人民出版社1990年版,第131页。

在开埠初期的上海,类似于史密斯这样捞一票就走的冒险家一定还有一些。汉璧礼与史密斯有相似之处,善于把握商机,赚钱很多,在19世纪80年代的上海,他是数一数二的房地产大户。发了大财以后,他移居意大利,在那里建造了一所大型植物园,过着贵族式生活。不同的是,汉璧礼以乐善好施出名。他曾捐资创办专教欧亚混血儿的学校,捐助不少名贵树木给外滩公园,还捐了一些钱给广学会与慈善机构。工部局因此将界内一条马路命名为汉璧礼路(今汉阳路)。

19世纪80年代以后,上海租界逐渐成为远东大城市,市政设施、生活环境都有很大改善,各色人才发展的机会大为增多,来到上海的外侨的素质也较以前为高。还在1891年,上海海关报告就已指出,有越来越多的西方人移居上海,其中,携家带眷或在上海建立家庭的已很常见。考其原因:

> 这部分是由于这里的生活条件越来越适于抚养家属这个事实,但主要地是由于近年来欧洲人发财的机会不多,要在欧洲获得和保持较高的收入愈来愈困难了。现在,在上海可以得到合适的、我称之为良好的中等教育的机会,这种机会或许比在语言和技艺方面的更好——在由属于不同国籍的人组成的、有坚强的教育机构的社会里,这种机会是可以预料到的。①

1886年,《纽约时报》曾以很大篇幅介绍欧美人在上海安全、有序、安逸、舒适、体面的生活:这里警察制度完善,警力充足;消防系统良好,社会井然有序;"这里有很好的下水道,有清洁的供水系统和完善的照明系统,个人财产也受到了良好的保护,人们没有失窃和失火之苦,居民们可以在路况极好的街道上舒适地行走"②。

自那以后,来上海短期闯荡的人尽管还有,但来此作长久创业、居留之计的人更多。1933年出版的英文《上海与北华名人传》③,共收录生活在上海与天津、青岛等地外国名人170名,其中,截至1933年,在上海生活时间超过10年的就有101名,包括10—19年的39名,20—29年的36名,30—39年的19名,40—49年的3名,50年以上的4名,最

---

① 徐雪筠等译编:《上海近代社会经济发展概况(1882—1931)——〈海关十年报告〉译编》,上海社会科学院出版社1985年版,第19页。
② 本处所引《纽约时报》报道上海租界的资料,原载《纽约时报》1886年8月7日,译文见郑曦原编:《帝国的回忆:〈纽约时报〉晚清观察记(1854—1911)》,当代中国出版社2007年版,第57—63页。
③ George F. Nellist: *Men of Shanghai and North China, A Standard Biographical Reference Work*, Shanghai: The Oriental Press, 1933.

长的 58 年。此外,还有至少 8 位外侨名人是在上海出生的。①

对于以上海作为长久居留地的外侨来说,上海不再是他们的人生驿站,而是他们的第二故乡。1893 年,外侨举行上海开埠 50 周年庆典。专为这次活动而作的《庆典之歌》②,就刻意突出租界是外侨家园的主题,其中写道:"维吾家园,立此东方,江水滔滔,翻滚冲荡。五十寒暑,转瞬已过,冬冷夏热,秋云春阳。"③歌词强调,欧洲的祖国,上海的租界,都是侨民的家园,"西家东园,共祝心香"。

一些寓沪多年的西方人,按照其自 15 世纪以来形成的殖民传统,落地生根,已经把自己当成上海居民,自称 Shanghailander,直译是"上海人",而不愿意被中国人称为外国人。④ 庆典期间,有寓沪西人致信《新闻报》馆,就自己仍被中国人称为"外国人"一事进行讨论,认为自己在上海生活多年,对上海贡献甚大,不应该再被视为外国人:

> 吾见中国人见我俱呼"外国人",然吾在中国已二十余年矣。虽人皆以吾为外国人,而吾则相交已久,觉与本国无异。且吾知中国圣人曾有"四海之内皆兄弟也"一语,故我西人之在中国者,应与中国人和好如兄弟一般。现在明日为上海通商开埠迄今五十年,并非西人与中国开兵迄今五十年也。回思五十年以前,本埠租界中荒落情形何堪言状,今试观沪城之南雉堞巍巍然,蔀屋密密然,其间风气与五十年前无稍差异,独何以租界中马路如是其洁净也,房屋如是其繁多也,店铺如是其林

---

① 这 8 人按出生年代依次是:欧文·怀特(Harrpy Owen White),1875 年生,青年时期在香港接受教育,然后再来上海,为怀特公司外汇经纪人与合伙人;库麦(Henry Monsel Cumine),1882 年生,库麦股份有限公司总经理,是上海极负盛名的建筑师;埃文斯(Joseph Jewell Evans),1891 年生,青年时代被父亲送到多伦多大学读书,毕业后再来上海,担任爱德华·埃文斯家族股份有限公司总经理,从事办公设备、课本、科学仪器与文具方面的经营,也从事出版行业;麦克贝恩(William Robert Brown McBain),1891 年生,少年时在上海圣芳济书院读书,然后到英国剑桥大学受教育,毕业后再来上海,从事勘探与开发等多方面业务,为工部局董事;哈德曼(Ernest Frost Hardman),1896 年生,后在爱丁堡大学接受教育,毕业后再来上海,为劳氏宾汉姆马修斯公司合伙人与注册会计师;怀特(Augustus Victor White),1897 年生,证券交易所经纪人,在上海西童公学接受教育,然后走上工作岗位,也是一位著名的赛马员,曾赢得 1929 年秋季挑战杯赛的"上海冠军";罗森菲尔德(Julius Rosenfeld),1898 年生,青年时期在美国加州大学接受教育,然后再来上海,经营棉花与股票交易所业务;利德尔(John Hellyer Liddell),1899 年生,青年时进入英国马尔伯勒学院,毕业后再来上海,为利德尔兄弟有限公司总裁。见 George F. Nellist:*Men of Shanghai and North China*,*A Standard Biographical Reference Work*。
② 《庆典之歌》,*The North-China Herald*,Nov.24,1893。由缪勒(Ven. Archdeacom Moule)作词,克劳普顿(F.L.Crompton)配乐。
③ 《庆典之歌》,*The North-China Herald*,Nov.24,1893。
④ 网上有一老上海博客,是为在老上海生活过的外国人办的。他们解释 Shanghailander 的意思:在老上海,一个新来的外国人被叫作 griffin,意为新来乍到者,对这个城市所知不多。随着时间一点一点地过去,待到他不再经常回他的母国,在上海有了自己的事业,感到上海是他的新家了,他就变成了 Shanghailander。(http:// shanghailander.net/ why-is-this-blog-called-shanghailander/)

立也,货物如是其云屯也,生意如是宽绰,人烟如是稠密,与沪南有过之无不及,是皆因中外通商和好,故有如是景象。然此地仍为中国之地,虽曰租界,我西人并不能携带回国,无非使国家商埠商务日益隆,则彼此交易,均沾利益而已。问如此大埠中华曾有几乎?要知万事总须从正面看。①

信的落款是"中国人呼吾为外国人",言外之意是"我并非外国人,只是中国人呼我为外国人"。《新闻报》就此发表文章,表示上海已经中外一家,和睦相处,情同手足:

自开埠以来,商务振兴,惟我上海为盛,此五十年中,利必均沾,益必同受,尔无我诈,我无尔虞,合中外如一家,诚不啻四海皆兄弟焉。②

文章希望"中西官商此后辑睦常敦,澄清永保,官与官交涉共剂其平,商与商贸迁咸沾其益,工作日新而月盛,人民近悦而远来,沪上幸甚,天下幸甚"③。关于寓沪西人算不算外国人的讨论虽然没有充分展开,但是很有意义。这是民族主义高涨以前,寓沪西人与上海华人互致友好情意的表示,也是开埠50周年时上海外侨对上海城市高度认同的标志。

寓沪西人表达的对上海热爱之情,《新闻报》表达的四海一家的感慨,均非矫情之语。1893年,生活在上海的外国人约4700人④,其中英国人最多,近两千;葡萄牙人其次,600多;其后是美国人、法国人、西班牙人、德国人,各二三百人不等。这些人在上海,政治上有治外法权保护,多有丰厚的收入、舒适的住宅、稳定的生活,他们对上海自然感觉不错。

上海开埠是鸦片战争的产物,是英国等西方列强侵略中国的结果,从任何意义上说都不是中西和谐的产物。但是,上海开埠50年庆典,无论是租界西人还是华人绅商,无论是官方还是民间,表达的都是中外和睦相处的愿望。对于开埠这件事情本身,上海绅商没有赋予明显的负面意义,而是肯定其对于上海城市发展的积极影响,肯定其中外双

---

① 《照录西士致本馆书》,《新闻报》1893年11月16日。
② 《照覆西人五十年庆贺书》,《新闻报》1893年11月18日。
③ 《照覆西人五十年庆贺书》,《新闻报》1893年11月18日。
④ 此为估计数字。据统计,1890年上海外国人为4265人,其中公共租界外国人为3821人,法租界外国人为444人;1895年上海外国人总数为5114人,其中公共租界外国人为4684人,法租界外国人为430人。见邹依仁:《旧上海人口变迁的研究》,上海人民出版社1980年版,第141页。1893年取此两年数字之平均值。

赢的通商效果：或参与庆祝，或观看赛会。这与日本横滨正面肯定其开港意义、隆重庆祝其开港50周年有点类似。至于日后为何将开埠作为上海城市屈辱的标志，那是另外一个问题，此不赘述。

四、四种类型

近代外侨对于上海城市的认同，大体分为四种类型，上述欧美白人（包括英、美、法、德）为一种类型，俄罗斯人、犹太人与日本人则属于另外三种类型。

上海俄侨有以下四个特点：一是人数众多。上海俄侨在19世纪末还不成规模，1900年仅47人。1917年俄国十月革命爆发后，大批俄国贵族抵沪。20世纪30至40年代，是上海俄侨生活的高峰期，1936年上海有俄侨21 000人。这一人数，远远超过英、美、法、德等国。英国在沪侨民最多的年份，也没有超过万人。二是难民为主。上海俄侨多为因战乱而逃至上海的难民。1924年，上海失业俄人靠赈济与赈济津贴为生者就有3 350人。这些难民包括旧俄海军人员、白军，及旧俄政府雇员及其家属、士官武备学校学员、其他难民。三是杂处华人之中。俄侨散处在上海华人之中，与华人共处一弄一楼，与华人社会有较为广泛的接触。相当多俄侨从事的职业与华人有密切关系，比如服装、饮食、钟表和珠宝首饰业。仅1926至1928年，俄侨在霞飞路就开设了近20家小百货店、30家服装店、10家食品店，还有许多小吃店、饮食店、糕点铺、报亭、照相馆、花店等，其服务对象有相当部分是华人。俄人、华人朝夕相处，謦欬相接，对于俄罗斯文化与中国文化的交流有着重要的意义。这与英美人的情况大不相同。四是文化水准较高，艺术人才突出。俄侨中相当一批人受过良好的教育，他们在上海立稳脚跟以后，其文化特长很快显示出来。至20世纪20年代末，上海一流医师、建筑师、工程师中，俄侨已占10%以上。俄侨开业医师人数，在1920年还仅2人，到1930年已增至32人，1940年则增加到58名，另有50名牙医。俄侨中有些人本是著名的艺术家，他们迁居上海，其艺术才华很快令人刮目相看。20年代以后，公共租界工部局乐队中60%是俄国人。1926年成立的法租界公董局管乐队大部分是俄国人。1927年成立的上海国立音乐专科学校中，扎哈罗夫、托姆斯卡娅等俄侨专业音乐人员担任教员，其外籍学生几乎全是俄国人。绘画、建筑设计方面，俄侨也表现出过人的才华。

犹太人移居上海明显地分为两个阶段：第一阶段，1937年以前，为零星移入阶段。晚清时不满百人，20世纪30年代中期才千余人。这些人或来自中东，或来自俄罗斯，从总体上说规模不大。第二阶段，1938年以后，为突然增加阶段。1938年6月上海犹太人激增至1.4万人,以后继续增加,最多时高达2万人。这时,纳粹德国加紧对犹太人的迫害,使得大批犹太人移居他地。相当部分犹太难民居住在虹口提篮桥、华德路、百老汇路一带。1943年,侵沪日军宣布对上海地区犹太难民施行隔离政策,所有犹太难民被强制迁入虹口隔离区内。在隔离区内,犹太难民依靠自身努力勉强度日,开设了300多家店铺,包括服装店、餐饮店、旧货店、食品杂货店、旅店等。

聚集在虹口的犹太难民,因语言不通,平时与中国居民并没有多少往来,华、犹共处而未融合。尽管一些犹太人学会了几句中文单词和短语,但只有不到1%的人学会了正确地讲中文。① 一件突如其来的事件,拉近了华、犹居民的距离:1945年7月17日,美军飞机误掷炸弹于虹口,数百名中外平民葬身瓦砾,犹太人居其半。灾难降临后,在犹太医生设立的急救站里,受伤的中外居民得到了及时的救护。上海居民也给那些无家可归的犹太难民送去食品,并向一些收容所捐款。原来客客气气但不来往的邻居,顿时变得情意融融起来。②

1938年以后来沪的犹太人,犹如空降部队,来时一大批,去时了无踪,他们在上海时,自成社区,与华人没有很多交往。但是,由于这些人是在最困难的时期来到上海,以后分散到世界各地,事业有成的大有人在,他们饮水思源,上海便成为其记忆中的一片绿洲。

世界各地的日本人内聚力都很强,上海日本人也是如此。他们大部分居住在虹口一带,特别是在以吴淞路和北四川路为中心的公共租界北部边缘。他们在这里建东洋式两层半小洋房,开日本商店、学校、医院、旅馆,出日文报纸,吃日本料理,设日本公园、神社等。日本侨民设立自治团体上海居留民团,在上海总领事监督下活动。居留民团下设学务、卫生、社会设施等各种委员会,负责管理日本人。日本人社区事实上成为租界中的租界,与外界相对隔绝。这一带因此被称为"小东京"或"东洋街"。

从总体上说,俄侨对上海的认同是分散型的,个体的感受更甚于族群的感受,其族群意识远不及犹太人与日本人强烈。犹太人对上海的认同是感恩型的。日本人对上海的认同区域性最强,社群与居留空间高度重合。改革开放以后,犹太人来上海,访问地首选华德路与犹太教堂;日本人来上海,访问地首选虹口;俄罗斯人来上海,则喜爱寻找他们曾经生活过的马路、弄堂、楼宇。这与他们当年在上海生活的特点有直接关系。

---

① 威廉·肖特曼:《上海犹太难民社区面面观》,载上海市政协文史资料委员会、上海犹太研究中心编:《犹太人忆上海》,上海文史资料选辑第78辑,1995年,第115页。

② 葛壮:《宗教和近代上海社会的变迁》,上海书店出版社1999年版,第327页。

五、特殊事件与个人因素

外侨对上海城市的认同,时常会受到一些特殊事件的影响。例如,1860 与 1862 年,太平军进攻上海,上海地方士绅与外侨联手抗击,有钱出钱,有枪出枪,有人出人,相互配合,相互支持。1900 年,实行"东南互保",规模更大,中外居民在上海和平相处,互不侵扰。这与北方义和团排外仇洋,适成鲜明的对比。这两次事件,都使得上海城市成为中外居民祸福与共的共同空间,在一定程度上消弭了先前存在的中外心理隔阂,也加大了外侨对上海城市的依存程度。自 1943 年 1 月至 1945 年 8 月,日本占领军在上海先后设立 9 座集中营,用以关押属于敌国性质的侨民,包括英国、美国、荷兰等,凡 6 000 多人。这一特殊事件,使得往日心气高傲的欧美侨民,一下子变成失去自由、缺衣少食、营养不良的囚徒。这时,集中营外面的中国人,也遭受着日本人的侵略与压迫。这使得集中营内的欧美侨民,与集中营外面的中国居民,在社会地位上处于同一水平线。这对于欧美侨民反思往日对华人的盛气凌人,反而成为一帖清醒剂。著名富商嘉道理回忆:

> 1943 年,我和妻子及孩子们被关进闸北集中营。父亲有病,和一些病残者呆在集中营外面,由我弟弟照料。……这是一种永远也不会忘记的经历,它对我们以后的人生观产生了影响,有如一剂苦口的良药。从我个人后来的经历看,它使我更为明察事理,更理解真正的价值观,为人更加宽容。①

笔者曾经做过一点有关上海集中营的研究,不止一次地接待过在集中营待过的外侨或他们的后人,他们对集中营那段生活都刻骨铭心,也都有类似于嘉道理那样对于做人道理的感悟。感悟的结果,就是学会比较平实地看待中国人与中国文化,更加珍视以往在上海的生活经历。

一个人对于一个地方的认同感,不但会受其所在族群的影响,还会受其个人的禀赋、职业、经历影响,特别是会受到他对这个城市及其人民了解程度的影响。一般说来,在上海从事宗教活动、文化教育活动的外侨,因其与中国人直接接触较多,对中国文化了解较深,对上海这座城市的认同,远比那些在欧洲、北美、亚洲等地频繁流动的商人为高。

最突出的是傅兰雅与林乐知。

---

① 嘉道理:《往事漫忆》,载《犹太人忆上海》,第 8 页。

1915年,已经退休的傅兰雅,在美国家中接待来访的上海人黄炎培,说了一番颇为动情的话:"我几十年生活,全靠中国人民养我。我必须想一办法报答中国人民。"①傅兰雅1861年来华,先后在香港、北京教书,1865年到上海,直到1896年去美国。他在上海首尾达31年之久。他在上海译书、教书、办报,从事各种文化活动,与上海各界人士有广泛接触。他来上海时,是一个只有师范程度的小青年,离开时,已经是腰缠万贯、名满天下的大学者。他的事业起步在上海,成功在上海。离开上海以后,担任美国加州大学第一任汉学教授,所教内容,仍是他在上海事业的继续。所以,他感激上海,热爱上海。他说的那番要"报答中国人民"的话,决非虚语。1911年,他捐银6万两,创建上海盲童学校。这是上海、也是中国第一所正规盲童学校。为了开展中国的盲童教育,他特地编写了《教育瞽人理法论》一书,介绍欧美等国盲人教育情况,盲文及其学习方法,以及预防、医治幼儿眼病的知识。为了帮助上海的盲人教育,他命儿子傅步兰在美国学习盲童教育,然后将他派到上海。傅步兰后来担任上海盲童学校校长。傅兰雅也对中国学生留学美国鼎力相助。

林乐知(Young John Allen,1836—1907),1859年来华,次年抵上海,以后在上海教书、办报、传教,直到1907年在上海逝世,在上海活动47年。1875年,他作《中西关系略论》,以中西比较的方式,具体指出中国较英美等国的落后之处以及落后的程度,提了许多变革的建议,诸如发展工业、商业、造铁路、通轮船、开矿、采煤、办电报局、公信局,改良教育,培养人才。对于中国的落后方面,诸如迷信、鸦片、科举,他批评得相当尖锐。甲午战争以后,他编一部大书《中东战纪本末》,系统总结中国在甲午战争中失败的原因,特别是对中国国民性落后的方面进行了相当系统、细致而深入的批评,包括欺诈、贪私、因循、游惰等诸多方面。他在书中有一段自白:我作为一个美国人,寄籍中国近40年,经历过太平军的战争、英法联军战争、中法战争和最近的中日战争;我曾环游地球三次,到过各大国京城,于世界各国新政有所考察;在中国,我曾南至广东,北至蒙古,于中国风土人情,留心多年,对中国目前处境,有感于怀,不得不说:"仆于中国诚知之深而爱之至也……呜呼噫嘻,寄籍之久,关心之切,如鲫生者,尚忍代为讳疾忌医,而坐视沉疴之中于膏肓哉!"

他还说,作为一个美国人,他译编此书,正是为了促进中国的变法:

---

① 黄炎培:《八十年来》,文史资料出版社1982年版,第74页。

> 余美国人也,而寓华之日多于在美之年,爱之深不觉其言之切。且余传道之士也,爱本国之人而冀其永言配命,自求多福,即推四十五邦之福,冀广诸四百余兆之民,语不厌其冗长,心弥觉其郑重,今为此书,又岂有私意哉!①

帮助是认同,批评也是一种认同。至今阅读林的著作,仍能感受到他对当时中国的哀其不幸、怒其不争的痛切之情。晚清士大夫也没有曲解他的良苦用心。孙家鼐的评价可作为一种代表:

> 林乐知先生人品端方,学问深邃,愚亦久闻其名。寄来《中东战纪》、《文学兴国策》二书,流览一过,其于中国之病源,可谓洞见症结,此中国士大夫所不能知、知之而不敢言者,林牧师皆剀切指陈,在国家可谓忠荩之臣,在朋侪可谓直谅之友,能不钦之敬之、爱之重之!②

与傅兰雅、林乐知类似的人物还可以举出一长串:雒魏林创办仁济医院,将西医引入上海,救死扶伤,厥功甚伟;晁德莅创办徐汇公学,培育马相伯、马建忠、李问渔等众多人才;范约翰在上海执教数十年,致力于平民子女教育,成立人力车夫会,以增进人力车夫福利;海淑德创办中西女塾,将毕生心血献给了上海女子教育事业;担文律师在上海执业长达40年,坚持为华人打官司,仗义执言,在华人社会有崇高声誉;鲍威尔主编《密勒氏评论报》,同情中国人民的抗日斗争,声名卓著,被日本人关进集中营而致残;内山完造(1885—1959)在上海生活工作30多年,结识鲁迅、郭沫若等大批中国文化人士,掩护过鲁迅、郭沫若、周建人,营救过许广平、夏丏尊、章锡琛等人脱离险境。

此外,还有一个人数不多的群体,对上海城市、对中国文化认同程度比较高,这就是与华人有跨种族婚姻关系的外侨。③ 最典型的是两个人:哈同与卜舫济。

哈同(Silas Aaron Hardoon,1849—1931)是上海著名犹太富商,1886年与中、法混血女子罗迦陵结婚。哈同以善于经营房地产出名。另一方面——也是今人较少说起而民国时期上海人时常会说起的一面,他是个大慈善家。他多次开放哈同花园,为各地水

---

① [美]林乐知:《中东战纪本末·译序》,载《中东战纪本末》前附,广学会1896年版。
② 孙家鼐:《覆龚景张太史心铭书》,载《万国公报》第91册,1896年8月。
③ 笔者估计,近代上海发生在华人与欧美白人之间的正式的跨种族婚姻,不会超过100例。参见拙著《异质文化交织下的上海都市生活》,上海辞书出版社2008年版,第136—148页。

灾募捐，也多次捐献现款，在不同时期为救济灾民捐款达数百万美元。他在哈同花园里设立仓圣明智大学、仓圣明智女学，另外创办四所小学，在杭州建立一所小学，提供全部经费，并聘请康有为、陈三立、王国维等人来哈同花园从事学术研究工作。他收养了很多孤儿作为养子、养女。他既信仰犹太教，对佛教也很有兴趣，他去世前嘱咐，死后要举行佛教和犹太教两种宗教仪式。由此可见，他对中国文化已有相当程度的认同。哈同去世以后，《字林西报》刊登的讣告这样写道："他的天赋、他在金融上的成就和其他方面，都将被永远铭记。他在这个国家生活了如此之久，这里亦已成为他的家园。"

卜舫济（F. L. Hawks Pott，1864—1947）是美国人，1883年毕业于哥伦比亚大学，随后进入美国圣公会总神学院学习神学，1885年来到上海。为了掌握汉语和了解中国民风习俗，他只身前往上海近郊嘉定，住进农家，与农民一起生活。为了拉近和当地人的距离，他着长袍马褂，蓄长辫，按照当地民众的生活方式生活。1888年，他与圣公会华人牧师黄光彩的女儿黄素娥结婚。关于黄素娥对他的影响，卜舫济说："她帮助我了解中国人民最好的品质和特性，对此我无以为报。"[①]卜舫济对中国文化有着相当精到的认知与评价，他认为，中国文化尊崇道德，关注品行，相当伟大；仁爱在中国社会关系中起了很大的作用，但"仁"也有它自身弱点，即由于强有力的家族和宗族制度的作用，人们主要施善于自己家族或宗族的人，而对外人漠不关心。他认为，中国传统教育方法偏重训练记忆力而缺乏思维训练，过分专注于经书，耗费了过多的精力，也导致了人们对外部世界和自然科学的一无所知；中国在引进西方现代教育、改造中国传统教育的同时，要注意防止从一个极端走到另一个极端，那种"把重点放在工艺性和功利性的课程上，忽视哲学和文化学科的研究，走向世俗主义"的教育，未必就是一种好的教育。为此，他提出警示：在中国存在着一味照搬西方教育制度而忽视保存自己古老文化优良成分的危险，新旧结合的问题还没有完全得到解决。[②] 这些看法，即使放到今天，也没有过时。卜舫济在民国时期就能有此高识，不能不归结于他对中西文化都有深入的了解。

对于哈同与卜舫济来说，究竟跨种族婚姻给他们了解、认知中国文化带来多大程度的影响，这很难具体测定，但是，毫无疑问，罗迦陵为哈同，黄素娥为卜舫济，都提供了从日常生活层面近距离观察、了解、品味中国文化极好的素材，从而为消除文化隔阂、文化误解提供了极大的方便。笔者曾对近代上海跨种族婚姻问题做过一点粗浅的考察，深

---

① 徐以骅译：《卜舫济自述》，见上海中山学社编：《近代中国》第6辑，立信会计出版社1996年版，第243页。
② 徐以骅译：《卜舫济自述》，《近代中国》第6辑，第244—260页。

感跨种族婚姻在增进异质文化之间了解、促进异质文化交流与融合方面,意义不容低估。

一个人对于一个地方的认同,是一种心理活动,有时候表现出很强的主观性,或曰个性化。这方面,最典型的莫过于雷士德(Henry Lester,1840—1926)。雷士德为英国人,1867年来沪,先做建筑师,后来经商致富,成为上海地产大户。他在南京路上占有的地产总值,1924—1933年升到第二位,仅次于哈同,总资产超过1 400万两白银。他生活俭朴,不尚奢华,不置豪宅,连一般的花园洋房也不住,而是长期居住在英侨总会的单身宿舍里;他不买轿车,上下班坚持搭乘电车或安步当车。他终身未娶,日常生活极其简单,据说多年不曾买过一条领带或一件衬衫。他像一个只知春播秋收、终年劳碌、从来不肯进城消费的农夫,又像一个勤勤恳恳、恪尽职守的管家,一点也不像腰缠万贯的富豪。

他去世前,做出了一个惊世骇俗的决定,将所有遗产留在上海,其中少量遗产赠予个人,其余都赠予慈善团体、医院、学校,很大部分用于建立雷士德基金,资助贫困学生。根据他的遗嘱,接受赠款的单位有虹口华德路圣路加医院、忆定盘路中国盲人院、董家渡穷苦小姊妹会、虹口黄包车夫会、南市穷苦精神病院。雷士德奖学金面向在上海就学的所有国籍、无论宗教信仰的14岁以下的男女学生。他捐助、关注的对象,主要是贫病幼弱群体。雷士德工业职业学校和雷士德工学院培育了近千名学生,名闻遐迩。他热爱中国,热爱上海。他在遗嘱中深情地写道:"在将近六十年中,我主要和永久的定居处一直在中国的上海,现在如此,以后也将如此;很久以前,我就选择中国作为我的户籍。"雷士德如此做,一定有其特别的精神因素,这个因素到底是什么,我们不得而知。雷士德至今还是个谜,我们对他知道得太少太少。

认同有朦胧与清晰之别,也有深切与浅表之分。近代外侨对于上海城市的认同,大体上属于对第二故乡的认同。这方面,有个较为相似的例子:赫德是英国人,是晚清政府聘任的总税务司,在任47年,办事极为负责,世所公认,也受到中国政府的嘉奖。有一次,郭嵩焘问他:"君自问帮中国,抑帮英国?"赫德言:"我于此都不敢偏袒,譬如骑马,偏东偏西便坐不住,我只是两边调停。"郭问:"无事时可以中立,有事不能中立,将奈何?"赫德笑言:"我固是英国人也。"[①]赫德说的是老实话。作为客卿,他为中国工作,但在身份认同上,首先还是英国人。对于近代上海外侨的身份认同亦可作如是观。他们

---

① 《郭嵩焘日记》第三卷,光绪二年七月十九日,湖南人民出版社1982年版,第49页。

骨子里,当然首先认同自己的母国,如林乐知时常挂在口边的"余美国人"。除了母国之外,他们对于长期工作、生活的上海,也会有很高的认同感。傅兰雅、林乐知、哈同、雷士德、卜舫济,还有许许多多类似的外侨,他们在上海工作、生活的过程中,已经在不知不觉中对上海产生了难分难舍的依恋之情,已经成了一个个"上海人"。他们对上海的认同,对中国人的同情,可能是出于传教士的博爱情怀、出于对弱者的悲悯,可能是出于对中国文化的理解与尊敬,但不管出于什么原因,他们的这份情感,以及与这份情感相关联的各种行动,都已经汇入上海的历史文脉之中。

海纳百川,上海人口如此,文化亦然,上海历史文脉中本来就有外侨这一分支,只是我们以往重视不够,研究不够。

(2015 年)

傅兰雅与上海

一、执教英华书馆

傅兰雅(John Fryer,1839—1928),英国人,1860年在英国一所师范学院毕业,受英国圣公会派遣来华,先后在香港担任圣保罗书院校长、在北京担任同文馆英文教习,1865年来上海,从此在上海生活凡31年,直到1896年离开。他在上海先后担任英华书馆校长、江南制造局翻译馆译员、格致书院教习等。

傅兰雅像

英华书馆亦称英华书院,由寓沪外侨和中国绅商于1865年共同发起创办,招收对象主要为商界有钱人家的子弟,年龄起初从10到13岁,后来放宽到18岁,教授英语和汉语,兼及其他课程,学费每年银50两。书馆设在上海英租界石路(今福建中路),傅兰雅是这个学校的第一任校长,他就任以后,当年招收学生10名,分为日夜两个班级。第二年,他有22个日班学生,20个夜班学生。学生来自上海、广州、厦门、苏州和宁波,全部是富家子弟。因学生所操方言差异悬殊,南腔北调,无法实施统一教学,傅兰雅按照方言系统,将他们分班教学。书院从上午九时开始上课,上午为英语课,下午为中文课,傅兰雅上午教英语,下午则与学生一起学中文。到1867年,书院已基本正规化,订有完整的校规,规定了学校规模、上课时间和对学生的奖惩办法。日后成为著名启蒙思想家的郑观应,曾在此校学习两年。[①]

在英华书馆任教之余,傅兰雅从1866年11月开始,兼任《上海新报》编辑。《上海新报》是上海第一家中文报纸,字林洋行主办,1861年11月创刊,初为周刊,后改每周三

---

① 郑观应自述:"公余之暇,约高要梁君纶卿,入英博士傅兰雅先生英华书馆夜课,只读英文两年,可知当日贫读之难。"见《中华民国三年香山郑慎余堂待鹤老人嘱书》,载《郑观应集》下册,上海人民出版社1988年版,第1483页。

期。主要内容为中外新闻、船期表、物价表和告白。在傅兰雅编辑期间,《上海新报》刊载了不少介绍西学的文章。例如,1867 年,它选载了合信的《博物新编》、裨治文的《联邦志略》、祎理哲的《地球说略》、伟烈亚力的《重学》等书中的有关内容。

作为一个传教士,傅兰雅并没有忘记自己的本行。到 1867 年,英华书馆的学生中,已有 10 到 15 人每逢星期天便去听他讲解圣经。但是,他不主张在学校里直接传教,认为要潜移默化地进行,否则,会因书馆过分强烈的宗教色彩而将学生吓走。他的这一主张被圣公会传教士认为太世俗化而颇为不满。1868 年 5 月 20 日,傅兰雅在英华书馆的聘用期满,校方决定不再续聘。他被聘到江南制造局当翻译,年薪 800 美元。同时,他辞去了《上海新报》编辑之职。

二、翻译西书

1868 年 5 月底,傅兰雅正式到江南制造局翻译馆担任译员。在此之前,他已为翻译馆的筹建做了一些工作。这年 3 月,他应江南制造局之托,向英国订购科技图书 50 余种,化学仪器一套。他还与徐建寅合译了《运规约指》一书。

傅兰雅与江南制造局签订了"翻书合约"。合约从 1868 年 6 月 20 日起生效,为期三年,以后每三年订一次合约。《傅兰雅档案》中完好地保存着 1871、1874 年他与制造局订立的合约副本。合约写明了雇佣时间、工作内容、工资数额和有关事项。从合约上看,不同时期,工资数额是不一样的。

傅兰雅对于能够获得在翻译馆的职位,非常高兴,对于这份工作也很尽心。他在英国,只是师范毕业,仅受过中等教育,要承担译书重任,并非易事。他边工作边学习。他在一封信里写道:接受聘任以后,"我立即开始研究、翻译三个专题,上午研习关于煤和煤矿方面的具体知识,下午钻研化学,晚上研究声学"[①]。凭着这份热情、这份负责精神,傅兰雅终于成为翻译馆最为出色的翻译家。

傅兰雅在翻译馆凡 28 年。其间,1873 年,他受制造局委派,回英国考察钢铁、机械制造技术;1878 年,将妻儿送回英国,在英国住了一段时间;其余时间,他的主要精力都用于译书方面。江南制造局所在地高昌庙,当时是很偏僻的郊区,远离租界,局中所聘西人又很少,傅兰雅住在局里,生活单调、枯燥,但他坚持译书不懈。傅氏自述当时的

---

① Adrian A. Bennett, *John Fryer: The Introduction of Western Science and Technology into 19th-Century China*, 第 23 页。

情况:

> 西人常居局内,专理译书之事,故人远处,无暇往来,而且水土为灾,不胜异乡之感,终朝一事,难禁闷懑之怀。然多年敬慎,风雨无虚者何也? 盖以为吾人于此,分所当耳。况上天之意,必以此法裨益中国,安可任意因循违乎天耶! 是故朝斯夕斯忍耐,自甘所以顺天心耳。①

傅兰雅对江南制造局翻译馆的贡献主要有四:一、译书最多。他先后共译77种,占全馆译书三分之一以上,比其他任何人都多。二、擘画最多。翻译所用西书,多由其从英国订购;译书计划,他提供了许多意见;图书推销,他也尽了努力。三、确立了一整套译书原则。译名的确定,新名的创造,中西译名对照表的编成,他都起了主导作用。四、所译西书学术价值很高。他所翻译的化学系列、国际法系列书籍和政治学书籍,都是19世纪中国所译西书中最有学术价值的部分。

傅兰雅对翻译馆所做的贡献,赢得了中国知识分子的尊敬,也受到了中国政府的嘉奖。1876年4月13日(光绪二年三月十九日),经两江总督沈葆桢、直隶总督李鸿章联名具奏,清政府授予他三品衔。② 同时被加衔的还有金楷理、林乐知,分别为四品和五品。1899年5月20日(光绪二十五年四月十一日),经两江总督刘坤一保奏,清政府又颁给傅兰雅"三等第一宝星"。刘坤一在奏折中对傅兰雅褒奖有加,内云:"教习、翻译各项事宜,每借资洋员之力。查有三品衔英国儒士傅兰雅,学博品端,志趣超卓,聘充上海制造局教习二十余年,所译格致、工艺等书百十种,传布最广,裨益良多。"

傅兰雅在江南制造局担任译员期间,一开始住在徐家汇路,是一整套房子。傅兰雅描述:"我的房子在郊区,离上海的英租界有两英里。周围有村庄和田地。还有很多寺

---

① 傅兰雅:《江南制造总局翻译西书事略》,载《格致汇编》,光绪六年六月号。
② 对于清政府的嘉奖,傅兰雅极为珍视。当时,西人报纸在报道此事时,将傅兰雅所受三品衔误为四品衔,傅颇为不悦。徐寿与他有一段很有趣的对话:"前日傅兰雅先生告予曰:余前所得之保举,西报已录,惜误为四品耳。余曰:君何不请其更正? 傅曰:事近夸矜,不便启齿。余曰:君西人也,亦愿得中国之官衔乎? 傅曰:同也。昔予曾祖往游某国,某国钦其学术,特旌奖之,回国之后,乡人荣之,殁后遂得称为乡贤。今余得荣衔于中国,庶几能继先志矣。余又何为不豫哉!"见《论西人得保事》,《申报》1877年1月6日。对于清政府的嘉奖资料,傅兰雅都完好地保存着,并将所获得的头衔,印在自己的名片、信笺和一些书上。他在1900年出版的英文书《东方研究教科书》(Oriental Studies, A Series of College Text-Books)的扉页上,特地印上"中国钦赏三等第一宝星三品衔"(Third Degree of Chinese Brevet Civil Rank, First Grade of Third Degree of the Chinese Order of the Double Dragon),并在译文中注明所得宝星是佩有双龙的。

庙。穿过田地就到了制造局。"①他后来搬到上海县城南门外(今上海市黄浦区陆家浜路附近),与美国传教士范约翰门对门。他们两家轮流使用一辆小型双驾马车。傅兰雅自称:"我常在晚饭前驾着它到租界去。上海有一个基督徒圈子,里面都是有身份的人,我们常一起喝茶进餐。有一个比利时姑娘住在我家里,我们负责她的食宿和教育,每月收她10英镑。"②

除了为江南制造局译书,傅兰雅还为益智书会翻译了30多种西书,在编辑《格致汇编》时,也抽印了一些单行本,甚至他1896年离开中国以后,还为中国译了一些书。

据统计,傅兰雅一生共译书129种,涉及基础科学、应用科学、军事科学、社会科学等各个方面。如此巨大的数字,如此广泛的领域,出自他一人之手,简直令人难以置信。与他同时代的任何其他翻译人员,无论中外,包括人们常常提到的林乐知、丁韪良、徐寿、华蘅芳,都不能望其项背。从时间上看,1876年以前,他的译书主要为应用科学和基础科学。他那时住在江南制造局,精力专致,译书最为集中。1876年以后,他除了译书,还要参与格致书院事宜,主编《格致汇编》,又回英国一次,精力有所分散,但译书范围也较前广泛,一些社会科学书籍都是那以后才着手翻译的。

三、科普先驱

晚清输入的西方科学知识,大多属于近代科学的基础知识。在后人看来,那时的西方科学传播,都属于科学普及工作。但在当时人眼里,则有深浅之分,难易之别。能懂得地球自转、公转及物质化合、分解等知识的,即使在读书人中,也不是多数。鲁迅说,19世纪末,他在南京读书时,学校出题《华盛顿论》让学生作文,汉文教习竟不知道华盛顿,反而惴惴地去问学生:"华盛顿是什么东西呀!"对于大多数人来说,他们迫切需要的,正是科学的基础知识。有意识、集中、系统地从事这项工作者,傅兰雅是第一人。

他在这方面做了三件大事:创办近代中国第一份专门性的科普杂志《格致汇编》,参与创办近代中国第一所科普学校格致书院,创办近代中国第一家科技书店格致书室。

《格致汇编》创刊于1876年,终刊于1892年,历时16年(中有间断),共出60卷。傅兰雅认为,由于科学基础的薄弱,由于交通不发达的障碍,中国最需要的,不是西学中的深奥部分,而是基础知识,应先从浅近者起手。由此出发,他的办刊宗旨,是以那些对西

---

① [美]戴吉礼主编,[美]周欣平、赵亚静副主编,弘侠中文提示:《傅兰雅档案》第一卷,广西师范大学出版社2010年版,第369页。
② 《傅兰雅档案》第一卷,第436页。

《格致汇编》创刊号（澳大利亚国立图书馆藏）

方科学一无所知或所知甚少的人为主要阅读对象，刊物介绍的科学内容亦从各门学科的基础知识入手，辅以各种简明易懂的图说。《格致汇编》第一年连载12期的《格致略论》长文，是据英国儿童科学常识读本译出的。所发表文章的体裁，以图说最多，诸如《量光力器图说》《纺织机器图说》《工程机器器具图说》《美国大火轮车图说》《新式工程机器图说》《西国写字机器图说》。全刊连载时间最长的是《格致释器》，从第三至第六年，以图文结合的方式，介绍测候、照相、化学、气学、重学、水学等方面的仪器。刊物用语浅显，在说明较为难解的问题时，常辅以生动的譬喻。刊物专设"互相问答"一栏，沟通与读者的联系，解答读者的疑难问题。

格致书院本为普及科学而设，傅兰雅作为发起人、董事和教习，为之倾注了极大的热情，付出了艰苦的努力。他首先倡议书院招收固定的学生（没能如愿），讲授各种科学知识。他协助王韬举行命题考课，两次亲自出题。他为书院制订了详细的西学课程，亲自到院讲授。

傅兰雅在格致书院历史上有一项重要贡献，是他开创的书院夜校教育。从1895年5月11日开始，每星期六晚，傅兰雅在书院开办免费中文科学讲座。他设计了一套内容相当全面的授课提纲，包括矿务、电务、测绘、工程、汽机、制造共6类，每类下面又设置几门到几十门课程。例如：电务一类，便设置了数学、代数学、几何、三角、重学略法、水重学、气学、热学、运规画图法、汽机学、材料坚固学、机器重学、锅炉学、配机器样式法、电气学等课程。这样，六大类包括了上百门课程。傅兰雅制订了由浅入深、循序渐进地学习这些课程的章程。报名听课的人相当踊跃，但鉴于他们数学基础太差，书院专门开设了算术预备班。讲座最初有约20个学生，但人数越来越多，后来多到没有助手就很难应付的程度。因此，书院选出比较高级、优秀的学生，让他们教新入学者。通过这种方式，有约50个学生修完了算术课程。傅兰雅描述其时情况：

星期六下午4点,初学者开始上课,直到8点半高等班级下课,幻灯讲座开始。这时,书院里挤满了忙碌的人员,不断有参观者和同事者来来往往,他们随意坐在座位旁边观看。书院只安排了40人的座位和书桌,明年必须增加更多。①

书院在1896年1月26日(乙未年十二月十二日),即农历春节假期前举行了年终考试,有17人算术合格。据说考试相当严格,要达到百分制的75分以上才发给合格文凭。文凭用中英文印成,中文在上,英文在下,写明姓甚名谁,何方人氏,年龄若干,通过某某课程的考试,分数多少。每通过一门课程,就发给一份证书。当通过所学全部课程的考核后,就可获得书院颁发的全部合格证书。其方法类似于今日之函授、夜校自学考试。

夜校教育在1896年继续进行,课程扩展为算术、代数、水力学和流体静力学,学生被分为高级班与初级班,授课老师也较前增多。到1896年底,共有26人获得合格文凭。②

为了提高教学质量,傅兰雅对于夜校教学方法颇动了一些脑筋。他每周六晚上公布15道算术题目,作为下周的家庭作业,要求学生自己购买教科书,准备所有相关的问题。他还规定了答题形式。下一个周六晚上,各位学生便将课卷交老师批改,同时再准备下一次的题目。周六晚上的课程,主要是老师在黑板上解释和演算前次题目。当有学生解题方法灵巧或者解答得很好时,老师会要求他到黑板前向全班解释他的方法和原因,以便让其他人从中受到启发。据说,"通过这种方法,学生们进步很快,理解得也很透彻,为未来学习科学打下了基础"。值得注意的是,夜校的数学教学,已逐渐使用阿拉伯数字和英文符号。傅兰雅说,"起初,所有在纸上和黑板上演算的题目都用中国符号表示,但很多学生更乐意使用阿拉伯数字和英文符号,不过使用哪种符号,取决于学生自己"。③

傅兰雅认为,"颁发证书对学生来说极具激励性,尤其当他们发现,只有经过大量努力学习、全面达到要求,才能获得证书。他们以高标准起步,并采取各种手段提高成绩。书院最终获得了很好的声誉,成功实现了创办者的意图"④。据傅兰雅报告,夜校学生,

---

① 《傅兰雅档案》第二卷,第158页。
② 栾学谦:《格致书院讲习西学记》,《新学报》第一册,光绪二十三年七月。
③ 《傅兰雅档案》第二卷,第155页。
④ 《傅兰雅档案》第二卷,第156页。

"大部分来自文人阶层,都是非常正派、举止文明、大有前途的年轻人。他们在进入书院前互不认识,但有些已经建立起了友谊关系。第一批毕业的学生中有一位举人,他被李鸿章大人聘作私人家庭教师,其他人也各有职位。有些学生来自本城的学校,也有些来自电报局"[1]。

一位听课者曾记下他的感受:

> (傅兰雅博士授课)一时有志之士,往听者颇多。余乐闻其事而往观焉。诸生依次列坐,傅君立于案前,口讲指画,操华语,字音清楚,曲而能达,教诸生以算学,循序而进,并绘图样于黑板以示之,惟恐人之不明也。有时力疾从公,自言逢会讲之期,如不到此,恐扫诸君之兴,故虽有头痛寒疾,亦不可不到云。余既见傅君讲论之精详,又知其任事之坚苦,益深钦佩。又见其每礼拜各发题纸一张,卷一本,命在家温习课程,至会期则将各题逐一讲明,每月终考一次,躬亲监视,章程极严,不惮烦劳,尤为不可多得。近闻已有考取数学百分中之八十余分者,给以华英文凭各一通。得文凭者所教进一等。每成一学,给一专凭。俟学大成,给一总凭。此后并将演影戏,以显明各种格致之理,随演随讲,较之看书事半功倍云。[2]

傅兰雅在上海的夜校教育,一直坚持到他 1896 年 5 月底离开上海。

在格致书院 30 多年的历史上,论贡献,中国董事中,当推徐寿、王韬;西人董事中,在发起和募捐方面,麦华陀最为重要;论购置仪器、管理院务和指导教学方面,傅兰雅最为重要。后世研究者对傅兰雅的贡献,给予了高度的、也是恰当的评价:

> 格致书院之经营,先后有三位灵魂人物,即傅兰雅、徐寿、王韬三人,其中尤以傅兰雅为最重要,始终从事其间,致力最勤,用心最专,贡献最大。[3]

格致书室创办于 1885 年,地址先设上海英租界汉口路 472 号,即申报馆西隔壁朝北门面,后改汉口路 407 号,是傅兰雅独力筹办的科技书店。傅兰雅自述其创办缘由:

---

[1] 《傅兰雅档案》第二卷,第 157 页。
[2] 《格致书院会讲西学论》,《申报》1895 年 11 月 9 日。
[3] 王尔敏:《上海格致书院志略》,香港中文大学 1980 年版,第 90 页。

近来格致风行,译书日广,好学之士,争览者多。惟以局刻家刻,购求颇艰,故设格致书室,便人采取。凡已译西学卷帙及中华格致类书,均拟办售。又西学书中所用器具材料,亦能定沽。意在畅行格致,愿中西共出一辙,是以不惮烦劳,乐公同人之好。①

格致书室经营的范围相当广泛,包括各种图书、地图、仪器。仪器有各种格致器料、照相镜箱、橡皮盘、发电气器、画图器、化学实验仪器,以及大、中、小三种规格的天地球,等等;还代制印字铜模、代刻精细图画、代卖印书机器。经销的图书以科技书籍为主,兼及其他。在1886年印行的书单上共列出371种,1888年列出878种,1890年列出473种。所售书籍中,从内容上看,有一般的科技书籍,如《谈天》《光学》《三角数理》《植物学》;有各种各样的图册,如《五大洲全图》《中外舆地图》《各国旗图》《上海城厢租界图》《天文图》《百兽图》;有人物画像,如李鸿章像、李善兰像、徐寿像;有名目繁多的字典,如《英字入门》《英话注解》《法字入门》《德字初桄》《官话文法》《汉英合璧》。从作者角度来看,有来华西人主要是传教士的著作,如马礼逊、慕维廉、伟烈亚力、林乐知、丁韪良、花之安、狄考文等人的著作,当然也包括傅兰雅本人的著作,也有纯由中国学者写的,如徐继畲的《瀛寰志略》、郭嵩焘的《使西纪程》、曾纪泽的《曾侯日记》、冯桂芬的《校邠庐抗议》。从出版机构看,既有当时中国著名的江南制造局翻译馆、京师同文馆、美华书馆等机构所出的书籍,也有不少民间刻本;既有上海的,也有其他地方如江苏、广东、山东、北京的。真是林林总总,蔚为大观。格致书室在事实上成了全国科技图书的荟萃之地。

傅兰雅经营格致书室,并不是坐店候客,而是尽一切努力,扩大购阅者的范围。他在天津、汉口、汕头、北京、福州、香港等地设立分销处,在其他一些没有正式设立分销处的地方,也通过传教士、外国商人和其他一切可能利用的渠道,进行代销。根据《格致汇编》及有关资料,格致书室图书可以销售到的地方,全国至少有39个城镇,除了上海,还有:北京,直隶的天津、保定,辽宁的沈阳、牛庄,山东的济南、烟台、登州、青州,山西的太原,四川的重庆,湖北的汉口、武昌、宜昌、沙市、武穴、兴国,湖南的长沙、湘潭、益阳,江西的南昌、九江,安徽的安庆,江苏的南京、镇江、苏州、扬州、邵伯,浙江的杭州、宁波、温州,福建的福州、厦门,广东的广州、汕头,广西的桂林,台湾的淡水,香港。各地读者还可以直接向傅兰雅邮购,他言明不收邮资。从沿海、沿江到内地,格致书室的销售网

---

① 傅兰雅:《格致书室书图价目》,载《格致汇编》第五年(1890)夏。

络四通八达。

这样,傅兰雅将格致书室办成了中国科技书籍的集散基地。他一面将各出版机构所出图书汇集到上海,一面又通过各种方式,将它们发散到全国。传播渠道是文化传播的重要环节,直接制约着文化传播的效果。晚清中国,传播媒介本来不多,交通又不发达,严重地制约着西学传播的速度和范围,但是,注意到传播渠道重要性并为之付出艰苦努力的人不多,傅兰雅是突出的一个。

傅兰雅的努力获得了很大的成功。到1888年,格致书室创办三年,通过各分销处所售出的图书已达15万册,书款17 000余银元。到1897年上半年,销售额达15万银元。1911年,当身在美国的傅兰雅决定不再管理格致书室时,上海西文报纸发表评论说,格致书室是"中国青年学生多年来学习的麦加",即学习西学的圣地。[①]

四、编撰教科书

益智书会1877年在上海成立时,傅兰雅被推为这个机构的委员兼负责干事。益智书会决定编写初级和高级两套教科书,初级由傅兰雅负责,高级由林乐知负责。从事后行动看,林乐知似乎并没有担负起此项工作,傅兰雅是相当负责地执行了。教科书涵盖的学科有数学、物理、化学、博物、天文、地理、历史、心理、哲学等各种。编写方针是:结合中国风俗习惯,学生、教习皆可使用,教内、教外学校能够通用,科学、宗教两者结合。对于最后一点,傅兰雅表示了不同的意见。他主张宗教与科学分离,这一意见未获通过。为此,他一度提出辞职,经挽留,他答应编写非宗教的教科书。1879年,他被推为益智书会总编辑。以后,这个组织几经改组,但傅兰雅一直是这个组织的重要成员,并一度担任执行主席。[②]

傅兰雅从1879年担任益智书会总编辑,着手编写教科书。至1890年,益智书会出版和审定合乎学校用的书籍共98种,有些是完全新编的,有些是此前已经出版、现经益智书会认定可供学校教学使用的。其中,傅兰雅独自编写了42种。包括"格致须知"和"格物图说"等丛书,还有几十种教学挂图和图说。挂图的底本采自英国,图说是挂图的配套读物。

傅兰雅还单独翻译、出版了一些西书,后经益智书会认可,也被列入了教科书。其

[①] Adrian A.Bennett, *John Fryer: The Introduction of Western Science and Technology into 19th-Century China*, p.66.
[②] 傅兰雅在19世纪90年代所印的私人信笺上,注明自己的身份是"益智书会总编辑兼执行主席"。

中影响较大的是卫生学方面的译作:《化学卫生论》《居宅卫生论》《延年益寿论》和《治心免病法》,是晚清介绍化学卫生、环境卫生、营养卫生、心理卫生的开风气之先的译作,在当时影响相当广泛;《孩童卫生编》《幼童卫生编》和《初学卫生编》,则是19世纪末各种学校进行卫生教育的必读书(参见本书《益智书会》一节)。

江南制造局翻译馆译员,格致书院董事、教习,《格致汇编》主编,格致书室经理,益智书会教科书总编辑,傅兰雅在从事教科书编写工作时,正是他身兼数职、极度繁忙的时期。他每一样都干得那么认真,那么出色,真叫人难以想象他哪来这么多的精力!

傅兰雅等人编写的新式教科书,从形式到内容,对晚清教育界影响都相当广泛。1902年,清政府颁行新的学制,各地学校竞相采用新式教科书,有相当一部分,尤其是自然科学课程,便直接采用傅兰雅和益智书会的出版物。单在1903年,傅兰雅所编的"格致须知"丛书中,被采用为教科书的便有重学、力学、电学、声学、光学、水学、热学、动物、植物、全球共10种须知,至于图说被采用的已很难统计。

五、心系中国

1896年,傅兰雅离开中国,定居美国。

离开生活了35年的土地,对傅兰雅来说,并不是一件轻松的事。

自第一次踏上东方这块土地以来,译书、教书、编书、卖书,傅兰雅孜孜以求,默默耕耘,取得了巨大的成就。他的名下,有一长串事业,百余种书籍。他做事认真,为人随和,在上海地方官员和知识分子中,有着良好的关系和崇高的威望。他被公认为中国的西学大师。人们有西学难题,向他请教;学校有西学考试,请他主持。[①] 在19世纪后期的上海知识分子中,提起"傅先生",可以说是无人不知、无人不敬。至于经济上,他早已今非昔比、腰缠万贯了。

按理说,人生得此境遇,已相当不错,可以心满意足了。然而,傅兰雅有他自己的遗憾。他为中国的进步太慢感到苦恼。他来中国,传播西学,目的是为了中国的进步。几十年的经历告诉他,中国积习太重,进步缓慢。特别是中日甲午战争的结局,使他感到,改造中国,还需要很长时间,并非短时期内所能奏效。他说:

---

① 19世纪90年代初,傅兰雅曾两次应邀到南洋水师学堂主持西学考试,由他命题、评阅的科目有算术、代数、几何、三角、蒸汽机原理、地理学、绘图、航海学、英国文法与翻译、英语作文等。见《南洋水师学堂考试纪略》,载《格致汇编》第七年(1892)秋季。

外国的武器,外国的操练,外国的兵舰都已试用过了,可是都没有用处,因为没有现成的、合适的人员来使用它们。这种人是无法用金钱购买的,他们必须先接受训练和进行教育。……不难看出,中国最大的需要,是道德的或精神的复兴,智力的复兴次之。只有智力的开发而不伴随道德的或精神的成就,决不能满足中国永久的需要,甚至也不能帮她从容之应付目前的危急。①

傅兰雅在美国,担任加利福尼亚州伯克利大学东方语言文字学的教授,1902年任东方语言文学系主任,1913年退休,担任名誉教授。1928年7月2日逝世,享年89岁。②

在伯克利的30多年中,傅兰雅人在美国,心在中国。他所教的课程,绝大多数是关于中国的,包括中国的概况、语言文字、历史、地理、人种、宗教、文学、艺术、建筑、风俗习惯,等等。他的授课内容,有自己的鲜明特色,凝结着他对中国文化的独到理解。他介绍的中国三大诗人是李白、杜甫、苏东坡,三大改革家是王安石、朱元璋、康有为。他介绍中国的风俗中,有关于狐狸传说的特别一节。他介绍中国艺术时,对书法所花笔墨甚多。他介绍著名人物时,突出了曾国藩、李鸿章、张之洞的地位。对中国的妇女、科举、宗教,他都有自己独特的见解。伯克利大学是美国西部最著名的大学,傅兰雅是这里第一位系统讲授中国学的教授。他的课程,传播了中国文化,有助于加深美国人民对中国的了解。

在美期间,傅兰雅密切关注着中国的形势。他的私人档案里,保留着一大批有关中国问题的剪报。他尽自己的一切可能,继续帮助中国。

第一,多次重访中国,每次都力争有所作为。1897年夏天,他在上海住了七个星期,将英国传教士秀耀春推荐到江南制造局翻译馆,以接替自己先前的工作。③ 1901年,他来中国,帮助联系中国学生留美事宜,回国时,带了王宠惠、陈锦涛等九名北洋大学的学生到伯克利大学留学。1908年,他作为伯克利大学的特派员,来中国调查教育情况。他考察了各地的新式学校以后,建议中国的教育界同行,聘请一些既可信赖又能称职的

---

① "Chinese Recorder",1896年1月,第36—37页。译文见顾长声:《从马礼逊到司徒雷登》,上海人民出版社1985年版,第244页。
② 据《伯克利大学校刊》所载"讣告",傅兰雅在病了好几个月之后,于1928年7月2日下午,在自己寓所去世。其寓所在伯克利杜兰特大道2620号,在大学南门外。笔者在1991年到那里寻访遗迹,发现旧居早已拆除,现为一幢并不出众的楼房,是傅兰雅去世以后建造的。
③ 这次在上海,盛宣怀拟请他担任南洋公学总教习,每月薪水银500两,未能成功。见钟天纬致汪康年函,载《汪康年师友书札》第三册,上海古籍出版社1987年版,第3087页。

外国教育家到中国帮助管理学校。他还利用来华的短暂时间,整理、出版他在江南制造局翻译馆的译稿。在离开中国以后,他为江南制造局翻译的书籍,竟有14部之多。

第二,在美国帮助中国人。中国北洋大学留学生到加州以后,傅兰雅被聘为这批学生的监督,照顾他们的学习和生活。为了帮助中国学生留美,他此前写了《美国加邦大书院图说》,介绍伯克利的情况,此后专门编了一套教材,供中国留学生使用。1909年,他受美国政府教育部门委托写了一本《接纳中国学生留学美国章程》,介绍美国大学制度、招生情况、中国学生留美情况,并提了一些建议。这本书对于中国学生留美,很有参考作用。此外,他对于被派到美国工作的中国人,也尽己所能,提供帮助。1897年,曾与傅兰雅在江南制造局同事的上海人王树善,被派到美国旧金山领事馆任职。旧金山与伯克利毗邻。傅兰雅给王树善以多方面的帮助,带他到美国工矿企业参观,并与他合作,将他们在江南制造局翻译馆没能译完的《开矿器法图说》,译完出版。两江总督刘坤一为此书作序,并称赞傅兰雅为译此书所做出的贡献:

> 是书为美国开矿工程家俺特累所著,乃汇萃西国各处求矿、开矿、运矿及矿井中起水、通风,一切应用之器具、机器,与夫轧碎矿块、舂碾成粉、淘澄金类之质,所用各种之器、各家之造法、各处之用法,均能直抉其利弊之所在而反复言之,盖从阅历试验而得,非徒托空言也。江南制造局觅得此书,延英国儒士傅兰雅口译,其笔述者为上海王太守树善。译未及半,因事中辍。后傅乞假至美,而王亦调金山,两人复聚一处,因得将前此未竟之业,续译成之。金山为矿产极富之区,傅又引王历观各处开矿之厂,指示其机器之作用,于是前此之按图索解、未能洞悉其底蕴者,一旦以目验得之,故书中于机器之图说,言之最详。向使当时在上海译毕,恐不能如此详且尽也。①

第三,捐建上海盲童学校。在华期间,傅兰雅便深深同情成千上万不幸而又无助的中国盲童,曾打算建立一所盲童学校,但因种种条件限制而未果。定居美国以后,他时时将此事挂记在心,每次重返中国,总要想到此事。② 1911年3月,他捐银6万两,创建

---

① 刘坤一:《开矿器法图说·序》,载《开矿器法图说》前附,江南制造局1899年版。
② 傅兰雅自述:"恻隐之心,人皆有之,况乎瞽人,双眸既瞎,百事不明,苦不堪言","仆旅沪多年,恒以此事,萦念于心,每思纠合中外慈善诸君,兴办此举,惜无人允为协力帮办,因而有志未遂,事竟中搁。十五年前,虽赴美国加利福尼亚国家大书院中,充教习东方语言之职,于教育瞽盲之事,仍未去怀,故多次趁书院暑假期内,远涉重洋,复游上海,总拟想法,兴办此事"。见傅兰雅:《教育瞽人理法论自序》,载《教育瞽人理法论》卷首,时中书局1911年版。

上海盲童学校。学校最初设在北四川路,1912年11月正式开学。这是中国第一所正规盲童学校。1915年,因原址逼仄,迁至爱丁堡路(今虹桥路)。为了开展中国的盲童教育,他编写了《教育瞽人理法论》一书,介绍欧美等国盲人教育情况,美国免瞽会的发展,盲文及其学习方法,预防、医治幼儿眼病的知识,并介绍了中国广州、福州、汉口、北京、上海等地瞽院的情况。据他估计,晚清中国有瞽人50万至100万。[①] 为了帮助中国的盲人教育,他特命自己最小的儿子傅步兰在美国学习盲童教育,然后将他派到上海。傅步兰后来担任上海盲童学校校长。1915年,已经退休的傅兰雅,在美国家中接待赴美参加博览会的黄炎培,说了一番颇为动情的话。他说:"我几十年生活,全靠中国人民养我。我必须想一办法报答中国人民。我看,中国学校一种一种都办起来了。有一种残废的人最苦,中国还没有这种学校,就是盲童学校。"[②]他在中国办盲童学校,派儿子到中国教育盲童,就是为了报答中国人民。

傅兰雅热心帮助中国盲童教育的善举,令黄炎培非常感动。1944年,一位立志从事盲哑教育的青年写信给黄炎培,谈自己的志向,黄炎培对他大加鼓励,并讲了傅兰雅的故事,希望他将来成为中国的傅兰雅:

说件故事给你听:五十年前,在华翻译西洋格致专书的一位英国人,名傅兰雅,年老回国,将他一生在华所得薪水剩余,尽数为中国人造福,认为最苦是盲哑,乃派他的儿子专学盲哑教育,学成替他起名字叫傅步兰,到中国来,在上海办一盲哑学校。傅步兰终身为校长,八一三战后,不知道怎么样了。吾三十八年前到美,还和这位老先生往来。他爱中国,和吾们一样。唉!这样的热诚服务,这样的计划远大,真正值得你们钦佩,希望你们将来做中国的傅兰雅。[③]

黄炎培晚年写回忆录《八十年来》,还对傅兰雅热心帮助中国人的善举难以忘怀。

早年在英国,晚年在美国,中青年时代在中国,傅兰雅将他一生最宝贵的年华献给

[①] 傅兰雅:《教育瞽人理法论》,第2页。
[②] 黄炎培:《八十年来》,文史资料出版社1982年版,第74页。
[③] 黄炎培:《复郭亚民的信》,《国讯》旬刊第366期,1944年,转见中华职业教育社编:《黄炎培教育文集》第四卷,中国文史出版社1995年版,第29页。

了中国。在中国时,他刻苦钻研,勤奋工作,传播西学内容之丰、范围之广、方式之多,同时代无人可以相比。离开中国后,他继续关心、帮助中国,将自己的一生积蓄,贡献给中国。从传播宗教开始,以传播科学结束,在众多的来华传教士中,傅兰雅卓然自立,光彩夺目。

(1994年初稿,2018年改定)

英商雷士德的大爱情怀[①]

在数以万计的近代寓沪外侨中,来自英国的雷士德特立独行,品德高尚,闪射出夺目的光彩。

他审时度势,善于经营。他在同治年间只身来沪,由建筑设计师、土地测量师而房地产商,经过半个世纪的努力,成为上海屈指可数的超级富豪,在南京路一带拥有的房地产值仅次于哈同,总资产超过1 400万两白银。

他生活俭朴,不尚奢华,不置豪宅,连一般的花园洋房也不住,而是长期居住在英侨总会的单身宿舍里;他不买轿车,上下班坚持搭乘电车或安步当车,尽管在上海滩高档轿车是高贵身份的标志。他终身未娶,日常生活极其简单,据说多年不曾买过一条领带或一件衬衫,专靠一个同事把自己穿旧不用的衣物接济他。虽为上海总会资格最老会员之一,但他极少踏进总会酒吧间,除非在圣诞之夜,那时总会做东免费款待会员。每天下班前他的例行公事是检查所有办公室的电灯是否关好。

他像一个只知春播秋收、终年劳碌、从来不肯进城消费的农夫,又像一个勤勤恳恳、恪尽职守的管家,一点也不像腰缠万贯的富豪。

假如他将多年赚取的钱财,建豪宅,买名车,花天酒地,一掷千金,那么,他在历史上的地位,就是哈同第二。

假如他将多年赚取的钱财,建公司,扩产业,席卷而去,遗传子孙,那么他在历史上的地位,也就是无数冒险家中的一员,没有什么耀眼之处。

但是,他没有这么做。

他在生命的最后一刻,做出了惊世骇俗的决定:将所有遗产留在上海。他在遗嘱中,规定其资产捐赠用于以下目的:少量遗产赠予个人;现金赠予一些慈善团体,以照顾盲人、贫民、需要救济的和无处栖身的儿童;赠予华人医院一大笔资金,以维持他们为贫民免费服务;一笔较小的资金赠予另一医院,以帮助所有国籍贫民;用于圣三一教堂附属学校的重建。他的遗嘱特别规定,除了上述用处之外,余下的全

[①] 本文系为房芸芳所编《遗产与记忆:雷士德、雷士德工学院和她的学生们》一书所作的序言,该书由上海古籍出版社2007年版。关于雷士德生平,参见本书《略论近代外侨对上海城市的认同》。

部资产用于建立雷士德基金,承担下列任务:其一,建立四年期的奖学金,帮助上海儿童进入达到大学预科水平的上海学校;其二,捐赠建立能容纳300人以上的雷士德学校,对中外学生开放,特别是对中国学生;其三,捐赠建立雷士德医药研究院和雷士德工程研究院,用以吸收任何国籍的学生,特别照顾中国学生。根据他的遗嘱,接受赠款的机构有虹口华德路圣路加医院、忆定盘路中国盲人院、董家渡穷苦小姊妹会、虹口黄包车夫会、南市穷苦精神病院。根据其遗嘱,5万两银子被用于建立雷士德奖学金,面向在上海就学的所有国籍、无论宗教信仰的14岁以下的男女学生。

他捐助、关注的对象,主要是贫病幼弱群体,关键词是"教育、医学、慈善、儿童、穷人、病人、上海"。以他的捐款建立的雷士德工业职业学校和雷士德工学院,培育了近千名学生,名闻遐迩。

他热爱中国,热爱上海。他在遗嘱中深情地写道:"在将近60年中,我主要和永久的定居处一直在中国的上海,现在如此,以后也将如此;很久以前,我就选择中国作为我的户籍。"

雷士德以其毕生的辛劳,全部的积蓄,书写了一个大写的"善"字,也是一个大写的"爱"字:对弱势群体的善与爱,对儿童的善与爱,对上海的善与爱。

近代来华外国人中,传教士多重义,追求精神价值,商人多重利,追求物质财富,像雷士德这样以经商逐利起步、以履仁践义告终,极为罕见。

他是一个成功的人,一个善良的人,一个高尚的人,一个有道德的人,一个热爱上海的人。这样的人,理应永远活在上海人民心中。可惜由于种种原因,在相当长时间里他被人们遗忘了。本书是关于他的第一部比较翔实的中文传记。作者房芸芳女士,是上海历史博物馆的有心人,她利用各种档案、文献和口述资料,详尽地记述了雷士德的生平事迹,记述了雷士德职业技术学校和雷士德工学院的校史,资料翔实,文笔流畅,生动可读;特别是雷士德职业技术学校和雷士德工学院那些学生饱含深情的回忆,再现了雷士德当年的场景,相当真实,感人。

近代来华西人中,倚恃特权、侵我权益、为虎作伥者有之,贩卖鸦片、谋财害人、为非作歹者有之,互通有无、贸易共赢者有之,传播文明、启蒙发聩者亦有之。雷士德提供的则是另外一种类型。

读了本书,会让人感慨系之,也会让人产生一些更深层次的问题:雷士德为什么特别关注贫病幼弱群体?他从什么时候萌发了捐献全部财产的念头?他为什么会这样做？类似雷士德的人还有没有？雷士德留给人们思考的空间、研究的空间都很大。从这个意义上，可以说在雷士德研究方面，本书刚刚开个头。

(2007年)

上海居民特性与城市精神

所谓城市精神,是指城市通过其市民生产方式、生活方式、伦理道德、审美情趣、规章制度、城市景观等体现出来的共同价值观念,是植根于城市历史、体现于城市现实、引领着城市未来的价值取向。作为众多居民的生命集合体,任何城市的精神总是多方面的,对于城市精神的不同面向,或者对于城市精神的同一个方面,也会因评价主体的立场、观点、情感、视角不同而见仁见智。任何城市精神都是历史性与时代性的统一体,既有继承性,也有变异性,不同时期的城市精神可能有很大差异。所以,对于一个城市精神的概括,既是一种判断,也是一种选择,更是一种期盼。

所谓城市精神,有两种含义,一种是城市所实存的精神,一种是经该城市有关部门和有关群体认可、公布的城市精神。两者既有关联又有区别,前者义广,后者义狭。城市精神之实虽然古已有之,但"城市精神"作为专有名词在中文里出现,"城市精神"作为一种研究对象,还是很晚的事。20 世纪 90 年代后期,文艺评论界开始出现对于文艺作品与"城市精神"关系的讨论[1],2000 年以后,综合性报纸上开始出现此类文章。[2] 此后,随着各地城市的快速发展,各地城市对于自身特质的重视,对于城市精神的讨论日渐增多。到 2010 年前后,中国几乎所有城市都对自己城市的精神进行过讨论与概括,并经相关部门(市委宣传部、市政府或人大等机构)公布、宣传。[3]

---

[1] 下面两篇文章,较早使用"城市精神"一词:戎平的《一种新城市精神:读张梅的〈老城纪事〉》(《当代文坛报》1997 年第 1 期,第 40 页);董瑾的《都市小说与城市精神:读王安忆的〈长恨歌〉》(《当代文坛报》1997 年 5/6 期,第 65—68 页)。在此以前,有谈及城市精神的文章,如《中华》(上海)杂志(1938 年第 71 期,第 24 页)在刊登延安抗日军政大学照片时,称"延安虽是古朴的城市,而有崭新的内容,城楼上悬着的'中流砥柱'四字的匾额,至今还足为这城市的精神写照";及江康黎《城市建设之精神上要素》(《市政评论》1941 年第 6 卷第 3 期,第 3 页)一文。但他们都还不是将"城市精神"作为单独词汇使用的。

[2] 2000 年 9 月 12 日,《辽宁日报》所载刘国华的《振奋城市精神,增强城市凝聚力》,是较早在报纸上讨论城市精神的文章。

[3] 比如,北京的城市精神被概括为"爱国、创新、包容、厚德"(2011 年),天津的为"爱国诚信、务实创新、开放包容"(2012 年),重庆的为"登高涉远、负重自强"(2009 年),南京的为"开明开放、诚朴诚信、博爱博雅、创业创新"(2002 年),西安的为"承古开新、开放包容、勤奋进取、文明诚信"(2004 年),广州的为"厚于德、诚于信、敏于行"(2012 年)。有的城市精神在不同历史阶段有不同的概括,苏州的城市精神在 2003 年被概括为"崇文、融和、创新、致远",到 2013 年又被概括为"崇文睿智,开放包容,争先创优,和谐致远"。

上海是较早对城市精神进行讨论的城市。20世纪80年代以后,鉴于上海在中国改革开放战略中被安排为"后卫"的位置,改革力度不足,开放幅度不大,城市发展不快,发展速度一度低于全国平均水平,住房、交通、污染问题严重,市民怨气郁结,领导层亟须提振民气,因而对城市精神问题特别关注,多次组织城市精神讨论。早在1985年,上海就进行上海城市文化发展战略的讨论①,其中涉及城市精神的内容很多。1992年,上海举行有关上海人形象大讨论②,2000年又开展"面向新世纪的上海人精神"大讨论③。这些讨论所涉及的上海城市文化传统、上海人形象、气质、特性等,都属于城市精神范畴。

2002年底,上海获得2010年世界博览会主办权。其时,适逢上海经济发展进入人均GDP接近5 000美元的重要关口,能否办好世博会,能否利用举办世博会的机遇推进城市健康发展,提升人的素质,至关重要。2002年12月,中共上海市委决定在全市开展

---

① 讨论自1985年3月开始,经过近一年的时间。中共上海市委宣传部组织了上海市高校、社会科学研究机构和政府工作部门的专家学者,以及宣传文化系统的工作者,共400多人的研究队伍,经过广泛的调查研究,形成了由100多篇、约120万字的研究论文与调查组成的报告。报告认为,在近代史上,上海不但是我国最大经济中心,也是最重要的文化中心。在改革开放的新形势下,上海应当既是发展现代化经济的先锋,又是传播新文化的窗口,上海需要制定一个城市文化发展战略。报告对该文化发展战略的指导思想与奋斗目标、方针、任务、具体措施,都提出了建议。报告认为,"上海城市文化的发展,要以造就有理想、有道德、有文化、有纪律的社会主义的新上海人,促进人的全面发展为根本目的。要努力创造一个良好的文化环境,提高全体市民的文化素质,使新上海人具有这样一些特点:具有主人翁精神,关心国家和社会事务,有明晰的国际观念;具有开拓进取精神,敢于创新、突破;具有科学求实精神,善于学习,长于思索,注重实际;具有集体合作精神,气派宏大,热心公益,友爱谦让,礼貌待人"。参见吴云溥等:《关于制定"上海城市文化发展战略"的思考》,《社会科学》1986年第5期。
② 1992年3月30日,中共上海市委宣传部会同市总工会、团市委、市妇联联合发出《关于深入开展"90年代上海人形象"讨论的通知》。广大市民踊跃参与。许多行业和单位,从改革开放和现代化建设的大局出发,围绕如何树立与上海这个现代化国际大都市相适应的上海人良好形象的核心问题,着眼于提高干部、职工的整体素质,紧密联系改革开放、经济建设和职工思想实际,运用多种形式,广泛深入地开展了讨论活动。讨论持续一年,围绕提高市民素质、围绕上海的改革开放和经济建设的主题开展,具有广泛的群众性。
③ 讨论围绕着"面向新世纪,上海人应该具有怎样的精神风貌"这一问题展开,市民参与度很高。经过20世纪90年代的开拓创新,上海的城市面貌发生历史性巨变,上海人进而思索自身思想道德素质如何随之提升的问题。讨论认为,上海本是个移民城市,特点是流动性大,包容性强,海纳百川,但因后来作为计划经济的重镇,开放精神一度受到窒息。改革开放给上海带来新的机遇,上海人在改变城市的同时,也改变自身,进入一种上海精神的现代重塑进程。经过讨论,越来越多的人认识到,世纪之交的上海,作为一个移民城市和国际性大都市,那种海纳百川精神与活力又回来了,如今的上海人已不再停留在户籍概念上,所有参与上海建设的人们,不管他是外地人还是外国人,都是新时代的"新上海人"。面对信息时代和经济全球化的挑战,一个异彩纷呈的现代文明社会新格局和打破地域局限的社会交往新秩序,正日益展现在今天的人们面前。这既是社会生产和生活方式巨大变革的真实写照,又是人们思想活跃、自主选择的生动体现。越来越多的人认为,面向新世纪的上海人,应努力培育和形成:爱国敬业的精神、追求卓越的志向;崇尚科学的态度、守法守则的习惯;公平竞争的理念、沟通参与的意愿;不畏挫折的品质、讲究实际的性格;博采众长的胸怀、自我改进的努力;维护公正的勇气、关怀弱者的爱心;保护环境的意识、自处慎独的功夫;善待生命的情怀、面向世界的眼界。参见闻平:《提升市民素质 铸造城市之魂——写在"面向新世纪的上海人精神"讨论之际》,《文汇报》2000年12月30日。

"上海城市精神"大讨论。这是上海明确以"城市精神"为主题的大讨论,也是对此前历次相关讨论的深入与扩展。上海各高校、研究机构与众多市民都参与了讨论,共收集到近300种关于上海城市精神的表述方式。中共上海市委在此基础上,经概括提炼,形成了对上海城市精神的表述,即"以海纳百川而服务全国,在艰苦奋斗中追求卓越",简称为"海纳百川、服务全国、艰苦奋斗、追求卓越",并在2003年的精神文明建设工作会议上予以公布。

2006年,中央对上海的发展提出新的要求,即"四个率先",要求上海继续走在全国的前列,率先转变经济增长方式,把经济社会发展切实转入科学发展轨道;率先提高自主创新能力,为全面建设小康社会提供强有力的科技支撑;率先推进改革开放,继续当好全国改革开放的排头兵;率先构建社会主义和谐社会,切实保证社会主义现代化建设顺利进行。2007年5月,在中共上海市第九次党代会上,时任市委书记的习近平对上海城市精神做出新的表述,提出要"与时俱进地培育城市精神,大力塑造海纳百川、追求卓越、开明睿智、大气谦和的新形象,使全市人民始终保持艰苦奋斗、昂扬向上的精神状态"的任务。自此,上海城市精神被表述为"海纳百川、追求卓越、开明睿智,大气谦和"。

上海城市精神在不同历史阶段,有颇为不同的表现。下面分四个阶段进行介绍,即古代、近代、计划经济时代与改革开放以后。

一、古代上海居民特性

近代开埠以前,上海居民特性①突出之点有三,即重商、奢华与开明。

其一,重商。上海设县原因,即与通商贸易有密切关系。青龙镇衰落,上海港兴起,上海镇设立,均与贸易直接有关。宋末元初,朱清、张瑄在上海、刘家港一带负责督运漕粮,拓展海上贸易,使上海地区相当可观的居民投身海运业务,带动、培养了一批海商。徐光启曾说,"清、瑄所用东南富人通市外洋者,舟则其舟,人则其人也"②,其所用之富室,都是熟悉海上运输业务、足以胜任之人。元代至正中,上海县共计72 502户,其中与海上运输有关的"海船、船商、梢水",就有5 675户,而且"皆县人",③即都是本地人。元

---

① "城市精神"是现代词汇,近代中国在述及城市精神时多用城市"居民特性"一词。近代以前,中国从秦汉到明清,城乡联系一直相当密切,乡民和市民相互服务,城乡关系自然而和谐。当时,国家实行城乡合治体制,城镇只是各级行政区域体系中的网点,而不是单独的行政单位。因此,论述古代、近代中国城市特点,用"居民特性"较之"城市精神"更为妥帖。
② 徐光启:《漕河议》,载《徐光启集》,卷一,第22页。
③ 嘉庆《上海县志》卷四《户口》。

代至元二十九年上海县设立时,"地方之人,半是海洋贩易之辈"①。明初实行海禁,严禁濒海居民及守备将卒私通海外诸国,上海沿海公开的贸易活动基本绝迹,但走私活动依然相当活跃。"海上操舟者,初不过取捷径,往来贸易耳。久之渐习,遂之夷国。东则朝鲜,东南则琉球、吕宋,南则安南占城,西则满剌加、新罗,彼此互市,若比邻然。又久之,遂至日本矣。夏去秋来,率以为常。所得不赀,什九起家。于是射利愚民,辐辏竞趋,以为奇货。"②崇明岛、舟山附近的双屿岛,都是走私胜地。虽然政府严令禁止,但走私行为屡禁不绝,"私通滥出,断不能绝。虽有明禁,而利所在,民不畏死,每犯法而罪之,又再犯者"③。诚如徐光启所说,有无相易,乃邦国之常,有了正常贸易,走私活动就少,没有正常贸易,走私活动自然就多。"私通者,商也。官市不开,私市不止,自然之势也。又从而严禁之,则商转而为盗,盗而后得为商矣。"④

上海地区物产,以盐、棉为大宗,也包括由棉纺成的纱、织成的布,这些物品都必须与市场发生联系。北宋时期上海地区已有浦东、袁部、青墩三大盐场,南宋建炎年间发展为五大盐场,崇明亦有天赐盐场。到了元代,上海地区盐产量达到历史高峰,元中叶年产约三千万斤,超过宋代,也为日后的明清两代所不及。棉花自宋代以后,对上海地区经济发展有相当重要的意义。元人沈梦麟诗云:"黄浦之水不育蚕,什什伍伍种木棉。木棉花开海天白,晴云擘絮秋风颠。男丁采花如采茧,女媪织花如织绢。由来风土赖此物,祛寒庶免妻孥怨。"⑤元代以后,上海地区大片不宜种粮的卤瘠之地,变成植棉良田;优质的棉、纱、布成为上海地区特产,加强了农民与市场的联系,刺激了商品经济的发展。上海城厢和附近的集镇,成为江南一带最重要的棉花贸易集散地。满载棉花和棉制品的海船从黄浦江出发,北达满洲里、南通东南亚,回程则载回各地特产。明清时期上海港口的对外贸易时开时禁,对内贸易则一直没有间断,上海商业一直在发展。到近代开埠以前,上海已是相当发达的商业城市,十六铺一带,行肆林立,码头栉比。城厢内外已建有20多个服务于南来北往商人的会馆、公所。

在松江府内,上海县较之华亭县,更靠海边,更重海运、盐棉,更重商业,被称为"海商驰骛之地"。明代正德《松江府志》称:"诸州外县多朴质,附郭多繁华,吾松则反是。盖东北五乡,故为海商驰骛之地,而其南纯事耕织,故所习不同如此。大率府城之俗,谨

---

① 嘉庆《上海县志》卷六。
② 谢肇淛:《五杂俎·地部一》。
③ 《续文献通考》卷二十六《市籴考二》。
④ 徐光启:《海防迂说》,载《徐光启集》卷一,第37页。
⑤ 沈梦麟:《黄浦水》,载《花溪集》卷二,上海书店1994年版。

绳墨，畏清议，而其流也失之隘；上海之俗喜事功，尚意气，而其流也失之夸。"①所谓"诸州"，当指与沿海相对的内地。内地城乡分工较为明确，城市业商，为商业、手工业所在地，乡村业农，业商者多铺张、繁华，业农者多简约、质朴。所谓"东北五乡"即指上海。意思是说，上海县人不如松江府城人那么简约、质朴、守规矩。府城是一府政治、文化中心，上海是一府贸易中心；府城重文，上海重商。《松江府志》这段话很简洁，但极其敏锐地观察到作为滨海之区的上海民风与内地城市的迥然相异。

其二，奢华。奢华常常是重商社会的重要特征。传统社会抑制商人社会地位，多财之商人每每通过铺张奢华来凸显自身价值。上海多商，故自设县以后，其世风每每以奢华著称。明代县志即称，上海居民"颇崇华黜素，虽名家右族，亦以侈靡争雄长，往往逾越其分而恬然安之"；至于沿沙薄海之民，"尤好崇饰其外，以耸观视，而肆然无所惮焉"。②除了明初一段时间以外，从元代到清代，上海社会一直崇尚奢华，食必求精，山珍海味；衣必求贵，绮罗轻裘。衣着的色彩、用料、式样每每越分逾矩，朝廷的服饰典制在这里几成一纸虚文。明代万历年间，嘉定人"富室召客，颇以饮馔相高，水陆之珍常至方丈，至于中人亦效慕之，一会之费，常耗数月之食"③。明末清初松江人吴履震称："今富贵佻达子弟，乃有绫缎为裤者，暴珍何为？奢侈之俗，纨绔之俗，吾松更甚于他方。毋论膏粱势厚，弃菅蒯而贱罗绮，下至舆台仆隶，咸以靡丽相矜诩。"④清初余起霞有一段话描述松江人奢侈之风，最为生动：

> 吾乡习尚日异月新。余幼时见亲朋宴集，所用不过宋碗，其品或四或六，其味亦只鱼虾鸡豕。婚娶盛筵果单，实以枣栗数枚而已。自后，宋碗变为宫碗，宫碗变为冰盘，冰盘又变为五簋十景九云锣。其中所陈，穷极水陆，一席所费，可作贫家终岁需矣。往时及见里中素封之家，所服不过卷褐苎布而已，今则绸不足而纱之，纱不足而缎之，缎不足而绫之锦之，甚且袭以银鼠，褐以紫貂。一帽也，倏而昂其顶，倏而广其檐。一履也，俄而镶其面，俄而厚其底。如是者谓之时人，否则，群以村汉目之。举世滔滔，莫知所自始，亦莫究其所终。⑤

---

① 正德《松江府志》卷四。
② 弘治《上海志》卷一《风俗》。
③ 万历《嘉定县志》卷二《风俗》。
④ 吴履震：《五茸志逸》卷二《尚衣缝工》。
⑤ 康熙《淞南志》卷一《风俗》。

明清时期奢华之风并非上海一地为然,整个江南地区皆如此。① 奢华之风形成,大抵需要以下三个基本条件:一是其地物产丰裕,使得奢华具备必不可少的物质基础;二是其地有数量可观的商人集聚,使得奢华不只是极个别人物或家庭的极个别行为;三是其地上流阶层的推助,使得奢华得到社会评价系统的认可(至少是默许)。明清江南地区,奢华风气起于苏州,亦以苏州为甚,苏州便具备了这三个基本条件。明人张瀚记述:

> 至于民间风俗,大都江南侈于江北,而江南之侈尤莫过于三吴。自昔吴俗奢华、乐奇异,人情皆观赴焉。吴制服而华,以为非是弗文也;吴制器而美,以为非是弗珍也。四方重吴服,而吴益工于服;四方贵吴器,而吴益工于器。是吴俗之侈者愈侈,而四方之观赴于吴者,又安能挽而俭也。盖人情自俭而趋于奢也易,自奢而返之俭也难。②

> 自金陵而下控故吴之墟,东引松、常,中为姑苏。其民利鱼稻之饶,极人工之巧,服饰器具,足以炫人心目,而志于富侈者争趋效之。③

明清苏州为江南中心城市,亦为引领社会风气之中心城市。苏州物产丰盈,多富商大户,亦多合商儒为一体的上流阶层。有"小苏州"之称的上海,在社会结构上正与苏州相同,所以,在奢华之风方面,苏州步,亦步,苏州趋,亦趋。

上海地区人不但奢华,而且有比较系统的为奢华正名的理论。明代上海学者陆楫(1515—1552)就认为,奢侈性消费对于社会有一定积极意义。他认为传统的崇俭恶奢观念并不完全正确,禁奢崇俭并不能使民富裕,而奢侈倒能促进经济繁荣,财富流通,增加就业,对于社会发展有积极意义。他特别以上海为例:"且自吾海邑言之。吾邑僻处海滨,四方之舟车不一经其地,谚号为小苏州,游贾之仰给于邑中者,无虑数十万人,特以俗尚甚奢,且民颇易为生尔。"④当然,陆楫并不是无条件地、一味地主张奢侈性消费,

---

① 对于明清时期江南地区奢华之风,学术界多有研究,代表性成果有,王卫平:《明清时期江南城市史研究——以苏州府为中心》,人民出版社 1999 年版;王家范:《百年颠沛与千年往复》,上海远东出版社 2001 年版;陈江:《明代中后期的江南社会与社会生活》,上海社会科学院出版社 2006 年版;巫仁恕:《品味奢华——晚明的消费社会与士大夫》,中华书局 2008 年版;樊树志:《论晚明江南的奢侈风气》,载唐力行主编:《江南社会历史评论》第 10 期,商务印书馆 2017 年版。
② 张瀚:《松窗梦语》卷四《百工纪》。
③ 张瀚:《松窗梦语》卷四《商贾纪》。
④ 陆楫:《蒹葭堂稿》卷六,见《续修四库全书》,上海古籍出版社 1997 年版,第 640 页。

而是"希望富者奢侈而贫者节俭,这样可以促使富者因奢侈而减少财富,而贫者因节俭增加财富,进而实现'均天下而富之'理想社会状态"①。中国经济思想史上,讨论奢侈消费的经济效应问题首推《管子》一书,但其所涉范围主要是通货紧缩情况下的奢侈消费,因而意义较为狭隘;比较而言,陆楫系统论证奢侈消费的积极意义更为全面,业已涉及社会三大产业财富分配的基本原则,"其先进意义不言而喻,时代精神更具鲜明色彩"②。诚如周巍所论,陆楫的奢侈消费有益论,不但在中国经济思想史上具有创新意义,而且在世界经济思想史上也有其独特的价值:

> 陆楫主张奢侈消费促进经济增长,有利于促成社会财富平均分配,这一观念与当时西方启蒙思想家的经济主张相一致。在西方的经典文献中,荷兰启蒙思想家孟德维尔在1705年,发表《怨声载道的蜂房,或骗子变成君子》系统探索奢侈恶习的奢侈消费刺激和扩张市场需求,维持经济的持续和稳定增长。美国学者凡勃伦在《有闲阶级论——关于制度的经济研究》(1899)一书中阐释"炫耀性消费理论"系统,从经济学、社会学的层面探索了奢侈消费的经济意义,无疑是对奢侈消费理念的深化,不过他在论著中仍将奢侈性消费作为资产阶级的非理性行为来处理的。德国学者桑巴特《奢侈与资本主义》(1913)始才推崇奢侈消费的积极价值。须知这一观念的成形,距陆楫所生活的时代,已经过去三百多年了。③

其三,开明。所谓开明,指开通、明智,对外来人口、外来文化能持比较开放、平实、平等、理性的态度。最典型的是徐光启(1562—1633),他在韶州即能主动拜访刚刚站稳脚跟的异族来客郭居静,并与之交谈颇为融洽,即是其开明心态所致。他对于西来之人、西来文化、西来宗教,均抱持开放态度,不像当时有些士大夫那样不加分析地盲目排斥。他虚心学习西方先进的科学知识,提出了"欲求超胜,必须会通,会通之前,先须翻译"的著名主张④,与利玛窦等人共同翻译了《几何原本》等一批西方科学著作。他受洗入教,成为虔诚的天主教徒。他在关键时刻,挺身而出,为西方传教士仗义执言。

徐光启开明之处,还表现在他对于中外贸易的平实态度。他在《海防迂说》中,系统

---

① 周巍:《浦东文脉:陆深陆楫家学研究》,上海师范大学博士论文,2014年,第230页。
② 周巍:《浦东文脉:陆深陆楫家学研究》,第230页。
③ 周巍:《浦东文脉:陆深陆楫家学研究》,第231页。
④ 徐光启:《历书总目表》,载《徐光启集》卷八,第374页。

论述了中国与日本等国互通有无、进行正常贸易的必要性与重要性,对于明王朝实行的闭关锁国政策给予了系统的、有理有据的批评,对于嘉靖年间朱纨在浙江沿海严厉打击海上私人贸易的行为进行了点名道姓的批评,称其对于"海上实情实事果未得其要领,当时处置果未尽合事宜也"①。他认为,开展正常的国际贸易,利国利民,也是势所必然,而不顾实际地禁止,只能是误国病民,后患无穷。

徐光启的开明思想,在明代上海并非孤立现象。在他的带领与影响下,上海地区出现数量可观的开明人士。他的学生孙元化,是明末接受西学的著名人物,精通火器,也受洗加入天主教。据研究,徐光启的父亲徐思诚、岳父吴小溪、妻子吴氏、儿子徐骥、五个孙子与四个孙女,还有由此而扩展出来的一批亲戚,都在他的影响下皈依了天主教,其中孙元化、艾廷槐、许远度、潘尧纳家族都成了天主教世家。②

上海地区文化开明方面,还有两个典型事例,一是府志收录传教士,二是陆楫(1515—1552)的华夷平等思想。

府志收录传教士,指崇祯三年编成的《松江府志》中,已经把西班牙籍的天主教传教士庞迪我(Diego de Pantoja,1571—1618)正式作为游寓人员记录在案,其文曰:

> 西儒庞迪我,利玛窦之门人也,精于天文地理技术,宗天主教,由海外抵香山墺,至留都,遂游云间。士大夫多崇礼之,而徐宗伯光启尤敬事焉。制器甚精巧,如西洋炮,试之辽左右,有奇效,奴虏闻之胆落。相瑺目长髯,坦易近人,非礼不动,有中华大儒之风。他著述甚富,不胜书。凡用物名目种类特创,并西字记号二十,形象各异,不能殚记,详其门下西海耶稣会士邓玉函口授《图说录最》一书,关西王公微有序。③

这部《松江府志》,由松江知府方岳贡主修,陈继儒等编纂,俞廷锷重订,崇祯四年(1631年)刻行。将西来传教士作为流寓名人,载入官书府志之中,这在当时实属创举。这说明,"崇祯时松江士人已经完全接受了西儒庞迪我,把他视为自己的乡人了"④。

---

① 徐光启:《海防迂说》,载《徐光启集》卷一,第38页。
② 刘耘华:《徐光启姻亲脉络中的上海天主教文人:以孙元化、许乐善二家族为中心》,《世界宗教研究》2009年第1期。
③ 崇祯《松江府志》卷四十四《游寓》。
④ 贾雪飞:《明中后期的上海士人与地方社会——徐光启的成长大舞台》,复旦大学博士论文,2012年,第145页。

顺便指出，崇祯《松江府志》有两个版本，一为崇祯三年版，一为崇祯四年版。上文所引，见崇祯三年版，而在崇祯四年版的《游寓》人物传中，"庞迪我"被替换为"利玛窦"，记述文字基本相同，只是删除"利玛窦之门人也"数字，另在"徐宗伯光启尤敬事焉"一语后面，加了"入京都，卒，神庙特恩赐葬"，其余文字均同。查现在所能见到的各种利玛窦传记，均无利玛窦来松江的记录，此志不知何据。

陆楫的华夷平等思想，体现在他的《华夷辩》一文中。华夷之辨，或称"夷夏之辨"，是中国历史上古老话题。古代华夏族群居于中原，为文明中心，因此逐渐产生了以华夏礼仪为标准进行族群分辨的观念，以合于华夏礼俗并与诸夏亲昵者为华夏、中国人，不合者为蛮夷、化外之民。其宗旨植根于《春秋》以及《仪礼》《周礼》等典籍中。不同时期，区分华夷的标准并不完全相同，或以血缘，或以地缘，或以文化（主要是衣饰、礼仪）。秦汉以后，华夏遭遇严重入侵、面临严峻威胁时，以血缘或地缘为标准的观点常占主流地位。五代以后，历经两宋，燕云十六州等军事要地一直在北方游牧民族控制之下，元代则整个中国均被蒙古人统治，明代虽然恢复了汉族对中原的统治，但蒙古人依然严重威胁汉族政权的稳固，民族矛盾十分尖锐，时常发生战争。在此态势下，华夷之辨一直不绝于耳。嘉靖皇帝顽固地坚持以血缘与地缘为标准划分华夷，拒绝与蒙古通商贸易，甚至杀死蒙古使臣，撤销明太祖朱元璋所设立的元世祖忽必烈在帝王庙中的祭祀牌位，更加激化了汉蒙矛盾。一些士大夫也迎合皇上意旨，强调以血缘与地缘为标准划分华夷的正当性。礼部主事杨循吉(1456—1544)所著《金小史》，便称女真为"夷狄中最微且贱者"，对蒙古君主一概称为酋长，以夷狄待之。此书在士大夫中颇受好评，"人多是之"①。陆楫读了此书，颇不为然，于是写了《华夷辩》。

陆楫认为，华夷虽然有别，所居方位、饮食习惯、居住方式、服饰质地形制，均有不同，但是，彼此同样为人，并无本质不同：

> 盖天高地下，而人生乎其间。人君者，民之主而天之子也。夷狄亦人也，犹一乡一邑然，中国则市廛也，夷狄则郊遂也；中国则世族也，夷狄则村氓也。自邑长乡大夫视之，则皆其境土也，皆其民也。然则中国、夷狄自天视之，则皆其所覆载也，皆其所生育也。使夷狄能进而中国，以外从内，以阴从阳，易膻酪而粱肉，易毡幕而宫室，易旃裘而冠裳，易勇力而礼义，足以康济宇宙，为生民主，则天必命之矣。元

---

① 陆楫：《华夷辩》，载《蒹葭堂稿》卷三，见《续修四库全书》，第621页。

魏氏,辽、金、元氏是也。①

陆楫历述秦汉以后一些史家株守以血缘、地缘划分华夷的种种谬误,认为一代君主是华是夷,不能只看其出自何族何方,而要看其所行是否合乎王道:倘若有道,即为中国正统;倘若无道,即为夷狄乱华。他认为,自古以来,只有四位君主合乎王道,即汉文帝、北魏孝文帝、周世宗与金世宗。四人之中,有两人出自汉族以外。他批评杨循吉《金小史》的史观是"泥古而不知变者"②。陆楫对金朝的地位、对金朝统治者的评价,尤其与强调汉族政权为正统的时论不同,他认为金代宋的实质是有道代无道,也属中国正统:"宋至道君,天下之涂炭已极,金入中国,改物易纪,而治者垂百五十年。若太宗之沉毅,世宗之贤明,章宗之文雅,皆有功于世。而东抚高丽,西制灵夏,南臣遗宋,颁正朔于海内,安得不以为帝王而妄黜之乎?"③这在当时不啻离经叛道。尤其值得注意的是,陆楫所肯定的四位合乎王道的君主,没有一位是一般史家所津津乐道的秦皇、汉武、唐宗、宋祖之一,没有一位以霸道著称。在儒家话语系统中,所谓王道之君,都是以仁义治天下的圣明之君,都能在保合诸夏、谐和万邦等方面有所作为。陆楫的华夷平等思想与崇尚王道的思想,隐含着以民为本、以和为上的精神,这在以血缘、地缘划分华夷之说甚嚣尘上的时代,显得相当开明与高明,在中国古代民族思想长河中也特别耀眼夺目。明末著名思想家王夫之(1619—1692)也有与陆楫类似的思想,但他在世时间比陆楫晚了整整一个世纪。

开埠以前上海居民比较开明,还表现在上海本地居民不大排斥外来移民。在上海县城里,东部以业商为主,西部以务农为主;东部有许多来自闽、粤、鲁等沿海地方的商人,西部主要是本地居民;东部富,西部穷。在城市公共事务中,外来商人担当重要角色,捐款捐物,修路造桥,救济穷人。因此,开埠以前,上海已经形成对外来人口比较开明、包容的特点。上海开埠以后,西人来沪,能够在上海打开局面,而在广州等其他口岸难有作为,与上海居民这一特点有很大关系。

开明,意味着不拘旧制,不囿成说,这既与重商之民走南闯北、见多识广有关,也与滨海之民接受国家意识形态教育不及内地城市那么悠久、浓重有关。

---

① 陆楫:《华夷辩》,载《兼葭堂稿》卷三,见《续修四库全书》,第621页。
② 陆楫:《华夷辩》,载《兼葭堂稿》卷三,见《续修四库全书》,第622页。
③ 陆楫:《华夷辩》,载《兼葭堂稿》卷三,见《续修四库全书》,第622页。

二、近代上海居民特性

近代上海居民特性[①]，可以概括为以下6条，即开放包容、自由自治、争优创新、趋新崇洋、重然诺守法规与爱乡爱国。

1. 开放包容

近代上海对于人口进出，没有刚性的管理闸门，国内、国际移民进出都很自由、方便。外国人来上海，尽管也有出入境管理，也有签证制度，但因政出多门，管理缝隙较多，故管而不死。由于政治环境相对安全，劳动力、资金、能源、交通、通讯环境比较充裕优越，教育、卫生、娱乐设施比较齐全，上海吸引了大量国内、国际移民，百余年间，由一个二十来万人的普通县城，一跃而成超过五百万人口的特大城市。海纳百川，来者不拒，成为上海城市的鲜明特色，也成为上海城市精神中最根本、最重要的一项。

近代上海的这种开放是不设前提、没有门槛的开放，不论地域、种族、性别、年龄，不论宗教信仰、政治倾向、家庭背景、文化程度。因为海纳百川，来者不拒，所以中国各种地域文化，都能在这里生根、发展，各地移民在这里都不会受到排挤、打压。来自不同国度、不同种族、不同地域、不同层次的人们，将各地、各国、各民族不同的文化带到了上海。广东人带来见多识广，宁波人带来灵活机智，苏北人带来吃苦耐劳，山东人带来刚直强悍，英国人带来商业头脑，法国人带来浪漫情调，德国人带来踏实精细，犹太人带来敢闯善算……异质人口、异质文化的高度集聚，导致了上海人口和文化的高度多元性、异质性，也催生、培育了各种地域文化的包容性与共生性，为各地移民、各种地域文化提供了见贤思齐、取长补短的难得环境与机会。

近代上海人口激增，不是政府主导下的行政性、集团型移民，而是市场经济规律作用下的民间自发性、零散性移民。移民在上海的居住方式，尽管也分中有合，也有某些地域人相对集中于某些区域的现象，但从总体上看，没有区域藩篱，是名副其实的五方杂处。移民在上海的工作，尽管也有某些地域人相对集中、侧重于某些行业的现象，但从总体上说，也没有行业壁垒。这种高度自由的居住与就业方式，加大了上海居民的独立性、匿名性、流动性与疏离性特点。还在19世纪80年代，上海居民的这些特点已经

[①] 对于近代上海居民特性，许多学者都做过探讨。其中，姜义华从上海城市经济转型、社会变迁、不同文化聚合、交流和发酵对居民素质的影响，进行了深入论述，认为近代上海居民相当普遍地形成了新型的自由意识、竞争意识、实践意识、时间数量和信息意识。这些意识的集合，形成了一整套与中国传统体系有着重大差异的新的价值体系，"而这一新的价值体系，则成了上海城市超常发展与成长的精神支柱，也使上海在二十世纪初逐步成为中国新文化的中心，有了广泛而坚实的社会基础"。（见姜义华：《上海：近代中国新文化中心地位的形成及其变迁——兼论边缘文化的积聚及其效应》，《学术月刊》2001年第11期）这一论述很有解释力，本节论述颇受其启发。

相当明显。《申报》曾多次论述,上海租界居民的相互关系与内地乡村、其他城镇很不一样:内地人左邻右舍相互熟悉,知根知底;上海则人各顾己,互不相干,邻居之间,互不通问,互不往来,"僦屋而居,同为作客,启户而出,闭户而入,人无我扰,我无人知,竟有同在一弄,甚至同在一门,而彼此姓名不知,见面不识,问以尔之邻何氏而茫然,问以尔之邻何业而又茫然,问以尔之邻共有几人,而无不茫然。问此则此然,问彼则彼亦然"①。上海居民的居住方式还有一点也与内地很不相同:内地乡村皆居有定所自不用说,即使是城镇居民,也多有自己房屋或固定住所,迁徙数量很少、频率很低,世代居住在一街一里的情况相当普遍;而上海居民大多数是租房居住,且流动频率极高,"今日寓东,明日移西,莫知定向"②。

高度开放,全无门槛与藩篱,势必鱼龙混杂,泥沙俱下。大富翁与叫花子,投资者与逃难人,革命志士与流亡罪犯,痴男、怨女、遗老,政客……各色人等,相与俱来。上海社会于是看上去极其混杂,斑驳陆离。但是,正是这种混杂,激发了社会的活力,充满了无限的生机,孕育着葱郁的希望,一切争优、创新、成功都以此为温床。所谓"冒险家乐园"与创业者乐园,其间的差异,只是表述的不同而已。

2. 自由自治

近代上海无论是在外侨社会还是华人社会,居民都享有较多方面的自由,自治色彩也都相当浓郁。

上海外侨来自世界各地。长期占上海外侨主体的英国移民,将其母国的自治传统移植到上海,建立了比较系统、健全的自治制度,包括作为租界最高决策机构、类似于西方国家议会的纳税人会议(先是租地人会议),以及有相对独立、相互制约的行政、立法、司法机构。还在1875年,一位美国侨民就对外侨在上海的自由生活与自治管理予以高度的评价,表示:我们中间的居民来自19个国家,所有人从根本上都享受着平等的市政权,承担着平等的税赋,享受着进入政府部门的平等机会。就社会生活的过程而言,每个人的喜怒哀乐,都不是政府所能干涉的,"所有人在这里都享有绝对的自由"③。几乎每个人都可以完全自由地设计自己理想的生活,"没有一个地方能像这里,一个人完全得靠自己的实力立足"④。

---

① 《论上海办保甲之难》,《申报》1883年7月16日。
② 《论上海办保甲之难》,《申报》1883年7月16日。
③ 朗格著,高俊译:《社会视野中的上海——来自H.Lang的报告》,载《上海史国际论丛》第一辑,三联书店2014年版,第251页。
④ 朗格著,高俊译:《社会视野中的上海——来自H.Lang的报告》,载《上海史国际论丛》第一辑,第252页。

近代上海大部分外侨由于受到治外法权的保护,在相当长时间里不受中国法律约束,生活得比在其母国更加自由。"他们得到种种便利。这里没有严厉的长官,这里只有一个业余式的担任管理职能的工部局,这里只有酒吧间或宴会里日常碰到的如朋友一般的领事。这里没有人会去干涉他们的个人自由,甚至没有人强迫他们呈出资产负债借贷表。"①

近代上海的中国居民,分处在华界、公共租界与法租界三个相互独立又相互联系的区域,处于三个行政机构管辖之下。三个行政机构之上,并没有一个更高的机构对此鼎立的三家实施垂直管辖,也没有一个公认的权威机构在此三家之间实施协调功能,三家各干各的事,各行各的法。两租界内的华人,除了向租界相关机构纳税、遵守相关法律之外,民事、刑事方面的事务又归中国政府管辖,其权力与义务是分裂的。设在租界内的会审公廨,是中国地方政府的派出机构,但又受到参与会审的外国领事的牵制,权力很不充分,民国初年更是如此。晚清、民国时期的中国官府,不止一次地想将在中国乡村与城镇实行的保甲制度推广到租界,以便对华人实行比较有效的管理,但由于租界人口的高度异质性与高频流动性,又没有相应的行政系统贯彻落实这些措施,这一计划一直未能很好地执行。② 由于华界与租界在人员流动方面没有隔离措施,使得中国地方政府对于华界的管理也不如内地城镇那么有效。这几方面的因素相互联系与影响,使得近代上海的中国居民,在空间流动、职业选择以及逃避官府盘剥方面,都享有较内地乡村或城镇居民更多的自由。

当然,近代上海的中国居民并不是生活在完全放任自流的无政府状态,租界有法治,华界有政府,日常生活中,还有会馆公所、同业公会,对他们有相当大的影响。特别是会馆公所,少的时候有50多个,多的时候有200多个,是整合上海华人社会的立体网络,也是连通官府与民众的第三领域。其功能从祭祀神明、联络乡谊、办理丧葬、迁运棺材、按照原籍习俗安排节庆活动等,扩展到兴办各种慈善事业、教育事业、对旅沪同乡实施救助、对受灾家乡实施紧急救助。会馆公所在沟通移民与政府之间的联系,协助地方政府约束外地来沪移民,税收和维持地方秩序方面,都有重要作用,在一定程度上,是各地移民的自治机构,起着半政府的作用。

近代上海外国侨民与中国居民所享有的自由,所实行的自治,表现方式不同,但其

---

① 吴圳义编:《上海租界问题》,正中书局1981年版,第391页。
② 保甲制度在孤岛时期一度因为粮食与一些生活必需品实行配给制,有所实行。

实质却有相同与相通之处。他们所享有的自由,都是消极的自由①,都是在政府权力不充分的情况下经济社会诸多方面无人干涉的自由;他们所实行的自治,也是不完全、不彻底的自治。租界的权力主要控制在拥有较多投票权的少数经济寡头手里,大多数外侨并不参与讨论、决定租界重大事务。华人居民对于租界事务更是长期没有任何发言权,民国时期增加的几名华董对租界事务也起不了多少实际作用。很多会馆公所,以及同乡会、同业公会,虽然也实行选举制,但实际权力主要控制在少数经济巨子、社会名流手里。所以,近代上海居民,无论外国侨民还是中国居民,都是有自由而无民主,所享受的自由都是较少受到国家权力严密管控下的、"天高皇帝远"式的消极自由。这种自由、自处、自治的状态,有点类似于中国农耕时代地处深山僻野、三数人家、几缕炊烟、日出而作、日没而息、皇帝不管、官府不扰的情形,但是,又有巨大的不同:一在乡村,一在城市;一闲一忙;一与世无争,一竞争激烈。这种身在繁华闹市、远离国家权力的特点,使得相当一部分上海居民养成只管挣钱、不问政治的特性。对此,不少左翼知识分子都有批评,其中孔另境说得最为具体:

> 上海人的眼光,只看目前,所以十分现实,高谈理想的人,被上海人讥为傻子。办事业也只求近功,并无远大企图。上海投机事业之所以发达,就是这个原因。上海的政治、经济和文化,都不免带有多少投机性,完全因为目前主义在作祟。"今人种树后人乘凉"的一句话,对于上海人变成了讽刺。②

3. 争优创新

近代上海产业、人口、资金高度集聚,在市场经济作用下,必然刺激分工细密、技术创新与产品卓越。上海商务印书馆能够长期执中国出版业之牛耳,很重要一点就是不断创新,出版内容与时俱进,印刷设备持续翻新,管理制度不断革新。荣家企业能够繁荣发达,关键也在于创新。荣宗敬曾将其企业发达的秘诀归之于设备力求更新。一些从事生产替代进口产品的民族企业,持续不断地从国外引进先进设备、先进技术以改进国货生产。20世纪30年代时,江海关曾对上海270家经营较好的工厂进行了一系列调查,结果发现其中有146家工厂拥有从国外进口的机器,还有8家工厂置备着由上海仿

---

① 关于消极自由与积极自由概念的区分,参见[英]以赛亚·伯林著,胡传胜译:《自由论》,译林出版社2003年版,第186—246页。
② 孔另境:《上海人》,《自由谈》1947年第1卷第45期,第99页。

制的中外机器设备,只有39家工厂仍只采用中国的旧式设备。与外埠相比,上海企业的设备往往较新,也较先进。争优创新的结果,必然是优胜劣汰。1912至1927年,上海新开设的工厂企业至少有1 194家,但到1927年底,实际开工的只有795家,仅占这15年间新开工厂数的66.6%。也就是说,这些新开设的工厂,至少已有三分之一已经在激烈的竞争中停工、歇业。①

穆藕初从美国留学归来,由一介书生,在不到十年的时间里,便成为中国首屈一指的棉纺织业巨子,很关键一点,就在于他将美国泰罗(Frederick W. Taylor, 1856—1915)的科学管理方法引进企业,极大地提高了生产效率。他一改当时盛行的工头管理生产的旧制,以工程师身份亲自在车间指挥生产,并培训技术人员,在各部门负责管理。他编制了一套各车间的生产统计表、技术设备运行表、维修状况表、原料消耗表、成品表、成本统计表等,要求技术人员向工人传授一些技术用语和机械名称,使工人能准确有效地操作机器。正是基于这些努力,他所经营的德大纱厂,出品之佳不仅超过一般华商纱厂,也优于外商产品。大隆机器厂的成功也与管理创新有密切关系。老板严庆龄聘请多位国内外专家组成总工程师办公室,使生产过程科学化。

作为近代中国最成功的银行家之一,陈光甫的成功之道就在于独辟蹊径,不断发现、创造新的商机。他在1915年创办的上海商业储蓄银行,特别注重吸收不为其他银行所重视的小额存款,人弃我取,聚沙成塔。结果,从区区七八万元资本、人员仅7人的规模起家,不数年间就声誉鹊起,到1935年已成为拥有500万元资本、40多家分支行的中国第一大私人商业银行。他创办了中国第一家旅行社——中国旅行社,提出"人争近利,我图远功,人嫌细微,我宁繁琐"的方针,开办了诸如代售火车轮船票、代订旅馆、代办出国手续等其他旅行社所没有的新业务,也很快获得成功,得以跻身世界著名旅行社之列。陈光甫在总结自己的成功经验时说,革新之法凡分三步,即创办、改革、成功,而其核心是改革:"吾人之精神,完全在于改革,更在于继续不断的改革。能有创造之精神,仍完全在于改革,更在于继续不断的改革。故有创办之精神不足为奇,仍须有勇猛改革的精神,创办而改革,改革而成功,成功再改革,改革又成功,俾创办、改革、成功三事循环不断,周而复始,一直向上进展,此即所谓'自强不息'也。"②

---

① 《民国三十五年上海市年鉴》,第M1-2,参见张忠民:《经济历史成长》,上海社会科学院出版社1999年版,第111页。
② 《1932年8月28日总经理处陈光甫谈话》,载《陈光甫先生言论集》,上海商业储蓄银行1948年版,第114页。

近代上海优秀企业得益于争优创新,文艺方面(绘画、戏曲、音乐等)、饮食方面、服饰方面无不如此。任伯年、吴昌硕等海上画派之所以获得成功,海派京剧之所以风靡全国,上海电影之所以称雄域中,一品香、杏花楼、功德林、红房子等的各种中西菜肴之所以饮誉海内,海派旗袍、培罗蒙西装之所以长盛不衰,都在于其市场定位准确、品质优越、服务周到。

争优创新总是与善于学习、勇于进取、敬业爱岗联系在一起。学习文化知识,学习手艺技术,学习外语,都是提升个人或集体素质、增强竞争能力的重要途径。

近代上海许多工厂的工人,都是刚刚放下锄头的农民,相当一部分没有读过书,或识字很少,他们进入工厂以后,很难适应现代企业的要求,自有求学的渴望。从工厂一面看,厂方也迫切需要有文化的工人。在此两种动力的共同推动下,上海许多工厂为工人开办了文化补习班或技术学校。1914年,穆藕初在杨树浦创办德大纱厂时,便深叹人才之匮乏,遂在纱厂内附设技术学校,并亲自执教,以提高工厂管理及工人技术水平。这是上海开办职工补习学校之始。此后,这类技校越办越多,有的由工厂创办,有的由宗教组织、社会团体(包括同乡组织)创办。1919年青年会开办的商业夜校、1920年创办的上海银楼业工艺学校、1922年上海总商会办的商业补习学校等,目的都在于使从业人员利用余暇时间补习并增进本行业所必需的知识技能,进而更好地适应本行业的发展。上海总商会的商业补习学校最初招生对象仅限于商会中人子弟,后因求学者络绎不绝,乃取消限制,扩大招生范围,并以"培养商战中之人才"相号召,故而成效大著。1927年,潘序伦在自己的会计事务所内开设簿记训练班,利用晚间空余时间补习会计课程,求学者日众。翌年春,潘在此基础上创办立信会计补习学校,开设簿记、会计学、银行会计、公司会计、税务会计等课程。由于讲究实效,注重实用,适合社会需求,学校招生人数不断增加,规模日益扩大,后发展成为中国最大的成人会计补习教育基地。[①]

同乡组织是创办业余学校的重要力量。早在1912年,绍兴七县旅沪同乡会就开办了一所商业补习学校,专招同乡子弟旅沪学习商业者,补授普通学科并传授商业上的应用知识。1928年,无锡旅沪同乡会开设无锡旅沪补习学校,开设国文、英文、珠算、商业、打字等课程,分高级、初级两班,各级30名;此校一直办到抗战时期。从1934年起,湖社开办职业补习班,设置晨班、日班、夜班,程度自初中至大学,开设国文、法文、英文、数学、商业、会计、无线电专修等课程,对同乡学员实行免收学杂费的举措。潮州旅沪同

---

① 庄志龄:《20世纪20—30年代上海的社会教育》,《史林》1998年第4期。

乡会也为同乡开设过业余补习班等。① 宁波旅沪同乡会还在1922年创办了图书馆、阅报室,供同乡学习、进修之用,室中陈列各种日报、杂志、书籍,入室浏览者每年平均达一万五千余人。②

近代上海各类职业教育、业余教育、成人教育、社会教育机构星罗棋布,随处可见。以1919年《申报》所登消息、广告为据,是年设立的此类学校有中国函授学校、美国函授学校、中国银行函授学校、中西医药函授学校、东文函授学校、商务印书馆函授学社等7所;西门贫女职业学校、青年会商业夜校、沪西商业义务学校3所;上海贫儿院、青年普益社义务学校、市北公学义务学校、爱国女学义务学校、圣约翰大学义务学校、育英义务学校、清心实业学校义务小学、自治讲习所、新闻商联会义务学校、女青年会义务学校、中华文学社夜校、松江通俗夜校等13所,总计23所。此后十余年间,此类学校数量猛增。1928年上海市有公立民众学校30所,公立职业学校14所,私立社教机构虽没有确切的统计,为数当属不少。自1928年起,上海市教育局开始在全市范围内对各类学校进行资格审查登记立案,在1928—1936年间,呈请立案的各类职教、补习等学校约有470余所,1933年市教局批准立案者有35所。1928—1933年,上海市教育局共开办民众学校313所,招收学生15 275人。③

近代上海是全国现代化程度最高的城市,众多行业对从业者有一定的文化与技术要求,其经济收入也大体依文化程度高低、技术水平的高低而呈正比例关系。多读书,多进修,不但有助于提升其社会声望,也有助于增加其经济收入。据统计,1929年棉纺业男工日工资平均5角,棉织业平均7角5分,缫丝业女工4角5分,针织女工5角,卷烟业普通男工4角,木业工人7角5分,铁工1元1角,电力非技术工人7角5分,电力技术工人1元5角,机器制造熟练工2元以上。管理人员(工头)月薪在130元左右,普通职员月薪从19至17元不等,而高等职员月薪多在150元左右。各行业之间,各行业内部,均因劳动复杂程度和技术熟练程度的差异,而使工资收入有着明显的差别,这种差别可达数倍,甚至数十倍。这是刺激上海人不断学习、进修的重要原因。④

近代上海外国机构多,外资企业多,外国人多,外语书籍、报刊、文件资料多,与外国

---

① 于珍、金林祥:《近代上海同乡组织的移民成人教育及启示》,《华东师范大学学报(教育科学版)》2009年第3期。
② 于珍、金林祥:《近代上海同乡组织的移民成人教育及启示》,《华东师范大学学报(教育科学版)》2009年第3期。
③ 庄志龄:《20世纪20—30年代上海的社会教育》,《史林》1998年第4期。
④ 庄志龄:《20世纪20—30年代上海的社会教育》,《史林》1998年第4期。

业务联系多,特别是与英语世界联系多。与此相一致,懂外语比不懂外语的就业机会多,出国机会多,工资待遇好,社会地位高。这样的社会文化环境,导致了上海人学习外语热情高,动力足,人数多,持久不衰。诚如1894年《申报》一篇文章所云:

> 凡在通商口岸或以经商为事,或以工艺糊口,皆须与西国商人往来晋接,苟非娴习西国语言文字,则遇事动多扞格,势不能攸往咸宜。于是家有子弟者,欲其有所成就,除令出就外傅肄习中国书籍外,必使之兼习西国语言文字,俾他日可藉此以自立。上海为通商大埠,客籍之寄寓者最多,有志西学者亦较多于他处。①

19世纪60年代,上海已有外语培训班出现。1864年6月,洋泾浜复和洋行内便设立了大英学堂,专教中国10岁以上至十三四岁的幼童学习英语,每月脩金为英洋5元。以后此类学校越办越多。从1872年到1882年底,在《申报》上登载招生广告的各类外语学校就有60余所。② 这些学校大多是日校兼夜校,晚上或周末都上课,收费每月2到4元不等。在当时一般从事体力劳动的工人每月工资仅十来元的情况下,这是个不小的数目。但是,进校入学者纷至沓来。到19世纪80年代,已有相当可观的上海人懂得外语。据《申报》介绍,上海华人与西人群聚而错处,问答而往还,风气所辟,浃洽愈深,"华人之解西语者,所在皆有"③。那时上海人普遍懂得,学好外语,经济回报极为可观,"学得几句别禽话,记忆弗忘,则亦如状元两字,一生吃着不尽,人亦何惮而不习西语西文哉"④。事实上,许多人通过掌握外语,提升了自己的素质,增强了自己的能力。郑观应、王云五、顾维钧等都是先在上海外语培训班学习外语而大幅度提升自己能力的。穆藕初先前不懂英文,1897年开始进英文夜校学习,两年时间,英文文理已清顺,能浏览英文报刊,1900年考进海关工作,仍坚持在晚间上夜校,日后又到美国留学,归国后成为著名企业家。

4. 趋新崇洋

趋新崇洋是近代上海社会一个鲜明的特点。这在开埠之前已露端倪。嘉庆年间,上海县城东门外已有专事洋货买卖的商行,所聚集之地称"洋行街"。崇洋风气亦已滋

---

① 《论西国学堂教习华童之善》,《申报》1894年2月2日。
② 陆文雪:《清末上海外语培训班与夜校》,《档案与史学》1997年第5期。
③ 《论华人之习西学尚未得法》,《申报》1886年11月29日。
④ 《华人子弟不宜只习西文西语说》,《申报》1886年12月17日。

生。道光二十一年以前已经成书的《窦存》称："世俗物用都以自洋来者为贵,故市井射利之徒,无论物产何地,美其名则加一洋字,示珍也。更可笑者,贵游豪侈,一切奢丽生色,亦争艳之为洋气云。"①开埠以后,随着洋人络绎而来,洋货源源而至,洋人生活方式在上海落地生根,上海崇洋风气愈演愈烈,以致扩散到江浙等地。1855年,郭嵩焘与邵懿辰有一段对话②,深刻地反映了以上海为中心的江浙一带弥漫已久的崇洋风气：

> 记乙卯年杭州见邵蕙西,语之曰："往来江浙屡矣,今日始知其人心风俗,皆有折入于夷之势。"蕙西请究其说。曰："西洋人重女,江浙亦重女;西洋人好楼居,江浙亦楼居;西洋人好游,江浙亦好游;风俗人心皆急趋之。一代之兴,首定圜法,以转移天下货物,谓之国宝。江浙统而归之洋钱,上海商贾总汇,但知有洋钱而已,并不知有银钱。所用之洋钱且须申平,使驾出银钱之上。是国家制用之大经,皆暗移之洋人。此尤情势之显见者。"蕙西曰："此相沿数十年,不始今日。"吾曰："如此尤可危。或起自此一二年,犹亦力与挽回,为其机初步而根不深也。愈久乃愈可惧。"蕙西亦为怃然。③

郭嵩焘确实洞烛先机、识见高远！他从江浙人重女、好楼居、好游、好用洋钱,看到了这一缓慢变局背后的人心风俗的变化,感觉到某种不可抗拒的规律在起作用。

到了同光年间,各种西洋商品"皆畅行各口,销入内地,人置家备,弃旧翻新"④。不光上海等地崇洋,内地亦逐渐跟上。郑观应在《盛世危言》中列举洋货代替土货为中国各地各阶层所追捧,除了洋布大宗之外,有洋药水、药丸、药粉、洋烟丝、吕宋烟、俄国美国纸卷烟、鼻烟、洋酒、火腿、洋肉铺、洋饼饵、洋糖、洋盐、洋果干、洋水果、咖啡等零星食物;有洋绸、洋缎、洋呢、洋羽毛、洋线绒、洋羽纱、洋被、洋毯、洋毡、洋手巾、洋花边、洋钮扣、洋针、洋线、洋伞、洋灯、洋纸、洋钉、洋画、洋笔、洋墨水、洋颜料、洋皮箱箧、洋磁、洋牙刷、洋牙粉、洋胰、洋火、洋油等零星杂货;更有电气灯、自来水、照相玻璃、大小镜片、铝铜铁锡煤斤、马口铁、洋木器、洋钟表、寒暑表等一切科技产品。但是,就崇洋风气之

---

① 胡式钰：《窦存》卷三,道光二十一年(1841)版。
② 邵懿辰(1810—1861),字位西,一作蕙西,浙江仁和(今杭州)人。1831年举人,授内阁中书,后升刑部员外郎。1854年任职济宁府,以治事无功被撤职。1859年由安庆引疾归,家居养亲。1861年太平军围攻杭州,他助浙江巡抚王有龄对抗太平军,在战乱中身亡。他对经学颇有研究,撰有《礼经通论》《尚书传授同异考》《孝经通论》等。
③ 《郭嵩焘日记》第四卷,湖南人民出版社1983年版,第555页。"犹亦力与挽回"似有笔误,原文如此。
④ 郑观应：《商战上》,载《郑观应集》上册,上海人民出版社1988年版,第587页。

盛而言,则以上海为圆心,呈浪圈式逐渐向内地扩展。1882年《申报》一篇文章称:"今日之中国已非曩日所比,曩者见西人之事,睹西人之物,皆群相诧怪,决无慕效之人,今则此等习气已觉渐改,不但不肆讥评,而且深加慕悦。"①文中所说"中国",准确地说,就是以上海为代表的通商口岸。到了19世纪90年代,上海一些与洋人接触较多的商人、买办、归国留学生等,已是唯洋是崇,用洋货,穿西装,吃西餐,住洋房,处处仿照西洋生活方式,尽可能将子弟送到欧美去留学。这种情况,在甲午战争以前的上海,已经蔚为风气。正如时人所讥刺:"少年喜事者,往往侈耳目之新奇。一衣服也,绸缎绫罗非不华美,而偏欲以重价购洋绸。一饮馔也,山珍海错非不鲜肥,而必欲以番菜为适口。围棋、象戏亦足消闲,而独以打弹为娱乐。水烟、旱烟素所呼吸,而独以昔加为新奇。甚且衣袜、眼镜、手巾、胰脂,大凡来自外洋者,无不以为珍贵。以至漏卮难塞,银钱之流出良多。"②

上海社会趋新崇洋,颇为时论所讥刺、诟病。1919年,《申报》有文章批评上海人趋新:

> 上海人最喜用"新"字,无论何种店号,何项货品,止须确有价值,若再冠一新字其上,遂觉件件皆新,一新而无不新,与苏州之遍地皆"老"稻香村,及杭州之随处皆"老"张小泉、"真正"第一家张小泉,其用意适相反,其手段实大不相同。吾人观察上海人之特性,只须看此一字,即可决其为"只知模仿",不知自出心裁而为独创之事业者。可惜"新"字字面虽好,一被大众随意借用,遂令人有新不如旧之感想,反足为中国进步之一大障碍耳,甚可惜也。③

1911年,《申报》载文批评上海人崇洋,文称:"有称上海为上洋者,余为之解曰:上洋者以洋为上也,譬如街道,本国地界不及洋场之平坦;譬如房屋,老式房子不及洋房之阔气;譬如衣服,本国绸缎不及洋货之时髦;譬如饮食,本国酒席不及洋餐之写意。甚至衙署中有洋会客间,堂子里有洋式房间,轮船上之大菜间,官舱在其下;浴堂中之洋盆,官盆半其价。店伙遇洋人购物则逢迎贡媚,车夫得洋人雇用则暴横凌人。呜呼,上海人日处于洋人势力范围之中,目所见者洋派,耳所闻者洋势,加以发洋财之思想,日营营于

---

① 《风气日开说》,《申报》1882年2月23日。
② 《中国宜仿造洋货议》,《申报》1892年1月18日。"昔加",cigar,卷烟,今通译雪茄;"胰脂",肥皂。
③ 一之:《上海观察谈之一节》,《申报》1919年6月26日。

脑中,无怪其重洋而自轻也。"①1926年,有文章批评上海人崇洋,好用从外洋进口的奢侈品。文章提供了一系列严谨的统计数据,称上海从外国进口的奢侈品,包括纸烟、雪茄、啤酒、香精、化妆品等,在全国所占比例极高。据统计,1926年,上海一地所进口的上述重要奢侈品金额近三千万元,占全国总额的一半。② 时论慨叹:"上海一埠,居民习于繁华,奢侈成性,每年无益之消耗,为数之巨,足抵上海中外银行库存之全部现金而有余。凡此巨额之金钱,大都均流出国外。"③1934年,高植撰文称上海人崇洋已经到了无以复加的地步:

> 上海是中国"外国化"到最极度的地方。……穿洋装在上海据说颇有讨便宜的地方,说洋话那更好。物质方面固然洋化,在文化上,中国的知识分子也全是跟外国人脚后跟打转,例外的是"国医""国学家"之类的人,不过一部分也洋化了。做文章要洋化,衣食住要洋化,有的人几乎要变成"洋"人才称心。④

好奇趋新本是人类共性。"删繁就简三秋树,领异标新二月花",郑板桥说的是作文绘画之道,其实做事亦然。农耕社会新奇事少,工商社会新奇事多,所以,作为工商社会的城市,较农耕社会的乡村更易好奇趋新。近代上海新奇之事,少半出于自创,多半来自外域,尤以欧美为多,于是,趋新每每与崇洋联系在一起。来自西洋的新奇之事物,虽然也有卑之无甚高论者,如餐具之刀叉,食品之面包,服饰之西装、高跟鞋,未见得就比中国原有之筷子、馒头、中式服装、布鞋优越,但是,相当多的西洋事物与质优、形美、性价比高联系在一起,如自来水、煤气灯、电灯、电话、公司制度、市政管理制度、男女平等之类,因此,崇洋的实质,往往是争优、尚善、向美。

要而言之,近代上海社会趋新崇洋,所趋和所崇主要是工业化、城市化、现代化之新及之洋。在中国内地工业化、城市化、现代化程度普遍较低的情况,人们对于上海趋新崇洋不解、讥刺、诟病也就在所难免。当然,并不是所有人对此都不理解,有些人在讥刺、诟病上海人过度趋新崇洋的同时,也肯定上海社会勇于开新、勇于向外国学习。上文述及的高植在批评上海人趋新崇洋的同时,称赞上海人的趋新崇洋其实是担当了领

---

① 钱根:《海上闲谈》,《申报》1911年9月24日。
② 《上海人对舶来品糜费之巨额》,《国货评论刊》1928年第2卷第1期。
③ 《上海人对舶来品糜费之巨额》,《国货评论刊》1928年第2卷第1期。
④ 高植:《在上海》,《大上海》(半月刊)1934年第1期。

导中国前进的"头脑"角色:

> 一切新兴的东西,物质的,精神的,都由上海发动,然后推到全国去。虽然所谓新文化运动的五四运动发源于北京,一九二六年国民革命军发难于广东,可是上海仍是中国工、商、经济、文化、出版界的中心。从物质文化方面看,从非物质文化方面看,上海都是中国的头脑。①

1946年,姜豪也肯定上海人趋新崇洋是正面价值,认为上海趋新崇洋的主流是崇尚革新与追求进步,"在文化上,上海和西洋文明接触密切,所以洋化气味较重,同时由于历次政治革命的激动,文化革新运动也随之勃发,所以海派的文化作风是好谈西洋文物,崇尚创新立异,而文人习尚,因之趋于自大和浪漫"②。他自豪地宣称,"做上海人是值得骄傲的,因为上海一切开风气之先,今后中国需要新的建设和新的作风,而在上海首先创导这种新建设和新作风。今天上海人自我向海派新作风学习,明天又会使全国向我们上海人学习"③。

5. 重然诺守法规

重然诺是诚信的一种表现。诚信是个人、群体及各类法人安身立命的基石。"诚"之本义为真实、真切,"信"之本义是求真、守诚。诚信作为道德准则和行为规范,其特征是不自欺、不欺人、言而有信、实事求是,其作用是调节人与人、个人与社会之间的关系,维持社会的正常秩序。任何社会都离不开诚信,但是,生活在不同环境、不同社会结构中的人,其不诚不信、弄虚作假的社会成本并不一样,因此,不同的生活环境、不同的社会结构中,对于诚信与否的制约方式与制约强度很不一样。农耕社会中,个体社会活动半径小,社会交往范围小,社会交往对象复杂,其行为受熟人社会的道德制约强度大,不诚不信及弄虚作假的社会成本高、时效长,一朝失信,可能贻患终生,甚至连累整个家庭、家族。工商社会中,个体社会活动半径大,社会交往范围大,社会交往对象复杂,其行为受熟人社会的道德制约强度低,短时间不诚不信、弄虚作假的社会成本可能很低。这是工商社会坑蒙拐骗等现象多发的原因。诚如1930年一篇文章所说:"城市公众对于个人的压力很弱。在乡村里面,居民不敢作恶,因为一作恶,个个人会唾弃之,且族长

---

① 高植:《在上海》,《大上海》(半月刊)1934年第1期。
② 姜豪:《海派新作风的培养》,《上海十日》1946年第2期。
③ 姜豪:《海派新作风的培养》,《上海十日》1946年第2期。

有驱逐之权,以除害群之马。公众对于作恶者压力之大,甚于一切。城市居民则不然,张三不识李四的底细,即使李四犯了罪恶,可躲居他处,无人干涉,毫无公众的压力,因此易于犯罪。"①但是,以陌生人为主体的工商社会,调节个人、群体及各类法人之间关系,最基本、最普遍、最深远的还是诚信。"人而无信,不知其可也。大车无輗,小车无軏,其何以行之哉?"②无论个人、群体还是各类法人,一旦诚信缺失,便难以立足于社会。于是,同业公会要以诚信来调节内部关系,维持行业声誉;银行要以诚信来吸引客户、要求客户、制约客户;个人与企业、企业与企业之间,要通过合同等形式确保诚信。于是,诚信在都市生活中便成为无处不需、无往不在的刚性品质。

乡村熟人社会对于诚信的约束与维持靠的是无形的道德,是一双双熟悉的眼睛,一代代不绝的口碑。城市陌生人对于诚信的约束与维持靠的是一张张担保,一份份合同,是有据可查的诚信记录。前者是柔性约束,后者是刚性约束。确保诚信得以维持的最为重要的系统便是法规、法治,包括形形色色的章程、规则、规矩、纪律。于是,重然诺与守法规紧密相连。

英国侨民主导的上海租界社会,自建立伊始就将其母国法治传统移植进来。从《上海土地章程》开始,各门各类的章程、规则次第制订,租地有章程,道路建筑有章程,马车行驶有章程,码头设施有章程,行船靠岸有章程,倾倒垃圾有规定,贮存火油有规定,戏院设施有规定,食品检疫有规定,开办公司有规则,缴捐纳税有规则,开会议事有规则,投票选举有规则,法庭审判有规定……从生活到生产,从经济到政治,事无巨细,均有成套的规章制度。各类规则不定则已,一旦制订颁布,便坚决贯彻执行。更有甚者,对于各种规章制度的贯彻执行,还有检查督促的制度与实施主体,有针对执法者的专门法规,比如有针对巡捕的《巡捕房章程》,有针对工部局的领事公堂。通过无所不在、密如蛛网、连环相扣、相互制约的法治系统,经过月复一月、年复一年、软硬兼施、不厌其烦的法治规训,使得上海人懂得违纪犯法的高昂成本与无穷弊害,养成遵纪守法的优良传统,将一批又一批刚刚离开农村、自由散漫的乡民,规训为遵纪守法、循规蹈矩的市民。

人口高度集聚的大都市里,在分工细密的大生产中,特别是那些按时上班、按时下班、终日工作在洋大班和"拿摩温"严格监视之下、以大机器为工作基础、以流水线为工作特点的产业工人,更易于养成遵纪守法、循规蹈矩的特性。这种生产方式对于人的自由而全面的发展来说,自然是一种负面因素,但是,对于一个健康有序的良善社会来说,

---

① 顾毓方:《城市是罪恶的渊薮抑是文化的中心点》,《无锡市政》1930 年第 5 期。
② 《论语·为政》。

则具有极为重要的正面价值。

诚如亚当·斯密所说:"一旦商业在一个国家兴盛起来,它便带来了重诺言、守时间的习惯。"①工业化、城市化、现代化的综合作用,使得近代上海居民形成了相当突出的重然诺、守法规的特性,其中相当突出的现象是商业规范与征信系统的建立。

凡有商业行为发生,总有规范存在,或为书面契约,或为无形习惯。近代商业规范在上海同乡与同业组织中已经出现。比如,布业公所的职能,包括"辨别牌号,以杜影射;刊发规条,以整尺稍;勒示碑石,以禁粉面"等②,就是广义上的防止弄虚作假的商业规范。青蓝布业公所在其所立《湖心亭议列规条碑》中表示,设立公所旨在立章程、辑同心、征众信。创设于1858年的洋货公所振华堂订有同业规条8条,旧花业公所列有同业章程10条,米行公所仁谷堂立有同业规条8条,乌木公所、售花公所、典业公所、震巽洋木业公所、茶业公馆各订有若干同业规条。这些规条,对同业的营业规模、从业人员的工价、同业营业中的当值估算、新典开设同行营业中的买卖放账、往来交易,都做出了明确规定。桂圆业同业公会规定,全上海桂圆业价格由公会统一确定,所用公秤、公筛、桂圆等级之类,均由公会统一管理,桂圆质量亦由公会组织抽查。③ 丝光棉织业同业公会规定,"同业所用丝光原料,不得再同业公会规定标准浓度以下,以免影响出品之成绩"④。花业公所的行规中,对同行营业中的秤量标准、牌号使用、棉花质量、市场价格,以及成交、付款、交货方式等都有具体规定。这些规条,既有阻止竞争、垄断市场的消极作用,也有维护工商秩序、行业信誉的积极作用。这些规条在其成员之间具有类似乡规、民约的"准法律"作用,同业组织可以依此对其成员进行相应处罚。1902年成立的上海商业会议公所在章程中明确规定,"本公所随时邀集各同行会议,务使群策群力,众志成城。利如何兴,害如何去,在市上售价,或公评其价值,不准滥售。其地头土货见新,或公订其进价,不准彼此抢夺。由公所刻发传单,划一遵守"⑤,意在规范业内商业活动,防止恶性竞争。上海金融界通行的一些习惯法,如进外国银行当买办,必须有"大面子"的人担保,并交付巨额押金;每日银两、银元、铜元三者的比价以及拆借利率,由钱

---

① [英]坎南编著,陈福生、陈振骅译:《亚当·斯密关于法律、警察、岁入及军备的演讲》,商务印书馆2011年版,第265页。
② 《布业先辈姓氏碑》,载上海博物馆图书资料室编:《上海碑刻资料选辑》,上海人民出版社1980年版,第204页。
③ 《上海市桂圆业同业公会业规》,载严谔声编:《上海商事惯例》,第325—332页。
④ 《上海市丝光棉织业同业公会业规》,载严谔声编:《上海商事惯例》,第241页。
⑤ 上海市工商业联合会、复旦大学历史系编:《上海总商会组织史资料汇编》(上册),上海古籍出版社2004年版,第49页。

业公会决定；买办凭个人信用开出的支付凭证，俗称"竖番纸"，也能被银钱业接受，都是注重个人信用的表现。①

任何周密的法规，都无法完全杜绝经济人铤而走险违规乱纪的逐利本能。近代上海不知道发生过多少违反行规、弄虚作假、坑蒙拐骗的案件。一个健康的经济环境，不在于不会有这类事情发生，而在于有了此类事情发生以后，不断采取更加有效的防范措施，不断地筑牢制度笼子。上海在1910年发生的"橡皮风潮"②，1921年发生的"信交风潮"③，都是经济人违规乱纪所致。为了防止类似事件发生，上海不断加强经济监控系统的建设，征信机构的建立便是其中重要一项。1921年，上海银行业公会便在全国银行公会第二届联合会上提出设立专业征信所的提案。全国银行公会决议由各地银行公会先自行组织调查机构，作为建立全国性信用调查机构的准备。1928年12月，上海银行正式设立调查部，开展信用调查，建立客户档案。其后几年的实践证明，这一措施在规避贷款风险方面相当有效。上海其他几家银行紧随其后，建立了类似的机构，开展了类似的工作。1932年3月，中国银行、上海商业储蓄银行、浙江兴业银行与浙江实业银行等，联合发起成立中国信用社，研究征信问题与调查方法，随后组成信用调查机构，调查工商业的信用和市场动态。1932年6月6日，中国征信所成立，上海各华商银行大都加入为基本会员。1934年2月其改为股份有限公司，选举董监事，成立董监事会。该征信所业务主要有：调查工厂、商号、个人之身家事业财产信用；调查市场状况；发行信用调查报告书，工商行名录，及其他刊物。其会员分甲、乙、丙、丁4种，按照不同缴费标准享受取得资料和报告的不同待遇。银行是工商系统中的枢纽机构，银行系统在征信方面所做的努力，对于规范市场秩序、防范违规行为、提升诚信的正面价值、推进整个社会

---

① 钟祥财：《近代上海的契约精神》，《传承》2012年第5期，第89页。
② 橡皮风潮，全称"橡皮股票风潮"。1903年，英商麦边在上海设立空头公司兰格志（橡胶产地名）拓植公司。1908至1909年间，该公司趁世界橡胶价格大涨之机，捏造经营事实，抬高公司发行股票的市场价格。上海其他外商洋行纷起效尤，组织新的橡胶公司，广募股份，暗中抬抬股票价格，造成股票上涨假象。上海众多商人、买办等竞相购买该项股票，并向外商银行抵押，增加购买股票的资金。至1910年3月底，兰格志拓植公司股票价格被抬高到超过票面价值28倍，其他公司股票市价也都超过票面价值五六倍以上。7月，幕后操纵者趁高价将股票脱手，潜离上海。外商银行亦同时宣布停止接受抵押，并追索以前所做股票抵押放款。"橡皮股票"顿成废纸，许多商民破产，购该股票较多的正元、谦余、兆康、森源、元丰等数十家钱庄接踵倒闭，引发金融风潮，市面恐慌。清政府派上海道蔡乃煌向外商银行借款以维持市面，后又派两江总督张人骏向外商银行商借"维持江南市面借款"，到年底风潮才逐渐平息。
③ 信交风潮，是北洋政府时期的金融危机。1920年7月，由虞洽卿、闻兰亭等人发起的第一家华商交易所上海证券物品交易所开幕，该所核定资本500万元，半年即盈利50万元。投机商人纷纷仿效，形成兴办交易所热潮。至1921、1922年，上海各式交易所达136家之多，另有信托公司12家，资本总额达2.2亿元，超过1920年全国银行资本总和。随着大量资金的卷入，市面银根日紧，金融界开始收缩信用，各交易所股票价格直线下跌，纷纷倒闭，酿成严重的金融风潮。至1922年3月，全市仅剩2家信托公司和12家交易所能维持局面。

的诚信建设,具有牵一发而动全身的关键作用。征信系统的建立、健全与广泛运用,使得个人或经济社会法人的诚信记录转化为可以兑现的声誉资本:声誉好就能贷到款,买到货,生意兴隆,四通八达;反之,声誉差则捉襟见肘,亲离朋散,举步维艰。

同业公会之所以要在业内进行维护诚信的努力,银行系统之所以要坚持不懈地进行征信调查,归根到底,还在于因充分的市场经济而形成的看不见的诚信倒闭机制。诚如亚当·斯密所言:在市场交易中,对于任何一个厂商来说,最有效和真正的监督,正是他的顾客的监督,"正是对丧失顾客光顾的恐惧,才使他不敢造假,不敢疏忽大意"[①]。正因如此,近代上海尽管不断地爆出弄虚作假、诚信丧失的丑闻,但是,任何有远见的著名厂商、银行,对于维护自己企业的诚信声誉,都是那么如临深渊、如履薄冰,那么尽心尽力。重然诺、守法规也由此成为近代上海居民最显著的特性之一。民国初年,姚公鹤这样描述上海人:"历经英人熏蒸陶育之余,知识与程度虽犹是陋劣不可名状,服从法律习惯则已较胜于内地。"[②]于上海出生、上海创业、上海发家的著名实业家穆藕初亦说:"余自成童至今,垂三十余年。此三十余年中,思想变迁,政体改革。向之商业交际,以信用作保证者,今则由信用而逐渐变迁,侧重在契约矣。盖交际广、范围大,非契约不足以保障之。"[③]

6. 爱乡爱国

一市三治的政治格局,对于上海人爱国主义情感的产生,具有强烈刺激作用。对此可以从两个方面讨论:

一方面,日常生活中,西方人主导的租界市政建设先进、整洁、卫生,中国人集聚的华界落后、逼仄、肮脏,这极易刺激中国人的耻感文化,刺激中国人见贤思齐的爱国情感。上海地方自治运动即由此兴起。租界众多场所禁止华人入内,四大公园(外滩公园、法国公园、虹口公园与兆丰公园)在1928年以前禁止华人入内,跑马厅、各色外国总会长期禁止华人入内。日常生活中,华人备受歧视。比如,外国人办花展,通常第一天都是外国人参观,以后才让华人参观;马车在道路上行驶,明确规定华人车辆不能从后面超越前面的西洋人马车。租界华人长期只有纳税义务,没有参政权。诸如此类,都强烈刺激华人的爱国主义情感。

---

① [英]亚当·斯密著,杨敬年译:《国富论》上卷,陕西人民出版社2006年版,第162页。
② 姚公鹤:《上海闲话》,上海古籍出版社1989年版,第46页。
③ 穆藕初:《藕初五十自述》,"自叙",载穆家修、柳和城、穆伟杰编:《穆藕初文集(增订本)》,上海古籍出版社2011年版,第3页。

另一方面,1932年的"一·二八"与1937年的"八一三"两次战争,直接轰炸、破坏的都主要是华界地区,而租界地区则基本完好。自1860年以后,每遇战争,无论是中外战争(如甲申中法战争、甲午中日战争与八国联军侵略中国的战争)、外外战争(日俄战争),还是纯粹的中国内战,上海租界都处于中立位置,不受战争破坏。华界与租界,没有天然屏障,只是一路之隔、一河之隔。这样,日本帝国主义的轰炸、屠杀,就发生于中国人眼皮底下,近在咫尺。这种被辱、挨打、惨遭屠戮的在场效应,对于爱国主义的刺激,是任何远距离的纸媒、广播的宣传所无法比拟的。所以,自从1932年"一·二八"事变以后,上海抗日救亡运动就一波接着一波,一浪高过一浪。

上海移民人口与全国各地的血肉联系,与上海人爱国主义情感的产生,具有直接的关系。上海是在较短时间里急速发展起来的大城市。开埠时,上海人口仅二十来万,1900年达到100万,已是中国最大城市。到了1949年,上海已有546万人口,为世界级大城市。100多年中,上海人口增长20多倍。上海移民来自全国各地,内以江苏、浙江、广东、安徽、山东、湖北、福建、河南、江西和湖南诸省为多。

上海移民大多与移出地保持着广泛、持久而密切的联系,使得全国各地发生的事情都与上海有关,也使得上海人对发生在全国各地的事件特别关心,催化了上海人的爱国精神与天下情怀。

近代上海人早已习惯于将全国之事视为己事,在赈灾活动、拒俄运动、抵制美货运动、"五四"运动、"五卅"运动、抗日救亡运动中一马当先。

近代上海有难计其数的民间赈灾机构,每遇各地发生大的灾荒,上海绅商就通过这些机构参与赈灾活动。1877年河南大灾,经元善等人成立"上海公济同人会",专办赈灾工作,后来扩展为上海协赈公所,作为上海赈灾的常设机构,并在全国各地乃至海外设立相应机构。至1879年,由上海协赈公所解往直隶、河南、陕西、山西四省灾区的赈款就近50万两银。1883年,山东发生特大水灾,黄河漫溢,近百万人受灾。上海协赈公所联络国内各处绅商,在全国各地与海外共设131处赈捐代收处,国内分布于苏、浙、闽、粤、桂、云、贵、皖、赣、湘、鄂、蜀、鲁、辽、晋、豫、京、津、港、台,国外的有仰光、新加坡、槟榔屿、东京、横滨、神户、长崎、伦敦、华盛顿、柏林。这样,形成了以上海为中心、江浙为基础,辐射全国、影响全球的赈灾网。到1893年,上海协赈公所通过这一网络为各灾区募款达数百万两银。富商朱葆三参与救济赈灾活动无数,积极参与著名赈灾组织华洋义赈会的创办与活动,他因为冒着酷暑到医院巡查而染病逝世。盛宣怀一生参与和组织的赈灾活动有63次,累计捐款一百几十万两银,堪称赈灾巨人。他被清政府任命为第一任中国红十字会会长,也是鉴于他在慈善方面的卓著功勋。

　　近代中国各地有重大事件发生,上海人总是高度关注。1900年8月16日,即八国联军攻陷北京后的第二天,寓沪浙江人陆树藩即在报纸上登出《救济善会公启》,创办救济善会,救济北方战争难民。这个组织以上海为基地在各地展开,办理善款征募与救济物资的发放。陆树藩亲自带人到京津一带营救受难官民,前后遣返人员7 000人,运回灵柩130具。因为办救济善会亏空许多银两,他最后不得不将自家藏书出售。这些书多有宋元版珍本、善本,价值连城。1919年"五四"运动爆发后,因事涉山东,上海的山东人走在运动前面,积极发起各项爱国活动。他们以山东会馆名义多次致电全国山东籍旅长以上军官,希望他们组织起来,保护中国在山东的权益。上海淞沪护军使卢永祥为山东人,他在一定程度上默许了上海学生罢课、工人罢工、商人罢市的斗争。1919年6月7日,卢永祥等地方政府官员,与上海商、学各界代表百余人开会,讨论时局问题,各抒己见。商、学代表要求卢永祥向北洋政府转达罢免曹、章、陆的民意,经过对话,卢永祥竟然同意转达。这类事情在当时极为罕见。最后,北洋政府迫不得已将曹、陆、章三人同时罢免,这与上海的山东人的意见有一定关系。1946年,苏北发生水灾,又发生战争,出现大批难民。上海苏北同乡会积极开展救助工作,在上海虹口、杨树浦一带设立了5个难民收容所,不到半年就收容苏北难民近6万人,收容来自其他地方的难民2万人,发放面粉近3 000袋。

　　上海是全国人的小家,全国是上海人的大家。这种特殊的人口结构与独特的联系网络,使得上海人的爱乡与爱国浑然一体,难分难解。对于上海人的这种爱国特点,早在1930年,已有人做过清晰的论述:

> 　　上海有租界,而上海租界中洋人的气焰,更盛烈于其他各地的租界。中国人历年来受外人非分宰割,因为民众们尚没有什么直接的影响受到,往往不加注意;在上海,就不然。直接伏处在洋人势力之下,往往在一个极普通的去处,可以使你感觉到一种不安。它深切地告诉我们:国,是不可不爱的。试看:每一届的民众爱国运动,上海总是有热烈的表示,传播所及,使全国振荡。在无形中,上海社会确有一种领导其他各地社会的潜势力。[①]

---

① 徐国桢:《上海生活》,上海世界书局1930年版,第27—28页。

这一论述,从上海城市内部的华洋关系、上海与中国其他地方的比较入手,切实而精当。他认为,在爱国主义方面,"上海社会确有一种领导其他各地社会的潜势力",既是逻辑推导的结论,也为其后的实践所证明。从1931年"九一八"事变以后,直到抗日战争胜利,上海一直是全国性的抗日救亡运动中心。单以那一时期抗日救亡音乐史为例,我们就会发现一个极其突出的现象:在上海诞生及创作的抗日救亡音乐、电影、戏剧,数量特别众多,影响特别巨大。最早的抗日救亡音乐,即黄自创作的《抗敌歌》,是在上海产生的。影响广远的《九一八小调》并不是产生在"九一八"事变发生的东北,而是上海。激越嘹亮的《大刀进行曲》也不是产生在宋哲元率领的第二十九军大刀队与日军激战的华北,而是上海。一大批著名的抗日救亡歌曲、话剧,如《旗正飘飘》《义勇军进行曲》《毕业歌》《放下你的鞭子》等,都是在上海产生的。一大批从事抗日救亡运动的著名音乐人才,都是在上海活动,或从上海走向全国的,诸如黎锦晖(1891—1967)、田汉(1898—1968)、任光(1900—1941)、贺绿汀(1903—1999)、韦瀚章(1905—1993)、冼星海(1905—1945)、陈鲤庭(1910—2013)、陈田鹤(1911—1955)、聂耳(1912—1935)、麦新(1914—1947)、周巍峙(1916—2014),等等。1919年,《申报》连续刊载20多篇文章,讨论上海居民特性,其开头一篇的第一段话就是:"上海为中国第一大埠。上海人民之动作,几乎可以代表全中国。"[①]在近代爱国主义方面,称上海是全国的"领头羊"与大本营,毫不夸张。

三、计划经济时代上海城市精神

1949年中华人民共和国成立以后,由于国家政权性质的变化,由于复杂的国际、国内因素,上海城市的外部环境、经济结构、社会结构、文化特点都发生了重大的变化,上海城市资源配置方式、城市发展动力都发生了重大的变化,上海城市精神也随之发生很大变化。到1978年以前,上海城市精神可以概括为以下四条:艰苦奋斗、追求卓越、循规守纪、服务全国。

1. 艰苦奋斗

艰苦奋斗既是一种精神状态,也是一种实践状态,指的是人们在超乎寻常的困苦条件下咬紧牙关、不屈不挠、锲而不舍、持之以恒的实践。这种状态,在整个近代中国以及整个计划经济时代的中国,举国皆然,不独上海如此。近代上海许多民族资本企业能够

---

① 一之:《上海观察谈之一节》,《申报》1919年6月13日。

从无到有、从小到大、由弱变强,都有过起早贪黑、节衣缩食、虚心学习、强力坚持这样艰苦奋斗的过程。中国共产党领导人民取得革命胜利的历史,就是一部艰苦奋斗的历史。这里之所以要突出计划经济时代上海的艰苦奋斗,因为这一阶段上海的艰苦奋斗不只是一部分企业、一部分民众的实践状态,而且是整个城市在超乎寻常的困苦条件下取得非凡业绩的实践状态。其困苦约略说来,可分三类:

中华人民共和国成立以前与成立初期,上海原本在城市规模、科学技术水平、工业生产能力、生产效率方面远远高于或强于全国其他省市,如果在国际、国内形势都很正常的时代,国家在进行现代化建设时,从投入产出效益最大化角度出发,一定会优先发展上海,在能源、资金、人才诸方面向上海倾斜。但是,由于1949年以后不短时间里,国际上两大阵营尖锐对立,上海地处军事沿海前线,属于严格限制发展的地区。因此,国家第一个五年计划中,苏联援助的156个重点建设项目[①],共投资人民币248.5亿,集中放在北京、太原、西安、郑州、兰州、包头、武汉、成都、沈阳、吉林、哈尔滨等内地与东北城市中,没有一个安排在上海。这样,上海在国家配置的大块资源中就完全没有份额。与此同时,"一五"期间,由于上海以外各地竞相发展各工业,实行"三就"政策,即就地取材、就地生产与就地销售,以致上海工业原材料不足,产品销售停滞,致使上海在1954、1955年连续两年工业产值大幅度下降,给上海日后发展带来一定的不良影响。[②] 这样,无论是通过国家计划配置资源,还是通过市场调剂资源,这方面上海都处于相当不利的境地。这是一苦。

国家为了提升全国经济建设的综合效益,要求原本家底厚实的上海支援全国各地建设。上海"一五"计划明确提出:"上海的建设和改造,必须坚决贯彻党在过渡时期的总路线、总任务,并坚决服从国家关于巩固国防、工业合理布局的要求。对现有企业,一般不作新建和扩建;对城市畸形臃肿的不合理状态,逐步加以紧缩;充分发挥上海工业基地的作用,支援全国重点建设,力争出产品、出资金、出技术、出人才。"[③]本着这一精神,上海从设备、人才、技术等多方面为各地建设做出了重要的支持(具体数据见后)。这样,上海在"一五"期间,就工业基础而言,有些方面不增反减。这是二苦。

上海在计划经济时代,其财政收入通常占全国的六分之一,但是,这些收入的90%

[①] 这些项目在实施过程中有变化,有的被取消,最后实施的是150项,但宣传口径一直是156项。陈夕总主编:《中国共产党与156项工程》,中央党史出版社2015年版,第12页。
[②] 李功豪:《上海崛起:从渔村到国际大都市》,上海大学出版社2010年版,第56—57页。
[③] 张文清主编:《上海社会主义建设五十年》,上海人民出版社1999年版,第138页。

都上缴给国家,留给上海的只有10%左右。而这些有限的经费中,上海在安排投资时,又从国家全局利益出发,将主要部分投向了工业,留给城市基础设施建设与改造的资金很少。自1952至1980年的28年间,上海固定资产投资总额中,用于非生产部分只占17%。① 换句话说,计划经济时代,上海用于自己城市基础设施建设与改造的资金,只占上海创造的财政收入总量的1.7%。这样,上海城市建设与改造严重滞后,住房极度紧张,交通极度拥挤,河水黑臭,空气污染。这是三苦。

就是在此异常困苦的条件下,上海奋斗,奋斗,顽强地奋斗。

2. 追求卓越

以移民为主体、市场经济为基础、人口高度集聚的大城市,必然是一种优胜劣汰、追求卓越的社会。上海人在近代形成的追求卓越的传统,到1949年以后依旧有其巨大的惯性。20世纪五六十年代严酷的国际、国内形势,要求上海不能不继续追求卓越。中华人民共和国成立初期,美国等帝国主义国家对中国进行经济封锁、技术封锁,苏联在支援中国的同时,不时地要觊觎中国的权益,不平等地对待中国。这逼迫中国要走自力更生、独立发展的道路,逼迫中国要走工业化道路。由于100多年间落后挨打,近代中国极其贫穷、落后,1949年全国人均国民收入只有66元人民币,劳动人民普遍吃不饱、穿不暖,人均寿命只有三十五六岁。全国只有上海工业生产基础最好、设备最优、能力最强、技术水平最高、产品质量最好。1952年上海生产的棉布占全国的28%,呢绒占67%,缝纫机占89%,自行车占39%,手表占86%,肥皂占41%。② 这种格局,要求上海必须继续充当全国工业发展的排头兵,技术创新的先行者。事实上,上海不负重托,成为全国在工业发展、对外贸易、科学技术等方面追求卓越的楷模。计划经济时代,上海建成了综合性工业基地。到1962年,上海共有220个生产门类,占全国256个的86%。除了采矿工业之外,上海基本齐备。上海设备成套强,在全国7大类154种主要成套设备中,上海能够成套生产130种,占84%。从1952到1980年,上海国民生产总值增长9.35倍,年均增长8.7%;工业生产值增长12.83倍,年均增长9.8%。如果不是三年"大跃进"与"文革",则增长速度还要快。上海经济在全国所占的比重,高得惊人。除了前面已经述及的财政收入占全国六分之一以外,上海工业总产值占全国的八分之一,外贸出口占全国的三分之一。③ 上海全民企业全员劳动生产率,1952年是全国平均值的1.3

---

① 李功豪:《上海崛起:从渔村到国际大都市》,第93页。
② 朱金海主编:《上海通史·当代经济》,见《上海通史》第12卷,上海人民出版社1999年版,第298页。
③ 此段资料,参见李功豪:《上海崛起:从渔村到国际大都市》,第89—91页。

倍,1978年跃升为全国平均值的2.4倍。上海国营商业调拨供应全国市场的日用工业品,十分惊人,20世纪50年代每年30亿元,60年代每年40亿元,70年代每年60亿元,80年代每年80亿元。上海在运载火箭、人造卫星、万吨水压机、人工合成胰岛素等方面,都取得了举世瞩目的成就。轻工业产品方面,上海更是全国优秀品牌最为集中的城市,永久牌、凤凰牌自行车,蝴蝶牌缝纫机,上海牌手表,培罗蒙西装,甚至大白兔奶糖、南翔小笼包,都是全国同类产品中的翘楚。

3. 循规守纪

计划经济时期,上海由先前独立性较大的城市变成受中央垂直领导、严格控制的城市。1949年以前,特别是在租界存在时期,上海在中国城市版图上是非常奇特的一个。租界不受中国政府直接管辖自不用说,即使在华界,由于特殊的政治格局,西方势力的存在,很多事由地方自行决定,也与中国其他城市很不相同。民营资本在1949年以后、1952年以前,在生产与流通领域还有相当高的比例。到1956年以后,经过系统的社会主义改造,国家已经对上海所有工商业拥有了完全意义上的所有权和支配权,经济生产、财政税收、文化教育、城市建设都由中央控制,地方政府活动的空间很小。尽管在不同时段中央控制程度有所不同,但在总体上,中央对上海的控制全面、系统而严格。在此情况下,上海人在近代形成的规则理性得到了超常发挥,形成了循规守纪的特性。

"循规",指的是严格执行甚至按照国家战略意图创造性地执行国家对上海的政策规定,完成甚至超额完成国家给上海下达的计划指标。所谓"守纪",指的是上海党组织严格遵守党的纪律;上海各级基层组织,无论党政机关、工厂企业还是街道里弄,个人服从组织、下级服从上级,都严守纪律。上海在执行计划经济方面全面、彻底、不折不扣。从中华人民共和国成立初期克服困难、恢复经济开始,经抗美援朝,镇压反革命,土地改革,"三反""五反",肃反运动,对农业、手工业和资本主义工商业的社会主义改造,到反"右"运动、"大跃进"与人民公社建设,再到"四清"运动,直至"文化大革命",上海都坚决有效地贯彻、落实中央的决策与部署。1959年,中共上海市委第一书记柯庆施,在《红旗》杂志上发表《论"全国一盘棋"》的署名文章,系统而明确地论述了以强调"全国平衡"为方针的一盘棋式的发展理念,论述了全国大局与地方小局的辩证关系。文章指出:"全国一盘棋的思想有没有,或者够不够,对于每一个共产党员来说,具有严重的意义,这是考验每一个共产党员党性强弱的问题。"文章结合上海的实际,表示上海既要明了自己在全国这盘棋当中的位置,而且要主动地、自觉地服务于这盘棋。"完成国家计划,是上海人民的最大利益。上海除了必须坚决地保证完成和超额完成国家赋予的任务以外,还要根据国家的统一规定,在物资、技术、资金等方面更多更好地支援全国各地。"①这段话,可以看作是上海在整个计划经济时代坚决地、富有创造性地、愉快地循规守纪的自觉宣言。

4. 服务全国

中华人民共和国成立以后,作为中国工业最发达、技术最先进、科技人才最密集的上海,一直被国家赋予服务全国的特别使命。上海在这方面的贡献,除了前面已经述及的为了国家全局利益,上海整个城市经济发展战略转向、大力支援内地经济建设、为国家财政收入做出巨大贡献以外,还在很多领域、很多具体行业为服务全国做出了贡献。苏联援助的156个项目,主要分布在东北和内地,其中辽宁24项,吉林11项,黑龙江22项,河南10项,河北8项,湖北8项,山西11项,四川11项,陕西24项,甘肃16项,其他内地省份则多少不等地都有一些。这些地区与城市,除了东北有较好的工业基础之外,其他华北、西北等地原先工业基础比较薄弱,技术人才缺乏。在这样的态势下,上海全力支持国家重点建设。一方面,上海工人踊跃奔赴内地,参加这些项目的建设,其中2万多人去参与了长春汽车制造厂及洛阳拖拉机厂、矿山机械厂等工程建设。据统计,自1953至1956年,上海支援外地建设的职工与干部有21万人,其中工程技术人员5400余人,技术工人6.3万人,代外地培养艺徒3.6万人。②另一方面,上海利用自身的设备,研制这些重点工程所需要的设备,运往各地。长春汽车制造厂等8家单位需要的3000多种设备、14万多公里电线、4万平方米钢窗,系上海制造与提供。③各地急需的2.8万台金属切削机床、100万千瓦电机,系上海提供。④上海还陆续将272家轻纺工厂和一些商店迁往甘肃、河南、安徽等省,促进这些地方的建设。⑤

除了"一五"期间上海大力支援内地建设,上海在其他时期也以多种方式支持内地建设。在1966至1976年间,上海组织建筑队伍承包江西、安徽"小三线"建设任务,组织人员奔赴南京、大屯、铜陵和莱芜建设工业原材料基地。

以上四点,即艰苦奋斗、追求卓越、循规守纪与服务全国,相互联系、相互影响。艰苦奋斗的目标是追求卓越,没有卓越的结果则奋斗的光彩大为暗淡。没有艰苦奋斗与

---

① 柯庆施:《论"全国一盘棋"》,《红旗》1959年第4期。
② 《上海建设》编辑部编:《上海建设(1949—1965)》,上海科学技术文献出版社1989年版,第202页。
③ 《上海建设》编辑部编:《上海建设(1949—1965)》,第202页。
④ 《上海建设》编辑部编:《上海建设(1949—1965)》,第202页。
⑤ 《上海建设》编辑部编:《上海建设(1949—1965)》,第3页。

追求卓越,则服务全国将失去可以凭恃的前提与保障。上海将所创造财税的绝大部分上缴国家,城市建设与改造方面自然失去自由驰骋的能力;各级政府与企业领导的任免、生产计划的制订、生产的安排,一切都听命于国家主管机关,则上海可以自由做主的空间相当有限。这些条件制约与制度设计,自然使得上海人养成循规守纪的特性,何况上海人此前经过工业化长期熏陶,早已形成遵纪守法、科层意识的传统。服务全国也是国家对上海的硬性要求,是国家从全局出发的一种制度安排。实行全面、系统的计划经济,贯彻"全国一盘棋"精神,就隐含着先进帮后进、上海服务全国的内容。这样,循规守纪也就成了服务全国的精神保障。

四、改革开放以后上海城市精神

1978年中共十一届三中全会开启了改革开放的伟大征程,全党全国的工作重点开始转移到社会主义现代化建设上来,上海城市发展进入了新的阶段,上海城市精神也有了新的变化与新的内涵。

改革开放以来的上海城市精神,突出地表现为:开明睿智地恢复海纳百川传统,在艰苦奋斗中追求卓越,与时俱进地服务全国。

1. 开明睿智地恢复海纳百川传统

中国自1972年与美国缓和关系,随后相继与英国(1972年)、日本(1972年)、美国(1979年)正式建立外交关系,这为上海恢复与欧美、日本传统的经济文化联系提供了广阔的国际空间与坚实的政治基础。中国自实行改革开放政策以后,逐渐放宽对市场经济的束缚,这为上海恢复与欧美世界广泛的经济联系提供了重要的制度保障,为上海恢复与全国各地紧密的经济文化联系、恢复移民传统打开了方便之门。

还在计划经济时代,上海已按照国家的需要,积极开展国际贸易。1957年,上海对苏联与东欧国家的出口额已达3.15亿美元,占当年上海出口总额的69.7%。1965年,上海出口贸易额为7.65亿美元,占全国当年外贸比重的34.34%。1968年,上海口岸出口8.48亿美元,占全国出口额40%以上。另外,从1955到1978年,上海承担对亚非拉地区的援助项目270个,涉及25个国家。[①] 1979年以后,上海进一步拓展对外贸易,1983年以前已相继与联邦德国、日本等20多个国家建立了新的贸易关系,并根据不同

---

① 中共上海市委党史研究室、上海市现代上海研究中心编:《上海对外开放》,上海人民出版社2004年版,第12—13页。

商品、不同地区、不同客户的要求,采取定牌、数量折扣等国际市场上通用的贸易做法,主动灵活地开展对外贸易。与此同时,上海在引进外资方面,不断迈开新的步伐。1980年7月5日,上海第一家中外合资公司中国迅达电梯有限公司成立,走出新时期吸引外资的新路。此后,上海联合毛纺织有限公司、上海福克斯波罗公司、上海贝尔电话设备制造公司等一批中外合资企业相继成立。① 1984年,上海被列为14个对外开放的沿海城市之一,在对外开放方面获得了一些优惠政策。1985年,国务院批复《关于上海经济发展战略的汇报提纲》,上海在对外开放方面又获得了更多的政策支持,有了更大的自主权。此后,上海市政府相继出台鼓励外商投资、鼓励中外合资经营企业的政策,通过利用外资来改造城市基础设施,建设作为对外开放试验区的闵行、虹桥、漕河泾等经济开发区。到1986年末,上海有外商直接投资项目291个,合同金额18.4亿美元;②1989年末,上海有外商投资项目709个,投资金额25亿美元③。90年代以后,随着浦东开发开放,上海对外贸易迅速发展,1993至1997年,累计出口总额560亿美元,连续五年保持年均增长17.6%的速度;④利用外资量大质优,成效显著,1992至1997年上海直接吸收协议外资金额年均增长40%。到1997年底,全市批准外资企业17 494家,来自全世界80个国家与地区,协议合同外资290亿美元,实际到位资金210.4亿美元。⑤ 进入21世纪以后,随着我国加入WTO,随着上海获得2010年世博会申办权,上海对外开放实现了历史性跨越。到2010年,上海外资合同项目达3 906个,合同金额153.0亿美元,实际到位金额111.21亿美元。世博会的成功举办,彰显了上海与世界的广泛联系。2010年,来沪国际旅游人数达851.12万人次,其中驻留上海的达733.72万人次;外国驻沪领事机构达到69家;到访重要贵宾中,国家元首和政府首脑103批,议长和副总统、副总理级代表团79批,部长级代表团349批,政党代表团77批;在沪外国媒体机构凡78家,涉及19个国家,有112名常驻记者;在沪举办的各类大中型国际会议100多个。⑥ 获得居留许可的外国人,2005年为95 384人,到2010年增加到159 303人。⑦

海纳百川传统逐渐恢复的另一标志,是外地人口迁移上海的限制逐渐放宽。

上海城市在1949年以前,对于外地人口的移入是没有任何限制的,来去自由。中

---

① 中共上海市委党史研究室、上海市现代上海研究中心编:《上海对外开放》,第18页。
② 中共上海市委党史研究室、上海市现代上海研究中心编:《上海对外开放》,第26页。
③ 中共上海市委党史研究室、上海市现代上海研究中心编:《上海对外开放》,第32页。
④ 中共上海市委党史研究室、上海市现代上海研究中心编:《上海对外开放》,第55页。
⑤ 中共上海市委党史研究室、上海市现代上海研究中心编:《上海对外开放》,第59页。
⑥ 《上海年鉴》,2011年。
⑦ 《上海统计年鉴》,2011年。

华人民共和国建立以后,由于实行计划经济,外地人口的移入逐渐受到限制。1951 年,公安部颁布实施《城市户口管理暂行条例》,将全国城市居民的户口基本上统一管制起来。尽管这个制度当时还不完善,还没有严格施行,但城市人民已不能像以前那样自由选择居住地了。1955 年,国务院发布《关于建立经常户口登记制度的指示》,规定全国城市、集镇、乡村都要建立户口登记制度,开始统一全国城乡的户口登记工作。1956、1957 年,国家连续颁发 4 个限制和控制农民盲目流入城市的文件。1958 年 1 月 9 日,《中华人民共和国户口登记条例》颁布,国家以法规的形式,对人口流动、户口迁移,尤其是由农村迁往城市、农业人口转为非农业人口、小城镇迁往大城镇做了严格限制,将城乡有别的户口登记制度与限制迁徙制度固定下来,实现了国家对人口迁徙的主动控制权。此后,国家又出台一系列政策和规定,将户口制度与住房制度、粮油等生活用品定量供给制度、教育制度、人事劳动制度以及社会福利制度等捆绑在一起,在农村和城市之间构筑了一道无形的高墙。① 这些制度的确立,加上物质匮乏的背景,不改变户口登记地的自发迁徙人口,便很难在城市立足,这便堵死了农民自由流入城市的通道,堵死了外地人口流入上海的通道,上海城市先前的所谓海纳百川精神自然无从谈起。

　　1979 年以后,国家改变了农村原先经营管理体制,逐步解散人民公社,对农民流动的束缚逐渐放松,上海也因自身发展的需要,对于外来人口的限制一点一点地、一步一步地有些松动。1994 年,上海试行蓝印户口政策,对投资者、购房者或作为特殊人才引进的外地人给予优惠,拥有者基本上可以享受正式户口的待遇。2002 年,上海推出居住证制度,替代蓝印户口政策,规定具有本科以上学历或特殊才能、以不改变其户籍或国籍的形式到上海工作或创业的国内外人员均可申请。自 2004 年起,上海对非本市生源高校毕业生进沪就业者实行"打分制",满足一定条件可以在上海居住。2009 年,上海发布《持有上海市居住证人员申办本市常住户口试行办法》,符合条件的来沪人员可以通过申请获得上海户籍,其中必需的一项是居住证满 7 年。当然,更多的来沪工作者并无上海户口,但计划经济时代对于流动人口的限制已被冲破,计划经济时代特有的生活用品定量供给制度、人事劳动制度等已成明日黄花,因此,由各种渠道进入上海工作的外来人口逐年增加,成为上海常住人口中的重要组成部分。在上海居住半年以上的外来人口,2000 年为 313.49 万人;2010 年为 897.95 万人,已占上海常住人口(2 302.66 万)的 39%。② 1949 年以前,上海城市之所以充满活力,很重要一点就是人口流动。

---

① 王道勇:《民生中国:中国农民工的未来》,云南教育出版社 2013 年版,第 23 页。
② 《上海统计年鉴》,2011 年。

改革开放以后尽管由于种种原因,人口流动还无法达到那样的程度,但是,人口毕竟流动起来了。这对于激发上海城市的活力,激活上海城市的竞争性,具有至关重要的意义。

2. 在艰苦奋斗中追求卓越

这一时期,上海追求卓越的具象事例,多如烂漫山花,满目皆是。科学技术方面,比较广为人知的有:我国第一颗气象卫星"风云一号",我国第一座大跨度斜拉桥南浦大桥,我国第一个综合性现代农业开发区孙桥现代农业开发区,我国第一座长距离跨海大桥东海大桥,代表中国航空工业水平的新型支线 ARJ21 飞机,上海市第六人民医院研制的手或全手指缺失再造技术获国家发明一等奖,上海核工程研究设计院等单位完成的"秦山30万千瓦核电厂设计与建造"获国家科技进步特等奖,数学家谷超豪、医学家王振义均因在各自领域中的非凡贡献获国家最高科学技术奖。这些都是上海科技界的杰出贡献。此外,还有更多卓越的成就,在科学技术界享有盛誉:1993 年,上海市有机氟材料研究所等研制的千吨级四氟乙烯生产技术,获国家科学技术进步一等奖。1993 年,沪东造船厂汤瑞良等研制的2 700 箱多用途集装箱船,获国家科学技术进步一等奖。1994 年,上海第二医科大学附属瑞金医院陈赛娟等关于 Ph1 染色体相关白血病细胞、分子生物学的研究,上海市农业科学院作物育种栽培研究所等单位对于大麦抗黄花叶病遗传、利用的研究,均达国际先进水平。2002 年,上海研制的"神舟四号"飞船、"长征四号乙"运载火箭及其运载的气象卫星"风云一号 D"和海洋探测卫星"海洋一号"发射成功,其中"海洋一号"卫星结束了中国没有海洋探测卫星的历史。2005 年,上海振华港口机械(集团)股份有限公司的新一代港口集装箱起重机关键技术研发与应用,上海市畜牧兽医站等的 H5 亚型禽流感灭活疫苗的研制及应用,均获国家科学技术进步一等奖。2006 年,由中科院上海微系统与信息技术研究所等单位完成的高端硅基 SOI 材料研发和产业化项目,获国家科学技术进步一等奖。2007 年,李大潜、戴尅戎获国家科技功臣奖。2008 年,卡斯柯信号有限公司等承担的有关项目,获国家科技进步奖特等奖;上海发电设备成套设计研究院等承担的超临界 600MW 火电机组成套设备研制与工程应用,获国家科技进步一等奖。① 体育方面,朱建华之跳高,刘翔之跨栏跑,王励勤之乒乓球,都成为世界冠军,超迈群伦。

科学技术方面的评价,体育方面的评分,都是干数字、硬指标,评出来、比出来的都

---

① 以上数据,均见历年《上海年鉴》。

是少数精英。相比之下,有一组数据更能反映上海人群体性钻研精神、创新意识,即申请、获得专利的数据。改革开放以来,上海人申请与获得各种专利的数据,一直在全国名列前茅。1985年4月1日至1995年底,上海专利申请量以年均13.2%的速度增长,年申请量从806件增至2 456件,累计申请量为18 604件,其中发明专利占18.8%。1995年,全市经审查准予登记的鉴定科技成果1 350项,其中接近或达到国际先进水平的332项,国内首创水平的802项。1996年,上海专利申请量首次突破3 000件大关,比上年增长28.4%,高于国内平均增幅9.1个百分点。2008年,上海市专利申请量为52 835件,位居全国第五。2009年,上海市专利申请量62 241件,获专利授权34 913件。据2009年首部《中国知识产权指数报告》,上海在中国知识产权指数上排名第二。2010年,上海市专利申请量71 196件,比上年增长14.4%,其中发明专利申请量26 165件,比上年增长18.9%。全市共获专利授权48 215件,比上年增长38.1%,其中发明专利授权6 867件,比上年增长14.5%。[1] 每一项专利,每一项知识产权,里面都写有"追求卓越"四个大字。

上海人的追求卓越,还体现在日常生活中,体现在一些看不见、摸不着但能感受得到的行为方式、管理水平方面。外地人初来上海,往往能感受到上海地铁虽然纵横交错,密如蛛网,但管理相当有序。世博会举办期间,那么大的客流,那么热的天,秩序井然,有条不紊。

最能体现上海人对于卓越城市永不止步的追求意识的,是在对上海城市定位与发展的谋划方面。

自改革开放以后至2010年,上海城市发展经历了三个阶段。第一阶段,1979至1989年,以稳定保全国。这一阶段,中国改革开放前锋为深圳、珠海等地,上海处于改革开放后卫的位置,经济增速低于全国平均增速,GDP在全国GDP中的比重也有所下降。但是,上海在滑坡中谋划崛起的战略,在后卫的位置上积蓄担当前锋的能量。第二阶段,1990至2000年,以改革促发展。机遇总是向有准备的人招手。90年代初,上海等到了这样的机遇。80年代末、90年代初,国内的政治风波,苏联与东欧的风云变幻,世界格局的剧变,给中国国际处境、经济发展带来一系列困难。为了走出困境,中国努力从国家内部寻求新的增长动力,向世界展示中国改革开放的形象。于是,具有与西方世界联系传统的上海,被赋予中国改革开放"领头羊"的角色,从后卫走到了前台。上海果然不负所望,多次举行战略研讨,高起点地定位上海城市的未来,在开发、开放浦东同

---

[1] 以上数据,均见历年《上海年鉴》。

时,浦东、浦西比翼齐飞,努力改革,大胆开放,"一年一个样,三年大变样",取得了举世瞩目的成就。第三阶段,2001至2010年,以发展促转型。中国加入WTO,获得2010年世界博览会申办权,这两件大事,既赋予上海更为艰难的历史使命,也为上海提供了展示才华的广阔舞台。上海再次举行发展战略研讨,志存高远,精心谋划,改革方面为全国探索了新路,开放方面迈出了坚实的步伐。世博会的成功举办,更让全世界对上海刮目相看。回顾这30多年历程,每一阶段,上海都是认真调查研究,眼观世界风云,脚踏中国实际,看清上海特色,深思熟虑,谋定后动。所谓弯道超车,所谓跨越式发展,都是高度智慧、坚韧苦斗的结晶。

3. 与时俱进地服务全国

中国幅员辽阔,各地自然禀赋不同,资源不同,历史文化差异很大,发展路径、发展程度也多有不同。在此背景下,按照中央的部署,各自利用好本地的优势,与其他地方优势互补,各展所长,或工、或农、或商、或旅游,将本地建设好,就是对其他地方的贡献。这是中国作为大一统的社会主义大国的优势所在。改革开放以来的30多年间,不同阶段,中央出于对国际大势的判断,出于对中国发展战略的权衡,对中心城市上海在不同阶段的定位不同:80年代是充当改革开放后卫;90年代是开发、开放浦东,建设一个龙头、三个中心(后扩展为四个中心);21世纪初是以发展促转型,力争做到"四个率先"——上海率先转变经济增长方式,把经济社会发展切实转入科学发展轨道;率先提高自主创新能力,为全面建设小康社会提供强有力的科技支撑;率先推进改革开放,继续当好全国改革开放的排头兵;率先构建社会主义和谐社会,切实保证社会主义现代化建设顺利进行。上海在每一段都恪尽职守,不辱使命,出色地、有创造性地完成国家所赋予的使命。这本身就是以自身的努力来服务全国。

鉴于各地区发展程度不一样,有先发展、后发展之别,中央指令性地部署一些发达地区对口支援欠发达地区是社会主义制度优越性的体现。上海在这方面,一向不折不扣地、出色地完成对口支援任务。1979年以来,上海对口支援的地区,有新疆阿克苏地区、西藏日喀则地区,云南红河、文山、迪庆、思茅四个州市,重庆万州区五桥移民开发区,湖北宜昌市武陵区与云南德昂族。这些地区均位于我国西部,自然条件恶劣,基础设施落后,为全国最不发达地区。上海在对口支援这些地区的过程中,派人实地考察,进行技术培训,建立学校,提供师资,提供经费,建立医院,提供医疗资源,提供实事项目。上海特别注重智力援助,帮助这些地区普及教育,提升各地自身发展能力。经过较长时间的实践,"上海已建立起各界支持、各方参与的对口帮扶工作局面,形成了帮扶协作长效机制,为推动对口地区社会经济发展,促进边疆地区民族团结、社会稳定作出了贡献"[1]。上海对西部地区的对口支援,获得了国际扶贫组织的高度肯定,被邀请在2004年全球扶贫大会上做交流发言。[2]

上海对各地的支援,还体现在高质量地完成中央交办的一些特别项目。1999至2004年,为了配合三峡库区的建设工程,上海按照中央的要求,安置了1 835户、7 519名库区移民。上海谋划周全,措施得当,从居住、教育、医疗到就业等全部安排妥帖,帮助远来的移民熟悉环境,学习技能,并安排上海相关部门组织移民帮扶结对,让移民由身移变为心移,"迁得进,稳得住,逐步能致富"。[3]

2003年4月,非典型肺炎在全国爆发,北京等地蔓延尤甚。上海虽然也颇受其害,但疫情不像北京等地严重。上海市政府安排上海纺织控股(集团)公司每天生产20万只医用口罩,紧急调运北京,共抗"非典"。上海纺织控股(集团)公司指定上海第十七棉纺织总厂、上海安达棉纺织厂、上海嘉丰飞龙股份有限公司生产纱布,三枪康桥和中华一针专为纱布漂染后整理,三枪针织九厂、海螺七宝衬衫厂、五洲服装厂、针织二十一厂定点生产口罩。通过协调,在极短时间内形成口罩生产循环链。一个月内,上海纺织控股(集团)公司共开出织机998台,生产医用口罩828万只,其中调拨北京的就有557.5万只。对为攻克"非典"的诊断、治疗、预防药品和医疗器械的审批,上海药监局建立快速通道并采取有效措施,要求新药资料随到随审,快速递送国家食品药品监管局,并核准捐赠药品30个品种61个批次,抽样检验20个批次,捐赠药品价值956万元。上海还按照中央安排,组建公共卫生专家组赶赴河北,协助当地共同抗击"非典"。该专家组先后深入河北沧州、承德等疫区开展调研,在短时间内掌握当地防病工作第一手资料,协助指导当地防病工作,配合参与当地对学生集体发热事件的现场调查处理工作,并为拟建中的承德市传染病医院的选址与布局提供咨询意见。[4]

2008年5月,四川汶川县特大地震发生后,上海立即成立市救灾援助指挥协调工作小组。灾情发生当晚,上海安排组建10支医疗救援队伍和10支后备队伍待命,第二天便派出市消防医疗救援队奔赴汶川。此后,上海陆续组建并派出公安特警、消防救援、卫生医疗、地震监测评估、心理疏导、康复指导、特种设备监测、水务抢修、环境辐射监

---

[1] 中共上海党史研究室编,徐建刚等著:《上海改革开放三十年》,上海人民出版社2008年版,第167页。
[2] 中共上海党史研究室编,徐建刚等著:《上海改革开放三十年》,第167页。
[3] 中共上海党史研究室编,徐建刚等著:《上海改革开放三十年》,第169页。
[4] 《上海年鉴》,2004年。

测、工程应急加固处理、过渡安置房援建等队伍赶赴灾区,为抗震救灾做出了重要贡献。截至6月30日,上海共向四川灾区派出57支专业队伍计15 404人,共营救出被埋群众360人,其中生还24人,成功医治灾区伤病员167人;上海各界共向灾区捐款27.59亿元。灾后,上海先后接受从四川灾区转运至上海的地震伤员共计307人,随行家属261人。上海在全国首创灾难社会工作介入,组织沪港台三地社会工作专家研究方案,派出沪港专家组赴绵阳灾区实地开展调研和评估。上海市19个区县全面与都江堰19个乡镇进行对口援建,开展社区守望相助项目。通过居(村)委会工作交流、人员互动、居民交往等形式,由结对居(村)委会根据需要,定期或不定期地开展交流合作,提供各类援助。截至2008年底,上海共签约启动3批8个大类共89个援建项目,涵盖教育卫生等公共服务设施、城乡安置房等民生急需项目、道路和城乡用水等基础设施、社会福利院等民政项目、旅游资源恢复和农业服务体系及基础设施重建、文化和社会事业设施等领域。[①]

服务内地的另一种方式,是加强与内地的交流与合作。1992年,上海第二毛纺织厂与成都毛纺厂合作。前者规模小,但善于管理;后者规模大,设备先进,却连年亏损,濒临破产。两家进行风险承包,按市场经济规律进行运作,承包一年后就实现扭亏为盈。此后,按此模式,以资产为纽带,按现代企业制度要求,由"政府搭台,企业唱戏",越来越多的上海企业与内地企业开展跨地区的交流与合作,取得了双赢的效果。1994年,上海市政府代表团访问长江流域的湖南、湖北、江西、安徽等省,提出在社会主义市场经济条件下,按照"优势互补、互惠互利、联合发展、共同繁荣"的原则,与兄弟省市开展新一轮横向经济联合的倡议。1995年,上海横向经济联合的启动呈现六大特征,即工作机构逐步健全、协作项目层次提高、开拓市场力度加大、市场辐射功能增强、对口支援向多元发展、来沪活动内容扩展。1995年,上海同全国各省、市、自治区的各类企业签订各类经济协作项目及意向近1 000项,投资总额6.4亿元。上海的资金、技术、设备等生产要素大规模向兄弟省市转移,汽车工业先后在13个省市建立起66家零部件生产企业,年产值达36亿元。上海贝尔电话设备公司在四川、河南、辽宁等8省市投资1.26亿元,发展起28家配套生产厂家。一批传统产业更是加快了向内地梯度转移的步伐。至1995年,上海在全国各地已联办、自办企业1 917家,总投资约64亿元。1997年,上海的国内经济联合与协作,以"跨地区投资、开拓国内市场、引进国内大企业、推进

---

① 《上海年鉴》,2009年。

对口支援"为重点,呈进一步发展势头。上海加大了产业和产品结构调整、跨地区投资与合作的力度。传统产业转移和支柱产业扩散进一步推进。上海在外地的商业网点建设全面铺开,总量和单体形成一定规模。全年市外拓展项目新增40个,累计达409个。上海企业向外拓展,在自身取得较好效益的同时,服务并促进当地的经济发展。上海第二毛纺织厂向四川、河北等地企业输出管理、技术和品牌,取得很好的经济和社会效益。上海白猫有限公司与三峡库区同类企业联合,组建白猫(四川)有限公司,年内销售大增,带动了当地一批相关企业,支持了库区的开发建设。

此后,随着中国加入WTO,随着上海产业的升级换代,随着上海在改革开放中龙头作用的发挥,上海与内地合作的方式更加丰富多样。2007年,为了加强和外省市的交流合作,上海特地发布《上海市服务全国和对口帮扶"十一五"规划》《关于进一步加强合作交流服务全国的若干政策意见》,制定了《关于进一步加强国内合作交流工作若干政策意见》的实施细则,完善了《上海市合作交流专项资金合作项目投资补助实施细则》的操作流程。上海与内蒙古自治区政府签署《进一步加强合作交流协议》,两地在电力、化工、装备制造、农业、基础设施、商贸流通、金融、科技、人才、旅游等领域加深合作。上海组织企业赴中西部、东北地区和对口支援地区考察投资合作项目,上海民营企业在全国各地的投资项目总计889个,投资金额约1 544亿元,为中西部发展捐赠累计超过10亿元。上海参与西部大开发、东北老工业基地振兴、中部崛起战略的实施,推动服务全国工作,与中部地区签订合作项目10个,资金总额22.3亿元;与西部地区签订合作项目245个,资金总额125.5亿元;与东北地区签订合作项目66个,资金总额129.8亿元。[①]自2003至2007年,上海与中西部各地达成各类合作项目2 439个,总金额达3 208.63亿元。[②]

此外,上海在完善投资环境、搭建各类服务平台、增强城市集聚辐射的服务功能上进行了不懈的努力,努力做到上海的发展依托全国,上海的网络连通全国,上海的发展带动全国,上海的技术服务全国,上海发展的红利泽惠全国。

纵观开埠以前、开埠以后、计划经济时代与改革开放以来上海居民特性与城市精神,不同历史阶段各有不同,但也有贯穿始终的相同或相通之处,即开放、交汇、竞争、创优。上海襟江带海、腹地广阔的自然禀赋,在闭关锁国的农耕时代,只能处于大一统中

---

① 以上数据,均见历年《上海年鉴》。
② 中共上海党史研究室编,徐建刚等著:《上海改革开放三十年》,第181页。

国的边缘位置,其优势难以凸显出来。一旦处于对外、对内高度开放的环境,在中国经济、文化版图上,上海便由边缘变为开放前沿与交汇中心。开放、交汇、竞争、创优四者之中,开放(包括对外、对内两个方向的开放)是前提与基础。没有开放,就无从交汇,无从搭建起中外文化和国内各种区域文化的交流、交融平台。没有高度开放与充分交汇,就难以产生体现全球或全国水平的竞争,也就难以创造出全球、全国第一流的物质或精神产品。

(2006年初稿,2018年改定)

图书在版编目(CIP)数据

上海人解析 / 熊月之著. —上海：上海教育出版社，2019.3
ISBN 978-7-5444-8935-5

Ⅰ.①上… Ⅱ.①熊… Ⅲ.①人物研究-上海 Ⅳ.①K820.851

中国版本图书馆 CIP 数据核字(2019)第 008357 号

责任编辑　储德天
责任校对　鲁　妤
封面设计　陆　弦
封面摄影作品来源　Visual Shanghai

SHANGHAIREN JIEXI
上海人解析
熊月之　著

出版发行　上海教育出版社有限公司
官　　网　www.seph.com.cn
地　　址　上海永福路 123 号
邮　　编　200031
印　　刷　上海盛通时代印刷有限公司
开　　本　700×1000　1/16　印张 19.75　插页 4
字　　数　325 千字
版　　次　2019 年 3 月第 1 版
印　　次　2019 年 3 月第 1 次印刷
书　　号　ISBN 978-7-5444-8935-5/K·0055
定　　价　59.80 元

如发现质量问题，读者可向本社调换　　电话：021-64377165